꺼꾸리의
어린이 안전 백과

꺼꾸리의 어린이 안전 백과

2016년 1월 7일 초판 1쇄 발행

글 정주일 외 9명 | **그림** 이윤정 | **편집** 신은정, 김인섭 | **디자인** 박경옥
펴낸이 우현옥 | **펴낸곳** 책고래 | **등록 번호** 제2015-000156호
주소 서울특별시 서초구 강남대로12길 23-4, 301호(양재동, 동방빌딩)
대표전화 02-6083-9232(관리부) 02-6083-9234(편집부)
홈페이지 www.dreamingkite.com / www.storywic.com
전자우편 dk@dreamingkite.com
ISBN 979-11-955906-4-3 13590

ⓒ 길선영, 김민지, 김수정, 김정희, 박민선, 박찬희, 석수점, 엄진숙, 이지선, 정주일 2015년

이 도서의 국립중앙도서관 출판예정도서목록(CIP)은
서지정보유통지원시스템 홈페이지(http://seoji.nl.go.kr)와
국가자료공동목록시스템(http://www.nl.go.kr/kolisnet)에서
이용하실 수 있습니다.(CIP제어번호: CIP2015034891)

* 이 책의 출판권은 책고래에 있습니다.
* 책값은 뒤표지에 있습니다.

엄마와 아이가 함께 보는 안전 교과서

꺼꾸리의
어린이 안전 백과

글 정주일 외 9명 | 그림 이윤정 | 감수 허억

추천의 글

엄마들의 생생한 육아 경험으로 만들어진 안전 교과서

요즘 신문이나 텔레비전 뉴스에서 어린이 안전사고 소식을 심심찮게 접합니다. 통학버스에서 내리다 교통사고를 당한 어린이, 놀이기구에서 떨어져 다친 어린이 등 안타까운 사연이 끊임없이 보도됩니다. 그러나 우리 사회에 널리 퍼져 있는 '안전 불감증'은 개선의 여지가 보이지 않습니다. 많은 부모님이 "설마 우리 아이에게 그런 일이 일어나겠어?"라고 생각하기 때문입니다. 하지만 누구도 사건·사고로부터 자유로울 수 없습니다. 더욱이 어린이는 신체가 발달하는 단계에 있기 때문에 작은 사고에도 크게 다치거나 목숨을 잃을 수 있습니다. 성인에 비해 더욱 세심하게 주의를 기울이고 보호해야 합니다.

어린이 안전사고는 사소한 부주의에 의해 일어날 때가 많지만, 잘못된 상식이 원인이 되기도 합니다. 주변 사람들의 이야기를 그대로 믿었다가 어린이에게 문제가 생기는가 하면, 인터넷에 떠도는 정보를 의심 없이 따랐다가 사고가 일어나기도 합니다. 사실 그 분야의 전문가가 아닌 이상 옳고 그름을 한눈에 구별하기는 어렵습니다. 다만 소중한 우리 아이의 안전과 직결되는 문제인만큼 한 번 더 돌아보고 빈틈없이 살펴봐야 하겠습니다.

어린이 안전에 대해 고민하고 연구하는 사람으로서 이 책의 출간은 정말 반가운 일이었습니다. 지금까지 나온 어린이 안전 관련 도서들은 저마다 조금씩 아쉬운 점이 있었기 때문입니다. 대부분의 책이 교통, 학교 등 한정된 장소에서의 안전수칙을 소개하고 있거나, 사건 중심으로만 내용이 구성되어 있었습니다. 어린이 안전상식을 폭넓게 다루면서도 정보를 한데 모아 체계적으로 정리한 책을 찾기 어려웠습니다. 그에 비해 《꺼꾸리의 어린이 안전 백과》에는 방대한 양의 안전 정보가 가정, 공공, 교통, 놀이 등 12개 영역으로 나뉘어 짜임새 있게 수록되어 있습니다. 단순히 '해라.' 또는 '하지 마라.'고 행동만 제시하는 것이 아니라 왜 그렇게 해야 하는지 친절하게 알려 주기 때문에 부모님이나 어린이가 보다 깊이 있는 지식을 얻게 될 것입니다.

또 한 가지 인상 깊었던 점은 《꺼꾸리의 어린이 안전 백과》가 종이책뿐 아니라 스마트폰

애플리케이션, 전자책, 애니메이션 영상 등 여러 가지 매체로 제작된다는 점이었습니다. 종이책에서 얻은 지식을 다양한 경로와 방식으로 언제 어디서든 곱씹어 보고 내면화할 수 있다는 점은 이 책이 가진 또 하나의 큰 장점이라고 생각합니다. 현대 독자들의 필요를 기민하게 짚어 낸 아이디어인 것 같습니다. 이러한 요소들을 통해 독자들이 안전에 대해 다시 한 번 고민하고 안전한 삶을 실천할 수 있게 되기를 희망합니다.

처음 이 책의 원고를 받아 들었을 때 작가들이 아이를 키우는 엄마들이라는 사실에 조금 의아해했습니다. 왜 안전 전문가에게 맡기지 않았을까 궁금했습니다. 하지만 책장을 넘기면 넘길수록 고개를 끄덕일 수밖에 없었습니다. 책의 곳곳에서 아이를 생각하는 엄마의 섬세하고 따뜻한 마음씨가 묻어났기 때문입니다. 이를테면 이 책에서는 모든 상황이 글뿐 아니라 그림으로도 표현되어 있습니다. 초등학생은 물론, 글자를 모르는 미취학 아동도 볼 수 있도록 배려한 것입니다. 어려운 용어는 알기 쉽게 풀어 써 두었고, 어린이들이 지켜야 할 규칙과 엄마들을 위한 심화 안전 정보를 세밀하게 구분하여 엄마들이 입체적으로 안전사고에 대비할 수 있도록 했습니다. 엄마들의 생생한 육아 경험이 밑바탕이 되었기에 더욱 알찬 백과사전이 만들어진 것이 아닌가 싶습니다. 심혈을 기울여 좋은 원고를 써 준 작가님들의 수고와 노력에 다시 한 번 박수를 보냅니다.

'하인리히의 법칙'에 대해 한번쯤 들어본 적이 있을 것입니다. 1920년대 미국의 하인리히라는 사람이 산업재해 사례를 분석하면서 발견한 법칙으로, 1건의 대형사고가 일어나기 전에 그와 관련된 경미한 사건·사고가 반드시 존재한다는 법칙입니다. 우리 일상에서도 마찬가지입니다. 자고 사소한 사고를 예방하지 못하면 대형 참사로 이어질 수 있습니다. 사고의 위협은 늘 우리 곁에 도사리고 있습니다. 무엇보다 어린이는 잠깐의 방심에도 큰 사고를 당할 수 있습니다. 부디 많은 부모님이 이 책을 통해 아이들을 보다 안전하게 보살피기를 바랍니다. 나아가 우리 사회가 어린이를 더욱 안전하게 보호하는 안전 지킴이가 되기를 바랍니다.

-(사)어린이안전학교 대표 허 억

CONTENTS

꺼꾸리의 어린이 안전 백과

추천의 글   6
일러두기   14

PART 01 >>> 가정 안전

거실/방
- 집 안에서 뛰지 않아요   16
- 가구에 올라가지 않아요   18
- 블라인드 줄에 매달리지 않아요   20
- 침대 위에서 뛰지 않아요   22
- 운동기구로 장난치지 않아요   24
- 건강의료기를 갖고 놀지 않아요   26

다용도실/베란다
- 아무 물건이나 만지지 않아요   27
- 세탁기 안에 숨지 않아요   28
- 세제를 먹지 않아요   30
- 베란다 밖을 내다보지 않아요   32
- 꽃을 함부로 만지지 않아요   34

부엌
- 가스가 새는지 확인해요   36
- 전기레인지를 만지지 않아요   38
- 전자레인지를 올바르게 사용해요   40
- 냉장고를 바르게 사용해요   42
- 날카로운 물건을 조심해요   44
- 뜨거운 물건을 조심해요   46
- 식기세척기를 함부로 열지 않아요   49
- 식사 시간에 장난치지 않아요   50
- 싱크대를 함부로 열지 않아요   52

화장실
- 화장실을 안전하게 이용해요   54
- 안전하게 목욕해요   56
- 치약과 샴푸를 주의해서 사용해요   58
- 청소용품으로 장난치지 않아요   60

PART 02 공공 안전

장소
- 유치원에서 안전하게 놀아요 — 62
- 도서관을 올바르게 이용해요 — 65
- 마트 진열대에 매달리지 않아요 — 66
- 마트에서 카트로 장난치지 않아요 — 68
- 병실에서 장난치지 않아요 — 70
- 안전하게 줄을 서서 공연(영화)을 기다려요 — 71
- 공연(영화)을 안전하게 봐요 — 72
- 공연이 끝났다고 뛰어나가지 않아요 — 74
- 안전하게 전시를 관람해요 — 76
- 놀이공원에서 안전하게 놀아요 — 78
- 동물원에서 안전하게 구경해요 — 82
- 공사장 근처에 가지 않아요 — 84
- 목욕탕을 안전하게 이용해요 — 86

시설
- 계단을 안전하게 이용해요 — 88
- 엘리베이터를 안전하게 이용해요 — 89
- 에스컬레이터를 안전하게 이용해요 — 90
- 회전문을 안전하게 지나가요 — 91
- 자동문을 안전하게 지나가요 — 92
- 환풍구 근처를 안전하게 지나가요 — 93
- 복도를 안전하게 지나가요 — 94

PART 03 교통 안전

보행
- 길에서 안전하게 걸어 다녀요 — 96
- 횡단보도 앞에서 안전하게 기다려요 — 98
- 횡단보도를 안전하게 건너요 — 99
- 비 오는 날 안전하게 이동해요 — 102

등하교
- 안전하게 걸어서 학교에 가요 — 103
- 통학버스를 안전하게 타요 — 104

골목길(이면도로)
- 좁은 골목길에서 안전하게 이동해요 — 106
- 대문을 열고 갑자기 나가지 않아요 — 108

자전거
- 골목길에서 안전하게 자전거를 타요 — 109
- 자전거를 올바르게 타요 — 110
- 자전거 전용도로를 올바르게 이용해요 — 112
- 한 방향 자전거 전용도로를 올바르게 이용해요 — 113

자동차
- 안전하게 차에 타요 — 114
- 카시트를 제대로 착용해요 — 115
- 주차장에서 조심해서 내려요 — 118
- 핸들을 마음대로 만지면 안 돼요 — 120

지하철	지하철 계단과 에스컬레이터를 안전하게 이용해요	122
	지하철을 안전하게 이용해요	124
	스크린도어에 끼이지 않게 조심해요	126
	지하철 감전 사고에 주의해요	128
	선로에 떨어졌을 때는 도움을 요청해요	129
배	배에 안전하게 탑승해요	130
	배에서 위험한 행동을 하지 않아요	132
비행기	비행기가 착륙할 때까지 안전하게 이용해요	134

PART 04 놀이 안전

장난감	장난감을 안전하게 갖고 놀아요	136
	헝겊 장난감을 안전하게 갖고 놀아요	140
물놀이	물놀이를 하기 전에 준비 운동을 해요	142
	구명조끼를 입어요	144
	안전하게 물놀이를 해요	146
	안전하게 물놀이를 끝내요	150
실내 수영장	수영장에서 안전하게 놀아요	152
	놀이기구를 올바르게 이용해요	154
	수영장 배수구를 조심해요	156
바다	바닷가 위험 지역에 가지 않아요	157
	해변에서 안전하게 놀아요	160
	해파리에게 물리지 않게 조심해요	162
계곡	계곡에서 안전하게 놀아요	164
물가 근처	안전하게 얼음낚시를 즐겨요	166
	갯벌에서 안전하게 놀아요	168
야외 놀이	연을 안전하게 날려요	170
	비비탄을 함부로 쏘지 않아요	171
	폭죽을 조심해서 다뤄요	172
등산	등산장비를 잘 챙겨요	174
	안전하게 등산해요	178
	야생 동물을 조심해요	180
캠핑	안전하게 캠핑을 즐겨요	182
	화재 사고를 조심해요	186
	다치지 않게 조심해요	190
놀이터	놀이터에서 안전하게 놀아요	192
	그네를 안전하게 이용해요	195
	미끄럼틀을 안전하게 이용해요	196
	시소를 안전하게 이용해요	198
	철봉을 안전하게 이용해요	199
	회전대를 안전하게 이용해요	200

PART 05 미디어 안전		
중독	텔레비전을 오래 보지 않아요	202
	스마트폰을 오래 갖고 놀지 않아요	204
	습관적으로 정보를 검색하지 않아요	207
	게임을 오래 하지 않아요	208
	아무 물건이나 사지 않아요	210
사이버 범죄	사이버 공간에서 친구들을 괴롭히지 않아요	212
	개인 정보를 지켜요	214
	성인 콘텐츠를 보지 않아요	216

PART 06 스포츠 안전		
준비	준비 운동으로 근육을 풀어 줘요	218
	안전하게 보호장비를 착용해요	220
공놀이	안전하게 야구를 해요	222
	안전하게 축구를 해요	224
	안전하게 농구를 해요	226
탈것	눈썰매/스케이트/스키를 안전하게 타요	228
	인라인스케이트/스케이트보드/킥보드를 안전하게 타요	232
혼자 하는 운동	안전하게 줄넘기를 해요	234

PART 07 식품 안전		
재료 구입	신선한 재료를 골라요	236
	농약이 묻지 않은 재료를 골라요	240
	오염된 곳에서 자라거나 독성이 있는 재료를 피해요	242
	유전자변형식품과 방사능오염식품에 대해 알아봐요	246
재료 보관	음식을 제대로 보관해요	249
	곰팡이 핀 음식을 먹지 않아요	252
음식 조리	탄 음식을 먹지 않아요	254
	환경호르몬 없이 조리해요	257
	너무 단 음식은 몸에 좋지 않아요	258
가공식품	통조림식품을 안전하게 먹어요	260
	햄을 한꺼번에 많이 먹지 않아요	262
	라면을 너무 맵고 짜게 먹지 않아요	264
간식	음료수 대신 물을 마셔요	266
	과자와 빵을 먹을 때는 유통기한을 확인해요	268
	패스트푸드와 분식을 많이 먹지 않아요	270
	불량식품을 먹지 않아요	272

CONTENTS

유괴	낯선 사람을 경계해요	276
	낯선 차가 따라오면 도망가요	278
	내 이름을 안다고 모르는 사람을 따라가지 않아요	280
	집에 혼자 있을 때는 함부로 문을 열어 주지 않아요	282
성폭력	어른이 몸을 만지면 큰 소리로 "싫어요!" 하고 말해요	284
	이성 친구와 함께 있을 때는 서로 예의를 지켜요	286
	올바른 성교육을 받아요	288
	이상한 아저씨가 보이면 경찰에 신고해요	290
미아 발생	엄마를 잃어버리면 3단계를 생각해요	292
	길을 잃었을 때 엄마에게 전화해요	295

지반침하/싱크홀	구멍 근처에 가지 않아요	298
대형 참사	무너지는 건물에서 안전하게 탈출해요	300
	추락하는 비행기에서 안전하게 탈출해요	302
	침몰하는 배에서 안전하게 탈출해요	304
화재	화재현장에서 안전하게 탈출해요	307
	고층 건물 화재현장에서 안전하게 탈출해요	312
	아파트/주택 화재현장에서 안전하게 탈출해요	315
	산불현장에서 안전하게 탈출해요	318
	지하철 화재현장에서 안전하게 탈출해요	320

미세먼지/황사	황사가 심한 날에는 밖에 나가지 않아요	324
	마스크를 쓰고 외출해요	326
	외출하고 돌아오면 깨끗이 씻어요	328
지진/화산	건물 안에 있을 때는 안전한 곳으로 대피해요	330
	바깥에 있을 때는 넓은 장소로 대피해요	332
	화산이 폭발할 때 안전하게 대피해요	334
태풍/장마/파도	바람이 세게 불 때 밖에 나가지 않아요	336
	비가 많이 올 때 밖에 나가지 않아요	338
	큰 파도에 쓸려가지 않게 조심해요	340
번개/우박	번개가 치면 감전되지 않게 조심해요(집 밖)	342
	번개가 치면 감전되지 않게 조심해요(집 안)	345
	우박으로부터 내 몸을 지켜요	346

PART 11 › 전기 안전

기본 수칙	콘센트에 플러그를 제대로 끼워요	348
	정전이 되었을 때 안전하게 행동해요	352
여름 가전	선풍기를 안전하게 사용해요	354
	에어컨을 안전하게 사용해요	356
	제습기를 안전하게 사용해요	358
겨울 가전	전기장판을 안전하게 사용해요	359
	난로를 안전하게 사용해요	362
생활 가전	휴대전화가 폭발하지 않게 조심해요	364
	청소기를 사용할 때 장난치지 않아요	366
	헤어드라이어를 안전하게 사용해요	368
	다리미를 함부로 만지지 않아요	370

PART 12 › 질병 및 사고 안전

예방	식중독을 예방해요	372
	음식 알레르기를 예방해요	376
	멀미를 예방해요	378
	예방접종을 해요	380
	유행성 감기를 예방해요	382
치료	병원에 가서 제대로 치료를 받아요	385
복용	영양제를 안전하게 먹어요	388
	약을 안전하게 먹어요	390
	알약을 안전하게 먹어요	394
	시럽제를 안전하게 먹어요	396
	가루약을 안전하게 먹어요	397
	감기약을 안전하게 먹어요	398
응급처치	감전 사고에 올바르게 대처해요	400
	화상 사고에 올바르게 대처해요	402
	골절 사고에 올바르게 대처해요	404
	음식이 목에 걸렸을 때 올바르게 대처해요	406
	자동심장충격기를 올바르게 사용해요	408
	물에 빠진 사람을 구해요	410
	코피가 날 때 올바르게 대처해요	412

찾아보기	413
참고자료	422
작가의 말	424

일러두기

꺼꾸리 안전 Tip은…
어린이들이 읽고 일상생활 속에서 스스로 안전을 지킬 수 있도록 도와줍니다.

엄마 안전 Tip은…
부모님이 알아야 할 안전수칙과 보다 전문적인 안전 정보를 알려 줍니다.

본문 그림은…
어린이 안전사고의 각 상황을 그림으로 표현하였습니다. 글을 읽지 못하는 어린이도 그림을 보며 안전수칙을 익힐 수 있도록 도와줍니다.

'알아 두면 좋은 안전 상식'은…
관심은 있지만 지나치기 쉬운 생활 속의 안전 상식을 자세하게 설명함으로써 폭넓고 깊이 있는 안전 지식을 쌓을 수 있도록 도와줍니다.

'이런 사고도 있었어요'는…
실제 사고 사례를 제시하여 효율적으로 사고에 대비할 수 있도록 해 줍니다.

'미리미리 안전 연습'은…
'확인해 봐요'에서는 평소 생활을 점검해 보고, 올바른 안전 습관을 기를 수 있도록 도와줍니다.
'만화로 배워요'에서는 안전사고 상황과 대처방법을 재미있는 만화로 보여 주어, 더욱 생생하게 안전수칙을 기억할 수 있게 해 줍니다.
'몸으로 익혀요'에서는 위급상황에서 안전하게 행동하는 요령을 구체적으로 가르쳐 줍니다.

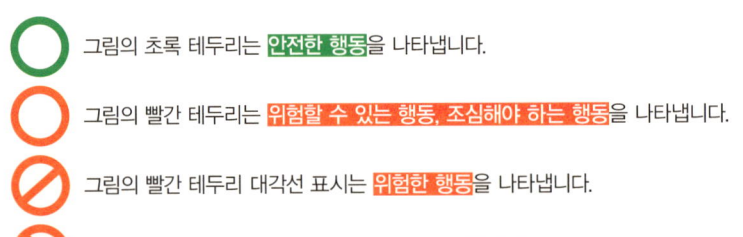

01
PART
가정 안전

거실/방
다용도실/베란다
부엌
화장실

01 가정 안전 ▶ 거실/방

집 안에서 뛰지 않아요

꺼꾸리 안전 Tip

▶▶▶ **위험한 행동을 하지 않아요.**

- 집 안에서 뛰어다니지 않아요. 벽에 부딪히거나 문틈에 손발이 끼일 수 있어요. 문턱에 걸려 넘어질 수도 있고요. 투명한 유리문을 보지 못하고 부딪히면 이가 부러지거나 깨진 유리 조각에 얼굴을 베일 수 있어요.
- 연필, 칫솔, 숟가락, 포크처럼 길고 딱딱한 물건을 입에 물고 돌아다니지 않아요. 길고 딱딱한 물건을 입에 물고 돌아다니다 넘어지면 입안을 심하게 다칠 수 있어요.
- 꽃병이나 액자, 거울처럼 깨지기 쉬운 물건을 만지지 않아요. 만일 깨진 유리 조각에 베였다면 깨끗한 천으로 피가 난 곳을 꽉 눌러 지혈하고, 상처 부위를 심장보다 높이 올려요.

▶▶▶ **서랍으로 장난치지 않아요.**

- 서랍을 열고 닫는 장난을 치면 서랍장에 손이 끼일 수 있어요.
- 잠금장치가 된 서랍을 억지로 빼내지 않아요.
- 서랍 속 내용물을 함부로 만지지 않아요. 위험한 물건이 들어 있을 수 있어요.

>>> **집 안을 잘 정리해요.**
- 바닥에 불필요한 물건이 없도록 잘 정리해요. 장난감, 전선 등 물건이 널려 있으면 넘어지거나 다칠 수 있어요.
- 위험한 물건을 테이블 위에 놓지 않아요. 떨어지면 다칠 수 있어요.
- 집 안을 어린이의 눈높이에서 구석구석 잘 살펴봐요. 카펫과 가구 밑에 작지만 위험한 물건이 떨어져 있을 수 있어요.
- 카펫이나 매트에 구멍이 나면 즉시 보수하고, 평소에 끝이 말리지 않도록 잘 관리해요. 발끝에 걸리면 넘어질 수 있어요.
- 청결을 유지해요. 집먼지진드기 등으로 인해 아플 수 있어요.

>>> **사고가 일어나지 않게 미리 조치해요.**
- 문턱에 걸려 넘어지지 않도록 바닥재를 문지방과 같은 높이로 맞춰요. 문지방을 없애는 것도 좋은 방법이에요.
- 타일이나 나무 바닥은 표면이 미끄럽지 않게 처리해요.
- 방문과 현관문에 끼임 방지장치를 설치하고, 유리문에 스티커를 붙여요. 끼임 방지장치에는 손가락 보호대, 문 고정장치, 도어체크* 등이 있어요. 방문에는 문 고정장치를, 현관문에는 도어체크를 설치하는 것이 좋아요.
- 창문을 열어 두었다면 방문을 꼭 고정시켜요. 바람이 불어 문이 갑자기 닫히면 다칠 수 있어요.
- 투명한 유리문에는 비산* 방지용 필름이나 테이프를 붙여요.

>>> **위험한 물건은 어린이의 눈에 띄지 않고, 손이 닿지 않는 곳에 보관해요.**
- 사기나 유리제품은 설치와 보관에 특별히 유의해요.
- 유리제품이 깨졌을 때는 장갑을 끼고 즉시 치워요. 깨진 유리 조각은 신문지에 싸서 따로 배출해요. 진공청소기로 파편까지 깨끗이 청소해요.
- 문구류는 잠금장치를 사용해서 따로 보관해요. 특히 어린이가 문구용 칼을 호기심으로 만졌다가 베이는 경우가 많으니 주의해요.
- 순간접착제, 전문의약품 등 중독 주의 제품은 따로 보관해요.
- 유효기간이 지난 의약품은 가까운 약국에 갖다 줘요.

* **도어체크** 문이 자동으로 천천히 닫히게 하는 안전장치
* **비산** 사방으로 날아 흩어지는 것

01 가정 안전 ▶ 거실/방

가구에 올라가지 않아요

➤➤➤ **가구에 올라가거나 수납장 안에 숨지 않아요.**

- 텔레비전, 책꽂이에 올라가거나 흔들지 않아요. 무거운 가전제품이 수납장 아래로 떨어지거나 가구가 넘어지면 크게 다칠 수 있어요.
- 높은 곳에 혼자 올라가지 않아요. 떨어지면서 다칠 수 있어요.
- 바퀴 달린 의자 위에 올라가지 않아요. 의자가 움직이면서 중심을 잃고 넘어질 수 있어요.
- 수납장 안에 들어가지 않아요. 공기가 통하지 않아 숨 쉬기 어려울 수 있어요.

➤➤➤ **전기제품과 가구를 안정적으로 설치해요.**

- 어린이의 손이 닿는 위치에 액자를 걸지 않아요.
- 높은 곳에 시선을 끄는 물건을 올려 두지 않아요.

- 액자가 벽에 안전하게 걸려 있는지 자주 점검해요.
- 책상이나 탁자, 선반 위에 떨어질 만한 물건을 올려 두지 않아요.
- 바퀴가 있어서 움직이는 가구는 잘 치워 놓아요.
- 가구를 선택할 때 모서리가 둥근 것, 소재가 딱딱하지 않은 것, 표면이 매끄러운 것 등을 골라요.
- 가구 모서리에 보호대 또는 두꺼운 면 테이프를 여러 겹 붙여요.
- 4세부터 6세까지의 남자 어린이에게 특히 더 주의를 더 기울여요. 이 시기의 남자 어린이들은 가구에서 떨어져 다치는 비율이 전 연령대의 남녀를 통틀어 가장 높아요.
- 어린이가 가구에 올라가지 않는지 수시로 확인해요. 어린이는 몸에 비해 머리가 크고 무겁기 때문에 떨어질 때 머리부터 바닥에 부딪히는 경우가 많아요. 그래서 낮은 높이의 가구에서도 뇌진탕 사고가 많이 일어나지요.

 안전 상식

가구를 벽에 고정하라고요?

미국에서는 2주일에 1명 이상의 어린이가 거실이나 TV, 장식장 등에 올라갔다가 깔리는 안전 사고가 발생한다고 해요. 그래서 미국소비자보호원에서는 가구와 TV, 장식장 등의 가구를 벽에 고정해 놓는 것을 권하고 있지요. 일반적으로 가구를 구매할 때, 원하면 업체에서 가구를 벽에 고정해 준답니다.

01 가정 안전 ▶ 거실/방

블라인드 줄에 매달리지 않아요

>>> **블라인드를 갖고 놀지 않아요.**
- 침대나 의자 위에 올라가 블라인드 줄을 잡아당기지 않아요. 블라인드 줄을 잡고 놀면 뛰어내리거나 기어오를 때 목에 줄이 감길 수 있어요.
- 커튼을 잡아당기지 않아요. 봉이 떨어지면 봉에 맞아서 다칠 수 있어요.
- 커튼 안에 숨지 않아요. 길고 두꺼운 커튼 안에서 숨바꼭질 놀이를 하면 산소가 부족해 숨이 막힐 수 있어요.

>>> **블라인드를 안전하게 설치해요.**
- 금속이나 나무 블라인드를 사용해요.
- 납 성분이 들어간 페인트를 사용한 플라스틱 블라인드는 전문가에게 의뢰해 페인트

를 제거해요. 봉함제*를 덧바르는 것도 좋아요.
- 어린이의 손에 줄이 닿지 않는 제품을 선택하고, 클립 등을 이용해 줄을 고정해요.
- 고리 형태의 블라인드에는 끝에 안전태슬*을 달아요.
- 블라인드 끈의 줄 바구니를 만들어 보관하는 것도 좋아요.

 **안전 상식**

블라인드가 안전 관리 대상품목이라고요?

2013년 8월부터 블라인드는 기술표준원의 안전 관리 대상품목으로 관리되고 있어요. 이에 따라 사고 예방을 위해 10kg 이상 무게가 가해질 경우 자동으로 줄이 분리되도록 하는 새로운 안전기준이 마련되었지요. 그러나 2015년 실시된 안전성 집중 점검에서 9개 업체 중 4개 업체가 리콜* 명령을 받았어요. 리콜 명령을 받은 블라인드 중에는 가해진 무게가 16kg에 달해도 줄이 분리되지 않은 것도 있었어요.

* **봉함제** 표면에 칠하거나 뿌려서 얇은 막을 형성하는 합성수지
* **안전태슬** 실이나 끈 등을 묶은 장식용 술
* **리콜** 상품의 결함으로 인해 소비자가 생명, 신체 및 재산상의 위해를 입거나 입을 우려가 있을 때 사업자가 스스로 또는 정부의 강제 명령에 의해 제품의 결함 내용을 알리고 제품 전체를 수거하여 교환, 환불, 수리 등의 위해 방지 조치를 취하는 것

 **이런 사고도 있었어요**

블라인드 줄 때문에 목숨을 잃을 수도 있어요.

2012년 6월 부산에서 4세 어린이가 블라인드 줄에 목이 감겨 숨지는 사고가 발생했어요. 사고 당시 어린이는 혼자 거실에서 놀고 있었다고 해요. 그해 9월 11일에는 전남 여수의 한 아파트에서 4세 어린이가 창문에 설치된 블라인드 줄을 가지고 놀다가 목이 감겨 숨졌지요. 같은 달 13일에 대구에서는 생후 16개월 여자 어린이가 블라인드 줄에 목이 감겨 중태에 빠졌지만, 목에 줄이 감기자마자 엄마가 발견해 병원으로 옮겨 다행히 목숨을 잃지는 않았어요.

01 가정 안전 ▶ 거실/방

침대 위에서 뛰지 않아요

꺼꾸리 안전 Tip

>>> **올바른 수면 습관을 들여요.**
- 크고 무거운 이불을 뒤집어쓰지 않아요. 크고 무거운 이불을 뒤집어쓰면 숨 쉬기가 어려워요.
- 밤 10시 전에 잠들어요. 밤 10시부터 새벽 2시 사이에 뼈와 근육을 발달시키는 성장 호르몬이 분비돼요.

>>> **2층 침대는 무너질 위험이 있어요.**
- 난간에 걸터앉거나 매달리지 않아요.
- 위쪽 침대에 2명 이상 올라가지 않아요.
- 위쪽 침대에서 뛰지 않아요.

>>> **영유아는 돌연사증후군*의 위험이 있어요.**
- 영유아를 성인용 침대에 엎드려 재우지 않아요. 침대와 벽면 사이에 끼거나 푹신한 침구류에 파묻혀 질식할 수 있어요. 베개나 두꺼운 이불, 인형, 그 밖의 부드러운 제품도 침대에 두지 않아요.
- 등이 바닥에 닿게 똑바로 뉘어 재워요.

>>> **5세 이하의 어린이는 2층 침대 위에서 재우지 않아요.**
- 2층 침대에서 떨어지면 크게 다칠 수 있어요.
- 만약 사용한다면 가드레일이나 헤드보드, 풋보드 등 침대 프레임과 매트리스와의 틈이 9cm 이하인지 확인해요.
- 정해진 규격의 매트리스만 사용하고, 난간의 부착 상태를 수시로 확인해요.
- 사용하지 않을 때는 착탈식 사다리를 침대 상단에 올려놓아요.
- 오르내릴 때 미끄러지지 않도록 미끄럼 방지장치를 설치해요.

>>> **난간, 안전바, 안전가드가 있고 너무 높지 않은 어린이용 침대를 사용해요.**
- 안전기준에 맞는 견고하고 평평한 제품을 선택해요.
- 느슨한 부분이 없는지 주기적으로 점검해요.
- 창문 옆에 침대를 두지 않아요. 어린이가 딛고 올라갈 수 있어요.
- 어린이가 침대에 있는 동안에는 난간을 올려 둬요.
- 침대에 몸이 끼지 않도록 이불을 사용해 틈새를 막아요.
- 침대는 벽면에 붙여서 설치해요. 침대와 벽면 사이에 끼어 질식하는 사고를 예방할 수 있어요.
- 침대에는 18cm 이상 되는 끈이나 리본으로 된 장난감 등을 달거나 걸치지 않아요.
- 침대 근처 바닥에 날카로운 물건을 치워요. 떨어졌을 때 다칠 수 있어요.

>>> **방염* 처리된 이불을 쓰고, 잠옷을 입어요.**
- 면은 불꽃에 취약한 소재이기 때문에 불이 닿으면 쉽게 옮겨붙지만, 방염 처리된 이불을 덮고 있으면 화재 초기에 불의 확산 속도와 유독가스 발생을 줄여 대피시간을 확보할 수 있어요.
- 잠옷도 방염 처리된 것으로 골라요. 불이 옮겨붙기 쉬우니까 헐렁한 잠옷은 입지 않아요.

---

* **돌연사증후군** 건강한 아이가 아무런 조짐이나 원인 없이 갑작스럽게 사망했을 때 내리는 진단
* **방염** 화재 시 섬유제품에 불꽃의 착화 및 확산을 지연시키는 성능

01 가정 안전 ▶ 거실/방

운동기구로 장난치지 않아요

>>> **운동기구에 가까이 가지 않아요.**
- 운동기구를 끌어당기거나 위에 올라가지 않아요. 운동기구는 크기가 크고 무겁기 때문에 넘어지면 몸이 눌리거나 끼일 수 있어요.
- 러닝머신*이 작동할 때 매달려 놀거나 벨트 아래에 손을 넣지 않아요.

>>> **안전사고 예방을 위한 장치가 있는 제품을 구매해요.**
- 안전관리대상 공산품에 사용되는 안전마크(KPS)를 부착한 제품을 구입해요.
- 러닝머신은 꼭 안전덮개가 적용된 제품을 구매해요. 러닝머신을 보관할 때 안전덮개를 덮으면 몸이 끼이는 사고를 방지할 수 있어요.

>>> **반드시 어린이의 손이 닿지 않는 곳 또는 안전울타리 안에 설치해요.**

---

* **러닝머신** 바닥이 움직이는 벨트로 되어 있으며 그 위에서 걷거나 뛰는 운동기구

- 사용하지 않을 때는 플러그를 뽑아요.
- 작동 중인 러닝머신 곁에 어린이가 머물지 못하게 해요.
- 러닝머신 근처에 어린이가 있을 경우 반드시 보호자가 곁에 있어야 해요.
- 작동이 완전히 멈출 때까지 주의를 기울여요.
- 사이클이나 덤벨 같은 운동기구도 어린이의 손이 닿지 않는 곳에 설치하고 보관해요.

>>> **러닝머신 주변에 다른 물건을 쌓아 두지 않아요.**
- 러닝머신 뒤에 최소한의 안전공간(2m×1m)을 확보해요.
- 러닝머신 근처에 창문이 있을 경우 블라인드는 설치하지 않아요. 이미 설치했다면 블라인드 줄을 어린이의 손이 닿지 않는 높이로 설정해요.

>>> **운동기구를 사용할 때도 안전사고에 유의해요.**
- 사용 전 고장 난 부분이 없는지 미리 점검한 후에 작동해요.
- 제품 사용방법 및 주의사항 등을 충분히 익힌 후 설치해요.
- 운동기구에 따라 양말 또는 실내용 운동화를 착용해요.

안전 상식

운동기구 사고는 가정에서 제일 많이 일어난다고요?

한국소비자원에 따르면 2006년부터 2008년까지 접수된 운동기구 관련 안전사고는 모두 322건으로 해마다 꾸준히 증가하고 있어요. 헬스클럽이나 공공장소보다 가정에서 사고가 더 많이 일어났으며, 14세 이하의 어린이 사고가 전체 사고 건수의 절반을 차지했어요. 사고가 많이 발생한 운동기구를 살펴보면 러닝머신 관련 사고가 약 40%로 가장 많았어요. 사이클, 덤벨, 복부 운동기구 등으로 인한 사고도 많았지요.

만 4세 이하 어린이의 가정 내 운동기구 안전사고가 늘어나고 있어요.

2008년 12월, 춘천에 사는 5세 남자 어린이가 가정용 헬스 사이클에 발가락이 끼었어요. 2011년 11월에는 가정 내 설치된 러닝머신에 4세 남자 어린이의 손가락이 말려들어 가는 사고가 있었지요. 운동기구로 인한 어린이의 골절 및 화상은 성장에 지장을 줄 수 있고, 흉터로 인해 여러 차례 수술을 해야 하기 때문에 예방에 특히 주의를 기울여야 해요.

01 가정 안전 ▶ 거실/방

건강의료기를 갖고 놀지 않아요

>>> **건강의료기를 만지지 않아요.**
- 건강의료기는 올바른 사용법을 알아야 해요. 어린이는 사용하지 않는 게 좋아요.
- 물 묻은 손으로 만지지 않아요. 감전 또는 화재 사고가 날 수 있어요.

>>> **건강의료기를 안전하게 사용해요.**
- 족욕기나 발마사지기는 용도에 맞게 알맞은 부위에 사용해요.
- 사용설명서를 잘 읽고, 몸 상태를 살펴 사용시간을 조절해요. 너무 오래 사용하면 오히려 몸에 안 좋을 수 있어요.
- 족욕기를 너무 오래 사용하지 않아요. 온도를 과하게 높여서도 안 돼요. 물집이 잡히거나 화상을 입을 수 있어요.
- 족욕기를 사용할 때 물에 오일이나 젤 등의 다른 물질을 섞어서 사용하지 않아요. 온도가 필요 이상 높아져 화상을 입을 수 있어요.
- 사용 중에 기기를 이동시키거나 물기가 많은 곳에서 조작하지 않아요. 감전이나 누수의 원인이 될 수 있어요. 물이 새면 즉시 전원을 차단하고 수리를 요청해요.

다용도실/베란다 ▶ **가정 안전 01**

아무 물건이나 만지지 않아요

>>> **아무 물건이나 함부로 만지지 않아요.**
- 대걸레, 빗자루 같은 청소도구로 야구나 칼싸움 등의 놀이를 하지 않아요.
- 공구함을 만지지 않아요. 공구함에는 망치나 송곳, 못, 톱 등 무겁고 날카로운 물건이 많이 들어 있어요.

>>> **위험한 물건은 따로 보관하고, 잠금장치를 해요.**
- 망치, 톱 같은 공구와 핀, 바늘, 가위 등의 재봉도구를 따로 보관해요.
- 재봉도구 중에서 단추처럼 작은 물건은 보관에 특히 주의해요. 어린이가 단추를 삼키는 사고가 종종 발생해요.
- 문구용 칼과 가위를 따로 보관해요.
- 순간접착제나 전문의약품 등 중독 주의 제품을 따로 보관해요.
- 위험한 물건은 사용 후 제자리에 안전하게 보관하고, 어린이가 호기심에 만지지 못하도록 반드시 잠금장치를 해요.

01 가정 안전 ▶ 다용도실/베란다

세탁기 안에 숨지 않아요

>>> **위험한 행동을 하지 않아요.**
- 숨바꼭질을 할 때 닫힌 공간에 숨지 않아요. 드럼세탁기, 냉장고, 냉동고, 대형 아이스박스, 싱크대, 장롱 등에 갇히면 바깥 소리가 잘 들리지 않아요. 내 소리도 바깥에 들리지 않아요. 오래 갇혀 있으면 공기가 통하지 않아 숨이 막혀요.
- 세탁기 속 빨랫감을 마음대로 꺼내지 않아요. 잘못하면 세탁기 안으로 빨려 들어갈 수 있어요.

>>> **세탁기와 주변의 위험요소를 없애요.**
- 어린이가 세탁기 안에 절대로 들어가지 않도록 평소에 주의를 줘요.
- 드럼세탁기는 문이 완전히 닫히지 않는 손잡이 안전캡을 사용해요. 일단 들어가서 문을 닫으면 안에서 문이 열리지 않아 질식사할 수 있어요.

- 일반세탁기는 뚜껑에 잠금장치를 해요.
- 발판으로 쓸 수 있는 물건을 치워요. 주변에 발판이 있으면 일반세탁기에도 어린이가 들어갈 수 있어요.
- 세탁기를 사용하지 않을 때는 누전방지를 위해 수도꼭지를 잠가요.
- 주기적으로 세탁기 내부를 청소해요. 세제 찌꺼기가 남아 곰팡이가 생길 수 있어요.

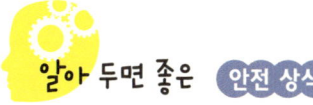

세탁기 안전기준은 어떻게 되나요?

지식경제부 기술표준원의 세탁기 안전기준 개정안에 따르면, 투입구 직경 20㎝, 용량 60L 이상의 드럼세탁기는 안에서 문 중앙으로 93n(뉴턴) 이하의 힘을 가해도 문이 열리도록 설계해야 해요. 5세 어린이가 세탁기 내부에서 양손으로 힘껏 밀었을 때 문이 열려야 한다는 의미예요. 추가로 사용자가 세탁 용량에 따른 물 사용량을 파악하여 에너지를 절약할 수 있도록 세탁기의 주요 수위별 세탁 용량(kg)과 수량(L)을 표시하게끔 규정했어요. 기술표준원은 국내 세탁기 제조사, 소비자 단체와 함께 국내외 안전기준을 검토하고 개정안을 마련한 후 각계 의견 수렴을 거쳐 세탁기 안전기준을 확정했답니다.

이런 사고도 있었어요

세탁기가 놀이공간이 아니라는 사실을 수시로 교육해요.

2010년 2월, 7세 남자 어린이가 드럼세탁기 안에 들어갔다가 나오지 못하고 질식사했어요. 어린이가 들어갈 수 있는 10kg 이상의 드럼세탁기에서는 이런 사고가 자주 발생해요. 제조사에서는 쉽게 열 수 있는 문고리 설계나 환기구 도입 등의 대책을 마련하고 있지요. 사고방지를 위해 가정에서는 드럼세탁기 손잡이의 갈고리형 문고리에 고무 재질의 안전캡을 끼우는 것이 좋아요.

01 가정 안전 ▶ 다용도실/베란다

세제를 먹지 않아요

>>> 주방 세제 같은 가정용 화학제품에는 위험한 물질이 들어 있어요.
- 아무거나 입에 넣으면 안 돼요. 삼키면 배가 아주 많이 아플 수 있어요.
- 피부에 닿게 하지 않아요. 가정용 화학제품은 성분이 아주 독하기 때문에 피부가 짓무를 수 있어요.
- 눈에 들어가지 않게 조심해요. 눈에 들어가면 시력이 손상될 수 있어요.
- 캡슐형 세제*를 삼키지 않아요. 색깔이나 모양이 젤리 같다고 캡슐형 세제를 삼키면 배가 아프거나 호흡곤란이 올 수 있어요.

>>> 어린이가 세제를 입에 넣지 못하도록 평소에 조심해요.
- 어린이에게 세탁실은 놀이공간이 아니라고 교육시켜요.

---
* **캡슐형 세제** 물에 녹는 수용성 필름에 고농축 액체 세제를 1회분씩 포장한 제품

- 어린이가 제품을 만지지 못하게 하고 근처에 없을 때만 제품을 사용해요.
- 포장지 라벨을 꼼꼼히 읽고 세제를 사용해요.
- 반드시 마른손으로 사용하고 사용 후 손을 깨끗이 씻어요.
- 사용 후 뚜껑을 단단히 잠가요.

>>> **세제를 안전하게 보관해요.**
- 어린이 보호포장이 되어 있는 제품을 사용해요. 어린이 보호포장은 만 5세 미만의 어린이가 내용물을 꺼내기 어렵게 설계·고안된 포장이에요.
- 다 쓴 세제와 용기는 안전하게 처리하고, 화학제품은 무조건 본래 용기에 보관해요. 배수관세척제, 표백제 등 사용하고 남은 화학제품을 다른 용기에 보관하면 음료수로 착각하고 마실 수 있어요.
- 세제와 살충제, 가구광택제 등은 제품을 만지지 못하게 잠금장치가 있는 수납장에 보관해요.
- 캡슐형 세제는 제품을 낱개로 용기 밖에 꺼내 두지 않아요.
- 살충제 같은 유해제품은 음식물과 안전한 거리를 두고 보관해요.

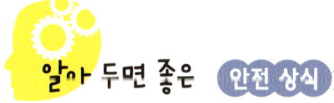

세제를 삼켰을 때는 어떻게 응급처치를 해야 할까요?

세제를 삼켰을 때는 억지로 토하게 하면 안 돼요. 하지만 한국소비자원이 시중에 유통되고 있는 캡슐형 세제를 대상으로 조사한 결과, 8개 제품 중 5개 제품이 "삼킴 사고 시 토하게 하라."는 잘못된 응급처치 정보를 표시하고 있지요.

- 세제를 삼킨 경우, 입과 얼굴을 철저히 헹구고 일단 병원 응급실로 가요.
- 병원에 가서는 언제, 어떤 종류의 세제에 얼마만큼 노출되었는지 의사에게 말해요. 입안에 상처가 없더라도 식도 등이 다쳤을 수 있기 때문에 꼭 의사의 상담을 받아야 해요.
- 세제가 눈에 들어갔다면 즉시 눈을 최소 15분간 물로 헹구고 병원에 가요.

01 가정 안전 ▶ 다용도실/베란다

베란다 밖을 내다보지 않아요

>>> **밖으로 떨어지지 않게 조심해요.**
- 난간에 기대거나 매달리지 않아요.
- 몸을 밖으로 내밀거나 난간에 머리를 끼우지 않아요. 어린이는 머리가 크고 무겁기 때문에 베란다 난간에 매달려 밖을 내다보면 균형을 잃고 밖으로 떨어지기 쉬워요.
- 겨울철에 특히 더 조심해요. 베란다 바닥은 원래 미끄러운데, 바닥이 얼거나 서리가 끼면 더 미끄러워요.

>>> **밖으로 물건을 떨어뜨리거나 던지지 않아요.**
- 밖으로 떨어진 물건을 잡으려고 팔을 뻗거나 몸을 바깥으로 내밀지 않아요.
- 베란다 밖으로 장난감이나 물건을 던지지 않아요. 밖에 있는 사람이 다칠 수 있어요.

>>> **베란다와 창문에 안전장치를 해요.**
- 베란다, 외부로 통하는 창문에 잠금장치를 설치해요. 잠금장치는 어린이의 손이 닿지 않는 높이에 설치하고, 쉽게 해제할 수 없도록 잠금장치에도 보호장치를 해요.
- 베란다와 창문 난간에 반드시 세로 창살을 설치해요. 방충망은 지지하는 힘이 약해요.
- 창문이 아래에 있다면 밑에서부터 10cm에서 13cm 정도만 열리게끔 안전장치를 해요.

>>> **주의를 게을리하지 않아요.**
- 어린이 혼자 두지 않아요.
- 어쩔 수 없는 상황이라면 반드시 창문과 베란다 문을 잠가요.
- 의자, 박스, 화분, 장독대, 운동기구 등 딛고 올라갈 수 있는 물건을 베란다에 두지 않아요. 발판이 있으면 밟고 올라가 밖을 내다보다 추락 사고를 당할 수 있어요.
- 어린이가 창문과 베란다에 기대거나 밖으로 상체를 내미는 행동을 하지 않도록 꾸준히 안전교육을 해요.

어린이가 있는 집에는 어떤 난간이 좋을까요?

난간은 바닥으로부터 높이가 최소한 120cm 이상이어야 안전해요. 거실을 베란다까지 확장한 아파트는 바닥면이 10cm 이상 올라가 상대적으로 난간의 높이가 낮아지니 특히 주의해요. 문양이 있는 세로형 난간 또는 가로형 난간은 어린이가 쉽게 밟고 올라갈 수 있으니 피하고, 세로대의 간격이 10cm 이하인 난간을 설치해요. 세로대 간격이 넓으면 머리가 빠지면서 몸통도 빠질 수 있어요.

이런 사고도 있었어요

베란다 창문 근처에 가재도구를 놓지 않아요.

2011년 9월, 광주에 살던 3세 어린이가 베란다에 있는 장독대에 올라갔다가 15층 아래로 떨어져 목숨을 잃었어요. 그해 10월에는 대구에서 5세 남자 어린이가 아파트 9층에서 추락하는 사고가 있었지요. 이 어린이는 엄마가 동생을 돌보는 사이, 창문 밑에 놓인 매트와 컴퓨터 책상 등을 밟고 올라가 떨어졌어요.

01 가정 안전 ▶ 다용도실/베란다

꽃을 함부로 만지지 않아요

▷▷▷ **꽃이나 열매를 함부로 먹거나 만지지 않아요.**
- 잘 모르는 꽃이나 열매, 줄기나 잎을 함부로 먹지 않아요. 중독 또는 알레르기의 위험이 있어요.
- 가시가 있는 줄기는 만지지 않아요. 찔리거나 베일 수 있어요.
- 화분에 담긴 흙이나 돌을 입에 넣지 않아요.
- 화분을 밟고 올라가지 않아요. 크고 무거운 화분이 넘어지면 큰 사고로 이어질 수 있어요.
- 화분이 깨지면 근처에 가지 않아요. 유리나 사기 화분은 깨지면 파편에 찔리거나 베일 위험이 있어요.

▷▷▷ **화분 관리에 주의해요.**
- 화분에 이름표를 달아요. 공기정화식물 중에도 독이 있는 식물이 있으니 식물의 종류

와 특성을 정확하게 알고 관리해요.
- 살충제, 제초제, 화학비료를 뿌린 식물은 성분이 완전히 마르고 제품에 표시된 권장 시간이 지날 때까지 가까이 가지 않아요.
- 사기나 유리로 된 화분은 아주 무거워서 어린이가 들 수 없거나 무게 중심이 옆으로 골고루 퍼진 제품을 사용하는 것이 좋아요. 어린이가 쉽게 움직일 수 있는 것은 피해요.

알아 두면 좋은 안전 상식

독이 있는 식물을 알아볼까요?

① **잉글리시 아이비** 포름알데히드 제거 능력이 우수해 새집증후군 예방에 좋은 식물이에요. 그러나 잎에 독이 있어 조금만 먹어도 호흡곤란, 혼수상태, 중추신경계 마비 등이 올 수 있어요. 심하면 목숨을 잃기도 해요. 피부가 민감한 사람은 스치기만 해도 알레르기 반응이 일어나요.

② **디펜바키아** 습도를 조절해 주는 식물이에요. 줄기를 잘랐을 때 나오는 하얀 액체에 옥살산칼슘이라는 성분이 들어 있는데, 조금만 먹어도 아주 위험해요. 일단 입에 들어가면 혀와 성대가 마비돼 한동안 말하기 어려워요. 시간이 지나 소화가 되면 점막에 손상이 올 수도 있어요. 평소 소화기 계통이 약한 어린이가 먹으면 목숨을 잃기도 해요.

③ **디기탈리스** 꽃이 아주 예뻐서 먹어도 될 것 같은 착각을 일으켜요. 하지만 먹을 경우 급성 중독으로 심한 착란 상태에 빠지고 기분이 나빠지며, 두통, 구토, 설사, 시야장애, 부정맥, 중추마비 등의 증상이 나타나요. 심하면 목숨이 위태로울 수 있어요.

④ **란타나** 꽃이 7번 변하는 화초예요. 모든 부분에 독성이 있는데, 특히 녹색 열매에 독성이 가장 강해요. 위장 계통에 문제를 발생시킬 수 있고, 순환기 계통에 치명적이에요.

⑤ **협죽도** 한여름부터 가을까지 빨강·노랑·하양의 아름다운 꽃이 피어요. 잎이 버드나무처럼 가늘고 길며 가지는 미끈하지요. 관상용으로 인기가 높은 식물이지만, 잎부터 가지, 뿌리까지 치명적인 독이 있어요. 옛날에는 협죽도에서 화살촉에 바를 독을 얻기도 했대요. 잎이나 가지를 입에 물 경우 구토, 설사를 하고 맥박도 빨라져요. 심하면 심장마비로 목숨을 잃을 수도 있어요.

01 가정 안전 ▶ 부엌

가스가 새는지 확인해요

>>> **가스레인지나 밸브로 장난하지 않아요.**
- 가스레인지나 밸브를 함부로 만지지 않아요.
- 이상한 냄새가 나면 바로 어른에게 알려요.

>>> **가스가 새는지 확인해요.**
- 중간밸브가 열려 있으면 가스밸브를 잠가요.
- 마늘 썩는 냄새*가 나면 즉시 문을 모두 열어 누출된 가스를 밖으로 내보내요.
- 가스가 샐 때 환기를 위해 환풍기나 선풍기 같은 전기제품을 사용하지 않아요. 스위치를 켤 때 생기는 불꽃 때문에 폭발할 위험이 있어요.

---

* **마늘 썩는 냄새** 원래 가스는 냄새가 없지만, 누출되었을 때 쉽게 알아차릴 수 있게 마늘 썩는 냄새가 나는 부취제(메르캅탄류)를 섞어 놓았어요.

 **확인해 봐요**

안전하게 가스를 사용하고 있나요?

☐ 가스를 사용하기 전에 창문을 열어 환기를 시켰나요?
☐ 사용 전 냄새를 맡아 가스가 새지 않는지 확인했나요?
☐ 사용 완료 후 콕과 중간밸브를 확실히 잠갔나요?

>>> **가스 사용 안전수칙을 생활화해요.**
- 연소기 부근에 불이 잘 붙는 물질을 두지 않아요.
- 불꽃 구멍에 음식 찌꺼기가 끼어 있는지 확인해요.
- 콕, 호스 등 연결부를 밴드로 확실하게 조여요. 가스 누출은 연결부에서 일어나는 경우가 많아요.
- 호스가 손상됐다면 즉시 새것으로 교체해요.
- 공기 조절장치로 불꽃이 파란 상태가 되도록 조절해요. 불꽃이 황색이나 적색이라면 불완전 연소 상태예요. 불완전 연소 시에는 효율도 좋지 않고, 일산화탄소가 발생해요.
- 가스레인지를 사용 후 연소기에 부착된 콕은 물론 중간밸브도 확실하게 잠가요.
- 장기간 외출할 때는 용기밸브와 메인밸브를 모두 잠가요. 밀폐된 빈집에서 가스가 새어 나오면 전기 불꽃에 의해 폭발이나 화재 사고가 날 수 있어요.

>>> **안전장비를 설치해요.**
- 가스 누설 차단장치를 설치해요.
- 가스경보기는 천장으로부터 30cm 이내에 설치해요. 가스는 공기보다 가벼워서 위쪽에 머물러요.

>>> **휴대용 가스레인지를 올바르게 사용해요.**
- 큰 불판을 사용하지 않아요. 연소기 삼발이보다 큰 조리기구를 사용하면 부탄가스 캔이 과열돼 터질 수 있어요.
- 부탄가스 캔을 올바르게 장착하고, 포일을 감은 석쇠를 사용하지 않아요.
- 사용 후에는 즉시 부탄가스 캔을 분리해 그늘에 보관해요.
- 2개 이상의 휴대용 가스레인지를 나란히 붙여 사용하지 않아요.

 **안전 상식**

정기적으로 가스 누출 여부를 확인하라고요?

요일을 정해 놓고 비눗물 점검을 실시해요.
① 주방용 액체 세제와 물을 1:1 비율로 섞어요.
② 비눗방울이 일어나면 붓이나 스펀지에 묻혀서 호스의 연결부 주위에 충분히 발라요.
③ 비눗방울이 생기면 가스가 누출되는 거예요.
④ 누출을 발견하면 용기밸브 또는 메인밸브를 잠그고, 반드시 전문가와 상의해요.

01 가정 안전 ▶ 부엌

전기레인지를 만지지 않아요

>>> **전기레인지를 혼자 사용하거나 만지지 않아요.**
- 절대 손으로 만지면 안 돼요. 전기레인지는 전원을 끄고 10분이 지나도 상판 온도가 100℃ 이상이에요.
- 제품에 충격을 주지 않아요. 감전과 화재의 위험이 있어요.
- 전선을 심하게 구부리거나 묶지 않아요. 무리하게 잡아당겨서도 안 돼요. 전선이 끊어지면서 화재가 날 수 있어요.

>>> **전기레인지를 올바르게 사용해요.**
- 마음대로 개조, 분해, 수리하지 않아요. 사고의 원인이 될 수 있어요.
- 정격* 이상의 전용 콘센트를 사용해요. 전기레인지는 전력 소비가 많은 제품이에요.

---

* **정격** 전기기기에 대해 제조자가 규정한 사용 상태

- 여러 개의 화구를 동시에 사용하지 않아요. 전력이 부족할 수 있어요.
- 상판을 비운 채 전원을 켜지 않아요. 과열된 상태로 두면 화재의 위험이 높아져요.
- 열전도율이 좋은 스테인리스 냄비를 사용해요. 조리가 빨리 돼요.
- 최대한 떨어져서 사용해요. 강한 자기장을 사용하는 전기레인지의 경우 전자파 발생량이 클 수 있어요.
- 작동 중에 제품을 손으로 잡고 이동하지 않아요.
- 세라믹 상판을 철 수세미로 닦지 않아요. 균열이 생겨 화재가 발생할 수 있어요.
- 상판에 물이 묻어 있으면 바로바로 닦아요. 끈끈한 이물질도 즉시 제거해요. 전기레인지는 흠집이나 얼룩이 잘 생겨요.
- 사용 후 제품을 물로 닦지 않아요. 감전과 화재의 원인이 될 수 있어요.

알아 두면 좋은 안전 상식

가스레인지와 전기레인지는 어떻게 다를까요?

가스레인지는 공기 중 산소를 태워 조리하기 때문에 유해가스가 발생해요. 반면 전기레인지는 불꽃과 그을음이 생기지 않아 유해가스가 발생하지 않지요. 전기레인지는 작동 원리에 따라 직접 가열 방식(하이라이트Hi-Light)과 유도 가열 방식(인덕션induction) 제품으로 구분해요. 두 전기레인지는 비슷하게 생겼지만 작동 원리나 용기 사용에서 차이가 나므로 편리성·안전성·경제성 등을 종합적으로 따져 선택해요.

이런 사고도 있었어요

전기레인지를 켜 둔 채 오랫동안 방치하면 화재가 날 수 있어요.

2015년 2월 22일 대구 북구의 한 원룸에서 불이 나 약 500만 원의 재산 피해가 발생했어요. 화재 신고를 받고 출동한 119 대원의 말에 따르면 도착 당시 전기레인지가 켜진 상태였고, 주변 옷가지에 불이 붙어 화재가 확산되었다고 해요. 다행히 소방대원들의 신속한 초기 대응으로 큰불로 번지지는 않았어요.

01 가정 안전 ▶ 부엌

전자레인지를 올바르게 사용해요

>>> **전자레인지를 마음대로 사용하지 않아요.**
- 어른이 없을 때 혼자 사용하지 않아요.
- 전자레인지가 작동되면 가까이 가지 않아요. 전자파의 영향을 받을 수 있어요.
- 전자레인지에 데운 음식을 급하게 먹지 않아요. 입안을 델 수 있어요.

>>> **전자레인지를 안전하게 사용해요.**
- 반드시 전자레인지용 그릇을 사용해요. 일반 플라스틱 그릇을 사용하거나 컵라면을 용기째 돌리면 그릇이 녹거나 찌그러지면서 환경호르몬*이 발생해요.
- 알루미늄 포일을 덮지 않아요. 금속 또는 금박 무늬 그릇도 사용하지 않아요. 전자레인지 안에서 불꽃이 일어나 화재가 발생할 수 있어요.
- 전자레인지에 달걀을 돌리지 않아요. 날달걀을 전자레인지에 넣고 돌리면 터져요. 삶은 달걀도 폭발할 위험이 있어요.

---
* **환경호르몬** 인체의 내분비 계통에 이상을 가져올 수 있는 물질

- 단단한 열매를 껍질째 가열하지 않아요. 껍질을 까지 않은 상태로 밤이나 은행을 가열하면 터질 수 있어요.
- 병에 담긴 음료수는 컵에 옮겨서 데워요. 병째 데우면 폭발할 위험이 있어요.

>>> **최소 30cm 이상 떨어져서 사용해요.**

- 전자레인지의 문을 꽉 닫고 사용해요. 조금이라도 열린 상태로 작동하면 많은 양의 전자파가 발생해요. 전자파는 우리 몸의 신호 체계에 간섭하고 세포 간 정보 교환에 혼란을 주는데, 장기간 노출되면 호르몬 분비 체계나 면역세포에 영향을 미쳐 질병이 생길 수 있어요.
- 작동 중에는 최소 30cm 이상, 가급적 1m 이상 떨어져 있도록 해요. 50cm 떨어진 곳에서는 전자레인지 바로 앞보다 전자파가 1/16로 줄어들어요.

>>> **화재를 예방해요.**

- 벽으로부터 10cm 이상 거리를 둬 통풍이 잘 되게 해요. 통풍이 안 되는 경우 내부 온도 상승으로 화재가 일어날 수 있어요.
- 불이 잘 붙는 물질을 가까이 두지 않아요.
- 안이 비어 있는 상태로 작동하면 음식물에 흡수되지 못한 에너지가 내부를 가열시켜 불이 날 수 있어요.

 알아 두면 좋은 안전 상식

전자레인지의 작동 원리를 알아볼까요?

전자레인지는 전자파를 이용, 식품에 존재하는 물 분자를 진동시켜 발생하는 마찰열로 음식을 가열해요. 그래서 전자레인지를 사용할 때는 전자파에 주의해야 해요.

마이크로파

물분자

이런 사고도 있었어요

전자레인지를 사용할 때는 돌비 현상에 주의해요.

2004년 1월 창원의 한 주부가 컵에 물을 담아 전자레인지에 데운 후 커피를 타는 순간 뜨거운 물이 분출되면서 얼굴에 2도 화상을 입었어요. 액체가 끓는점이 돼도 끓지 않고 있다가 충격이나 이물질의 첨가 등에 의해 돌발적으로 끓는 돌비 현상이 일어난 거예요. 전자레인지로 액체를 데울 때는 너무 오래 데우지 말고 종료 후 20, 30초 정도 시간을 둔 후 컵을 꺼내야 해요.

01 가정 안전 ▶ 부엌

냉장고를 바르게 사용해요

>>> **냉장고를 안전하게 사용해요.**
- 냉장고 문틈에 손가락이 끼이지 않게 조심해요.
- 높은 곳에 있는 음식을 무리하게 꺼내지 않아요. 떨어뜨리면 발등을 다칠 수 있어요.
- 젖은 손으로 냉동실 안의 물건을 만지지 않아요. 물건이 손가락에 달라붙어요.
- 냉장고 안에 들어가지 않아요. 안에서는 문이 열리지 않기 때문에 위험해요.
- 알 수 없는 용기에 담겨 있는 액체나 음료수를 함부로 마시지 않아요.

>>> **냉장고를 안전하게 설치해요.**
- 습기가 적고 통풍이 잘 되는 장소에 설치해요. 그렇지 않으면 내구성과 안전성 저하로 제품의 수명이 단축돼요. 화재의 위험도 있어요.
- 냉장고는 24시간 가동하므로 베란다 같은 곳에 설치하면 안 돼요. 먼지, 습기, 진동 등의 영향을 받을 수도 있고, 누전으로 화재가 발생할 수도 있어요.
- 정기적으로 안전을 점검해요.

>>> **냉장고를 바르게 이용해요.**
- 반드시 보관방법을 확인한 후 음식을 넣어요.
- 가정용 화학제품을 다른 용기에 담아 냉장고에 보관하지 않아요. 어린이가 음료수인 줄 알고 마실 수 있어요.
- 냉장이나 냉동이 필요한 식품은 상온에 오래 두지 않고, 바로 냉장고에 넣어요.
- 채소는 이물질이나 흙을 제거하고 랩이나 용기에 밀봉해서 보관해요.
- 채소를 신문지에 싸서 보관하지 않아요. 인쇄물질이 묻어 몸에 해로울 수 있어요.
- 뜨거운 음식은 최대한 빨리 식히고, 식힌 후에 보관해요.
- 냉동 보관을 할 때도 반드시 보존기간을 확인해요.
- 냉장고를 항상 청결하게 유지해요.

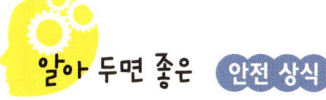

김치냉장고 내부 성에를 어떻게 제거할까요?
성에를 제거할 때 절대 날카로운 도구를 사용하면 안 돼요. 모서리가 날카로운 칼이나 송곳을 사용하면 냉장고 벽면에 있는 냉매관을 건드려 이소부탄가스가 새어 나올 수 있어요. 이소부탄가스가 새어 나오면 폭발 사고가 일어날 수도 있지요.
- 내부에 있는 식품을 모두 꺼낸 후 플러그를 뽑아요.
- 미지근한 물을 김치냉장고와 성에 틈에 뿌려 줘요.
- 10분 정도 지난 후 부드러운 주걱 등을 사용해 성에를 밀어내요.
- 성에와 얼음이 모두 제거되면 마른 수건이나 헝겊으로 물기를 닦아 줘요.

냉장고의 냉매는 어떤 위험성이 있을까요?
차가운 온도를 유지하도록 도와주는 냉매와 관련된 부품은 냉장고 사용에 있어서 가장 위험한 존재예요. 냉장고의 냉매로 사용되는 부탄 계열의 가스(R600A)는 폭발 가능성이 있으며 인증받은 제품이라 할지라도 용접 불량 등의 원인으로 균열이 생기면 밖으로 새어 나와 폭발할 수 있어요. 국제전기표준회의(IEC)에서는 냉매가 누출되더라도 화염이나 폭발이 일어나지 않도록 냉장고가 폭발방지 구조를 갖추도록 규정하고 있지만 혹시 모를 사고를 예방하기 위해서 항상 주의해야 해요.

01 가정 안전 ▶ 부엌

날카로운 물건을 조심해요

>>> **날카로운 물건은 만지지 않아요.**
- 꼭 날카로운 물건을 사용해야 할 때는 어른에게 부탁해요. 칼, 포크, 가위, 채칼 등은 모서리가 날카롭고 뾰족해 찔리거나 베이면 크게 다칠 수 있어요. 손가락에 힘이 많이 없고 아직 도구 사용이 서툰 어린이에게는 정말 위험해요.
- 랩과 포일을 함부로 만지지 않아요. 포장 상자의 톱날에 손가락을 벨 위험이 있어요.
- 절대 믹서의 작동버튼을 누르지 않아요. 믹서는 칼날을 빠르게 돌려 과일이나 채소 등 음식물을 가는 조리기구로, 잘못 만지면 크게 다칠 수 있어요.

>>> **원터치캔은 위험해요.**
- 어린이가 원터치캔을 뜯지 못하게 해요. 날카로운 절단면에 근육이나 신경이 다칠 수 있어요.

- 원터치캔은 분리수거할 때도 조심해요. 개봉 후 떼어 낸 뚜껑과 용기를 바로 버려요.
- 안심따개를 적용한 캔을 구매해요. 안심따개는 알루미늄 포일 재질의 뚜껑에 탭을 붙이고 이를 잡아당겨 손쉽게 개봉할 수 있도록 만든 포장 형태예요. 강철따개에 비해 가볍고 적은 힘으로 열 수 있어서 사고 발생의 위험이 낮아요. 최근 사고 방지를 위해 기존의 강철따개 대신 안심따개를 적용한 제품이 늘고 있어요.

>>> **믹서는 사용법을 제대로 숙지하고 사용해요.**
- 음식물은 깍두기 크기로 잘게 썰어 용기의 2/3까지만 채워요. 내용물이 너무 크거나 용기를 가득 채우면 칼날이 제대로 회전되지 않아요. 무리하게 작동시키면 사고가 날 수 있어요.
- 삶은 재료는 반드시 60℃ 이하로 식혀 넣어요. 뜨거운 재료를 넣고 작동시키면 내부 온도가 올라가고 압력이 상승해 폭발할 수 있어요. 폭발하면 뜨거운 내용물이 튀어 화상을 입을 수도 있고, 용기가 깨지면서 다칠 수도 있어요.
- 핸드블렌더 같은 소형 믹서는 사용하지 않을 때 반드시 전원을 꺼요. 칼날이 외부로 노출돼 있어 조금만 방심해도 다칠 수 있어요.
- 부속을 교체하거나 세척할 때 칼날을 직접 만지지 않아요.
- 세척할 때는 베이킹소다나 달걀껍데기를 적당량의 물과 섞어 작동시킨 뒤 헹궈요. 믹서를 안전하고 깨끗하게 씻을 수 있어요.

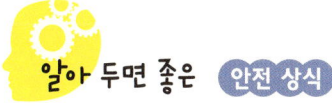

손가락 절단 사고가 나면 어떻게 해야 할까요?
- 믹서 등 날카로운 물건에 손가락이 잘리면 먼저 깨끗한 천으로 상처 부위를 지혈해요.
- 절단된 손가락은 깨끗한 천에 싼 다음 지퍼백 등에 넣고, 다시 얼음을 담은 통에 넣어요. 이때 절단된 부위가 얼음에 직접 닿지 않도록 꼭 천에 싸고 지퍼백에 넣어야 해요.
- 그다음 바로 병원으로 가요.

01 가정 안전 ▶ 부엌

뜨거운 물건을 조심해요

>>> **뜨거운 물건을 만지지 않아요.**
- 작동 중인 전기밥솥에 가까이 가지 않아요. 전기밥솥에서는 뜨거운 증기가 뿜어져 나와요.
- 끓고 있는 전기주전자를 손으로 만지지 않아요.
- 주전자 뚜껑은 증기가 멈췄을 때 열고, 주전자의 주둥이는 사용하는 사람의 몸 반대쪽을 향하게 둬요.
- 정수기에서 혼자 온수를 받지 않아요. 뜨거운 물에 델 수 있어요.

>>> **화상을 입지 않게 조심해요.**
- 조리 후 손잡이가 긴 냄비는 반드시 안쪽으로 돌려놓아요. 냄비 손잡이를 잘못 건드리면 내용물이 쏟아져 화상을 입을 수 있어요. 조리할 때도 어린이의 손이 닿지 않도록 가스레인지의 안쪽 버너를 사용해요.

- 전기밥솥은 어린이의 손에 닿지 않는 곳에 둬요. 전기밥솥이 취사 중일 때는 특이한 소리와 함께 증기가 뿜어져 나오는데, 이 모습에 호기심을 갖고 증기 배출구에 손을 짚어 화상을 입는 어린이가 많아요. 전기밥솥은 특히 화상에 노출되는 시간이 긴 것이 특징이에요.
- 정수기의 온수 출구에 꼭 2중 안전장치를 설치해요. 정수기 온수의 온도는 대략 85℃예요. 어린이 피부에 1초만 직접 닿아도 2도 화상*을 일으킬 만큼 높은 온도지요. 2중 안전장치가 없으면 정수기 온수를 잠가 둬요.
- 뜨거운 음식이나 물은 테이블 가장자리에서 멀리 떨어진 곳에 놓아요.
- 어린이를 안고 있는 상태에서 뜨거운 물건을 들거나 잡지 않아요.

>>> **오븐은 어린이의 손이 닿지 않는 곳에 설치해요.**
- 이동형 전기오븐 사용 후에는 문을 닫고 열을 식혀요. 이동형 전기오븐은 설치와 사용이 간편하지만 화상 위험이 높아요.
- 문을 열기 힘든 전기오븐을 구매해요. 문을 열기 쉬운 전기오븐은 어린이가 안에 들어가 놀 수 있어요.

>>> **압력밥솥을 올바르게 사용해요.**
- 고무패킹 같은 소모품 교환 시기를 주기적으로 확인해요.
- 표시된 최대 용량 이상으로 내용물을 넣고 사용하지 않아요.
- 압력솥, 전기압력밥솥 모두 반드시 압력이 모두 제거됐는지 확인하고 열어요.
- 거품이 많거나 끈적끈적한 음식은 조리하지 않아요.

>>> **전기주전자를 올바르게 사용해요.**
- 평평한 곳에서 사용해요. 경사진 곳에서 사용하면 넘어져 물이 쏟아질 수 있어요.
- 제품 몸체 외부나 받침대 부분에 물이 들어가지 않게 조심해요. 감전 사고가 일어날 수 있어요.
- 무선 전기주전자는 단독으로 사용해요. 소비전력이 높아 여러 제품이 동시에 꽂힌 멀티탭에서 사용할 경우 과전류로 인한 전원 차단, 과열로 인한 전기화재의 위험이 있어요.

>>> **튀김기를 구매할 때 안정성을 가장 먼저 고려해요.**
- 튀김기 몸체에 안전하게 열 차단이 되는지 확인해요. 튀김기는 고온에서 재료를 튀기

---

* **2도 화상** 피부가 부어오르고 물집이 생기며 강한 통증을 느끼는 화상이에요. 성장기인 어린이가 피부나 관절에 화상을 입게 되면 오그라드는 화상 흉터의 특성상 어른이 될 때까지 오랫동안 치료해야 해요.

01 가정 안전 ▶ 부엌

기 때문에 몸체가 고온에도 뜨거워지지 않아야 손으로 만졌을 때 화상을 입지 않아요.
- 튀기는 온도를 자동으로 조절하는 장치가 있는지 확인해요.
- 튀김용기에 열코팅 처리가 되어 있는지 확인해요. 그래야 기름이 튀어도 잘 녹지 않아요.
- 튀김용기가 쉽게 분리되는지 확인해요. 용기가 분리되면 세척하기도 편리하고 기름도 쉽게 따라 부을 수 있어요.
- 튀김용기를 분리할 때 자동으로 전원이 꺼지는 기능이 있는 제품을 사용해요.

 알아두면 좋은 안전 상식

식용유의 발연점을 알아볼까요?
지난 5년간, 열탕화상 환자 중 절반 가까이가 식용유로 인해 화상을 입었어요. 발연점 이상으로 식용유를 가열했기 때문이지요. 발연점이 낮을수록 불이 붙기 쉽고, 화재의 가능성도 커요. 식용유의 발연점은 올리브유가 180℃, 콩기름이 210℃, 카놀라유가 240℃ 정도예요.

튀김요리는 3분만 자리를 비워도 화재로 연결될 수 있다고요?
- 튀김 재료의 수분을 완전히 제거해요. 수분이 완벽하게 제거되지 않으면 뜨거운 기름에 물을 넣는 것과 다르지 않아요.
- 오징어를 튀길 때는 반드시 껍질을 벗겨요. 껍질과 살 사이에 물기가 남아 있을 수 있어요.
- 떡과 냉동만두를 튀길 때도 혹시 물기가 남아 있지 않은지 확인해요.
- 튀김요리 중 화재가 일어나면 절대 물을 뿌리지 않아요. 더 큰 화재로 이어질 수 있어요.

부엌 ▶ 가정 안전 01

식기세척기를 함부로 열지 않아요

>>> **식기세척기 근처에 가지 않아요.**
- 식기세척기 가까이 가거나 문을 억지로 열지 않아요. 식기세척기는 작동 중일 때 몹시 뜨거워요.
- 식기세척기 안에 들어가지 않아요.

>>> **식기세척기를 올바르게 사용해요.**
- 식기세척기에 알맞은 그릇을 사용해요. 내열성이 낮고 가벼운 플라스틱 식기, 변색되거나 녹이 생길 수 있는 놋쇠 식기는 사용을 피하는 것이 좋아요.
- 전용 세제를 사용해요. 식기세척기는 고압으로 분사된 물줄기를 이용해 세척하므로 거품 발생이 적은 전용 세제를 사용해야 해요.
- 식기세척기를 가득 채워 작동시키지 않아요.
- 오염 상태나 수량에 따라 코스를 선택해요.
- 분사 노즐과 필터 등 내부를 주기적으로 청소해요.

49

01 가정 안전 ▶ 부엌

식사 시간에 장난치지 않아요

>>> **엄마가 식사를 준비하는 동안 얌전히 자리에서 기다려요.**
- 식탁의자에서 뛰어내리지 않아요.
- 조리 중인 반찬을 집어먹거나 뛰어다니지 않아요.
- 식탁보를 잡아당기지 않아요. 식탁 위에 있는 음식이 쏟아져서 다칠 수 있어요.
- 뜨거운 음식이나 그릇에 손을 갖다 대지 않아요.
- 음식을 입에 넣고 달리지 않아요.
- 식탁 아래 들어가거나 식탁의자로 장난치지 않아요.
- 식탁의자 위에 올라가지 않아요.
- 자신에게 맞는 식사도구를 사용해요.
- 포크나 젓가락을 함부로 휘두르지 않아요. 주변 사람이 맞거나 찔려서 다칠 수 있어요.

엄마 안전 Tip

▶▶▶ **안전하게 조리해요.**
- 도마는 과일, 채소, 생선, 육류용으로 구분해서 사용해요. 도마를 같이 사용하면 생선이나 육류의 세균이 날것으로 조리하는 과일, 채소에 옮아갈 수 있어요.
- 조리대, 행주, 수세미 등과 마찬가지로 도마도 정기적으로 삶거나 햇볕에 말려 소독해요. 도마 표면에 칼질로 인해 생긴 흠집 안에는 세균이 번식할 수 있어요.
- 조리할 때는 어린이가 가까이 오지 못하게 하고, 음식이 끓고 있는 동안에는 절대로 자리를 뜨지 않아요.

▶▶▶ **식탁과 주방을 정돈해요.**
- 칼, 가위처럼 위험한 조리도구나 뜨거운 음식이 든 용기는 안전한 곳으로 치워요.
- 어린이가 잡아당길 수 있는 기다란 식탁보는 사용하지 않아요. 식탁보를 사용할 경우 늘어지지 않도록 단단히 고정해요.
- 식탁 위에 깨질 만한 물건을 놓지 않아요.
- 주방가전 주변에 어린이가 올라설 수 있는 높이의 의자를 두지 않아요.
- 주방가전의 플러그를 높은 곳에 꽂아요. 사용하지 않을 때는 꼭 플러그를 빼 둬요.

▶▶▶ **어린이를 위한 식사 보조의자를 사용해요.**
- 식사 보조의자에 어린이 혼자 두지 않고, 꼭 안전 띠를 사용해요. 어린이는 의자에 앉아 있는 것이 익숙하지 않아 많이 움직여요.
- 의자가 뒤쪽이나 옆쪽으로 기울어지지 않았는지, 안정적인지 항상 확인해요.
- 성장에 따라 어린이의 발이 발판에 닿도록 발받침의 높이를 조절해요. 바른 자세를 유지할 수 있어요.

01 가정 안전 ▶ 부엌

싱크대를 함부로 열지 않아요

>>> **싱크대를 함부로 뒤지지 않아요.**
- 성냥, 라이터, 양초처럼 불을 만들 수 있는 물건을 만지지 않아요. 작은 불씨가 큰 화재로 이어질 수 있어요. 화상의 위험도 있지요.
- 비닐봉지를 얼굴에 갖다 대거나 머리에 쓰지 않아요. 숨이 막힐 수 있어요.
- 싱크대 안에 있는 물건이나 액체를 마음대로 입에 넣지 않아요. 몸에 해로운 세제 등이 들어 있을 수 있어요.

>>> **싱크대 안전사고에 주의해요.**
- 싱크대 수납장에 잠금장치 또는 개폐방지 손잡이를 부착해요.
- 잠금장치를 했더라도 싱크대 문에 달린 칼집에 칼을 넣어 두지 않아요.
- 불이 잘 붙는 물질, 칼, 가위를 치워요.

- 뜨거운 물을 한꺼번에 많이 버리지 않아요. 싱크대 파이프는 플라스틱 재질이고, 접착제로 연결돼 있어요. 뜨거운 물을 마구 버리면 녹을 수 있지요.
- 싱크대 위쪽 벽에 설치된 찬장을 주기적으로 점검해요. 특히 장마철에 벽이 젖거나 집 안에 습기가 많아지면 찬장을 고정하는 못이 부식되면서 갑자기 무너질 위험이 있어요.
- 싱크대와 주방에 안전장치를 해요. 서랍 잠금장치, 가스레인지 스위치 커버, 미끄럼 방지패드 등은 쉽게 구할 수 있고 값싼 데다 설치도 간편한 안전사고 방지용품이에요.

안전사고 방지용품을 알아볼까요?

① **서랍 잠금장치** 싱크대 서랍 틈에 손가락이 끼이는 사고를 방지하고, 어린이가 위험한 물건을 꺼내지 못하게 하기 위해서 필요한 잠금장치예요. 'ㄱ' 자형 서랍 잠금장치, 'ㅡ' 자형 안전걸쇠 등 다양한 형태가 있으니 용도에 맞는 제품을 선택해요.

② **가스레인지 스위치 커버** 가스레인지가 어린이의 손에 닿는 높이에 있는 경우 항상 중간밸브를 제대로 잠갔는지 확인해요. 어린이가 아무도 모르게 가스레인지의 스위치를 돌려놓은 경우 가스 누출과 화재의 위험이 있어요. 스위치를 쉽게 돌릴 수 없도록 스위치에 커버를 씌워요.

③ **미끄럼 방지패드** 식탁 등에 유리를 깔아 놓은 경우 어린이가 식탁을 잡고 일어서거나 식탁보를 잡아당겨 큰 사고가 날 수 있어요. 유리와 테이블 사이에 미끄럼 방지패드를 부착해 사고를 예방해요.

이런 사고도 있었어요

빙초산은 목숨까지 앗아 갈 수 있는 위험한 물질이에요.

2005년 12월 생후 10개월 여자 어린이가 싱크대 밑에 보관하던 빙초산 병을 만지다가 병의 뚜껑이 열려 온몸에 2도 화상을 입었어요. 빙초산은 아주 위험한 물질이지만 우리나라에서는 슈퍼마켓에서 손쉽게 구입이 가능하고, 가정에서도 일반 식초처럼 보관·사용하고 있어 주의가 필요해요.

01 가정 안전 ▶ 화장실

화장실을 안전하게 이용해요

비누는 상자에 넣어요.

>>> **화장실에서 미끄러지지 않게 조심해요.**
- 뛰어다니지 않아요. 화장실은 물을 사용하는 공간이기 때문에 항상 미끄러워요.
- 넘어지지 않게 조심해요. 욕조, 세면대, 변기 또는 바닥에 머리를 부딪히면 크게 다칠 수 있어요.
- 비누나 샴푸 등은 사용한 뒤에 바로 상자에 넣거나 마개를 닫아요.
- 세면대가 높으면 받침대를 사용하는 대신 세숫대야에 물을 받아서 사용해요. 받침대도 미끄러질 위험이 있어요.

>>> **화장실 미끄럼 사고를 예방해요.**
- 슬리퍼는 미끄러지지 않는 재질로 선택해요.
- 바닥에 고무매트, 안전발판 같은 미끄럼 방지용 바닥재를 깔거나 미끄럼 방지 스티커

- 를 부착해요.
- 샤워 후 반드시 환기를 해서 바닥을 건조한 상태로 유지해요. 물기가 있으면 미끄러워요.
- 화장실 벽이나 욕조 바로 옆에 봉을 부착하고, 샤워실의 커튼봉도 단단히 고정해요. 균형을 잃고 미끄러질 때 잡을 수 있어요.
- 화장실에서 물기가 있는 속옷이나 양말을 말리지 않아요. 물이 바닥에 떨어져 미끄러울 수 있어요.
- 샤워나 빨래를 한 뒤에는 세제나 비눗기가 바닥에 남지 않도록 깨끗이 닦아요.

>>> **어린이가 세면대를 사용하지 못하게 해요.**
- 우리나라의 아파트 및 공동주택의 표준 세면대 높이는 80~90cm로 어른들의 키에 맞춰져 있어요. 그렇기 때문에 어린이들이 세면대를 사용하면 미끄러지거나 떨어질 위험이 있지요.
- 세면대 위에 어린이들의 흥미를 끌 만한 물건을 올려놓지 않고, 세숫대야를 사용하게 해요.
- 보조의자를 사용하지 않아요. 어린이가 보조의자에서 미끄러질 수도 있고, 발을 헛디디며 밑으로 떨어질 수도 있어요.

>>> **화장실 콘센트를 점검해요.**
- 콘센트에 물기가 있는지 수시로 확인해요. 보통 화장실 콘센트는 물이 묻지 않도록 덮개가 있는 경우가 많지만 가끔 습기 때문에 물기가 있을 수 있어요.
- 헤어드라이어 같은 전기제품을 사용하기 전에 마른 수건으로 콘센트를 닦아요. 방심하면 감전 사고가 일어나요.

>>> **항상 청결을 유지해요.**
- 수시로 화장실 바닥과 벽면 사이사이에 낀 곰팡이를 제거해요. 습기가 가득한 화장실은 곰팡이와 세균이 번식하기 좋은 환경이에요.

01 가정 안전 ▶ 화장실

안전하게 목욕해요

>>> **목욕할 때도 안전수칙을 지켜요.**
- 수도꼭지에 머리를 부딪히지 않도록 주의해요.
- 세면대에 매달리거나 변기 뚜껑을 밟고 위에 올라가지 않아요.
- 사용하기 전에 물의 온도를 알맞게 조절해요.
- 물을 채운 욕조에서 혼자 목욕하지 않아요.
- 치약, 비누, 샴푸 등의 목욕용품을 삼키지 않아요.
- 쓰고 난 목욕용품은 제자리에 정리해요.
- 욕실 바닥에 장난감을 늘어놓지 않아요. 장난감 때문에 미끄러져 다칠 수 있어요.
- 젖은 손으로 헤어드라이어나 전기면도기를 만지지 않아요. 감전될 수 있어요.

>>> **욕실에 어린이를 혼자 두지 않아요.**
- 어린이는 욕조나 세면대에 빠져 익사할 수 있어요. 유아의 경우에는 변기에도 빠질 수 있지요.
- 사용할 때를 제외하고 항상 변기 뚜껑을 내려놓고, 화장실 문을 닫아요.
- 세면대나 욕조에 물을 받아 두지 않아요.
- 목욕물은 어린이가 앉았을 때 허리 높이보다 낮게 받는 것이 좋아요.

>>> **화상을 입지 않게 주의해요.**
- 평소 욕실 수도꼭지를 찬물 쪽으로 고정해요.
- 물의 온도를 조절한 후 욕조에 들어가요. 그래야 뜨거운 물로 인한 화상을 예방할 수 있어요.
- 욕실 온수를 49℃ 이하로 고정하는 특수꼭지를 설치하는 것도 좋아요.
- 만 3세 미만의 어린이를 욕조에 혼자 두지 않아요. 익사할 위험이 있어요.
- 욕실 안에 세탁기를 두지 않아요. 감전 사고가 일어날 수도 있고, 어린이가 세탁기 안에 들어갈 수도 있어요.

건강하게 목욕하는 방법이 있다고요?
- 욕조에 40℃ 전후의 물을 받아요. 한 번에 10분 이내로 2, 3회 욕조에 들어가요.
- 식사를 한 뒤 1시간 이내는 목욕을 피해요. 소화기관에 갈 혈액이 피부로 몰려 위장의 운동이 억제되고 소화 흡수가 나빠져요.
- 취침 1시간 이전에 목욕을 하면 수면에 효과적이에요.
- 목욕 전후에 1잔 정도 물을 마셔요. 목욕하면서 빼앗긴 수분을 보충할 수 있어요. 나이가 많은 사람들은 뇌경색과 심근경색도 예방할 수 있어요.

01 가정 안전 ▶ 화장실

치약과 샴푸를 주의해서 사용해요

어른용 치약

유아용 바디클렌저와 샴푸

>>> **양치질할 때 치약을 삼키지 않아요.**
- 맛있는 향이 난다고 해서 치약을 삼키면 안 돼요.
- 치약으로 이를 닦은 후 물로 5~7번 정도 입안을 헹궈요. 치약 성분이 입안에 남아 있으면 몸에 해로워요.
- 반드시 어린이 치약을 사용해요. 어른들이 사용하는 치약에는 어린이 치약에 비해 연마제가 많이 들어 있어서 젖니를 상하게 할 수 있어요.

>>> **샤워할 때는 물로 여러 번 깨끗이 헹궈요.**
- 바디클렌저나 샴푸 등을 많이 짜서 거품 장난을 하지 않아요.
- 몸이나 머리에 미끈거리는 비누기가 남아 있지 않도록 충분히 헹구어요. 파라벤 성분이 남아 있으면 알레르기를 일으킬 수 있어요.
- 어린이는 유아용 바디클렌저와 유아용 샴푸를 사용해요.

>>> **치약의 성분을 확인해요.**
- 치약에 합성계면활성제가 얼마나 포함돼 있는지 확인해요. 적게 들어 있거나, 천연

계면 활성제가 들어 있는 것을 사용해요.
- 유아용 치약은 특별히 성분을 신경 써서 골라요. 입안에 든 것을 뱉지 못하는 3세 미만의 유아는 타르색소, 불소, 파라벤, 계면활성제가 들어 있지 않은 제품을 사용해요. 가글도 유아용 제품을 쓰는 것이 좋아요.

>>> **특히 어린이는 환경호르몬에 노출되는 것을 줄여야 해요.**
- 파라벤은 환경호르몬성 물질(내분비계장애물질)로 분류되고 있어요. 현재 시중에 판매되고 있는 제품에는 아주 적은 양이 포함되어 있고, 대사를 거쳐 몸 밖으로 배출되기 때문에 안전하다고 하지만 어린이의 경우 민감한 반응이 나타날 수 있어요.
- 여자 어린이는 성조숙증을 일으킬 수 있으므로 파라벤이 없는 유아용 바디클렌저나 샴푸를 사용해요.

>>> **샴푸를 적당량 사용하고 깨끗이 헹구어요.**
- 너무 많은 양을 사용하지 않아요. 깨끗이 헹구어 내지 않으면 두피에 계면활성제와 파라벤의 성분이 남아 두피건조, 모낭염 등의 부작용이 있을 수 있어요.
- 두피가 심하게 건조하거나 탈모가 신경 쓰인다면 계면활성제와 파라벤이 없는 제품을 사용해요.

알아 두면 좋은 안전 상식

파라벤에 대해 알아볼까요?
'파라옥시안식향산에스텔'로 표기되며, 미생물의 성장을 억제하는 보존제(일종의 방부제)예요. 식품, 화장품, 및 의약품 등에 널리 사용되고 있는 식품첨가물이지요. 우리가 매일 사용하는 샴푸, 치약, 바디클렌저, 크림, 로션 등의 성분이랍니다.
파라벤이 암 발병률을 높이거나 각종 호르몬 분비를 교란시킬 수 있다는 연구 결과가 있지만 시중에 판매되는 제품에 사용되는 양은 기준치 이하로 인체에 크게 해를 끼치지 않아요. 치약은 파라벤류 함유량이 0.2% 이하, 유아용 구강티슈는 0.01% 이하로 관리되고 있어요. 단 어린이용 제품은 파라벤이 없는 것으로 사용해야 해요.

계면활성제에 대해 알아볼까요?
물과 기름을 잘 섞이게 하는 성질이 있어서 비누, 세제, 샴푸, 바디클렌저, 치약, 로션 등에 사용돼요. 소듐라우릴설페이트, 소듐라우레스설페이트가 대표적 물질이지요. 로션과 크림에도 물과 에센셜 오일 등이 잘 섞이게 하기 위해 계면활성제를 넣어요. 화장품에 들어 있는 계면활성제는 피부 장벽을 파괴하여 피부 건조증을 유발한다는 연구 결과가 있어요.

01 가정 안전 ▶ 화장실

청소용품으로 장난치지 않아요

>>> **화장실 청소를 할 때 장난치지 않아요.**
- 뛰지 않아요. 특히 청소 뒤 물기가 마르지 않은 상태에서는 바닥이 많이 미끄러워요. 넘어져서 다칠 수 있어요.
- 화장실 청소 세제로 장난치지 않아요. 질식의 위험이 있어요.

>>> **위험한 물건은 어린이의 손이 닿지 않는 곳에 보관해요.**
- 화장실 유리제품은 안전유리를 사용해요.
- 세면대 혹은 변기의 윗부분에 유리컵이나 화장품을 올려 두지 않아요.
- 면도기나 청소용품처럼 위험한 물건은 따로 보관하고, 욕실 캐비닛에 안전빗장을 걸어요.
- 화장용품을 따로 보관해요. 면봉, 귀마개, 눈썹용 칼 등은 특히 보관에 주의해요.

>>> **욕실 청소를 하기 전, 하고 난 뒤에 반드시 환기해요.**
- 청소할 때 마스크와 고무장갑을 꼭 착용해요. 세탁 세제와 표백제를 섞어서 사용하면 유독가스가 나와요.
- 청소 후 어린이가 바로 화장실을 이용하지 못하게 해요.

PART 02

공공 안전

장소
시설

02 공공 안전 ▶ 장소

유치원에서 안전하게 놀아요

>>> **다치지 않게 조심해요.**
- 문을 살살 닫아요. 문틈에 손이 끼이면 다칠 수 있어요.
- 책 모서리에 찍히거나 종이에 손이 베이지 않도록 조심해요.
- 책꽂이 위로 올라가지 않아요. 떨어지면 위험해요.
- 실내화를 바르게 신어요. 구겨 신으면 걸어 다니다 넘어질 수 있어요.
- 친구들과 너무 가까이 붙어서 놀지 않아요. 1명이 넘어지면 모두 넘어질 수 있어요.
- 바닥을 잘 살펴봐요. 날카롭고 뾰족한 장난감을 밟고 넘어지면 크게 다칠 수 있어요.
- 물이나 음료를 엎지르면 바로 선생님께 말씀드려서 치워요. 바닥에 물기가 있으면 미끄럽기 때문에 넘어져 다칠 수 있어요.

>>> **선생님 말씀을 잘 들어요.**
- 선생님께서 주시는 음식만 먹어요. 바닥에 떨어진 과자나 음료수를 먹지 않아요.
- 처음 보는 물건을 마음대로 만지지 않아요.

- 모르는 물건은 선생님께 사용법을 여쭤 봐요.
- 친구들과 사이좋게 지내요. 때리거나 밀치면 다칠 수 있어요.
- 친구가 다치면 선생님께 말씀드려요. 다친 부위를 잘못 만지면 더 아플 수 있어요.

>>> **위험한 물건을 어린이 주변에 두지 않아요.**
- 호기심을 자극할 만한 위험한 물건은 어린이의 손이 닿지 않는 높은 곳에 올려놓아요.
- 플라스틱 컵을 사용해요. 유리컵을 사용하다 깨뜨리면 위험해요.
- 가위나 칼처럼 날카로운 물건을 사용할 때는 항상 주의해요.

>>> **어린이가 다치지 않도록 조심해요.**
- 손톱을 짧게 깎아요. 손톱이 길면 장난치다가도 서로 상처를 입힐 수 있어요.
- 수시로 바닥의 물기를 닦고, 미끄럼 방지패드를 바닥에 붙여 혹시 모를 사고를 예방해요. 어린이는 뼈가 어른에 비해 약해서 넘어지면 부러지기 쉬워요.
- 문틈에 안전패드를 붙여요.
- 날카로운 물건에 찔려서 다치면 해당 부위를 소독한 다음 거즈나 수건으로 상처를 눌러 지혈하고 최대한 빨리 병원으로 가요.

>>> **어린이집과 유치원에 대해 자세히 알아봐요.**
- 안전사고 이력을 확인해요. 보건복지부와 지자체 홈페이지에 아동 학대나 위생 사고, 보조금 부정 수령 등으로 행정 처분을 받은 어린이집과 유치원의 명단이 공개되어 있어요.
- 보건복지부와 지자체 홈페이지에서 보육 교직원 현황을 확인해요.
- 어린이집과 유치원에서 안전교육을 하는지 확인해요. 현행법 및 아동복지법 시행령

유치원에서 사고가 났을 때는 어떻게 보상받아야 할까요?

현행법상 유치원, 초등학교, 중학교, 고등학교, 평생교육시설, 재외 한국인 학교 등은 '학교안전공제 학교 안전사고 보상' 공제 사업에 무조건 가입하도록 되어 있어요. 교육현장에서 학생과 선생님, 교직원 등에게 사고가 일어나 생명이 위험하거나 신체에 위해가 가해지면 이 같은 사업 내용에 따라 보상을 받을 수 있지요. 보상받을 권리를 3년간 행사하지 않으면 소멸되니, 기한 내에 꼭 신청해야 해요. 보상 신청은 인터넷으로도 할 수 있어요. 문의는 학교안전공제중앙회 상담 대표전화(1688-4900)로 하면 돼요.

02 공공 안전 ▶장소

에 따르면, 어린이집과 유치원의 원장 및 초·중등교육법에 따른 학교의 장은 재난 대비 교육 6시간을 포함해 실종·유괴 예방, 교통안전 등 안전교육을 연간 44시간 이상 실시해야 해요.

- 안전교육의 내용이 체험과 실기 위주인지 확인해요. 2014년부터 어린이 안전교육의 교육시수 중 1/2 이상은 반드시 사고 유형별 체험형 교육으로 실시해야 해요.
- 안전교육의 실시 여부와 그 내용을 일선 시·도교육감 등에게 보고하는지 확인해요.
- 유치원의 시설이 안전한지 꼼꼼히 따져 봐요.
- 교직원 중 최소 1명은 응급처치를 할 수 있는지 알아봐요.
- 견학을 보낼 때 비상사태에 대한 대처방법이 계획되어 있는지 확인해요.
- 소풍이나 견학 시 어린이들에게 비상연락망 카드를 나눠 주는지 확인해요.

 **확인해 봐요**

혹시 우리 아이가 아동 학대를 받고 있지는 않은지 확인해요.
- ☐ 어린이집에 다녀온 어린이에게서 멍, 상처 등이 자주 발견되나요?
- ☐ 상처의 형태나 위치가 어린이의 설명과 잘 맞지 않나요?
- ☐ 어린이가 부모님이 사용하지 않는 거친 말이나 욕설 등을 하나요?
- ☐ 평소와 달리 심하게 짜증을 내나요? 손톱이나 물건 등을 계속 물어뜯나요?
- ☐ 어린이집에 가는 것을 두려워하고, 선생님에 대한 거부감을 표현하나요?

유치원 시설이 안전한지 꼼꼼히 따져 봐요.
- ☐ 입구마다 미끄러지지 않게 깔판이 깔려 있나요? 실내의 바닥이 미끄럽지 않나요?
- ☐ 온수 파이프 또는 라디에이터에 보호망이 덮여 있고, 어린이의 손이 닿지 않도록 되어 있나요?
- ☐ 전기선이 어린이의 손이 닿지 않도록 설치되어 있나요? 전기선이 깔개 밑으로 지나가지 않나요?
- ☐ 전기 콘센트에 안전덮개가 덮여 있나요?
- ☐ 비상등이 올바른 위치에 설치되어 있고 작동하나요?
- ☐ 비상구의 문은 쉽게 열 수 있나요?
- ☐ 비상구 표시가 분명히 되어 있나요? 비상구가 물건으로 막혀 있지 않나요?
- ☐ 테이블이나 정리장의 뾰족한 모서리가 안전하게 처리되어 있나요?
- ☐ 건물을 수시로 점검하나요?
- ☐ 시설물의 크기가 어린이의 나이에 적절한가요?
- ☐ 모든 오르기 시설과 미끄럼틀의 높이는 땅에서 2.5m 이하인가요?

장소 ▶ 공공 안전 02

도서관을 올바르게 이용해요

>>> **자리에 얌전히 앉아 책을 읽어요.**
- 다른 사람이 책을 읽는 데 방해가 되지 않도록 큰 소리로 떠들지 않아요.
- 뛰어다니며 장난치지 않아요. 뛰어다니면 책꽂이나 사람들에 부딪힐 수 있어요.
- 높은 곳에 꽂힌 책을 억지로 꺼내지 않아요. 안전하게 이동식 안전계단을 이용하거나 어른들에게 부탁해서 꺼내요.
- 책을 가지고 장난치지 않아요. 책은 모서리가 날카롭고 위험하기 때문에 장난을 치다 보면 날카로운 모서리에 살이 찢기거나 부딪혀 다칠 수 있어요.
- 2층 높이 이상의 통유리 창문에 기대지 않아요. 아래로 떨어질 수 있어요.
- 책꽂이에 매달리거나 올라가지 않아요.

02 공공 안전 ▶장소

마트 진열대에 매달리지 않아요

>>> **상품 진열대 근처에서 장난을 치지 않아요.**
- 진열된 물건을 함부로 꺼내지 않아요.
- 진열대에 매달리거나 진열대를 흔들지 않아요. 장난치다 물건들이 쏟아지면 크게 다칠 수 있어요.
- 진열대 근처에서 놀다가 모서리에 머리를 부딪치지 않도록 조심해요. 진열대 모서리는 날카로워요.

>>> **부모님의 손을 잡고 안전하게 다녀요.**
- 반드시 부모님(보호자)의 손을 잡고 함께 다녀요. 대형 마트에는 사람이 많아요. 잠깐 한눈판 사이에 부모님을 잃어버릴 수 있어요.
- 숨바꼭질을 하지 않아요. 사람이 많이 지나다니지 않는 곳에 숨어 있다 잠이 들거나 큰 기계 또는 가구에 끼일 수 있어요.

- 앞을 보고 천천히 걸어 다녀요. 친구들과 신나게 뛰어다니다 보면 통로에 설치된 진열대 또는 오가는 사람과 부딪혀 넘어질 수 있어요.
- 무빙워크에서는 손잡이를 잡고 서서 이동해요. 이때 운동화 끈, 머리카락, 손 등이 무빙워크에 빨려 들어가지 않도록 조심해요.

>>> **마트에 오래 머무르지 않아요.**
- 마트는 환기와 채광이 좋지 않고, 유동 인구도 많아요. 특히 전염병이 유행할 때 마트에 가면 병이 옮을 수 있어요.

>>> **어린이를 잃어버리면 재빨리 안내소로 가요.**
- 백화점이나 마트는 출입문이 여러 곳인 데다 사람이 많아서 길을 잃기 쉬워요. 부모님의 손을 놓친 어린이는 놀라서 무심결에 밖으로 나갈 수 있는데, 낯선 거리로 나서게 되면 더욱 당황하게 되지요.
- 헤어지게 될 상황을 예상해서 만날 장소를 정확히 정하고, 보이지 않으면 재빨리 안내소에서 미아 안내방송을 해요. 그다음 다른 사람들에게 도움을 요청해요.

 안전 상식

대형 마트 등 쇼핑몰에서 아이를 잃어버리면 어떻게 해야 할까요?
에스컬레이터 또는 엘리베이터에서 사람들에게 휩쓸려 어린이의 손을 놓치거나 북적이는 화장실 등에서 어린이를 잃어버릴 경우를 대비해요.
- 어린이에게 이름과 연락처를 새긴 미아방지 목걸이나 팔찌 등 미아방지용품을 채워요.
- 어린이를 쇼핑몰 내 놀이터에서 놀게 할 때는 혼자 밖으로 나가지 말고, 화장실에 가고 싶을 때도 지도 선생님께 이야기해 함께 가라고 가르쳐요.
- 어린이를 잃어버릴 경우를 대비해 헤어진 장소에서 기다리라고 미리 이야기해요.
- 에스컬레이터 또는 엄마, 아빠의 손을 놓칠 경우 주변 어른에게 도움을 청해 1층으로 데려다 달라고 말하도록 가르쳐요.
- 헤어졌던 장소에 없거나 주변 점원들에게 물어도 못 찾을 경우에는 안내방송을 부탁해요.

02 공공 안전 ▶ 장소

마트에서 카트로 장난치지 않아요

>>> **카트를 가지고 놀면 안 돼요.**
- 카트를 밀겠다고 떼쓰지 않아요. 카트 손잡이는 어른의 어깨 높이에 맞춰져 있기 때문에 어린이가 잡으면 마음대로 방향조절을 할 수 없어 오가는 사람이나 진열대에 부딪힐 수 있어요.
- 카트에 앉은 채 좌우로 움직이거나 몸을 흔들지 않아요. 짐이 한쪽으로 쏠리면서 카트가 뒤집어질 수 있어요.
- 카트에 앉아서 엄마, 아빠에게 카트를 더 빨리 밀어 달라고 조르지 않아요. 카트는 놀이기구가 아니라 짐을 싣는 도구예요.

>>> **카트를 깨끗하게 사용해요.**
- 카트 손잡이를 물거나 빨지 않아요. 카트 손잡이에는 세균이 많아요.
- 카트에 쓰레기를 버리지 않아요. 특히 날카로운 물건은 절대로 버리면 안 돼요. 다른 친구가 앉으면 다칠 수 있어요.

 **안전 연습** 확인해 봐요

마트에서 일어나는 사고 중 가장 많이 발생하는 사고가 쇼핑 카트 사고예요. 그중 70% 이상이 어린이 사고였어요. 카트를 안전하게 이용하고 있나요?

☐ 카트에 태운 어린이의 무게가 15kg을 넘지는 않나요?
☐ 카트를 너무 빨리 밀고 있지 않나요?
☐ 어른이 카트를 밀고 있나요?
☐ 카트에 적당량의 짐만 실었나요?
☐ 앞을 보며 카트를 밀고 있나요?

 >>> **카트를 안전하게 이용해요.**

- 카트를 천천히 밀어요. 너무 빨리 밀면 앞에 사람이나 진열대가 있어도 제때 멈춰 설 수 없어요. 사람들과 부딪히지 않도록 주변을 살피면서 걸어요.
- 카트를 다른 곳에 두고 이동하지 않아요. 다른 카트와 부딪혀 사고가 날 수도 있고, 어린이 혼자 카트에 두고 이동하면 유괴 위험도 있어요.
- 카트에 지나치게 많은 짐을 싣지 않아요. 너무 많은 짐을 실어 무게가 쏠리면 카트가 뒤집어질 수 있어요.
- 15kg 이상의 어린이를 태우지 않아요. 15kg 이상의 어린이를 태우면 내려올 때 카트가 어린이의 무게를 못 이기고 넘어질 수 있어요.
- 무빙워크에서는 카트를 밀지 않아요. 무리해서 카트를 밀면 카트가 고장 나면서 사고가 일어날 위험이 있어요. 마트 무빙워크 바닥에는 사고 방지를 위해 십일(11) 자 모양으로 카트를 고정해 주는 홈이 있거든요.
- 무빙워크에서 내릴 때에는 턱에 카트가 걸리지 않도록 힘껏 밀어요.

 **이런 사고도 있었어요**

중국 상하이 대형 마트에서 무게가 150kg에 달하는 카트가 60대 노인을 덮쳤어요.

2013년 6월 21일 중국 상하이의 한 대형 마트에서 직원 2명이 음료를 가득 실은 150kg 무게의 카트를 끌며 무빙워크로 이동하다 놓치는 바람에 앞서 가던 60대 노인이 치여 숨졌어요.

02 공공 안전 ▶ 장소

병실에서 장난치지 않아요

>>> **병문안을 갈 때는 아픈 사람들을 배려해요.**
- 방문 전후에 반드시 손을 씻어요. 나쁜 세균이 옮아오거나 옮아갈 수 있어요.
- 병원 물건을 마음대로 만지지 않아요. 남의 약을 마시거나 주사를 잘못 건드리면 크게 다칠 수 있어요.
- 팔 또는 다리를 다친 환자에게 매달리면 안 돼요.

>>> **환자의 컨디션을 생각해 정해진 시간에 2, 3명만 문병을 가요.**
- 면역력이 약해 세균 감염의 우려가 있는 15세 이하의 어린이와 함께 문병을 가지 않아요. 15세 이하의 어린이는 아예 문병을 오지 못하게 하는 병원도 있어요.
- 꽃을 들고 가지 않아요. 감염 및 알레르기의 우려가 있어요.
- 어린이 환자 문병은 가능한 한 병실 밖에서 해요. 어린이 환자들은 면역 기능이 저하돼 있기 때문에 방문객이 묻혀 오는 바깥 먼지에도 좋지 않은 영향을 받아요.

장소 ▶ **공공 안전** 02

안전하게 줄을 서서 공연(영화)을 기다려요

>>> **공연장이나 영화관에 입장할 때는 질서를 지켜요.**
- 뛰지 않아요. 뛰어다니면 다른 사람과 부딪치거나 넘어질 수 있어요.
- 한 줄로 서서 순서를 지키며 안전선을 따라 입장해요.
- 안전선을 넘나들거나 위아래로 지나다니며 장난을 치지 않아요. 1명이 넘어지면 앞뒤로 사람들이 우르르 넘어지면서 큰 사고가 날 수 있어요.
- 안전요원의 말을 잘 듣고, 따라 움직여요.

>>> **혼잡한 시간을 피해 입장하고, 입장할 때 주의사항을 잘 들어요.**
- 상영 시간을 미리 확인하고, 상영 시간 5, 10분 전에 여유 있게 입장해요. 극장은 입장 전에 특히 혼잡하기 때문에 인파에 휩쓸리면 어린이를 잃어버릴 위험이 있어요.
- 공연 시작 전에 방송되는 위급상황 시 대처방법을 잘 듣고, 어린이에게도 이해하기 쉽게 알려 줘요.

02 공공 안전 ▶장소

공연(영화)을 안전하게 봐요

>>> **공연장에서는 질서를 지켜야 해요.**
- 지정된 좌석에 앉아서 공연을 관람해요.
- 가까이에서 보고 싶다고 앞으로 나가지 않아요. 공연장 사고는 대부분 사람들이 한꺼번에 무대 앞으로 몰려 넘어지면서 발생해요.
- 공연 중에 시끄럽게 떠들거나 발로 의자를 차지 않아요. 움직이거나 자리에서 일어나 돌아다녀서도 안 돼요.
- 공연장에서 음식을 먹거나 음료를 마시지 않아요.
- 공연장의 소품을 함부로 만지지 않아요. 공연장에는 다양한 효과를 내기 위한 소품과 장치들이 많아요. 함부로 만지다 다칠 수 있어요.
- '출입 금지' 구역이나 바리케이트가 쳐진 곳에 함부로 들어가지 않아요.
- 영화관에서는 음식물 섭취가 허락되어 있지만, 그렇다고 시끄럽게 쩝쩝거리면서 음식을 먹으면 안 돼요.

- 물건을 무대로 던지지 않아요. 누군가 물건에 맞아서 다칠 수 있어요.
- 레이저를 쏘지 않아요. 레이저는 눈에 아주 좋지 않아요.
- 폭죽을 터트리지 않아요. 폭죽은 큰 소리로 터지기 때문에 나를 포함해서 주변 사람이 놀라거나 다칠 위험이 있어요. 실내에서는 더욱더 위험해요. 폭죽 파편이 눈에 들어가면 시력을 잃을 수도 있지요.

>>> **공공시설을 이용할 때는 어린이에게 규칙을 가르쳐요.**
- 어린이가 공연장에서 받아 주기 힘든 장난을 치고, 큰 소리로 떠들고, 발로 의자를 찬다면 몸을 붙잡고 눈을 보며 단호하게 "하지 마."라고 말해요. 이때 화를 내면 겁을 먹고 소란을 일으킬 수 있으니까 최대한 차분하게 행동을 제지해요.

>>> **공연장 불이 꺼지기 전에 곧 어두워질 거라고 말해요.**
- 공연 시작 전 갑자기 불이 꺼지면 어린이가 울음을 터트릴 수도 있어요. 곧 어두워질 거라고 말해서 공연을 보기 전 마음의 준비를 할 수 있게 도와주고, 혹시 암전되자마자 울음을 터트린다면 재빨리 밝은 곳으로 나가 달래요.

이런 사고도 있었어요

공연장에서 많은 안전사고가 일어났어요.

- 1992년 2월 17일 오후 7시 55분 서울 올림픽공원 체조 경기장에서 열린 미국의 5인조 남성 보컬 뉴키즈온더블록의 공연 중에 관객들이 한꺼번에 무대 앞쪽으로 몰리면서 약 100명이 인파에 깔리는 사고가 있었어요. 70여 명이 실신했고, 그중 상태가 심한 46명이 병원으로 이송되었지요. 10대 여학생 1명은 숨졌고, 20대 여성 1명은 뇌사 상태에 빠졌어요.
- 1995년 10월 28일 대구 시민운동장에서 열린 '젊음의 삐삐 012 콘서트' 공연장에서는 약 1만 명의 인원이 한꺼번에 입장하려다 부상을 당하는 사고가 있었어요.
- 1996년 대구 우방타워 잔디광장에서 열린 MBC '별이 빛나는 밤에' 공개방송에서 앞으로 몰린 관객들에 깔려 1명이 사망하고, 6명이 중경상을 입었어요.
- 1998년 전남 순천시 연향동 실내체육관에서 열린 '소년소녀 가장 돕기 콘서트'에서는 한 인기 아이돌 그룹에게 한꺼번에 여학생 팬들이 몰려 2명이 실신하고 10여 명이 다쳤어요.
- 2005년 경북 상주시 화산동 시민운동장에서 열린 MBC 가요 콘서트장에서 시민 11명이 인파에 깔려 숨지고 약 70명이 다쳤어요.

02 공공 안전 ▶장소

공연이 끝났다고 뛰어나가지 않아요

>>> **엄마, 아빠의 손을 꼭 잡고 질서를 지켜 밖으로 나가요.**
- 공연이 확실히 끝난 후 나가요. 혼자 뛰어나가다 넘어지면 다치기 쉬워요.
- 닫히는 문에 급하게 뛰어들지 않아요.
- 관객 출입구 외에 다른 문으로 나가지 않아요.
- 앞사람을 밀쳐 넘어지게 하면 안 돼요.
- 혼자 돌아다니지 않아요. 사람이 많아 엄마, 아빠를 잃어버릴 수 있어요.

>>> **공연장에 불이 나면 안전요원의 안내를 따라 대피해요.**
- "불이야!" 하고 큰 소리로 외치거나 화재경보 비상벨을 눌러 다른 사람들에게 알려요.
- 다른 사람을 밀치거나 서둘러 뛰어나가지 않아요. 한꺼번에 출입문으로 사람들이 몰려들면 넘어지면서 사람들에게 깔릴 수 있어요. 안전요원의 안내를 잘 따라 앞사람부터 순서대로 빠져나가요.
- 안전요원과 119 구급대원의 활동에 방해가 되지 않게 현장 질서를 유지해요.

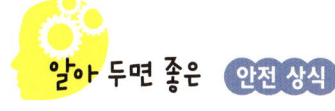 알아 두면 좋은 안전 상식

관객이 3천 명 미만인 야외 공연은 안전매뉴얼을 안 지켜도 된다고요?

각종 공연 안전 관련 내용을 담고 있는 현행 공연법은 실내 공연과 3천 명 이상이 참석할 것으로 예상되는 야외 공연만 대상으로 해요. 대부분의 중소형 행사에 안전을 규제하는 아무런 법규가 없는 거예요. 소방방재청의 '공연·행사장 안전매뉴얼'이 있기는 하지만, 이것은 어디까지나 권장사항이에요. 매뉴얼에도 '(이 매뉴얼이) 특정 사고에 대한 법적 책임을 판단하는 기준이 될 수 없다.'고 써 있어요.

문화체육관광부는 3천 명 미만 야외 공연에 안전 규제를 적용하지 않는 것에 대해 "대형 행사처럼 공연법을 적용하면 일반 안전에서부터 수도·전기·무대장치·방음시설까지 온갖 규제를 받아야 한다."며 "자칫 문화예술 활동을 위축시킬 우려가 있어 공연계와 협의해 3천 명 이상으로만 대상을 한정했다."고 설명하고 있어요. 그러나 일반 광장 또는 공간이 넓지 않아 인원이 많이 모일 수 없을 것 같은 곳도 인기 연예인이 무대 위로 올라오면 인파가 갑자기 몰리면서 사고가 날 수 있어요. 인명 피해를 낼 수 있는 안전에 관해서는 사전에 행사 성격을 살펴 적절하게 규정을 지키도록 유도할 필요가 있어요.

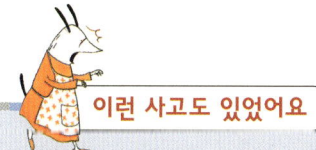 이런 사고도 있었어요

질서를 지키지 않아 51명이 목숨을 잃었어요.

1972년 12월 2일, 서울시민회관(세종문화회관의 전신)에서 공연이 끝난 지 7분 만에 무대 위에 가설한 조명 장치가 터지면서 불이 붙었어요. 주최 측이 급하게 무대 막을 내렸지만 막에 불이 옮겨붙으면서 화재는 걷잡을 수 없이 번져 나갔어요. 관객의 1/3은 객석에 남아 있다가 "불이야."라는 고함을 듣고 앞다투어 빠져나오기 시작했어요. 사람들은 계단 위에 넘어지기도 하고 2, 3층에서 유리를 깨고 뛰어내리기도 했답니다. 어린이와 여성들이 계단에 깔리고 수십 명이 2층에서 1층 바닥으로 뛰어내리는 바람에 사상자가 더 늘었어요. 결국 불길은 건물 전체를 태우고 51명의 목숨을 앗아 갔어요.

02 공공 안전 ▶ 장소

안전하게 전시를 관람해요

>>> **전시관에서 마음대로 돌아다니지 않아요.**
- 전시관 안에서 뛰지 않아요. 전시 시설은 효율적인 공간 활용을 위해 공간을 미로처럼 나눠 놓았기 때문에 벽에 부딪혀 다칠 수 있어요.
- 전시물을 마음대로 만지지 않아요. 잘못 만지면 벽에 걸린 전시물이 떨어지면서 다칠 수 있어요.
- 안전선을 넘어가지 않아요. 그래야 전시물이 넘어지더라도 안전해요.
- 단체로 전시관에 가면 길을 잃지 않도록 꼭 선생님을 따라 이동해요.

>>> **어린이와 함께 움직이고, 한 번에 너무 많은 것을 보여 주지 않아요.**
- 10세 이하 어린이를 혼자 박물관(미술관)에 보내지 않아요. 어린이는 어른과 달리 공공시설에서의 규칙을 모를 수 있어요.

- 항상 어린이의 손을 잡고 움직여요. 전시장은 보통 여러 층으로 이루어져 있고 사람들도 많이 몰려요. 방심하는 순간 어린이를 잃어버릴 수 있어요.
- 전시관을 지나치게 교육 공간으로만 활용하지 않아요. 어린이는 집중할 수 있는 시간이 엄마, 아빠에 비해 짧아요. 지루해하면서 엄마, 아빠를 곤혹스럽게 하는 장난을 칠지도 몰라요.

알아 두면 좋은 안전 상식

박물관 및 미술관 진흥법 시행령 개정안을 알아볼까요?

2014년 5월 문화체육관광부는 전문가와 함께 76개 박물관과 미술관에 대해 안전점검을 실시했어요. 그리고 관리현황의 심각한 문제점을 발견했지요. 기존 박물관과 미술관의 등록요건에서 안전과 관련한 기준은 '화재와 도난 방지 시설'이라는 단 한 줄밖에 없었기 때문이에요. 그래서 문화체육관광부는 '박물관 및 미술관 진흥법 시행령 개정안'에 안전 관련 공통 요건 3가지를 새롭게 규정했어요.

① 박물관 관련 업종 종사자와 관람객을 대상으로 한 안전교육 실시
② 훈련 계획서와 위기 대응 매뉴얼을 필수적으로 비치
③ 관람객이 쉽게 알아볼 수 있는 곳에 피난 안내도와 피난 동선 보이기

이러한 등록 요건은 분야별 소장품이 100점 이상인 종합 박물관과 전문 박물관 등과 소규모의 유물관, 기념관 등도 모두 포함해요.

이런 사고도 있었어요

국립중앙박물관에서 월 평균 1.8건의 안전사고가 발생했어요.

2006년에서 2007년 사이, 국립중앙박물관에서는 총 38건의 안전사고가 발생했어요. 다친 사람도 41명이나 돼요. 사고 장소는 어린이 이용 시설, 전시장, 에스컬레이터 등 다양해요. 연령대별로 살펴보면 13세 이하 어린이 25명(61%), 65세 이상 노약자 10명(24.4%)이 다쳤어요. 노약자와 어린이의 부상이 전체의 85%를 차지한 셈이에요. 전시관이나 박물관에서는 안전사고에 더욱 세심한 주의가 필요해요.

02 공공 안전 ▶ 장소

놀이공원에서 안전하게 놀아요

꺼꾸리 안전 Tip

>>> **놀이공원에서 안전사고에 주의해요.**
- 뛰어다니지 않아요. 다른 사람과 부딪히거나 넘어져 다칠 수 있어요.
- 물놀이 시설 근처에서 특히 조심해요. 바닥이 미끄러워서 넘어지기 쉬워요.
- 출입 금지 구역에 들어가지 않아요. 사람들이 들어가지 못하도록 막아 놓은 곳은 전기나 화재 위험 시설이 있는 곳이에요.
- 운행하지 않는 놀이기구 근처에 가지 않아요. 점검하느라 갑자기 움직일 수 있어요.
- 차가운 음식과 음료수를 지나치게 많이 먹지 않아요. 배탈이 날 수 있어요.
- 보호자를 잃어버렸을 때는 미리 약속한 장소로 가서 기다려요. 돌아다니면 오히려 더 찾기 어려워요.

>>> **놀이기구를 타기 전, 안전울타리 밖에 서서 차례를 기다려요.**
- 안전울타리에 걸터앉지 않아요. 걸터앉아 몸을 흔들다 넘어지면 위험해요.

- 안전요원의 허락 없이 안전울타리 안으로 들어가지 않아요. 움직이는 놀이기구에 부딪혀 다칠 수 있어요.

>>> **놀이기구를 탈 때는 꼭 안전벨트를 착용해요.**
- 놀이기구는 종류별로 안전벨트의 모양과 장착 방법이 달라요. 안전점검 시 같이 탄 사람끼리 서로 확인해요. 안전레버는 처음부터 끝까지 손으로 잡고 있어요.
- 안전장치를 풀거나 문을 열지 않아요. 놀이기구에서 튕겨져 나갈 수 있어요.
- 떨어질 수 있는 물건과 음식, 음료수를 가지고 타지 않아요. 떨어지는 물건에 부딪혀 사람이 다치거나 내용물이 날아갈 수도 있지요.
- 일어나거나 이동하지 않아요. 놀이기구 아래로 떨어질 수 있어요.
- 놀이기구 밖으로 손 또는 머리를 절대로 내밀지 않아요. 다른 놀이기구와 부딪혀 다칠 수 있어요.

>>> **놀이기구가 완전히 멈추면 내려요.**
- 완전히 멈추기 전에 안전장치를 풀면 안 돼요.
- 천천히 움직인다고 놀이기구에서 뛰어내리면 안 돼요.
- 놀이기구에서 내려 출구로 뛰어가면 위험해요.

02 공공 안전 ▶장소

>>> **놀이기구가 갑자기 멈추더라도 안전요원의 지시에 따라 침착하게 행동해요.**
- 놀이기구가 멈췄다고 불안해하지 말아요. 제대로 안전장치를 하고 있으면 위험하지 않아요.
- 롤러코스터 등 일부 놀이기구는 다시 운행하기까지 시간이 걸리니 안전요원의 안내에 따라 비상계단으로 걸어 내려와요.

엄마 안전 Tip

>>> **키와 나이 제한을 정확히 지켜요.**
- 정해진 기준보다 키가 작은 사람이 놀이기구에 탑승하면 안전벨트가 몸에 맞지 않아 위험해요.
- 일부 놀이기구는 보호자가 함께 이용하면 기준보다 키가 작은 어린이도 이용할 수 있지만, 이럴 때는 보호자가 반드시 만 18세 이상의 성인이어야 해요.

>>> **어린이끼리 놀이공원에 보내지 않아요.**
- 놀이공원에서 사고 위험을 줄이려면 어린이 2명에 적어도 어른 1명이 따라가야 해요. 어린이는 위험에 익숙하지 않고, 사고 예방에 대한 정보가 없을 뿐만 아니라 사고 발생 시 알맞게 대응하기도 어려워요.

미리미리 안전 연습

몸으로 익혀요

놀이기구 이용 중 사고가 났다고요?
- 놀이공원 안전요원에게 연락해 응급처치를 받아요.
- 119에 연락해 환자의 상태를 자세히 말하고 지시에 따라 응급처치를 해요. 이때 정확한 응급처치는 몸 상태가 나빠지는 것을 막을 수 있지만 부적절한 응급처치는 상태를 악화시킬 수 있다는 사실을 인지해요.

머리를 다쳤다고요?
- 몸을 고정해 목이 움직이지 않도록 해요.
- 환자가 토하거나 졸거나 코피가 날 때에는 즉시 병원으로 데려가요.

골절상을 당했다고요?
- 먼저 붕대 등을 이용해서 지혈해요.
- 다친 사람이 어린이라면 불필요하게 움직이는 것을 막아요.
- 부상 부위의 위아래 관절을 포함해 고정해요.

- 어린이를 잃어버릴 경우에 대비해 약속 장소를 꼭 정해 놓아요.
- 어린이를 잃어버려도 찾을 수 있게 이름표를 붙이거나 미아방지 팔찌, 목걸이 등을 착용시켜요.

>>> **보호자는 가장 훌륭한 안전 관리자예요.**
- 함께 놀이기구를 탈 때는 어린이를 안쪽에 앉혀요.
- 안전레버와 안전벨트가 제대로 장착됐는지 반드시 확인해요.
- 출발 전에 꼭 안전봉을 두 손으로 잡게 해요.
- 어린이 전용 놀이기구를 탈 때는 출발 전 반드시 보호자가 탑승을 도와 안전벨트를 확인해요.
- 놀이기구에서 내릴 때 어린이를 직접 챙겨요.

>>> **쉬는 시간을 가져요.**
- 놀이기구를 너무 오래 타면 어지러워요. 심하면 구토나 멀미를 하지요.
- 식사 후에 놀이기구를 이용할 때도 사이사이 자리에 앉아 휴식을 취해요.

알아 두면 좋은 안전 상식

놀이공원 관련 안전사고 조사 결과를 살펴볼까요?

한국소비자원에 따르면, 2010년부터 2012년까지 3년간 우리나라 놀이공원에서는 총 106건의 안전사고가 발생했어요. 연령별로는 미취학 어린이가 55.7%(59건), 초등학생이 12.3%(13건)으로 나타나 13세 미만 어린이 안전사고가 전체의 68%를 차지했어요.

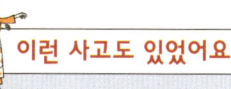

이런 사고도 있었어요

놀이기구에 안전요원이 배치되어 있는지 확인해요.

2014년 11월 6일, 그물 다리와 돌아가는 원통 등을 통과하는 실내 장애물 통과 놀이기구를 타고 있던 5세 남자 어린이가 넘어져 손가락이 절단되는 사고가 발생했어요. 이 놀이기구는 키 110cm 이상이면 보호자 없이 혼자서도 들어갈 수 있었어요. 당시 안전요원 2명이 놀이기구 안에 있었지만, 사고가 난 지점이 아닌 출입구와 2층 사다리 지점에 각각 배치돼 있었지요.

02 공공 안전 ▶장소

동물원에서 안전하게 구경해요

>>> **우리 밖에서 안전하게 동물을 구경해요.**

- 동물에게 소리를 지르지 않아요. 철창을 두드리거나 먹이, 돌, 쓰레기 등을 던져서도 안 돼요. 스트레스를 받으면 동물들도 갑작스럽게 공격적으로 변하는 등 이상행동을 보일 수 있어요.
- 창살 사이에 머리를 넣지 않아요. 머리를 넣었다가 끼이면 위험해질 수 있어요.
- 울타리에 매달리거나 기대지 않아요. 오래된 울타리의 경우 몸무게를 버티지 못하고 무너질 수 있어요.
- 우리 안에 손을 넣지 않아요. 날카로운 동물의 이빨에 손등이 긁힐 수 있어요. 육식동물뿐만 아니라 초식동물도 공격 성향을 보일 수 있지요.
- 우리 안에 소지품이 떨어지면 반드시 동물원 관리자에게 도움을 요청해요. 동물은 훈련받은 관리자가 아닌 다른 사람이 들어오면 위협을 느끼고 공격적으로 변해요.

엄마 안전 Tip

>>> **어린이의 몸 상태를 수시로 확인해요.**
- 하루 종일 야외에 있으면 탈진 또는 탈수 증세를 보일 수 있어요. 특히 5월부터 8월 말까지가 가장 위험해요. 물을 자주 충분히 먹이고 틈틈이 휴식을 취하게 해요.
- 어린이의 발에 딱 맞는 운동화를 신겨요. 슬리퍼는 잘 벗겨지고, 발에 맞지 않는 신발을 신으면 넘어질 수 있어요.

>>> **세균 감염에 주의해요.**
- 동물을 만진 후에는 반드시 손을 씻어요. 관리받는 동물도 좋지 않은 세균이나 기생충이 있을 수 있어요. 집으로 돌아간 다음 옷도 꼭 세탁해요.
- 동물에게 물리거나 긁혔을 때는 물로 씻거나 소독약을 발라요. 상처 부위의 이물질을 제거한 뒤, 깨끗한 천으로 감싸 2차 감염을 막아요. 상처가 심하면 즉시 병원 치료를 받아요. 호랑이나 사자 등의 날카로운 발톱에 의해 상처를 입으면 파상풍에 걸릴 수 있으니 파상풍 예방접종 주사를 맞아요.

이런 사고도 있었어요

곰에게 먹이를 주려고 울타리를 넘었다가 팔을 다쳤어요.

2014년 10월 18일 중국의 한 동물원에서 할아버지가 간식을 사러 간 사이, 9세 남자 어린이가 울타리를 넘어 곰에게 먹이를 주려다 팔을 물어뜯겼어요. 어린이는 10분 동안 곰에게 공격당한 뒤 응급처치를 받고 응급실로 이송됐지만 상처가 너무 심각해 팔을 이을 수 없었지요.

동물원에서는 사건·사고가 많이 일어나요.

2012년 10월 13일 서울에 있는 한 동물원에서 큰물새장 내부 관람 통로의 펠리칸이 나무 데크에 있던 어린이에게 접근해 부리로 코 위를 긁어 상처를 냈어요. 이후로도 이와 비슷한 안전사고가 계속 일어나고 있지요. 공작이 어린이에게 달려들어서 얼굴을 쪼기도 하고, 토끼가 먹이로 배추를 받아먹다가 관람객의 집게손가락을 물기도 했어요. 2014년 4월 13일에는 낙타가 철책 너머로 목을 뻗어 여자 관람객의 머리카락을 잡아당기고, 사슴이 먹이를 주던 남자 어린이의 손등에 찰과상을 입혔어요. 이 밖에도 계단에서 넘어짐, 전기차 충돌 등 시설물로 인한 피해도 다수(총 21건, 47%)예요. 관람객이 빗물받이에 걸려 넘어지고, 다리가 빠져 부상을 입기도 했어요. 또 길을 걷다가 미끄러지면서 땅바닥을 짚은 오른쪽 손바닥에 찰과상 등이 생긴 사고도 있었어요.

02 공공 안전 ▶장소

공사장 근처에 가지 않아요

>>> **공사장 근처로 가지 않아요.**

- 어쩔 수 없이 주변을 지나가야 할 때는 마스크를 써요. 공사장 근처 공기에는 몸에 안 좋은 물질들이 섞여 있어요.
- 주위를 잘 살피면서 걸어요. 공사장 주변에는 공사 현장에서 쓸 시멘트와 대리석 등을 실은 덤프트럭이 수시로 지나다니기 때문에 자칫 잘못하면 교통사고가 날 수도 있어요.
- 공사장 안전울타리를 마음대로 넘어가지 않아요. 벽돌이나 돌멩이, 못 등이 떨어질 수도 있어요.
- 공사장 근처에는 돌부리, 건축자재 등 위험한 물건이 많아요. 걸려서 넘어지지 않게 조심해요.
- 공사 현장 주위에 떨어져 있는 건축자재에 함부로 손대지 않아요.

>>> **현장 안전 관리자를 세워 달라고 요구해요.**
- 공사장 안전수칙에 가장 기본적인 사항은 안전 관리자의 배치예요. 공사 시공 업체에 안전 관리자를 세워 달라고 요구하고, 동사무소 등에 안전 관리자의 근태에 관한 민원을 꾸준히 제기해요.

>>> **공사장에 임시 소방 시설이 설치돼 있는지 확인해요.**
- 2015년 1월 8일부터 공사장에도 무조건 임시 소방 시설을 설치해야 한다는 법률이 시행되고 있어요. 화재가 일어나면 대규모 재산 피해와 인명 피해가 일어나기 쉬워요. 꼭 임시 소방 시설이 설치돼야 해요.

>>> **안전망이 설치되어 있지 않으면 동사무소에 민원을 넣어요.**
- 공사 현장에는 지나가는 시민의 안전을 위해 꼭 안전망을 설치해야 해요. 만약 안전망 대신 가림막 등으로 대충 공사 현장과 도로를 구분해 놓았다면 동사무소에 민원을 넣어 안전망을 설치하도록 해 주세요.

공사 현장에서 나오는 나쁜 물질은 무엇이 있나요?

① **석면** 석면은 천연 광물 섬유로 굵기가 머리카락의 1/5,000이에요. 열이나 약품에 강하고 마찰이나 마모를 잘 견디며 값이 아주 싸지요. 건축자재부터 보일러, 자동차의 브레이크나 클러치판 등 3천 종류 이상의 제품에 사용돼요. 한때는 '기적의 광물'이라고 불렸지요. 그런데 이 석면 섬유를 폐로 직접 흡수하게 되면 암 발병률이 높아져요. 악성중피종(Mesothelioma), 폐암(Lung Cancer), 석면폐증(Asbestosis) 등의 질병에 걸릴 위험도 높아지지요. '기적의 광물'인 동시에 '조용한 시한폭탄'인 거예요.

② **비산먼지** 공사장 등에서 일정한 배출구를 거치지 않고 대기 중으로 직접 배출되는 먼지예요. 황사, 미세먼지와 마찬가지로 기관지에 아주 안 좋아요.

③ **잔토** 공사장에서 사용된 흙을 '잔토'라고 불러요. 바람이 불면 황사처럼 공기 중에 모래바람으로 떠돌아다녀요. 눈과 기관지, 피부에 좋지 않아요.

02 공공 안전 ▶장소

목욕탕을 안전하게 이용해요

 ≫ **목욕탕을 안전하게 이용해요.**
- 뛰거나 장난치지 않아요. 물기가 많은 장소라 미끄러워요.
- 탕 속에서 수영하지 않아요. 다른 사람에게 피해를 줄 뿐만 아니라 팔을 크게 휘두르다 단단한 탕 벽에 부딪힐 수 있어요.
- 문을 조심히 열고 닫아요. 문틈에 손이나 몸이 끼이거나 다른 사람과 부딪힐 수 있어요.
- 물이 빠지고 있는 목욕탕에 절대 들어가지 않아요. 배수구의 수압이 굉장히 세기 때문에 팔이나 다리, 머리카락이 빨려 들어가면 어른도 빠져나오기 힘들어요.
- 늘 부모님 옆에 있어요. 사람이 많아서 잠깐 사이에도 부모님을 잃어버릴 수 있어요.
- 물 폭포를 조심해요. 순간적인 충격에 목이나 허리를 다칠 수 있어요.

 ≫ **목욕탕을 안전하게 이용해요.**
- 피부병에 걸렸다면 목욕탕에 가지 않아요. 많은 사람이 오기 때문에 목욕탕 물은 생각

만큼 깨끗하지 않아요. 다른 세균에 추가 감염돼 피부병이 더욱더 심해질 수 있어요.
- 어린이와 함께 목욕탕에 갔다면 꼭 탕의 온도를 확인하고 들어가요. 어린이는 피부가 약해서 온도를 느끼는 감각이 어른과 달라요. 뜨겁다고 하면 억지로 데리고 들어가지 않아요.
- 어린이와 함께 목욕탕에 갔다면 탕의 깊이를 꼭 확인해요. 탕이 깊으면 어린이가 탕에 빠질 수 있어요.
- 임신 3개월 이전에는 절대 목욕탕에 가지 않아요. 자궁으로 나쁜 세균이 들어와 태아에게 신경계 이상을 일으킬 수 있어요.
- 임신 3개월이 지나면 목욕탕에 가도 괜찮지만, 탕에 5분 이상 들어가 있지 않아요. 양수가 뜨거워지면서 태아가 위험할 수 있어요.

이런 사고도 있었어요

배수구에 머리카락이 빨려 들어가면 목숨이 위험해요.

2006년 1월 강화도에서 11세의 여자 어린이가 목욕탕의 욕조 벽 배수구에 머리카락이 빨려 들어가면서 의식을 잃은 사고가 있었어요. 물속에서 허우적거리는 것을 발견하고 어머니가 달려들어 꺼내긴 했지만 이미 의식을 잃은 뒤였어요. 다행히 응급처치를 받고 의식을 회복했어요. 한편 전남 순천에서는 9세 여자 어린이가 욕조 배수구에 한쪽 팔이 끼면서 질식해 숨지는 사고도 있었어요. 강한 수압 때문에 제때 몸을 빼내지 못했기 때문이에요.

02 공공 안전 ▶시설

계단을 안전하게 이용해요

>>> **계단에서 뛰거나 장난치지 않아요.**
- 계단을 한 칸씩 오르내려요. 계단에서 넘어지면 머리 또는 이를 다치거나 뼈가 부러질 수 있어 아주 위험해요.
- 난간을 미끄럼틀 삼아 이동하거나 넘어가지 않아요. 밑으로 떨어질 수 있어요.
- 아래로 물건을 던지지 않아요. 지나가는 사람이 맞아서 다칠 수 있어요.
- 음료를 마시거나 음식을 먹으면서 계단을 오르내리지 않아요. 먹을 것을 계단에 흘리면 바닥이 미끄러워져 넘어질 수 있어요.

>>> **어린이가 미끄러지지 않도록 배려해요.**
- 바닥에 미끄럼 방지장치를 설치해요.
- 계단 양쪽에 튼튼한 난간을 설치해요. 미끄러질 때 붙잡을 수 있어요.
- 복도와 계단에 조명을 설치해요. 어두운 곳에서는 밝은 곳보다 미끄러지기 쉬워요.
- 계단을 올라갈 때는 반드시 보호자가 뒤에서 따라 가요. 어린이가 계단에서 미끄러지면 적절하게 대처할 수 있어요.
- 위험한 계단이 있는 곳에는 안전문을 설치해요.

시설 ▶ 공공 안전 02

엘리베이터를 안전하게 이용해요

>>> 엘리베이터를 안전하게 이용해요.

- 닫히는 엘리베이터에 뛰어들지 않아요. 문 사이에 끼이면 다칠 수 있어요.
- 문 가까이 서 있지 않아요. 가방 끈과 머리카락 등이 문틈에 끼일 수 있어요.
- 문에 기대거나 문을 걷어차지 않아요. 문이 갑자기 열릴 위험이 있어요.
- 안에서 뛰지 않아요. 엘리베이터 선이 끊어져 아래로 떨어질 수 있어요.
- 버튼으로 장난치지 않아요. 엘리베이터가 고장 날 수 있어요.

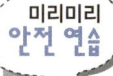 몸으로 익혀요

엘리베이터가 고장 나면 어떻게 해야 할까요?
소리를 질러서 사람을 불러요. 사람이 지나가지 않으면 비상버튼을 눌러서 경비 아저씨에게 상황을 알려요. 이 때 엘리베이터가 어떤 상황인지 알리는 것이 가장 중요해요. 그래야 빨리 엘리베이터에서 빠져나갈 수 있어요.

02 공공 안전 ▶ 시설

에스컬레이터를 안전하게 이용해요

>>> **에스컬레이터를 안전하게 이용해요.**
- 에스컬레이터에서 뛰지 않아요.
- 손잡이를 잡고 꼭 노란선 안에 발을 놓아요.
- 신발 끈이 풀려 있지 않은지 확인해요. 끈이 틈새로 빨려 들어갈 수 있어요.
- 신발 끈이 빨려 들어가면 손으로 빼려고 하지 말고 발에 힘을 주어 빼내요. 그래도 빠지지 않으면 재빨리 신발을 벗어요.
- 에스컬레이터 진행 방향과 반대로 이동하지 않아요.
- 차례로 줄을 서서 안전하게 이용해요.
- 장난을 치거나 다른 사람을 밀치지 않아요.

>>> **에스컬레이터 이용 전 신발을 확인해요.**
- 에스컬레이터 이용이 예상되면 가능한 한 고무 신발을 신지 말고, 타기 전에 운동화 끈을 다시 한 번 단단히 묶어요.

>>> **에스컬레이터에서 뛰지 않아요.**
- 에스컬레이터는 움직이는 계단 형식의 기계이기 때문에 계단보다 훨씬 위험해요. 넘어져도 일어나기 힘들고, 일단 넘어지면 크게 다칠 수 있으니 항상 안전하게 이용해요.

시설 ▶ **공공 안전 02**

회전문을 안전하게 지나가요

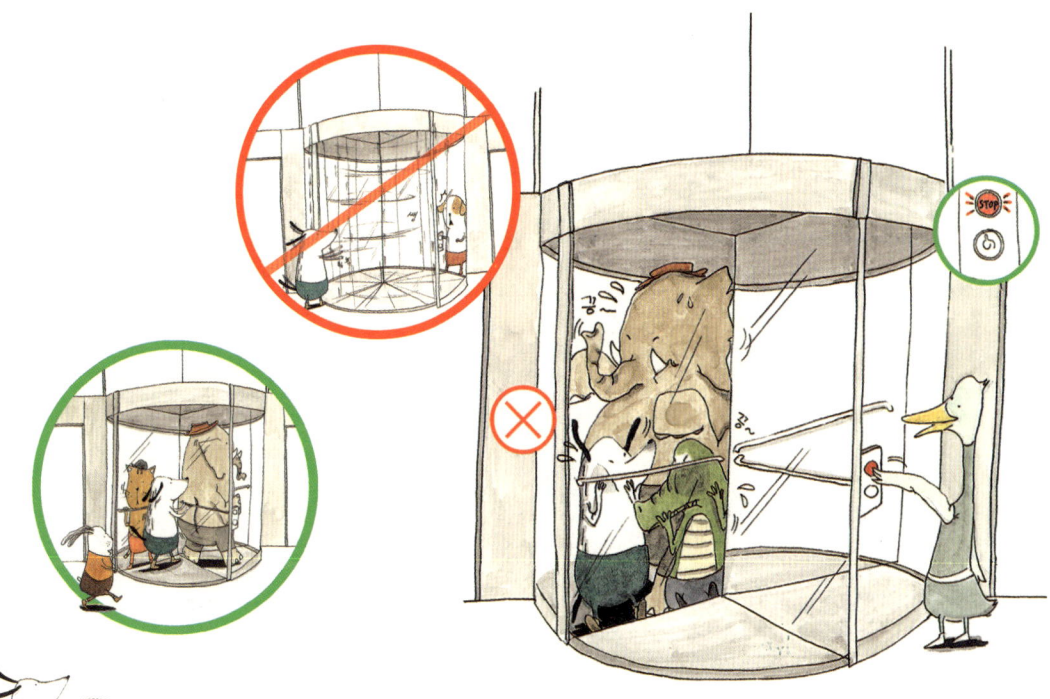

꺼꾸리 안전 Tip

>>> **차례를 지켜 회전문을 안전하게 지나가요.**
- 회전문을 밀거나 당기며 장난치지 않아요.
- 늦으면 다음 칸에 타요. 회전문 사이에 억지로 파고들면 문틈에 끼일 수 있어요.
- 한 칸에 3명 이상 타지 않아요. 한꺼번에 여러 사람이 타면 사고 위험이 있어요.
- 급하게 밀고 나가지 않아요. 나 말고 다른 사람도 다칠 수 있어요.
- 자동회전문은 억지로 나가지 말고, 회전문이 돌아오길 기다렸다 이동해요.
- 사람이 회전문 사이에 끼이면 아래쪽 비상정지버튼을 눌러 회전문을 멈춰요.

이런 사고도 있었어요

회전문 사이에 끼어서 목숨을 잃었어요.

2004년 3월 4일 독일국제공항에서 1년 8개월 된 남자 어린이가 자동 회전문과 바깥쪽 유리틀 사이의 틈(4cm)에 끼였어요. 주변 사람이 소화기로 유리를 깨고 구출했지만 결국 2시간 후 목숨을 잃었지요.

02 공공 안전 ▶ 시설

자동문을 안전하게 지나가요

>>> **자동문을 안전하게 이용해요.**
- 문에 붙은 주의 표시를 잘 봐요. 자동문에는 빨간색 띠, 마크 등으로 표시가 되어 있어요.
- 자동문 앞에서는 일단 멈춰요. 급하게 뛰어들면 문에 부딪혀 다칠 수 있어요.
- 천천히 닫힌다고 달려가면 안 돼요. 문틈에 끼어서 사고가 날 수 있어요.
- 자동문에 끼이면 주변에 도움을 청해요. 혼자 빠져나오려다 더 크게 다칠 수 있어요.
- 작동 중인 자동문을 손으로 열거나 닫지 않아요. 고장 날 수 있어요.

이런 사고도 있었어요

자동문 관련 사고 40건 중 19건이 문이 열린 상태에서 통과하던 중 발생했어요.

한국소비자원에 따르면, 자동문 사고를 당한 사람의 40%는 코뼈가 부러지거나 이마나 볼이 찢어지거나 멍이 들었어요. 손이나 팔을 다친 사고는 37.5%, 발이나 발가락을 다친 사고는 15%를 차지했지요.

시설 ▶ 공공 안전 02

환풍구 근처를 안전하게 지나가요

꺼꾸리 안전 Tip

>>> **환풍구 위에 올라가 뛰지 않아요.**
- 환풍구와 보도가 연결돼 있으면 무조건 보도를 이용해요.
- 환풍구 위에 올라가지 않아요.
- 안전울타리가 설치되지 않은 환풍구를 발견한다면 최대한 멀리 돌아서 가요. 환풍구 주변에는 반드시 안전울타리가 설치돼 있어야 해요. 안전울타리가 설치되지 않은 환풍구는 관리되지 않아 위험할 수 있어요.

이런 사고도 있었어요

판교 공연장에서 환풍구 덮개 붕괴 사고가 일어났어요.

2014년 10월 17일 경기도 성남 판교의 한 야외 공연장에서 환풍구 덮개 붕괴 사고가 일어났어요. 환풍구 위에서 공연을 보던 관람객들은 10m 아래로 추락했지요. 이 사고로 16명이 숨지고 9명이 중상을 입었어요.

02 공공 안전 ▶ 시설

복도를 안전하게 지나가요

꺼꾸리 안전 Tip >>> **복도를 안전하게 지나가요.**

- 지나다니면서 과자나 음료수를 먹지 않아요. 혹시 음식물을 먹다가 흘리면 바로바로 치워요. 복도는 원래 미끄러운데, 과자나 음료수를 흘리면 더 미끄러워져요.

- 뛰지 않아요. 실내에서 달리면 벽이나 문에 머리를 부딪힐 수 있어요. 복도에 놓인 화분을 깰 수도 있고, 벽에 걸린 액자를 떨어뜨릴 수도 있지요.

- 반드시 오른쪽으로 걸어요. 복도는 여러 사람이 지나다니기 때문에 오가는 방향을 지키지 않거나 복도 한가운데로 다니면 다른 사람과 부딪혀 다칠 수 있어요.

미리미리 안전 연습 **확인해 봐요**

나는 복도를 안전하게 이용하고 있을까요?
- ☐ 천천히 걷고 있나요?
- ☐ 과자와 음료수를 먹지 않고 있나요?
- ☐ 오른쪽으로 걷고 있나요?
- ☐ 앞사람, 뒷사람과 충분히 떨어져서 걷고 있나요?

PART 03

교통 안전

보행
등하교
골목길(이면도로)
자전거
자동차
지하철
배
비행기

03 교통 안전 ▶ 보행

길에서 안전하게 걸어 다녀요

꺼꾸리 안전 Tip

>>> **길 위에서 안전하게 걸어요.**
- 보차도 경계석* 위로 걷지 않아요. 자동차 등 다른 교통수단에 부딪힐 위험이 있어요.
- 보차도 구분이 없는 이면도로에서 자동차가 양방향 통행을 할 때는 도로의 왼쪽으로 걸어요.
- 이면도로에서 차가 오면 우선 멈춘 후 몸을 벽 쪽으로 붙이고 차가 지나간 다음 움직여요.
- 장애인 유도블록 위에서 걷지 않아요. 시각장애인과 부딪힐 위험이 있어요.
- 자전거와 충돌할 수 있으니 자전거 전용도로 쪽으로 걷지 않아요.

>>> **보도에서는 어른의 손을 잡고 오른쪽으로 걸어요.**
- 우리나라는 오른쪽 길로 걷자고 약속했어요. 오른쪽 길로 걸으면 사람들과 마주치거나 부딪히지 않아요.
- 사람이 많은 곳에서 어른의 손을 잡지 않고 다니면 길을 잃을 수 있어요.

---

* **보차도 경계석** 차도와 보도의 경계를 구분하는 거예요. '보차도'라는 말은 보도와 차도의 줄임말이에요.

>>> **딴짓하며 걷지 않아요.**
- 길을 걸을 때 휴대전화를 사용하지 않아요. 길을 걸을 때 휴대전화를 사용하면 주변 상황에 대한 인지 능력이 최대 80%까지 떨어져요.
- 귀에 이어폰을 꽂고 다니지 않아요. 소리를 들을 수 없어서 갑작스러운 위험상황에 대처할 수 없어요.

>>> **항상 어린이를 보호하며 걸어요.**
- 어린이의 손목을 붙잡고 걸어요. 손을 잡고 걸으면 어린이가 갑자기 손을 빼고 뛰어가 위험할 수 있어요.
- 나란히 걷기 곤란할 때는 어린이 바로 뒤에서 걸어요. 눈앞에 있기 때문에 잃어버릴 가능성도 낮아지고, 혹시 모를 위험상황에서 어린이의 방향을 조절하기 쉬워요.
- 자전거 및 보행자 겸용도로에서는 꼭 어린이의 손목을 붙잡고 걸어요. 보도와 차도의 구분이 없어 자전거와 부딪힐 위험이 있어요.
- 어린이가 장애인 유도블록 위로 올라가 내려오려고 하지 않을 때에는 장애인이 오는지 수시로 살피고, 장애인이 다가오면 어린이를 안전하게 옆으로 옮겨요.

도로교통법 제11조 어린이의 보호자는 교통이 빈번한 도로에서 어린이를 놀게 해서는 안 되고, 유아(6세 미만)의 보호자는 교통이 빈번한 도로에서 유아가 혼자 보행하게 해서는 안 돼요.

03 교통 안전 ▶보행

횡단보도 앞에서 안전하게 기다려요

 >>> **안전하게 서서 신호가 바뀌길 기다려요.**
- 자전거나 킥보드에서 내린 다음에 안전하게 건너요. 횡단보도는 걸어가는 곳이에요.
- 보도 오른쪽에 서 있어요. 왼쪽 정지선 근처에 서 있는 차와 거리가 멀어져 안전해요.
- 경계석 뒤로 한 발 물러서요. 너무 가깝게 서 있으면 차바퀴에 발이 밟힐 수 있어요.
- 횡단보도 신호가 녹색불로 바뀌어도, 차가 완전히 멈춘 것을 확인하고 건너가요. 가끔 노란불에 걸려 차가 늦게 멈추는 경우가 있어요.

 **안전 상식**

도로교통법 제27조(보행자의 보호) 모든 차의 운전자는 보행자(자전거를 끌고 통행하는 자전거 운전자 포함)가 횡단보도를 지날 때 횡단을 방해하거나 위험을 주지 않도록 횡단보도 앞(정지선이 설치된 곳의 정지선)에서 일시 정지해요.

보행 ▶ 교통 안전 03

횡단보도를 안전하게 건너요

>>> **횡단보도를 안전하게 건너요.**
- 지나가는 교통수단 또는 사람을 살피고 움직여요. 맞은편에 반가운 사람이 있다고 차도에 뛰어들면 사고가 날 수 있어요.
- 뛰지 않고 약간 빠른 걸음으로 건너요. 뛰다가 넘어지면 운전자의 시야에서 벗어날 수 있어 위험해요.
- 대각선으로 건너지 않아요. 반대편 사람과 부딪힐 수도 있고, 건너는 길이가 길어져 횡단보도를 빨리 지나갈 수 없어요.
- 신호가 깜박이면 다음 신호에 건너요. 무리하게 지나가다 차와 부딪힐 수 있어요.

>>> **항상 어린이를 의식하고 행동해요.**
- 반드시 횡단보도에서 걸어요. 차량 사이로 위험하게 건너가서도 안 돼요. 어린이는 무심결에 어른들을 따라하기 때문에 어린이 앞에서는 늘 조심해야 해요.

03 교통 안전 ▶ 보행

- 바쁘다고 어린이를 재촉하지 않아요. 조급하면 횡단보도에서 자신도 모르게 뛰게 되고, 이것이 습관이 되면 사고 확률이 높아져요.
- 길 건너편에 어린이가 있다면, 되도록 어린이가 있는 곳으로 이동한 다음에 불러요. 어린이는 교통상황을 인지하지 못하고 행동하기 때문에 무심결에 부모님에게 달려올 수 있어요.
- 횡단보도 경계석에 너무 가깝게 서 있지 않아요. 우회전을 하는 자동차는 횡단보도 신호가 녹색불일 때도 지나가는 경우가 많아요.

알아 두면 좋은 안전 상식

표지판을 알아볼까요?

① 지시 표지판 – 파란색 표지판은 어떤 장소인지를 나타내요.

보행자 전용도로 / 어린이 보호 (어린이 보호 구역 안) / 자전거 및 보행자 겸용도로 / 자전거 전용도로 / 자전거 전용차로 / 자전거 횡단도

② 주의 표지판 – 빨간색 삼각 표지판은 주의 표지판이에요.

도로 공사 중 / 어린이 보호 / 자전거 / 횡단보도 / 철길 건널목 / 위험

③ 규제 표지판 – 빨간색 원형 표지판은 특정 행동을 하지 말라고 세워 둬요.

보행자 보행 금지 / 일시 정지 / 자전거 통행 금지 / 진입 금지 / 통행 금지 / 최고 속도 제한

 **몸으로 익혀요**

순서에 맞게 횡단보도를 건너요.

❶

❷

❸

① 일단 멈추고 좌우를 살펴요.
② 차가 멈추었을 때 운전자와 눈을 맞추고 왼손을 들어 건너겠다고 표현해요. 손에 물건을 들고 있을 경우에는 물건을 오른손으로 들고, 왼손으로 운전자에게 신호를 보내요.
③ 횡단보도의 오른쪽으로 건너고, 이때 차를 주시하며 걸어요.
④ 반쯤 지나 고개를 반대편으로 돌려 운전자와 눈을 맞춰요.
⑤ 차를 계속 보면서 횡단보도를 건너요.

❹

❺

101

03 교통 안전 ▶보행

비 오는 날 안전하게 이동해요

>>> **비가 내릴 때는 평소보다 더 조심해서 걸어 다녀요.**
- 우산을 너무 깊숙이 쓰지 않아요. 앞이 보이지 않아 위험해요.
- 비바람에 우산이 날아가도 잡으러 가지 않아요.
- 신호등과 가로등에서 멀리 떨어져 걸어요. 감전될 위험이 있어요. 전기가 통하지 않는 고무장화를 신는 것도 좋아요.
- 맨홀과 빗물받이를 밟지 않아요. 뚜껑을 잘못 밟으면 구멍으로 빠질 수 있어요.
- 비가 오지 않을 때보다 횡단보도에서 2, 3걸음 뒤(연석에서 1, 2보 뒤)에 서 있어요. 차가 우산을 치고 갈 수 있어요.

>>> **비 오는 날 어린이의 옷차림에 신경 써요.**
- 눈에 잘 띄게 밝은색의 옷을 입히고, 슬리퍼나 미끄러운 신발은 신기지 않아요.
- 투명 우산을 챙겨요. 앞이 안 보이면 오토바이 등에 부딪힐 수 있어요.
- 가방은 등에 매게 해요. 우산을 든 채 손에 가방을 들고 있으면 위험해질 수 있어요.

안전하게 걸어서 학교에 가요

 >>> **급하게 서두르지 않아요.**

- 출퇴근 차량을 조심해요. 아침에는 급히 운전하는 차들이 많으니 주위를 잘 살펴요. 하굣길에는 녹색어머니가 없으니 신호등이 없는 곳, 모퉁이를 지날 때 특히 조심해요.
- 횡단보도에서 신호가 바뀌자마자 뛰지 않아요. 미처 서지 못한 차와 부딪힐 수 있어요.
- 보도와 차도의 구분이 분명하지 않은 아파트 단지에서는 천천히 걸어 다녀요. 뛰어다니면 차에 치이거나 차 출입 제한용 차단봉에 부딪힐 수도 있어요.
- 주머니에 손을 넣고 걷지 않아요. 넘어질 때나 위험한 상황에서 재빨리 대처할 수 없어요.
- 친구들과 옆으로 나란히 서서 걷지 않아요. 여러 명이 길을 막고 가면 다른 사람의 보행에 피해를 줄 수도 있고, 부딪혀 다칠 수 있어요.

03 교통 안전 ▶등하교

통학버스를 안전하게 타요

>>> **통학버스에 안전하게 타고 내려요.**

- 보도에서 줄을 서서 안전하게 버스를 기다려요. 차도로 내려와 버스를 기다리면 지나가던 자전거, 오토바이, 차에 부딪힐 수 있어요.
- 버스에서 내리기 전에 주위를 살펴봐요. 지나가던 자전거나 오토바이에 치일 수 있어요.
- 버스에서 내릴 때는 손잡이를 꼭 잡고, 반드시 오른쪽을 확인해요.
- 끈 달린 옷, 치마, 도복 띠가 차문에 끼이지 않게 주의해요. 차에 끌려가 크게 다칠 수 있어요.
- 버스에 탄 채 창밖으로 머리를 내밀지 않아요. 밖으로 떨어질 수 있어요.
- 버스에서 내리자마자 급하게 횡단보도를 건너지 않아요. 뒤에 오던 차가 나를 보지 못해 사고가 날 수 있어요. 통학버스가 지나가면 천천히 횡단보도를 건너요.

>>> **통학버스에 빨리 타라고 재촉하지 않아요.**
- 서두르면 사고가 날 위험이 있어요. 계단을 오르내릴 때 발을 헛딛거나 버스 안에서 넘어질지 모르니 어린이에게 빨리 타고 내리라고 재촉하지 않아요.

>>> **통학버스 신고필증과 보험, 공제조합 가입 여부를 확인해요.**
- 도로교통법에 의해 통학버스는 경찰서장에게 신고한 뒤 신고필증을 교부받고 차에 항상 비치해 둬야 해요. 교통사고로 인한 피해를 전액 배상받을 수 있으니 '보험업법' 제5조에 따른 보험 또는 '여객차 운수사업법' 제62조에 따른 공제조합 가입 여부도 확인해요.

 안전 상식

도로교통법 제53조 어린이 통학버스 운전자는 승하차 도우미가 없을 경우 어린이가 안전하게 승하차하는지 차에서 내려서 확인해야 해요.

자동차 및 자동차 부품의 성능과 기준에 관한 규칙 제27조(좌석안전띠장치 등) 어린이 통학버스에 설치된 안전벨트는 어린이의 신체 구조에 적합하게 조절할 수 있어야 해요.

통학버스 사고 유형과 예방법을 알아볼까요?
① **통학버스 앞이나 뒤에 서 있다가 버스에 치이는 사고** – 버스 바로 앞이나 뒤에 서 있으면 사각지대가 생겨 어린이가 있다는 것을 운전자가 인지하지 못할 수 있어요. 어린이에게 버스에 너무 가까이 서 있지 않도록 주의를 줘요.
② **버스에 내릴 때 옷이 문에 끼이는 사고** – 너무 큰 옷이나 장식이 많은 옷 등은 어린이가 버스에 타고 내릴 때 문에 끼일 수 있어요. 평소 어린이에게 안전한 옷을 입혀요.
③ **버스 앞으로 지나갈 때 뒤에 오던 차에 치이는 사고** – 어린이가 차 사이에서 갑자기 뛰어나오면 사고 위험이 매우 높아요. 차 옆을 지나갈 때는 주위를 살피며 천천히 걸어가도록 어린이에게 알려 줘요.
④ **버스에서 내릴 때 자전거나 오토바이에 치이는 사고** – 자전거나 오토바이가 빠르게 지나가면서 어린이를 칠 수 있어요. 어린이가 버스에서 내리기 전에 위험요소가 없는지 좌우를 확인하도록 가르쳐요.

03 교통 안전 ▶ 골목길(이면도로)

좁은 골목길에서 안전하게 이동해요

>>> **위험한 상황을 만들지 않아요.**

- 천천히 걸어요. 친구와 장난치거나 뛰지 않아요. 특히 겨울철에 눈이 오면 빙판길이 되어 넘어지기 쉬워요.
- 최대한 안쪽으로 붙어서 걸어요. 골목길에서는 어디서 차가 나올지 알 수 없어요. 조금만 방심해도 차 백미러에 부딪히거나 바퀴에 발이 들어갈 수 있어요.
- 차와 마주 보고 걸어요. 차가 뒤에서 올 때는 위험을 감지하기 어려워요. 차를 등지고 걸으면 사고 확률(부상자 기준)이 40%나 높지요. [2015년 도로교통공단 통계]
- 좁은 길에서 차와 마주쳤다면 차를 먼저 보내요.
- 주정차된 차 주위에서 놀지 않아요. 시동이 걸려 있거나 운전자가 타고 있는 차 근처에서는 자신의 위치를 알리고 최대한 거리를 유지해요.

- 공놀이를 하지 않아요. 공을 잡으러 가다가 교통사고가 날 수 있어요. 만약 차 밑으로 공이 들어가면 운전자나 주위 어른에게 꺼내 달라고 부탁해요.
- 친구들과 어깨동무하고 걷지 않아요. 좁은 도로에서 어깨동무를 하고 나란히 걸으면 지나가는 차에 부딪힐 수 있어요.

 알아 두면 좋은 안전 상식

사각지대란 무엇일까요?

사각지대는 어느 위치에 섬으로써 사물이 눈에 보이지 않게 되는 각도를 말해요. 운전자가 운전석에서 보지 못하는 부분도 사각지대예요. 자동차에 따라 다르지만 어린이가 자동차 앞쪽 4.3m, 뒤쪽 7.2m, 운전석 방향 1.2m, 조수석 방향 4.4m 내에 있으면 운전자는 어린이를 볼 수 없어요.

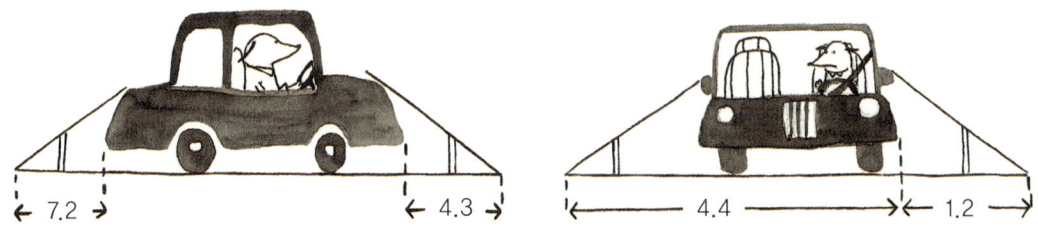

03 교통 안전 ▶ 골목길(이면도로)

대문을 열고 갑자기 나가지 않아요

>>> **대문 밖으로 나가기 전에 주위를 잘 살펴요.**
- 대문을 열고 급하게 뛰어나가지 않아요. 자전거, 오토바이, 차 등에 치일 수 있어요.
- 두 길이 엇갈린 곳에서는 잠깐 멈춰 좌우를 살핀 후 걸어요.
- 차도와 인도의 구분이 없는 길은 다른 교통수단이나 사람이 오는지 살피고 움직여요. 이런 곳에는 보통 신호등이 없어 다른 길보다 더욱더 위험해요.

>>> **골목길에서 천천히 운전해요.**
- 액셀러레이터 대신 브레이크에 발을 올려놓고 느리게 운전해요. 그래야 갑자기 뛰어나오는 어린이를 발견하고 바로 멈출 수 있어요.
- 통학로 반경 100~300m(최대 500m)는 자동차의 속도가 30km 미만으로 제한된 어린이 보호 구역이니 특히 주의해요.

자전거 ▶ 교통 안전 03

골목길에서 안전하게 자전거를 타요

>>> **다른 사람을 배려하며 안전하게 자전거를 타요.**
- 상체를 손잡이 쪽으로 많이 굽혀서 타지 않아요. 부딪히면 충격이 있는 그대로 몸에 전달돼요.
- 두 손을 놓고 타지 않아요. 넘어지기 쉽고, 갑작스러운 상황에 대처하기 힘들어요.
- 좁은 골목길에서 좌우로 왔다갔다 하지 않아요. 사람 또는 다른 자전거, 오토바이, 차 등과 충돌할 수 있어요. 천천히 주위를 살피며 이동해요.
- 교통약자*를 발견하면 꼭 자전거에서 내려 자전거를 끌고 걸어요.
- 시각장애인이 보이면 지나갈 때까지 기다려요. 시각장애인은 지팡이 하나에 의지해서 가기 때문에 위험에 대한 반응 속도가 느려요.

---
* **교통약자** 장애인, 고령자, 임산부, 영유아를 동반한 사람, 어린이 등 일상생활에서 이동에 불편을 느끼는 사람

03 교통 안전 ▶ 자전거

자전거를 올바르게 타요

안전장비를 잘 갖추어요.

자전거 높이는 엄지발가락이 땅에 닿아 접힐 정도가 적당해요.

자전거에 경음기를 설치해요.

꺼꾸리 안전 Tip

››› **안전장비, 자전거 타기에 좋은 옷과 신발을 착용해요.**
- 헬멧과 관절 보호대를 착용해요. 그래야 넘어져도 크게 다치지 않아요.
- 체인에 걸리지 않는 바지를 입어요. 너풀거리는 치마 등을 입으면 옷이 체인에 걸려 넘어질 수 있어요.
- 발에 잘 맞고 편한 운동화를 신어요.
- 비가 올 때는 우산을 드는 대신 우비를 입고 자전거를 타요.

››› **자전거가 안전한지 점검해요.**
- 자전거 안장 높이는 땅에 서서 엄지발가락이 접힐 정도가 돼야 해요. 발이 땅에 닿아야 브레이크가 고장 나도 두 발로 자전거를 멈출 수 있어요.
- 브레이크가 앞뒤 모두 잘 작동하는지 확인해요. 만약 브레이크가 한쪽만 작동하면 자전거를 타지 않아요. 브레이크가 고장 난 상황에서 무리하게 자전거를 타면 큰 사고의 위험이 있어요.

>>> **자전거와 사람이 부딪히면 자전거를 탄 사람의 잘못이에요.**
- 이면도로에서 빠른 속도로 자전거를 타지 않아요.
- 자전거에 경음기를 설치하고 사람들에게 지나간다는 신호를 보내요.
- 보도에서 자전거를 타지 않아요. 휴대전화를 들여다 보거나 음악을 들으면서 걷는 사람이 많아요.

미리미리 안전 연습 확인해 봐요

자전거를 타기 전에 자전거 상태를 점검해요(ABC체크).
- ☐ A(Air) 바퀴의 바람 상태를 확인해요.
- ☐ B(break) 브레이크가 양쪽 모두 잘 멈추는지 확인해요.
- ☐ C(chain) 체인이 부드럽게 잘 돌아가는지 굴려 봐요.

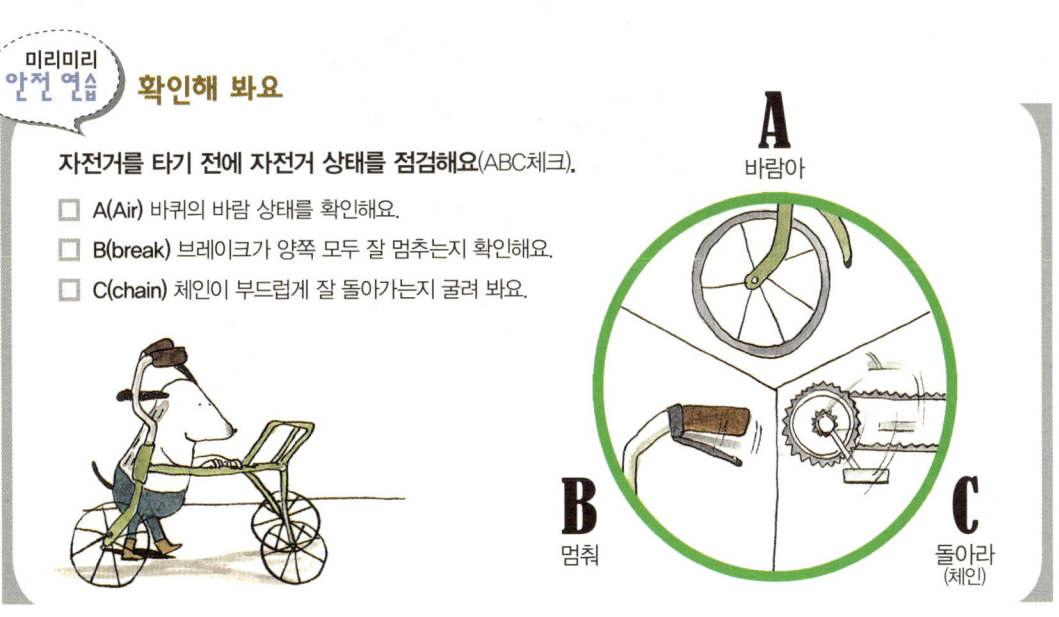

A 바람아
B 멈춰
C 돌아라 (체인)

알아 두면 좋은 안전 상식

도로교통법 제11조 어린이의 보호자는 도로에서 어린이가 자전거를 타거나 행정자치부령으로 정하는 위험성이 큰 움직이는 놀이기구를 타는 경우에는 어린이의 안전을 위해 행정자치부령으로 정하는 인명 보호장비를 착용하도록 해야 해요.

도로교통법 시행규칙 제13조(어린이의 보호) "행정자치부령이 정하는 위험성이 큰 놀이기구"라 함은 다음 중 어느 하나에 해당하는 놀이기구를 말해요. 1. 킥보드, 2. 롤러스케이트, 3. 인라인스케이트, 4. 스케이트보드 5. 그 밖에 킥보드와 스케이트보드와 비슷한 놀이기구

03 교통 안전 ▶ 자전거

자전거 전용도로를 올바르게 이용해요

▶▶▶ 자전거 전용도로에서 안전하게 자전거를 타요.
- 자전거를 탈 때 음악을 듣지 않아요. 사람들과 차의 소리가 들리지 않아 위험해요.
- 반대 차로로 끼어들지 않아요. 마주 오는 자전거와 충돌할 수 있어요.
- 횡단보도가 보이면 일단 멈춰요. 자전거 전용도로에 있는 횡단보도는 차도처럼 구간이 길지 않고 신호등이 없어서 언제 사람이 지나갈지 몰라요.
- 횡단보도는 자전거에서 내려서 자전거를 끌고 지나가요.

 안전 상식

자전거가 차에 속한다고요?
1949년 체결된 제네바 도로교통협약(1952년 발효, 한국은 1971년 가입)과 도로교통법(제2조)에 따르면 자전거는 차로 분류돼요. 따라서 자전거를 이용할 때는 차로서 지켜야 할 의무사항을 따라야 해요.

자전거 ▶ 교통 안전 **03**

한 방향 자전거 전용도로를 올바르게 이용해요

 >>> 반대편 자전거와 보행자를 잘 피해 천천히 달리고, 좁은 길에서 자전거를 타지 않아요.

- 한 방향 자전거 전용도로는 보도 옆에 붙어 있어요. 엇갈려 지나가는 자전거를 발견하면 보도 측의 사람을 잘 피해 반대편 자전거가 지나갈 때까지 기다려요.
- 보도의 구분이 없는 곳에서 보행자의 안전을 위해 자전거를 끌고 움직여요. 폭이 좁은 거리에서는 자전거를 능숙하게 운전할 수 없고, 피해야 할 장애물이 많아요. 사람과 부딪힐 위험이 높아요.

 안전 상식

좁은 보도에서는 사람의 안전을 먼저 생각해야 한다고요?

자전거 전용도로의 구분이 없는 곳은 대부분 보도의 폭이 3m 안팎이에요. 입간판과 가로수, 버스 정차대가 있는 곳은 1, 2m밖에 되지 않지요. 이렇게 좁은 길을 자전거를 타고 지나가면 보도에 있던 사람이 차도로 피하는 경우가 생길 수 있어요.

113

03 교통 안전 ▶ 자동차

안전하게 차에 타요

미리미리 안전 연습 **확인해 봐요**

차에서 이런 행동을 하면 안 돼요.

☐ 차에서 안전벨트를 매지 않아요.
☐ 차 밖으로 쓰레기나 담배를 버려요.
☐ 창밖으로 팔을 걸치거나 손을 내밀어요.
☐ 운전 중에 휴대전화를 사용해요.
☐ 운전 중에 정지선을 지키지 않고 횡단보도를 넘어가요.
☐ 차에서 담배를 피우고, 담뱃재를 털어요.
☐ 술을 마시고 운전해요.

 ≫ **바른 자세로 뒷좌석에 앉아요.**

- 엄마에게 안겨서 타지 않아요. 사고 시 엄마 몸무게의 7배에 가까운 충격을 받아요.
- 14세 이전에는 뒷좌석에 앉아요. 사고가 났을 때 가장 안전한 자리는 운전석 뒷좌석, 가장 위험한 자리는 조수석이에요. 앞 좌석에 앉았다 사고가 나면서 안전벨트에 목이 졸리거나 허리를 다칠 수 있어요.
- 옆으로 눕거나 앞으로 몸을 숙여서 앉으면 안 돼요. 바른 자세로 앉아야 사고가 났을 때 안전벨트가 몸이 밖으로 튀어 나가지 않게 잡아 줘요.

 **안전 상식**

도로교통법 제50조(특정 운전자의 준수사항) 차(이륜차는 제외)의 운전자는 차를 운전할 때에 좌석 안전벨트를 매야 하며, 그 옆 좌석의 동승자도 좌석 안전벨트(유아인 경우 유아 보호용 장비를 장착한 후 좌석 안전벨트)를 매야 해요.

자동차 ▶ 교통 안전 03

카시트를 제대로 착용해요

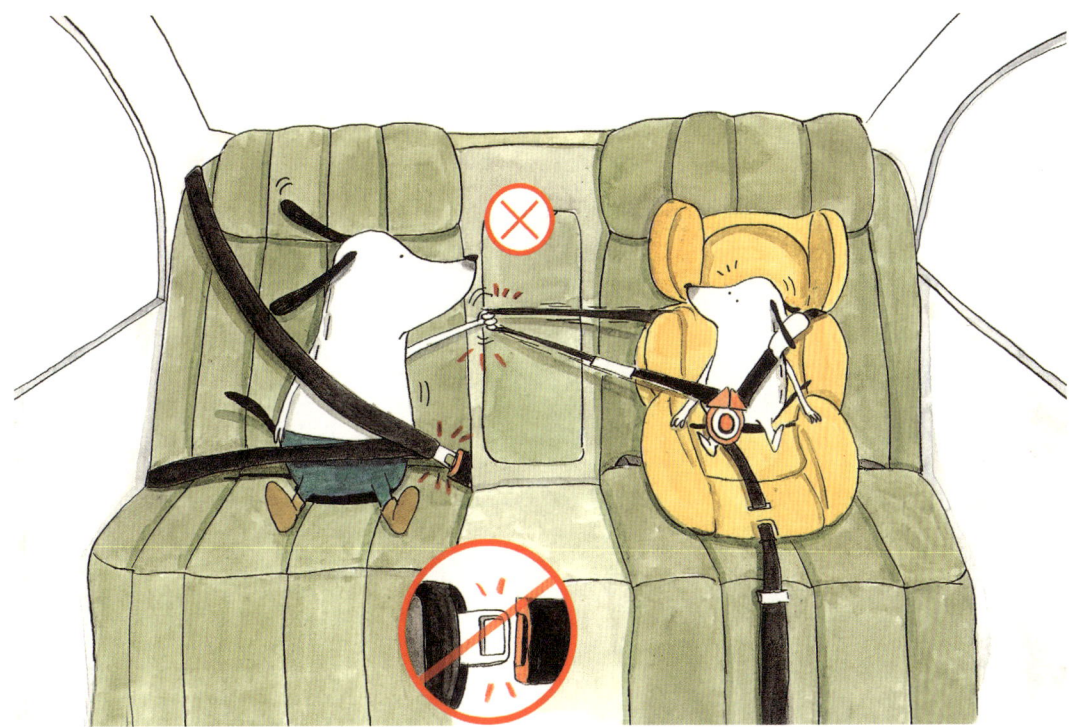

>>> **카시트에 앉은 채로 안전벨트가 잘 고정돼 있는지 살펴요.**
- 헐겁거나 고정되지 않은 안전벨트는 착용해도 아무 효과가 없어요. 안전벨트 클립도 마찬가지예요.
- 동생의 카시트를 잡아당기거나 안전벨트를 빼서 느슨하게 만들면 안 돼요.
- 고장 날 수 있으니 카시트를 옆으로 잡아당기지 않아요.

>>> **동생과 자리를 바꾸지 않아요.**
- 카시트는 나이에 맞춰 설치하기 때문에 자리를 바꾸면 안전하지 않아요.
- 자리를 바꾸어 앉았을 때 사고가 나면, 안전벨트가 느슨해서 튕겨져 나가거나 목을 조를 수 있어요.
- 불편하다고 카시트를 빼면 안 돼요.
- 13세(36kg) 이하까지는 어른들의 안전벨트가 안전을 보장하지 않으니 꼭 나이에 맞게 안전한 좌석에 앉아요.

03 교통 안전 ▶자동차

>>> **키와 체중에 맞는 안전장비를 채워요.**
- 우리나라에서는 2006년 6월부터 만 6세 미만의 영유아가 차에 탈 때는 의무적으로 카시트를 착용하도록 하고 있어요. 이를 어기면 3만 원의 과태료가 부과돼요. 어린이의 안전을 위해 키와 체중에 맞는 안전장비를 꼭 착용시켜야 해요.

>>> **출발 전 카시트를 점검해요.**
- 카시트는 무조건 뒷좌석에 설치해요.
- 각도가 편안한지, 머리 받침대 위치가 알맞은지 어린이에게 직접 물어봐요.
- 버클이 잘 끼워졌는지, 줄이 꼬이거나 비틀어지지는 않았는지, 벨트가 헐렁하지 않은지, 벨트가 지나는 자리에 이물질이 끼어 있지 않은지 벨트 상태를 점검해요.
- 시트커버가 깨끗한지 살펴보고, 카시트가 제대로 고정됐는지 한 번 더 흔들어 봐요.

>>> **카시트의 유통기한을 지켜요.**
- 카시트의 유통기한은 4, 5년이에요. 유통기한이 지났는데도 계속 사용하면 각도 조절 기능이 떨어지고, 벨트 불량 등으로 위험할 수 있어요.

 **확인해 봐요**

안전한 카시트를 골라요.
- ☐ 한국생활환경시험연구원에서 인증한 KC마크가 붙어 있나요?
- ☐ 동일한 성능과 기준이라면 더 가벼운 카시트를 고르나요?(가벼운 카시트는 부모가 사용하기도 편하고 사고가 났을 때 어린이에게 전달되는 충격도 적어요.)
- ☐ 인체공학적으로 디자인이 되어 있나요?
- ☐ 등받이 각도 조절이 편리하고 유용한가요?
- ☐ 어린이의 머리를 완벽하게 보호할 수 있는 헤드레스트가 달려 있나요? 어깨, 목 보호 쿠션이 있나요?
- ☐ 시트커버의 위생 관리가 용이한가요? 시트 소재가 안전한 제품인가요?
- ☐ 차량에 탈부착이 편리한 제품인가요?

카시트를 위생적으로 관리하고 있나요?
- ☐ 침이나 음료수 같은 가벼운 얼룩은 그 즉시 오염된 부분만 물티슈로 가볍게 닦아 내고, 카시트 전용 항균 스프레이를 뿌리고 있나요?
- ☐ 세탁이 어려울 때는 베이킹소다를 뿌린 후 털어 내거나 청소기로 제거하고 있나요?
- ☐ 세탁할 때 카시트의 시트커버를 벗겨 낸 뒤 미온수에 유아용 세제나 표백 성분이 없는 세제를 풀어 손빨래하고 있나요?(소재를 상하게 할 수 있으니 세탁기 사용은 자제하는 것이 좋아요.)

- 사고가 난 카시트를 다시 사용하지 않아요. 카시트는 외부 충격을 흡수하는 제품이기 때문에 가벼운 충격에도 미세 균열이 발생할 수 있어요. 안전성을 보장할 수 없지요.
- 중고제품은 사고 이력과 구매 시점을 정확하게 평가하기 힘드니 구입할 때 특히 주의해요.

알아 두면 좋은 안전 상식

연령별 카시트 사용방법을 알아볼까요?

① 영아용 카시트(0~2세)
0~2세는 스스로 목을 가눌 수 없고 머리에 비해 목의 발달이 늦어 뒤보기형 카시트를 설치해야 해요. 뒤보기형 카시트의 등받이는 정면충돌 시 인체에 가해지는 충격을 분산시키고, 머리와 척추를 지지해서 효과적으로 어린이를 보호해요.

② 유아용 카시트(3~6세)
3~6세는 목도 가눌 수 있고, 앉을 수도 있기 때문에 앞보기형 카시트를 사용해요. 앞보기형 카시트는 의자 모양으로 차 의자에 고정시켜 사용하는데, 카시트에 안전벨트가 달려 있어요.

③ 4~13세(체중 18~36kg)
4~13세 어린이는 골반의 높이가 낮고 발달 단계에 있어요. 성인용 안전벨트를 바로 사용할 경우 사고가 나면 장 파열, 척추 이탈로 장애인이 될 수 있지요. 7~13세는 앉은 상태에서 골반 위치와 안전벨트를 조절할 수 있는 카시트를 설치해요.

아이소픽스ISOFIX가 뭐예요?
국제표준화기구(ISO) 기준에 따라 만든 세계적인 카시트의 장착 기준이에요. 카시트와 자동차를 연결하는 부분을 규격에 맞게 제작해 기존의 안전벨트 고정방식보다 장착이 쉽고, 오장착 확률도 낮아 더 안전해요.

카시트를 설치하지 않으면 목숨이 위험하다고요?
2010년 미국교통안전공단이 발표한 자료에 따르면, 카시트를 설치하지 않은 자동차가 교통사고를 당할 경우 영유아의 머리 상해치는 10배, 가슴 상해치는 2배 이상 증가하는 것으로 알려졌어요. 반면 카시트를 사용하면 0~2세 영아는 71%, 12세 이하는 54%까지 사망률이 낮아져요.

03 교통 안전 ▶ 자동차

주차장에서 조심해서 내려요

>>> **차에서 내릴 때 주위를 살펴요.**
- 차문을 열고 닫을 때는 옆에 사람이 지나가는지 살펴요. 갑자기 차문을 열면 지나가던 사람이 다칠 수 있어요.
- 발이 차바퀴 밑에 들어가지 않도록 조심해요. 주차장은 차와 차 사이가 좁기 때문에 차바퀴에 밟힐 수 있어요.
- 차에서 내리기 직전, 옆자리에 차가 들어오면 그 차의 주차가 끝날 때까지 기다렸다 내려요.

>>> **주차장 사고를 예방해요.**
- 어른들과 손을 잡고 다녀요. 주차장은 차와 사람이 함께 다니기 때문에 언제 위험상황이 일어날지 몰라요.
- 차 주위에 서 있지 않아요. 특히 지하 주차장은 실외 주차장보다 어둡고 차량의 이동을 한눈에 보기 어렵기 때문에 더 주의해야 해요.

> **엄마 안전 Tip**
>
> >>> **차에서 천천히 내리고 어린이가 다치지 않게 주의를 기울여요.**
>
> - 완전히 주차할 때까지 안전벨트를 풀지 않아요. 안전벨트는 시동이 꺼질 때까지 기다렸다 풀어야 해요. 어른이 안전벨트를 푸는 모습을 보면 어린이도 안전벨트를 같이 풀어요. 안전벨트를 풀면 몸이 자유로운 데다가 마음도 급해져 더 빨리 나가려고 서두르게 되지요.
> - 차에서 급하게 내리지 않아요. 자칫 옆의 차를 파손하거나 사람에게 상해를 입힐 수 있어요.
> - 마트에서 장을 보고 짐을 실을 때, 어린이를 미리 차에 태우고 안전벨트를 착용시켜요.
> - 주차장 통로에서 짐을 싣지 않아요. 어린이가 문을 열거나 주변을 뛰어다니면 다칠 수 있어요.

알아 두면 좋은 **안전 상식**

차가 긁히거나 파손된 경우 마트에서 손해를 배상해야 한다고요?

마트 주차장에서 차가 파손됐을 경우 배상 책임이 마트에 있어요. '상법 제152조(공중접객업자의 책임)을 보면, 공중접객업자는 자기 또는 그 사용인이 고객으로부터 임치任置받은 물건의 보관에 관해 주의를 게을리하지 않았음을 증명하지 않으면 그 물건의 멸실 또는 훼손으로 인한 손해를 배상할 책임이 있다.'라고 돼 있지요. 마트에서 주차할 때는 입차 시 차량 상태 확인이 가능한 CCTV 지역으로 들어가요. 주차 전 사진을 찍어 놓으면 더 좋아요.

이런 사고도 있었어요

아파트 주차타워에서 5세 어린이가 숨지는 사고가 있었어요.

2015년 1월 5일 부산의 한 아파트 주차타워에서 할머니가 차를 세우고 작동 스위치를 눌러 안에 있던 남자 어린이가 기계에 끼어 목숨을 잃었어요. 당시 할머니는 손자가 밖으로 나온 줄 알았다고 해요. 기계에 감지 센서가 달려 있었지만 1m 높이에 설치되어 있어 키가 작은 어린이를 감지하지 못했어요.

03 교통 안전 ▶ 자동차

핸들을 마음대로 만지면 안 돼요

>>> **차 안의 물건을 마음대로 만지거나 움직이면 안 돼요.**
- 운전석 앞으로 가서 핸들, 기어, 브레이크 등을 만지면 위험해요. 갑작스런 작동에 놀라서 더 위험한 상황에 처할 수 있어요.

>>> **어린이 혼자 차에 두지 않아요.**
- 차에 어린이 혼자 있으면 낯선 사람에게 납치될 위험이 있어요.
- 어린이 혼자 차에 남겨야 할 경우에는 눈에 보이는 곳에 차를 주차하고 수시로 확인해요.
- 바깥 온도가 30℃가 넘어가고 불볕더위가 계속되는 여름날 어린이 혼자 차에 두지 않아요. 어린이는 체온조절 능력이 어른에 비해 떨어져 차 안의 온도가 20℃ 안팎만 돼도 질식할 수 있어요.
- 뜨거워진 안전벨트에 어린이가 화상을 입지 않도록 주의해요. 장시간 햇볕에 주차한 경우 차 내부의 물건이 뜨거워요.

- 보호장비 구입 시 단열 처리가 잘 되어 있는지 확인해요.
- 어린이 옆에 캔 음료수를 두지 않아요. 움직이는 차 안에서 캔을 따거나 만지면 사고로 이어질 수 있어요.

 알아 두면 좋은 **안전 상식**

여름철 자동차 안전수칙을 알아볼까요?

- 여름철에 어린이와 함께 차에 탈 때는 반드시 차 안의 온도를 확인해요. 어린이는 차 안의 높은 온도에 금세 기운을 잃을 수 있어요. 탑승하기 5분 전에 에어컨을 틀어 실내 온도를 조절해요. 지상에 주차할 때는 가급적 그늘에 세워 두는 것이 좋아요.
- 여름철에는 잠시 자리를 비울 때에도 자동차 시동을 끄고 창문을 닫아 두면 복사열로 인한 온실 효과 때문에 순식간에 탈수증상이 일어날 수 있어요.
- 뜨거운 햇볕에 장시간 노출된 카시트는 어린이의 화상 원인이 되기도 해요. 특히 철제제품은 1시간 이상 뜨거운 햇볕을 받을 경우 50℃ 이상 온도가 올라가요. 어린이를 앉히기 전에 반드시 온도와 상태를 확인해요.
- 에어컨을 너무 오래 켜 두는 것도 건강에 좋지 않아요. 자동차 내부와 외부의 온도 차는 5℃ 정도가 바람직해요. 에어컨을 장시간 사용할 때는 반드시 1시간 사용 후 10분 정도 환기를 시켜 줘야 하며, 차 안에서 어린이에게 수시로 물을 먹여 수분을 보충해 줘야 해요. 만약 에어컨을 켰을 때 좋지 않은 냄새가 난다면, 에어컨 송풍관에 곰팡이가 생긴 것이므로 필터를 교체하거나 곰팡이 제거제를 뿌려요.

차 안의 뜨거운 온도는 어떻게 내릴 수 있을까요?

- 조수석 창문을 열고 운전석 문을 3번 여닫아요.
- 운전석 창문과 뒤쪽 대각선 창문을 열고 달려요. 차 안의 뜨거운 공기를 빨리 빼낼 수 있어요.

03 교통 안전 ▶ 지하철

지하철 계단과 에스컬레이터를 안전하게 이용해요

꺼꾸리 안전 Tip

>>> **지하철 에스컬레이터를 안전하게 이용해요.**
- 고무 신발이나 슬리퍼를 신지 않아요. 고무 신발은 재질이 부드러운 데다 마찰력이 커서 에스컬레이터 틈에 낄 확률이 훨씬 높아요.
- 끈이 있는 운동화를 신었다면, 끈이 풀려 있지 않은지 반드시 확인해요. 끈이 에스컬레이터에 빨려 들어가면 큰 사고로 이어질 수 있어요.
- 우산이나 끝이 뾰족한 물건을 에스컬레이터 홈에 끼우지 않아요.
- 우산이나 끝이 뾰족한 물건을 휘두르거나 장난치지 않아요.
- 어른과 앞뒤로 서지 않아요. 어른의 손을 꼭 잡은 채로 옆에 서서 에스컬레이터 손잡이(핸드레일)를 잡아요. 에스컬레이터가 갑자기 정지했을 때 계단에서 넘어지거나 구를 위험이 줄어들어요.
- 에스컬레이터 옆의 계단으로 넘어가지 않아요. 에스컬레이터의 속도 때문에 넘어지

거나 계단을 오르내리는 사람과 부딪힐 수 있어요.
- 뒷걸음질 치거나 진행 방향과 반대로 이동하지 않아요. 잘못된 방향으로 탔더라도 다 올라간 후 반대 방향으로 내려가요.

>>> **지하철 계단을 안전하게 이용해요.**
- 계단은 한 칸씩 올라가고 내려가요. 지하철 안의 계단은 일반 건물에 비해 경사가 급하고 계단 수가 많아요.
- 꼭 오른쪽으로 다녀요. 지하철은 사람이 많은 곳이라 반대 방향에서 오는 사람과 부딪혀 다칠 수 있어요.

>>> **지하철 에스컬레이터는 일반 건물보다 경사가 급하고 계단 수가 많아요.**
- 지하철이 왔다고 뛰지 않아요. 특히 어린이와 함께 있을 때 뛰면, 어른보다 걸음이 느린 어린이가 넘어지기 쉬워요.
- 에스컬레이터나 계단을 이용할 때 반드시 어린이의 손을 잡고 이용해요. 특히 짐이 많은 경우, 어린이를 시야에서 놓치면 안 돼요.
- 우산이나 등산스틱을 거꾸로 들거나 어린이에게 맡기지 않아요.
- 어린이와 함께 이동할 때 너무 굽이 높거나 불편한 신발을 신지 않아요.
- 사람이 많은 출퇴근 시간에는 가급적 어린이를 데리고 지하철 이용하는 것을 피해요.
- 지하철을 이용하기 전에 어린이에게 미아방지 목걸이나 팔찌를 해 줘요.
- 옷이나 신발이 에스컬레이터에 끼거나 걸렸다면 재빨리 옷이나 신발을 벗기되 무리하게 빼내려고 하지 말고 비상버튼을 누르거나 큰 소리로 도움을 요청해요.

이런 사고도 있었어요

에스컬레이터 계단 틈에 끼이면 크게 다칠 수 있어요.

2015년 2월 역삼역에서 에스컬레이터를 이용하던 시민의 오른쪽 발가락이 절단되는 사고가 있었어요. 돈을 세며 걸어 내려오다 아랫부분 고정장치가 파손된 것을 미처 보지 못해 에스컬레이터 계단 틈 사이에 구두 끝이 걸리면서 일어난 사고예요.

03 교통 안전 ▶ 지하철

지하철을 안전하게 이용해요

꺼꾸리 안전 Tip

>>> **지하철을 안전하게 기다려요.**
- 안전선 밖에서 기다려요. 스크린도어가 설치되어 있지 않은 곳에서 안전울타리에 기대거나 안전선 안쪽으로 발을 내밀면 안 돼요.
- 두 줄로 서서 지하철을 기다리고, 사람이 모두 내린 다음 지하철에 타요.
- 출입문 앞쪽에 서 있지 않아요. 내리는 사람들과 부딪힐 수 있어요.

>>> **지하철을 안전하게 타요.**
- 사람이 많을 때, 무리하게 끼어 타지 않아요. 키가 작은 어린이가 무리하게 끼어 타면, 다른 승객에게 밀려 넘어질 위험이 있어요.
- 승강장에 발이 끼이지 않게 조심해요. 특히 지하철과 승강장 사이가 넓은 곡선 승강장은 직선으로 정차하는 승강장보다 위험해요.

- 지하철에 탄 다음, 내부 출입문에 기대지 않아요. 문이 열리면 뒤로 넘어질 수 있어요.
- 지하철 바닥에 앉거나 지하철 안에서 뛰지 않아요.
- 지하철 안에서 친구들과 큰 소리로 떠들지 않아요. 주위 사람들에게 피해를 줄 수 있어요.

어린이를 지하철에 안전하게 태워요.

- 항상 어린이 뒤에 있어요. 지하철처럼 혼잡한 곳에서 어린이를 뒤에 두면 시야에서 벗어나 위험요소를 파악하기 어려워요.
- 어린이를 지하철에 먼저 태워요. 만약 어린이보다 먼저 타면 어린이가 따라오지 못하고 출입문에 낄 수 있어요. 특히 영유아는 뼈가 약하기 때문에 이런 일이 벌어지면 크게 다칠 가능성이 있어요.

지하철을 탈 때 애완동물은 이동장에 넣어야 한다고요?

다른 사람에게 불편을 주지 않는 한에서, 새 또는 작은 강아지와 고양이 등은 애완동물 이동장에 넣어 지하철에 탈 수 있어요. 혹시 강아지를 데리고 지하철을 탈 예정이라면 지하철을 타기 전 무조건 광견병 예방접종을 해요. 시각장애인을 위한 장애인 보조견은 이동장에 들어가지 않고도 지하철에 탈 수 있어요. 동물 털 알레르기가 있는 사람은 장애인 보조견을 피해 다른 칸으로 이동해요.

이런 사고도 있었어요

안전수칙을 지키지 않으면 언제 사고가 날지 몰라요.

2015년 2월, 서울의 한 지하철 역에서 열차가 들어오기를 기다리던 6세 어린이가 승강장과 열차 틈 사이로 빠졌어요. 해당 역은 승강장이 곡선 구조라 열차와 승강장 사이 간격이 18cm로 좁은 곳에 비해 2배 이상 넓었어요. 어린이가 충분히 빠질 수 있는 공간이었지요.

03 교통 안전 ▶ 지하철

스크린도어에 끼이지 않게 조심해요

>>> **스크린도어를 잘못 이용하면 정말 위험해요.**
- 스크린도어에 손대지 않아요. 문이 열릴 때 손이 딸려 들어가 끼일 수 있어요.
- 스크린도어에 기대지 않아요. 문이 열릴 때 넘어지면서 다칠 수 있어요.
- 닫히는 스크린도어에 발, 가방, 우산을 끼우지 않아요. 다칠 위험도 있고, 스크린도어가 고장 날 수도 있어요.

>>> **어린이가 스크린도어에 끼이지 않게 주의해요.**
- 어린이가 스크린 도어의 글씨나 그림을 따라 그리지 않도록 주의를 기울여요. 호기심 많은 어린이들은 스크린도어의 선이나 글씨를 따라 그리기도 해요. 글과 그림에 관심을 가질 때 더욱더 조심해요.
- 팔다리는 물론 가방 등이 스크린도어에 끼이지 않도록 항상 조심해요. 스크린도어는 한쪽 문이 50kg가 넘는 힘으로 닫히기 때문에 끼일 경우 100kg이 넘는 충격을 받아요.

 **알아 두면 좋은 안전 상식**

스크린도어와 지하철 사이에 끼었을 때 대처방법을 알아볼까요?

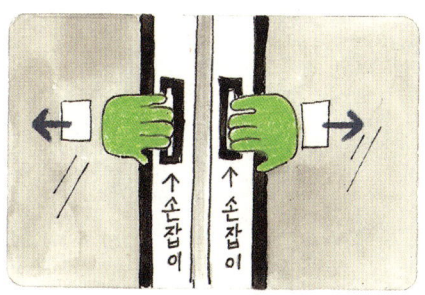

① 미닫이형 스크린도어
지하철이 선로에 정차했을 때 스크린도어가 열리는 방식이 미닫이형이에요. 문을 옆으로 밀었을 때 문이 벽 속으로 사라지지요. 탈출해야 할 상황에서 지하철 문과 스크린도어가 맞닿으면 스크린도어를 양옆으로 열어요.

② 여닫이형 스크린도어
방문처럼 앞뒤로 여는 문이 열리는 방식을 여닫이 문이라고 해요. 지하철 스크린도어에서는 빨간색 패닉바가 설치된 곳이 여닫이형이에요. 탈출해야 할 상황에서 지하철 문이 스크린 도어와 어긋나 있으면 빨간색 페닉바를 앞으로 밀면서 나와요.

 **이런 사고도 있었어요**

스크린도어에 끼이면 목숨이 위험해요.
2015년 8월 29일 서울 지하철 2호선 강남역에서 20대 청년이 스크린도어에 끼어 사망했어요. 청년은 스크린도어를 수리하다 사고를 당했지요. 2014년 9월에는 80대 할머니의 지팡이가 스크린도어에 끼어 사망하는 사고가 있었어요.

03 교통 안전 ▶ 지하철

지하철 감전 사고에 주의해요

>>> **지하철에 탈 때 감전당하지 않게 조심해요.**
- 알루미늄 풍선을 들고 지하철을 타지 않아요. 알루미늄에는 전기가 잘 통하는데, 자칫 잘못하면 지하철 선로 위 전깃줄에 닿을 수 있어요.
- 지하철의 몸체를 만지지 않아요. 비 오는 날은 모든 물건에 전기가 흐를 수 있어요.

이런 사고도 있었어요

지하철 선로 위 전깃줄에 낚싯대가 닿았어요.

2010년 8월 구일역에서 지하철 선로 위 전깃줄에 낚싯대가 닿았어요. 낚싯대를 들고 있던 시민은 전신 3도 화상을 입고 119에 의해 인근 병원으로 옮겨졌지요.

지하철 ▶ 교통 안전 03

선로에 떨어졌을 때는 도움을 요청해요

꺼꾸리 안전 Tip

>>> **지하철 직원에게 도움을 요청해요.**
- 선로에 떨어졌다고 당황하거나 흥분하지 말고 주변 어른들에게 알린 뒤 지하철 직원이 와서 도와줄 때까지 승강장 밑으로 가서 엎드려 있어요.
- 선로에 떨어진 사람을 보면 지하철 건물 관리자를 호출하거나 119에 연락해요. 비상호출장치를 이용하면 관리자와 통화할 수 있어요.
- 물건이 떨어졌을 때도 지하철 건물 관리자를 호출하거나 119에 연락해요.

이런 사고도 있었어요

지하철 선로에 떨어지면 안전지대로 대피해요.

2015년 6월 1일 지하철 분당선 한티 역에서 60대 남자가 선로에 추락하는 사고가 있었어요. 다행히 지하철이 들어오자 선로 사이 안전지대로 몸을 피해 큰 부상을 입지는 않았어요.

03 교통 안전 ▶배

배에 안전하게 탑승해요

>>> **배에 안전하게 오르내려요.**
- 배와 육지를 연결하는 통로는 가파르고 미끄러워요. 위험하니 뛰지 않아요.
- 이동할 때 발아래를 잘 확인해요. 배와 통로 사이에 발이 낄 수 있어요.
- 배에서 내릴 때는 통로가 설치된 다음 천천히 걸어서 내려가요. 통로가 설치되기 전에 뛰어내리면 발을 헛디뎌 넘어질 수 있어요.

>>> **차도선에 타고 내릴 때 주의해요.**
- 차도선에는 차와 사람이 동시에 타고 내리기 때문에 오르내릴 때 좌우로 붙어서 이동해야 해요. 차들 사이로 다니지 않아요.
- 배를 육지에 댈 때 기둥이나 난간을 꼭 잡아요. 닻을 내리고 머물 때도 파도에 흔들려요.
- 해가 진 뒤에는 차도선을 이용하지 않아요. 유선 및 도선 사업법 제8조에 따르면 차도선은 해 뜨기 30분 전부터 해 진 뒤 30분 후까지 이용할 수 있어요.

- 차도선에서 차를 내릴 때, 승무원의 신호를 확인하고 이동해요. 해 질 무렵에는 주위가 잘 보이지 않아 급하게 움직이면 차에 탄 채 물에 빠질 수 있어요.

엄마 안전 Tip ▶▶▶ **배에 타기 전에 멀미약을 챙겨요.**

- 뱃멀미는 대부분 차멀미보다 훨씬 심해요. 특히 규모가 작고, 운항 중에 밖에서 바람을 쐬기 힘든 쾌속선은 다른 배보다 멀미가 심할 수 있어요. 배를 타기 전 꼭 멀미약을 챙겨요.(378쪽 참조)

 **알아 두면 좋은**  안전 상식

배의 종류를 알아볼까요?

① 크루즈선
관광을 주목적으로 여러 항구를 돌아다니는 큰 배예요. 승객이 1천 명 이상 타기 때문에 많은 객실과 엘리베이터, 오락 시설을 갖추고 있지요. 움직이는 호텔이라고도 볼 수 있어요. 혼자 다니면 길을 잃을 위험이 있으니 조심해요.

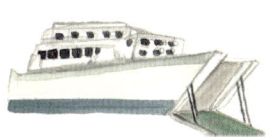

② 카페리선
페리선이라고도 해요. 크루즈선 같은 여객선이지만, 여러 항구를 다니지 않고 시간표에 따라 동일 구간을 오가요. 자동차와 화물도 싣기 때문에 차량 주위에 있다가 부딪힐 수 있어요.

③ 차도선
육지와 섬 사이 짧은 구간을 이동할 때 많이 이용해요. 차와 사람이 구분 없이 타고 내리기 때문에 조금만 방심해도 사고가 날 수 있어요. 타고 내릴 때 어린이의 손을 꼭 잡고, 파도가 심할 때는 어린이를 안고 타요.

④ 쾌속선
빠르게 이동하는 배로 개인 좌석이 있으며 운행 중 밖으로 나갈 수 없어요. 어린이가 답답해서 좁은 실내에서 몸부림칠 수 있으니 부모님의 주의가 필요해요.

03 교통 안전 ▶배

배에서 위험한 행동을 하지 않아요

꺼꾸리 안전 Tip

>>> **배에서 뛰지 않아요.**
- 배는 바닥이 미끄러워서 넘어지기 쉬워요.
- 배에서도 특히 계단은 아주 좁아요. 넘어지면 여러 사람이 다칠 수 있지요. 그런데 계단에서 뛰어다니면 넘어지기 쉬우니 조심해야 해요.
- 바람이 불고 비가 오면 되도록 밖에 나가지 않아요. 어쩔 수 없이 밖에 나가야 할 상황에서는 무조건 난간을 잡고 걸어 다녀요.

>>> **난간에서 장난치지 않아요.**
- 배의 난간에 매달리거나 몸을 밖으로 내밀지 않아요. 파도 때문에 배가 갑자기 흔들리면 중심을 잡지 못하고 바다에 빠질 수 있어요.
- 갈매기에게 먹을 것을 주지 않아요. 과자를 주다 손가락을 물려 다칠 수 있어요.

>>> **항상 부모님 곁에 있어요.**
- 혼자 있으면 배가 심하게 흔들려도 의지할 사람이 없어요. 중심을 잃고 넘어졌을 때 일으켜 줄 사람도 없지요.
- 특히 크루즈선과 카페리에서는 혼자 돌아다니면 안 돼요. 내부가 아주 넓기 때문에

혼자 돌아다니다 보면 길을 잃을 수 있어요.

>>> **출입문 사고를 조심해요.**
- 배의 출입문에는 대부분 턱이 있어요. 턱을 보지 못하면 넘어질 수 있어요.
- 바람이 많이 불면 출입문이 갑자기 닫힐 수 있어요. 이때 출입문에 손을 대고 있으면 손가락을 다칠 위험이 있지요.

>>> **배에서 지켜야 할 안전수칙을 따라요.**
- 출입 통제 구역에 들어가지 않아요. 출입 통제 구역의 안전설비를 잘못 만지면 기계 고장과 사고로 이어질 수 있어요.
- 쾌속선은 출발 뒤 꼭 안전벨트를 하고 좌석에 앉아 있어야 해요. 속도가 다른 배들보다 빠르기 때문에 배 안을 돌아다니거나 배 밖으로 나가면 안 돼요.

>>> **배가 심하게 흔들릴 때는 사고가 일어나지 않게 조심해요.**
- 밖으로 나가는 것을 자제해요. 배가 크게 기울어지면 바다에 빠질 수 있어요.
- 계단 이용을 자제하고 주위의 손잡이나 난간을 붙잡아요. 넘어지면 크게 다칠 수 있어요.
- 실내에서도 선내 구조물을 잡고 긴장을 늦추지 말아요.

>>> **사고가 일어나지 않도록 위험요소를 차단해요.**
- 어린이 곁에서 떨어지지 않아요. 승객과 화물, 차가 모두 실린 배를 타면 어린이가 화물칸 또는 주차장으로 가지 못하게 해요.
- 배에서 술을 마시지 않아요. 대처 능력이 떨어져요.

>>> **비상사태 발생을 경계해요.**
- 배에 타자마자 비상구를 확인해요. 배가 좌초되거나 침몰할 때, 불이 났을 때 긴급히 대피할 수 있어요.
- 비상탈출 정보를 읽고, 안내방송을 잘 들어요. 구명조끼 입는 방법, 탈출요령을 숙지할 수 있어요.
- 구명조끼가 어디 있는지 확인하고, 구명조끼를 찾으면 갑판으로 올라가요. 좌석이 정해진 쾌속선은 보통 좌석 밑에 구명조끼가 비치돼 있어요. 만약 좌석 밑에 없다면 머리 위 사물함을 확인하고, 사물함에도 없으면 담당자에게 물어봐요. 어린이용 구명조끼는 배마다 별도의 장소에 보관하니 어디에 있는지 따로 확인해요.
- 구명조끼에 라이트가 장착돼 있으면 라이트에 불이 들어오는지 확인해요.
- 소화기 사용법(309쪽 참조)을 알아 둬요. 불은 초기 진화가 중요해요.

03 교통 안전 ▶비행기

비행기가 착륙할 때까지 안전하게 이용해요

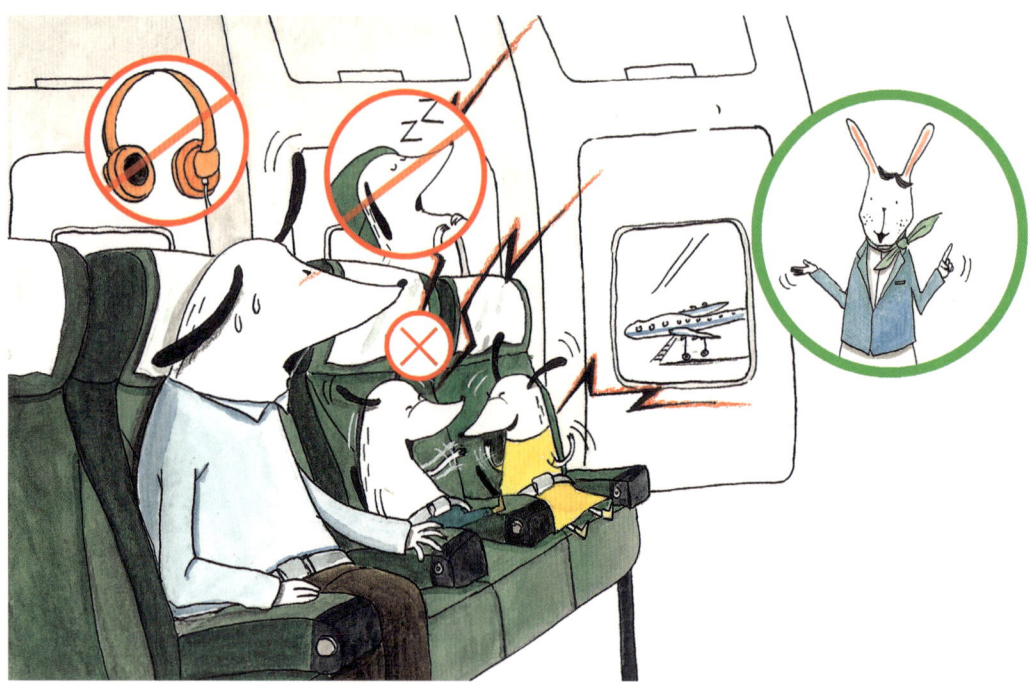

>>> **사고에 대비해요.**
- 비행기 사고의 80% 이상이 이륙 전 3분, 착륙 전 8분에 일어나요. 이때 이륙 전 받은 안전교육을 되새기면서 비상 행동사항을 머릿속에 그려 봐요.
- 가까운 비상구의 위치를 확인해요. 기내에서 불이 나면 아무것도 보이지 않기 때문에 비상구와 비상등 위치를 꼭 알고 있어야 해요.

>>> **어린이를 위한 안전 준비가 필요해요.**
- 항공사 유아 서비스(모유 수유 가리개, 아기 바구니, 유아용 기내식 등)를 확인하고 필요한 서비스를 받아요. 항공사마다 서비스에 차이가 있고, 일부 서비스는 사전 예약이 필요해요.
- 국제항공운송협회의 안전 운항 및 품질보증 관리체계 평가 시스템인 IOSA 인증을 받은 항공사 표를 끊어요. IOSA 인증은 안전 관리, 운항 관리, 항공 보안 등 8개 부분에서 900가지가 넘는 항목을 통과했을 때 부여받을 수 있어요.

PART 04

놀이 안전

장난감
물놀이
실내 수영장
바다
계곡
물가 근처
야외 놀이
등산
캠핑
놀이터

04 놀이 안전 ▶ 장난감

장난감을 안전하게 갖고 놀아요

>>> **장난감을 안전하게 갖고 놀아요.**
- 장난감을 입에 넣거나 삼키지 않아요. 모양이 작고 동그랗다고 사탕으로 착각하면 안 돼요. 먹을 것이 아니기 때문에 입에 넣고 삼키면 정말 위험해요. 구슬 등을 갖고 놀 때 특히 조심해요.
- 장난감 구멍 등에 다른 물건을 집어넣거나 손가락을 억지로 끼워 넣지 않아요.
- 빛이 나는 장난감(레이저, 광선)을 오랫동안 바라보지 않아요.
- 공놀이는 바깥에서 해요. 집 안에서 공놀이를 하면 가구랑 부딪히거나 물건을 깨뜨려 다칠 수 있어요.

>>> **플라스틱 장난감을 안전하게 갖고 놀아요.**
- 플라스틱 장난감을 입안에 넣거나 삼키지 않아요.
- 플라스틱 장난감을 던지지 않아요. 다른 친구를 다치게 할 수 있어요.

- 플라스틱 장난감 위에 갑자기 넘어지지 않도록 조심해요. 엉덩이를 다칠 수 있어요.
- 플라스틱 장난감을 밟지 않도록 조심해요. 미끄러져서 넘어지면 발을 다칠 수 있어요.

>>> **풍선을 안전하게 갖고 놀아요.**
- 풍선을 한 번에 오랫동안 불지 않아요. 어지러울 수 있어요.
- 풍선 조각을 입에 넣거나 삼키지 않아요.

>>> **마감 처리가 매끄럽지 못한 완구를 갖고 놀면 다칠 수 있어요.**
- 부서지고 뾰족한 장난감을 갖고 놀지 않아요.
- 색깔이 묻어나는 장난감을 갖고 놀지 않아요.

>>> **놀이가 끝난 후, 장난감을 잘 정리해요.**
- 장난감은 항상 정리함에 보관해요.
- 장난감 보관 상자는 뚜껑이 분리되며 세게 닫히지 않는 것을 사용해요.
- 플라스틱 장난감은 특히 정리에 주의해요. 1, 2개라도 바닥에 떨어져 있을 경우 미처 보지 못하고 밟아서 다칠 수 있어요.

엄마 안전 Tip

>>> **장난감은 신중하게 골라요.**
- 어린이의 나이, 관심, 발달 수준을 고려해 튼튼한 제품을 구입해요.
- 질식 위험이 있는 장난감을 구입하지 않아요.
- 장난감을 용도에 맞게 사용하고, 제품에 표시된 주의사항을 따라요.
- 날카롭고 뾰족한 부분이 보이는, 끝마무리가 제대로 돼 있지 않은 장난감은 피해요.
- 물려받은 장난감은 파손된 부분은 없는지, 갖고 놀기가 위험하지는 않은지 꼭 확인해요.
- 색깔 있는 장난감의 성분을 확인해요. 일부 색깔 있는 장난감은 도료의 납 성분 때문에 납 중독 우려가 있어요. 납 중독은 어린이에게 발육 및 학습, 기억력 장애를 일으킬 수 있어요.

>>> **풍선을 살 때 주의해요.**
- 놀이공원에서 풍선을 사줄 때는 헬륨가스인지 수소가스인지 확인하고 사요. 수소가스는 폭발 가능성 때문에 헬륨가스보다 위험해요.
- 8세 미만의 어린이는 터진 풍선이나 불지 않은 풍선을 만지지 못하게 해요. 풍선을 사용한 후에는 반드시 공기를 빼고 즉시 버려요.
- 풍선 조각은 어린이 눈에 띄지 않게 처리해요. 풍선 조각을 삼키면 기도가 막혀 질식사할 수 있어요. 풍선은 기도에 딱 달라붙어 하임리크 응급법(목에 걸린 이물질을 제

04 놀이 안전 ▶ 장난감

거하는 응급처치)을 시도해도 빼낼 수가 없어요. 미국 법에는 '불지 않은 풍선이나 터진 풍선 조각은 질식을 유발할 수 있다.'고 경고 라벨을 붙이도록 되어 있어요.

>>> **레이저 장난감을 함부로 사지 않아요.**
- 레이저는 1~5MW(메가와트) 정도에 0.25초만 노출돼도 눈에 아주 나쁜 영향을 줄 수 있어요.
- 레이저 장난감을 똑바로 바라보지 않아요. 레이저에 눈이 정면으로 노출되면 망막이 손상되고 시력이 떨어져요. 심하면 시력을 잃을 수도 있어요.

>>> **어린이의 나이에 맞는 블록을 갖고 놀게 해요.**
- 나이에 맞지 않게 너무 작은 블록 조각은 어린이가 삼킬 수 있어요.
- 형이나 누나가 블록을 갖고 놀 때 어린 동생이 가까이 가지 못하게 하는 것이 좋아요.

>>> **어린이의 놀이를 항상 지켜봐요.**
- 규칙적으로 장난감의 파손 여부를 검사해 즉시 수리하거나 폐기해요.
- 놀이가 끝난 뒤 장난감을 함께 정리해요.

>>> **평상시 어린이가 장난감 건전지 또는 자석을 삼키지는 않는지 유심히 살펴봐요.**
- 장난감에 들어가는 수은건전지 또는 자석을 삼키면 내장에 심각한 손상을 입을 수 있어요.
- 자석을 2개 이상 삼킨 경우 장을 사이에 두고 자석끼리 붙을 수 있어요. 자칫 장에 구멍이 뚫릴 수도 있고, 목숨을 잃을 수도 있어요.
- 장난감 자석과 건전지가 쉽게 빠지지 않는지 자주 확인하고, 교체용 건전지는 어린이의 손이 닿지 않는 곳에 보관해요.
- 장난감을 구입할 때 건전지의 크기와 종류를 확인해요.
- 크기가 작은 단추형 수은건전지는 어린이가 삼키지 않도록 특별히 주의해요.

>>> **건전지 폭발 사고에 유의해요.**
- 장난감이나 리모콘의 건전지를 교체할 때 특히 주의해요. 건전지가 폭발하거나 누액이 피부에 닿아 화상을 입을 수 있어요.
- 플러스, 마이너스 극이 한 곳에 존재하는 알칼리 전지는 사용을 피해요. 양극이 동시에 접하게 되면 단락 현상*이 일어나 사고로 이어질 수 있어요.
- 외부 필름이 훼손되지 않았는지 확인해요. 외부 필름이 훼손된 경우도 단락 위험이 있어요.

---

* **단락 현상** 전기회로의 두 점 사이의 절연이 잘 안 되어 접속, 합선되는 현상

- 건전지를 넣을 때는 음극부터 넣어요.
- 일회용 건전지는 충전하지 않아요. 충전 중 내용물이 새어나와 제품에 영향을 미칠 수도 있고, 폭발할 위험도 있어요.

 알아 두면 좋은 안전 상식

플라스틱 장난감은 어떻게 세척할까요?

열탕 소독하지 않아요. 열탕 소독을 하면 모양이 뒤틀리거나 환경호르몬이 나올 수 있어요.
- 일단 물수건으로 먼지를 닦아 낸 다음 세제(중성 세제, 유아용 세제, 젖병 세정제 등)를 푼 미지근한 물에 30분 정도 담가 놓아요.
- 부드러운 스펀지로 구석구석 닦고 샤워기로 깨끗이 헹구어 바람이 통하는 그늘에 말려요.
- 먼지가 쌓이기 쉬운 장난감은 한꺼번에 모아 세제 푼 물에 담가두었다가 부드러운 칫솔로 틈새의 묵은 때를 닦아 내요.
- 체에 밭쳐 3회 이상 헹구어 자연 건조시켜요.
- 햇볕이 강한 곳에 두면 변색될 수 있으므로 그늘에서 말려요.

 이런 사고도 있었어요

자석 장난감을 삼키면 배가 아파요.

2008년 12월 만 2세 어린이가 복통을 호소해 병원을 찾았어요. 확인 결과, 배 속에서 28개의 자석이 발견됐고 이로 인해 소장 12곳과 대장 1곳에 구멍이 생겨 봉합과 절제 등의 치료를 받아야 했어요.

04 놀이 안전 ▶ 장난감

헝겊 장난감을 안전하게 갖고 놀아요

>>> **헝겊 장난감을 안전하게 갖고 놀아요.**
- 헝겊을 입에 넣고 빨지 않아요. 입에 넣어 침에 젖은 헝겊에는 세균이 생겨요.
- 헝겊 장난감에 간식 등을 흘리지 않아요. 세균이 생길 수 있어요.
- 커다란 털인형 등에 얼굴을 비비거나 묻지 않아요. 코로 먼지와 세균이 들어갈 수 있어요.
- 헝겊 인형에 달린 눈알과 단추를 떼서 삼키지 않아요.
- 털인형의 실을 풀지 않아요.

>>> **장난감을 구입할 때 안전기준을 확인해요.**
- 구입하자마자 세탁해요. 어린이가 갖고 놀다 알레르기나 호흡기질환 등을 일으킬 수 있어요.
- 귀퉁이가 떨어져 나간 장난감은 바로 바느질해요. 어린이가 물어뜯다가 삼키면 위험

해요.
- 너무 오래된 헝겊 장난감은 사용하지 않아요.
- 구입할 때 어린이에게 안전한지부터 고려해요. 가정에서 사용하는 제품과 장난감은 디자인보다 안전성이 중요해요.

>>> **헝겊 장난감을 자주 세탁해요.**
- 헝겊 장난감은 어린이가 수시로 물고 빨기 때문에 틈날 때마다 세탁해야 해요.
- 어린이를 위한 세제와 섬유유연제를 사용해요. 어른들이 사용하는 세제와 섬유유연제는 어린이의 피부를 상하게 할 수 있어요.

알아 두면 좋은 안전 상식

헝겊 장난감은 어떻게 세탁할까요?
- 헝겊은 집먼지진드기나 세균이 번식하기 좋은 소재예요. 작은 인형은 세탁망에 넣어 울코스로 단독 세탁하거나 손빨래해요. 울 전용 세제를 사용하거나 세제와 베이킹소다를 1:1 비율로 넣으면 좀 더 깨끗한 세탁이 가능해요.
- 털 달린 인형을 세탁할 때는 빈 봉투 또는 지퍼백에 굵은 소금 1스푼과 인형을 넣고 여러 번 흔들어요. 그다음 인형을 꺼내 소금을 털어 내면 먼지가 잘 떨어져요.
- 부피가 큰 것은 테이프 클리너로 먼지를 제거해요.
- 얼룩은 마른 수건에 베이킹소다를 묻혀서 문지른 뒤 물과 식초를 2:1 비율로 섞은 식초 물로 한 번 더 닦아 내면 효과적이에요.
- 세탁 후에는 바람이 잘 통하는 그늘에서 말리면서 털이 뭉치지 않도록 중간중간 손으로 쓸어 줘요.
- 장난감은 기본적으로 중성 세제나 유아용 세제, 젖병 소독제를 푼 물에 세척한 뒤 햇볕에 소독하는 것이 좋아요.
- 물 세척이 어려운 경우 제균 스프레이를 사용하기도 하는데, 성분 표시를 꼼꼼히 확인해 몸에 나쁜 성분이 없는 스프레이를 선택해요.

04 놀이 안전 ▶ 물놀이

물놀이를 하기 전에 준비 운동을 해요

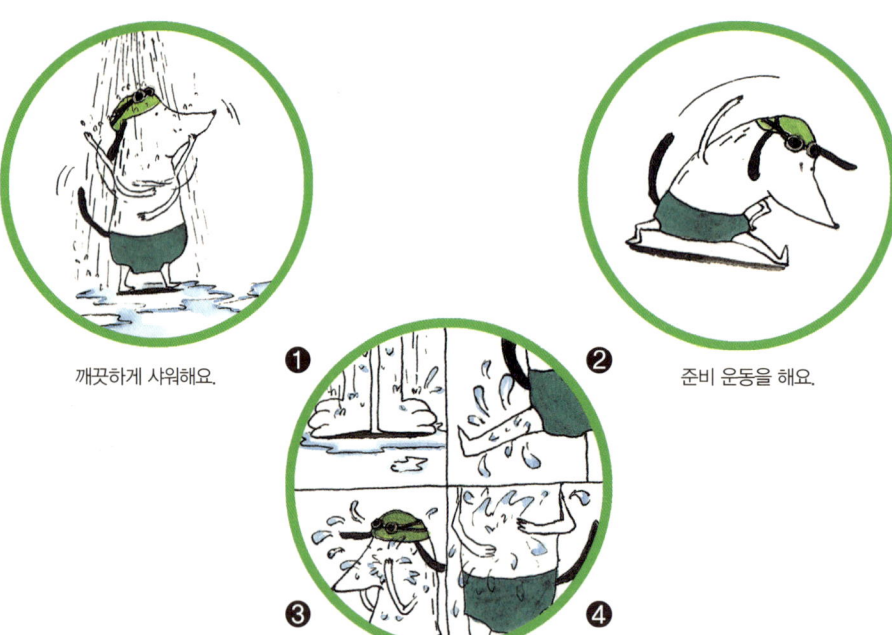

깨끗하게 샤워해요.

준비 운동을 해요.

물을 묻히는 순서(발→다리→얼굴→가슴)

>>> **물에 들어갈 준비를 해요.**
- 깨끗하게 샤워해요. 씻지 않으면 물이 더러워져 나쁜 아니라 다른 사람에게도 좋지 않아요.
- 깨끗하지 않은 물에서 물놀이를 할 경우 눈과 귀, 피부에 질병이 생길 수 있어요. 설사나 구토의 위험도 있지요.
- 머리가 긴 어린이는 머리를 묶고 수영모를 착용해요. 물놀이 중 머리카락이 목에 감길 수 있어요.

>>> **최소 10분 이상 스트레칭으로 근육을 부드럽게 해 줘요.**
- 준비 운동 없이 물에 들어가면 근육경련이나 심장마비가 일어날 수 있어요.
- 준비 운동이 끝나면 심장에서 먼 부위부터(발, 다리, 얼굴, 가슴 순서) 물을 묻혀요. 몸이 물 온도에 적응한 다음 들어가야 사고 위험을 줄일 수 있어요.
- 물에 들어간 뒤, 수영 실력을 자랑하려고 무리하지 않아요.

 **몸으로 익혀요**

준비 운동 방법을 알아볼까요?

① 양팔을 앞으로 쭉 뻗어요.
② 양팔을 앞으로 모아서 위로 뻗어요.
③ 무릎을 곧게 펴고 몸을 앞으로 숙여요.
④ 다리를 한쪽은 굽히고 나머지 다리는 펴서 근육을 늘려요.
⑤ 책상 다리로 앉아요. 발바닥을 모으고 몸을 앞으로 숙여요.
⑥ 바닥에 엎드린 채 상체만 들어 올려요.
⑦ 팔을 한쪽씩 위로 뻗고 옆구리를 늘려요.
⑧ 양팔을 뒤로 모으고 가슴을 쭉 펴요.
⑨ 양손을 모아 팔을 쭉 펴서 머리 위로 올리고 몸을 옆으로 기울여요.
⑩ 양손을 깍지 낀 상태에서 엄지손가락을 턱 밑에 대고 위로 밀어 올려요.
⑪ 손목과 발목을 돌려요. 목 돌리기, 무릎 돌리기, 좌우로 허리 운동, 어깨 들었다 올리기, 팔 벌려 뛰기를 해요.

 **안전 상식**

안전한 물놀이용품 구매 방법을 알아볼까요?

- 제품의 표면에 적혀 있는 내용을 꼼꼼하게 읽어요.
- 품질경영촉진법에 따른 표시가 되어 있는지 살펴요.
- Q마크 등 품질보증마크가 찍혀 있는지, 물놀이용품 보상책임보험에 가입되어 있는지 확인해요.
- 어린이들이 멀리서 놀고 있어도 쉽게 눈에 띌 수 있게 원색의 제품을 골라요.
- 긁힘이나 구멍이 생겼을 때 임시로 막음장치를 할 수 있는 안전테이프를 함께 구입해요.

물놀이 사고의 특징을 살펴볼까요?

국민안전처의 조사 결과에 따르면, 물놀이 사고는 장소별로는 바다보다 하천 및 계곡(75%)에서, 요일별로는 휴가가 시작되는 금요일(29.2%)과 피로가 쌓이는 월요일(20%)에 많이 발생하는 것으로 나타났어요. 또 87.5%가 안전수칙을 지키지 않아 일어난다고 해요.

04 놀이 안전 ▶ 물놀이

구명조끼를 입어요

>>> **구명조끼를 제대로 입어요.**
- 구명조끼는 내부가 폼플라스틱으로 채워져 있어 물에 가라앉지 않고 떠 있게 도와주는 구호장비예요.
- 사용 전 구명조끼의 상태를 점검해요. 더운 날씨가 계속되면 변형됐을 수 있어요.
- 몸에 꼭 맞는 구명조끼를 입어요. 자칫 벗겨질 수 있어요.
- 가슴, 허리, 다리에 있는 끈을 모두 채워요. 특히 다리 사이의 생명줄을 채우지 않으

 **몸으로 익혀요**

구명조끼를 입는 순서를 알아봐요.

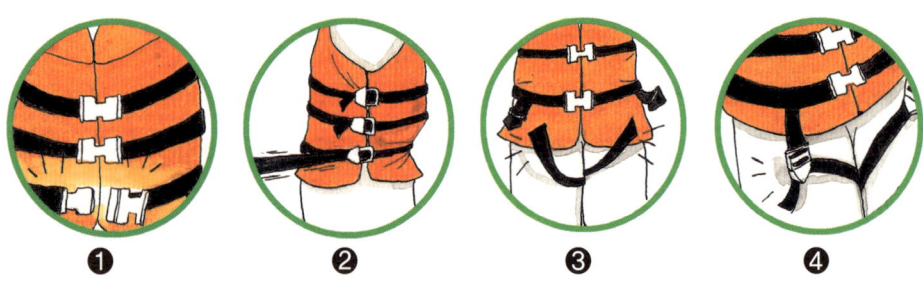

① 내 신체 사이즈에 맞게 구명조끼를 입고, 앞에 있는 가슴단추를 모두 끼워요.
② 가슴조임줄을 당겨요.
③ 생명줄을 다리 사이로 빼내요.
④ 빼낸 생명줄을 구명조끼의 고리에 걸어요.

면 조끼 밑으로 몸만 빠질 수 있어요.
- 가슴조임줄과 생명줄을 단단히 조여 몸과 밀착시켜요.
- 답답하다고 줄을 풀지 않아요. 부력 때문에 구명조끼가 벗겨질 수 있어요.

>>> **구명조끼를 바르게 골라요.**
- 구명조끼를 고르는 첫 번째 기준은 '안전'이에요. 부력재형 구명조끼를 구입할 때는 반드시 부력시간을 확인해요. 현재 시중에 나와 있는 구명조끼가 대부분 부력재형이에요.
- 바다낚시용 구명조끼는 최소 75kg의 무게를 48시간 이상 띄울 수 있어야 안심하고 사용할 수 있어요.
- 어깨 부분에 반사판이 잘 부착돼 있는지 확인해요. 반사판은 약한 불빛에도 반응하기 때문에 어둠 속에서도 쉽게 위치를 구분할 수 있어요. 하지만 수면에 나와 있는 어깨 부분에 반사판이 없으면 야간에 조난당했을 때 위치를 확인하기 어려워요.
- 각종 지퍼나 고리, 단추 등이 염분에 잘 견디는 소재로 만들었는지 확인해요.

스포츠용 구명복과 부력보조복의 차이를 알아볼까요?

시중에 판매되는 대부분의 구명조끼는 '부력보조복'이에요. '구명조끼'의 정식 명칭은 '스포츠용 구명복'으로 기술표준원의 자율안전확인기준에는 "스포츠 및 레저 활동을 할 때 익사방지 등 물속에서 안전을 확보할 목적으로 착용하는 의복 형태의 모든 제품(life-jackets)을 말하며, 부력보조복(buoyancy aids)을 포함하는 것으로 한다."고 정의하고 있어요. 스포츠용 구명복은 부력에 따라 '보호시설이 있는 물에서 사용하는 구명복'과 '해변가 또는 악천후에 사용하는 구명복'으로 구분되며, '부력보조복'은 '수영을 할 수 있는 사람이 가까이에 도움을 받을 수 있는 보호시설이 있는 물에서, 부피 또는 부력이 더 크면 사용자의 활동에 지장을 주어 실질적으로 더 위험할 수 있는 환경에서 사용한다.'고 용도를 밝히고 있어요. 레저 전용 구명복과 부력보조복은 안전요건과 시험방법, 표시사항 등의 규정이 달라요. 원단, 색상, 부자재, 봉제 방식 등 여러 면에서 까다로운 규정과 테스트를 요구하는 구명복과는 달리, 부력보조복의 시험방법이나 규정사항은 훨씬 간단하지요. 또, 두 제품은 착용자의 체중별 요구 최소 부력에도 차이가 있어요. 실제 부력보조복에는 '익사방지의 기능은 없음', '적절한 감시하에서만 사용하시오.'와 같은 경고 문구를 표시하기도 해요. 부력보조복은 예쁜 디자인과 저렴한 가격 등의 장점이 있지만, 사용이 제한적이라는 것을 명심해야 해요.

04 놀이 안전 ▶ 물놀이

안전하게 물놀이를 해요

꺼꾸리 안전 Tip >>> **물놀이 안전수칙을 지켜요.**

- 수영복과 수영모, 물안경, 구명조끼를 착용하고 호루라기, 튜브를 준비해요.
- 안전요원이 잘 보이는 곳에서 수영해요.
- 초보자는 수심이 얕다고 방심하면 안 돼요.
- 배나 떠 있는 큰 물체 밑에서 헤엄치지 않아요. 밑으로 빨려 들어갈 수 있어요.
- 배꼽 정도 높이의 물에 들어가요. 계곡, 강, 바다는 물이 깊어지는 장소를 알아 둬요.
- 껌이나 사탕, 과자를 입에 문 채 수영하지 않아요. 갑자기 삼키면 숨 쉬기가 곤란할 수 있어요.
- 유리컵 등을 들고 물속으로 들어가지 않아요. 깨지면 여러 사람이 다칠 수 있어요.

- 물에 침을 뱉거나 소변을 보지 않아요. 물이 오염되면 눈병과 피부병의 원인이 돼요.
- '사고 위험' 등의 팻말이 있는 곳은 이미 사고가 많이 일어난 곳이니까 더 조심해요.
- 수영 중에 "살려 달라."고 소리 지르며 장난치지 않아요.
- 위급상황에서는 한쪽 팔을 최대한 높이 올려서 흔들어요.

>>> **튜브를 안전하게 이용해요.**

- 몸에 맞는 튜브를 선택해요. 작은 튜브는 고무에 피부가 쓸리고, 큰 튜브는 몸이 아래로 빠질 수 있어요.
- 튜브에 엉덩이를 걸친 상태로 놀지 않아요. 튜브가 갑자기 뒤집히면 다칠 수 있어요.
- 물살이 센 곳은 튜브가 물살에 휩쓸려 돌 수 있으니 가지 않아요.
- 튜브를 믿고 자신의 수영 능력 이상으로 깊은 곳에 가지 않아요.

>>> **물놀이를 무리하게 하지 않아요.**

- 물놀이를 너무 오래 하면 힘들어요. 30, 40분 정도 물놀이를 했다면 10분은 쉬어요.
- 음식을 먹고 바로 물놀이를 하면 안 돼요. 식사 후 바로 물에 들어가면 위경련이 일어날 수 있어요. 30분에서 1시간 정도 충분히 소화를 시킨 후 물놀이를 해요.
- 다리가 뻣뻣하게 굳거나 입술이 떨리면 물에서 나와요. 심하게 경련이 일어나면 몸에 힘을 빼고 편한 자세를 취해요.
- 물에서 나오면 체온이 떨어지니 큰 수건으로 몸을 감싼 후 따뜻한 차나 물을 마셔요.

>>> **자외선을 꼼꼼히 차단해요.**

- 긴팔 옷을 입어 피부를 보호해요. 자외선에 심하게 노출되면 화상을 입을 수 있어요.
- 햇볕이 가장 뜨거운 12시부터 2시 사이에는 물놀이를 피하고, 그늘에서 쉬어요.
- 물놀이를 할 때는 차단지수가 높고, 물에 잘 씻겨 나가지 않는 기능성 선크림을 발라요. 선크림은 2시간마다 덧발라요.

04 놀이 안전 ▶ 물놀이

>>> **어린이와 함께 안전하게 물놀이를 해요.**
- 물놀이를 할 때는 항상 어린이 곁에 있어요. 어린이는 판단이 느려 사고를 감지하지 못해요. 특히 10세 이하의 어린이는 절대 혼자 물놀이를 하게 하면 안 돼요.
- 집에서 준비해 간 음식과 끓인 물을 마셔요. 날씨가 더울 때는 음식물이 상하기 쉽고, 차가운 물을 많이 마시면 배가 아플 수 있어요.
- 저체온증*을 조심해요. 특히 음주 후에는 한기를 알아차리기가 힘들어 저체온증에 빠지기 쉬워요. 저체온증에 빠지면 전체적인 몸의 기능이 저하돼 호흡곤란이 오고, 뇌 기능에도 문제가 생겨요. 결국 익사 사고로 이어질 수 있으니 조심해요.

>>> **안전한 튜브를 사용해요.**
- 보행기 형태로 두 다리를 끼우는 모양의 튜브는 뒤집혔을 때, 스스로 빠져나오기 힘들어요. 어깨 끈 튜브 등 어린이의 나이에 맞는 안전한 튜브를 준비해요.
- 캐릭터 모양 튜브는 항상 옆에서 잡아 줘요. 커서 균형을 잡기가 어려워요.
- 튜브는 사용 전에 새는 곳이 없는지 잘 살펴봐요. 무더운 날씨에 튜브를 차 안에 오래 방치하면 성능이 떨어질 수 있어요. 마개를 열어도 새지 않는 튜브를 사용해야 안전해요.

---

* **저체온증** 체온이 35℃ 이하로 떨어지며 오한이 오는 상태를 말해요. 체온이 정상보다 낮아지면서 혈액순환과 호흡, 신경계의 기능이 느려져요.

 **몸으로 익혀요**

수영 중에 경련이 일어나면 어떻게 해야 할까요?

경련은 물이 차거나 근육이 피로할 때 가장 일어나기 쉬워요. 경련이 가장 잘 일어나는 부위는 발가락과 손가락이지만, 대퇴부에도 발생할 수 있어요. 식사 후 바로 수영을 하는 경우 위경련도 생길 수 있어요. 경련이 일어나면, 먼저 몸에 힘을 빼고 편안한 자세를 취하고 경련 부위를 주물러요. 당황하여 몸을 심하게 움직이거나 벗어나려고 하면 더 심한 경련이 올 수 있어요. 위경련이 일어났다면 위급상황이므로 신속히 구조 요청을 해요.

물놀이 10대 안전수칙을 알아볼까요?

1. 수영을 하기 전에 반드시 준비 운동을 하고 구명조끼를 착용해요.
2. 물에 들어갈 때는 심장에서 먼 부분(발→다리→팔→얼굴→가슴)부터 물을 묻혀요.
3. 소름이 돋고 피부가 당겨질 때는 몸을 따뜻하게 하고 휴식을 취해요.
4. 물이 갑자기 깊어지는 곳은 특히 위험하니 조심해요.
5. 건강 상태가 좋지 않을 때, 배고플 때, 식사 후에는 수영을 하지 않아요.
6. 수영 능력을 과신하고, 무모한 행동을 하지 않아요.
7. 장시간 수영 또는 호수나 강에서 혼자 수영을 하지 않아요.
8. 물에 빠진 사람을 발견하면 주위에 소리쳐 알리고 즉시 119에 신고해요.
9. 구조 경험이 없는 사람은 함부로 물에 뛰어들지 않아요.
10. 가급적 튜브, 장대 등 주위 물건을 이용해서 안전하게 구조해요.

물놀이 안전사고의 주요 원인을 알아볼까요?

[국민안전처, 2006년~2012년 사고건수 합계 649건]

수영 미숙	129
음주 수영	87
수상 기구 전복	24
높은 파도	44
급류	18
안전수칙 불이행	317
기타	30

04 놀이 안전 ▶ 물놀이

안전하게 물놀이를 끝내요

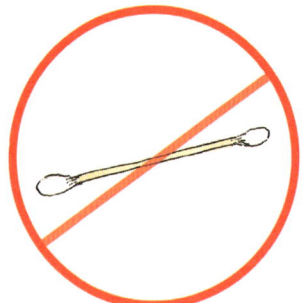

물놀이 후 면봉을 사용하지 않아요.

갑자기 차가운 물을 틀지 않아요.

어깨와 가슴 근육을 스트레칭으로 풀어 줘요.

눈을 씻을 때 살살 문질러요.

꺼꾸리 안전 Tip

≫ **물놀이를 잘 마무리해요.**
- 수영 중 많이 사용한 어깨와 가슴 근육을 스트레칭으로 풀어 줘요.
- 샤워할 때 갑자기 차가운 물을 틀지 않아요. 온도가 갑작스럽게 변하면 심장에 부담이 가요.
- 물놀이 후 면봉으로 귀를 건드리지 않아요. 귀에 염증이 생길 수 있어요.
- 눈을 씻을 때는 살살 문질러 닦아요. 수영장 물이 오염돼 있을 수 있어요.

엄마 안전 Tip

≫ **외이도염*을 예방해요.**
- 면봉이나 귀이개를 사용하지 않아요. 귀에 물이 들어갔는데 면봉이나 귀이개로 건드리면, 외이도염에 걸릴 수 있어요.

---

* **외이도염** 귀의 가장 바깥쪽 통로인 외이도에 습기가 차서 염증이 발생하는 대표적인 귀 질환

- 귀마개를 하거나 수영모를 귀까지 덮어 쓰면 외이도염에 걸릴 위험을 줄일 수 있어요.
- 귀를 당길 때나 음식물을 삼킬 때 턱이 아프면 외이도염을 의심해 볼 수 있어요. 외이도염은 고막염, 중이염 등으로 진행될 수 있기 때문에 초기에 치료해야 해요.
- 면봉 대신 헤어드라이어로 바람을 살짝 쐬거나 귀를 탁탁 털어 물기를 빼요.

>>> **결막염을 예방해요.**

- 수영장 물, 바닷물, 계곡물은 모두 세균 오염의 가능성이 있어요. 비누나 세정제로 손을 비롯해 몸 전체를 깨끗이 씻어요.
- 눈 주위는 심하게 비비지 않고, 물안경을 착용해요.
- 물놀이 후 어린이의 눈을 잘 살펴요. 눈이 충혈되고 눈꺼풀이 부어 오르며 눈곱이 끼고 눈물이 나면서 자꾸 눈을 비비면 결막염일 가능성이 커요.

>>> **감염에 주의해요.**

- 여자라면 누구나 물놀이 후 질염에 걸릴 수 있어요. 물놀이를 하고 난 뒤 젖은 옷과 수영복을 바로 벗어요.
- 몸을 충분히 말린 후 면으로 된 속옷을 착용해요.
- 남자 어린이도 씻기면서 잘 살펴요. 물놀이 중 성기를 다칠 수 있어요.

>>> **화상에 주의해요.**

- 긴팔 옷을 입어도 안에 반드시 선크림을 발라요. 얇은 옷은 완벽하게 자외선을 차단하지 못해요.
- 어린이는 햇볕에 잠깐만 노출돼도 피부가 빨갛게 익어요. 심할 경우 화상을 입기도 하지요. 이럴 때는 차가운 물로 열을 식혀요.
- 차가운 오이나 수박 껍질의 하얀 부분을 피부에 올려서 시원하게 해 줘요.
- 피부 진정 크림을 발라 줘요.

>>> **물놀이 후에는 충분히 쉬어요.**

- 물놀이 후 충분한 휴식을 취하지 않으면 피곤하고 힘든 상태가 지속돼요. 면역력이 약해진 틈을 타 세균이 몸에 침투하기 쉬워요.
- 영양이 고루 갖춰진 식단으로 몸을 보충해 줘요.
- 잠을 잘 자는 것이 좋아요.

04 놀이 안전 ▶ 실내 수영장

수영장에서 안전하게 놀아요

>>> **수영장 안전수칙을 잘 지켜요.**

- 준비물을 잘 챙겨요. 수영장에서는 반드시 수영복, 수영모, 물안경을 착용해야 해요.
- 수질 관리를 위해 물에 들어가기 전에 반드시 샤워를 해요.
- 물에 들어가고 나올 때 계단을 이용해요. 계단까지 가기 귀찮다고 수영장 가장자리에 손을 짚고 올라오다가 턱을 다치는 경우가 많아요.
- 아무 데서나 다이빙하지 않아요. 깊이가 얕은 수영장에서 다이빙하면 바닥에 머리를 부딪혀 크게 다칠 수 있어요.
- 수영장 출입문을 열고 닫을 때에는 문의 앞뒤에 사람이 없는 것을 확인해요.
- 수압이 센 배수구 근처에 가지 않아요.
- 튜브를 이용하더라도 반드시 구명조끼를 입어요.

- 수영장 레인은 오른쪽으로 출발해 오른쪽으로 돌아와요. 왼쪽으로 돌면 다른 사람과 부딪힐 수 있어요.
- 자신의 수영 실력에 맞는 레인을 이용해요.
- 보조기구는 정해진 규정에 따라 사용해요.

>>> **수영장 바닥은 무척 미끄러워요.**
- 수영장에서 뛰지 않아요. 뛰다가 부딪히거나 넘어지면 심하게 멍이 들어요.
- 바닥에 미끄럼 방지가 돼 있는 신발을 챙겨 가요. 슬리퍼는 미끄러우니 신지 않아요.
- 갑자기 친구를 밀지 않아요. 벽 또는 다른 사람과 부딪혀 사고가 날 수 있어요.
- 어른에게 안기거나 매달려서 장난치지 않아요. 함께 넘어져 다칠 수 있어요.

>>> **수영장에는 자연스럽고 편한 옷차림으로 가요.**
- 수영장에 갈 때는 화장을 지워요. 기름기 때문에 물이 오염될 수 있어요.
- 굽이 높은 신발은 신지 않아요. 수영장 바닥은 물기로 인해 항상 미끄럽기 때문에 위험해요.
- 오일이나 로션 등을 사용하지 않아요.

>>> **안전한 물놀이를 위해 어린이와 대화를 나눠요.**
- 수영장 물을 삼키면 물놀이 후 설사할 수 있다는 사실을 알려 줘요.
- 물놀이를 안전하게 즐기기 위해 뛰지 않기, 밀지 않기, 소리치지 않기 등 약속을 해요.
- 수영장에서 서로 잃어버렸을 때 어디서 만날지 장소를 미리 정해요.

이런 사고도 있었어요

실내 수영장에서도 안전수칙을 지키지 않으면 위험해요.

2011년 7월, 초등학교 1학년 어린이가 S레포츠 수영장에서 수영 강습을 받다가 숨졌어요. 이 어린이는 수영 강사가 학생들을 잡으러 다니는 '상어놀이'를 하다 자기 키보다 10cm 깊은 성인용 풀에 빠졌지요. 2012년 11월에는 대구 레포츠 센터 수영 강습생이 스타트 동작 중 수영장 바닥에 정수리를 크게 부딪치는 사고가 있었어요. 2013년 8월, 경기도 가평군 소재 풀빌라 리조트에서는 부모님이 잠시 화장실에 간 사이 5세 어린이가 옆에 있던 간이 수영장에 빠져 익사했어요.

04 놀이 안전 ▶ 실내 수영장

놀이기구를 올바르게 이용해요

>>> **놀이기구를 안전하게 타요.**
- 놀이기구를 타기 전에 준비 운동으로 몸을 충분히 풀어 줘요. 높은 곳에서 내려오는 미끄럼틀 등을 이용하다 보면, 목, 어깨, 팔 등에 힘이 들어가기 때문에 예상치 못한 부상을 입을 수 있어요.
- 놀이기구 이용 시 안전요원의 지시를 잘 따라요.
- 놀이기구를 탈 때 과격한 행동을 하지 않아요. 안전한 자세로 타요.
- 워터 슬라이드를 탈 때 기둥이나 모서리에 부딪히면 다칠 수 있어요.
- 파도풀에는 사람이 많기 때문에 안전거리를 꼭 유지해야 해요. 안전거리를 유지하지 못하면 앞사람이나 뒷사람에게 부딪혀 다칠 수 있어요.

>>> **미끄럼틀을 탈 때 특히 조심해요.**
- 앞사람이 완전히 빠져나간 것을 확인하고 출발해요.
- 앞사람을 밀거나 당기지 않아요.
- 엎드려서 타거나 2명이 서로를 앞뒤로 붙잡고 타지 않아요.

- 미끄럼틀 중앙에 앉아서 타요.
- 구명조끼 같은 안전장비를 착용해요.
- 안전손잡이를 꼭 잡아요.
- 안전요원이 알려 주는 자세로 타요. 중간에 마음대로 자세를 바꾸면 옆 사람과 부딪혀 멍이 들거나 뼈가 부러질 수 있어요.

>>> **놀이기구를 탈 때는 부상에도 주의해요.**
- 빠른 물살을 이용하는 워터 슬라이드를 탈 때 손을 잘못 짚으면 손목을 접질릴 수 있어요.
- 워터 슬라이드를 타고 내려가는 동안 붙은 가속도는 허리와 목에 압력을 줘요.
- 순간적으로 엄청난 무게의 물벼락을 끼얹는 인공폭포도 급성 디스크를 유발할 수 있으니 조심해요. 폭포수처럼 쏟아지는 물벼락은 한번에 2, 3t의 물이 쏟아지기 때문에 어린이는 피하는 것이 좋아요.

>>> **안전하게 다이빙해요.**
- 식사 후에 바로 다이빙하지 않아요.
- 다이빙은 반드시 3m 이상의 지정된 풀에서만 해요.
- 다이빙 보드 위에는 1명만 서 있어야 해요.
- 다이빙 보드 측면에서 다이빙하지 않아요.
- 높은 보드에 매달려 장난치지 않아요.

수영장에서 발생한 안전사고의 위해 원인 분석 결과를 알아볼까요?

[소비자 위해 감시 시스템 2009~2011년]

바닥의 물기로 인해 미끄러지거나 넘어져 부상을 입는 경우	41.9%
계단이나 난간 또는 배수구 등의 시설물에 부딪히거나 긁혀서 다치는 경우	21.7%
수영 중 벽이나 바닥을 미처 보지 못하고 부딪혀 다치는 경우	10.4%
미끄럼틀이나 슬라이드 등의 놀이시설 이용 중 발생한 사고	8.9%
샤워실·탈의실에서 넘어지거나 부딪힌 경우	4.9%
얕은 수심의 풀장에 다이빙해 부상을 입는 경우	4.3%
수영장 이용 후 피부병이 발생한 경우	3.1%

04 놀이 안전 ▶ 실내 수영장

수영장 배수구를 조심해요

꺼꾸리 안전 Tip >>> 수영하기 전에 배수구 위치와 배수구가 안전마개로 닫혀 있는지 확인해요.

- 어린이의 팔과 다리는 배수구 두께와 비슷해요. 방심하는 순간, 배수구에 팔이나 다리가 빨려 들어갈 수 있으니 조심해요.
- 수영모를 벗지 않아요. 머리카락이 배수구에 빨려 들어갈 수 있어요.
- 배수구 사고가 일어나면 물의 깊이가 얕아도 익사로 이어질 수 있어요. 손이나 발이 배수구를 막으면 엄청난 진공 압력이 생겨 빠지지 않아요.

이런 사고도 있었어요

배수구에 빨려 들어가 목숨을 잃었어요.

2015년 8월 중국의 한 고급 호텔 수영장에서 11세 남자 어린이의 머리가 덮개가 빠진 배수구에 빨려 들어가 목숨을 잃은 사고가 있었어요.

바다 ▶ 놀이 안전 04

바닷가 위험 지역에 가지 않아요

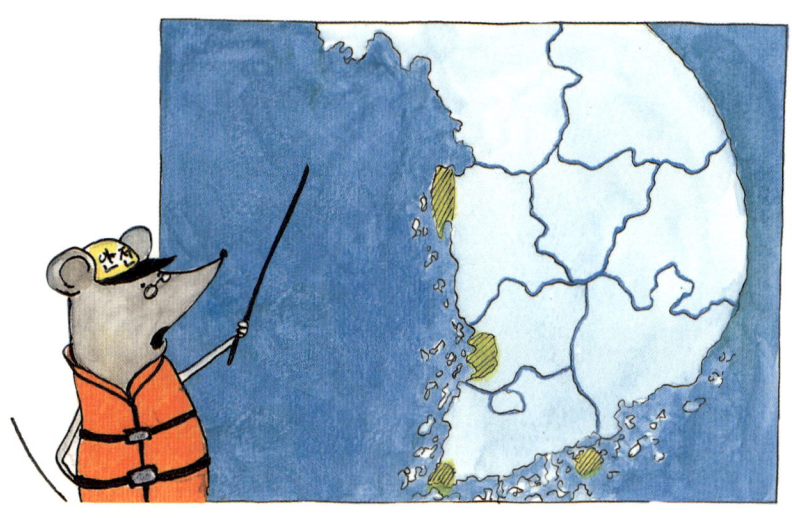

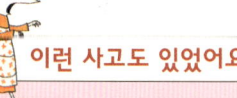
꺼꾸리 안전 Tip

▶▶▶ 바닷가 물놀이 위험 지역에 가지 않아요.

- 2014년 여름, 국립공원관리공단에서 발표한 해상공원 물놀이 위험 지역은 태안 해안 15곳, 변산반도 3곳, 다도해 해상 3곳, 한려 해상 1곳 등이에요.
- 유형별로 바다갈라짐길 5곳, 갯골 1곳, 조수 웅덩이 2곳, 이안류 7곳, 해저 급경사 7곳이지요.
- 이런 곳의 공통점은 물이 찼을 때 갑자기 수심이 깊어지고 썰물이 시작되면 물살이 빨라진다는 거예요. 수영 선수조차 헤엄치기 쉽지 않은 지역이에요.

이런 사고도 있었어요

바닷가 위험 지역에서 사고를 당했어요.

지난 2009년 국립공원관리공단 연구원 3명이 변산반도국립공원에서 해양조사 활동 중 바다갈라짐길에서 순직했어요. 바다갈라짐길은 저조 시 육지와 연결되지만 만조 시 걸어서 빠져나오는 것이 불가능한 지역이에요. 이를 모르고 저조 시 섬에 들어가면 물이 차오를 때 급히 빠져나오려다 사고를 당할 수 있어요. 2013년 태안군 사설 해병대 캠프에서는 고등학생 5명이 바다에서 뒷걸음질을 치다가 수심이 깊은 갯골에 빠지면서 목숨을 잃었어요.

04 놀이 안전 ▶ 바다

>>> 위험 지역에서의 유의사항을 지켜요.

- 반드시 통신장비를 휴대해요.
- 구명조끼를 착용해요.
- 물때(밀물, 썰물)를 확인해요.
- 안개 등으로 시야가 확보되지 않을 때 위험 지역에 가지 않아요.
- 바닷가에 가기 전에 미리 지형을 파악해요.
- 갯벌에 들어갔을 때는 밀물 30분 전에 나오고 음주 시에는 들어가지 않아요.
- 썰물 때도 바닷물이 빠지지 않는 갯벌에는 접근하지 않아요.
- 갯벌에 들어갈 경우 위험상황에 대비하여 반드시 통신장비를 휴대해요.
- 갯골에서 안개 발생 시 바로 육지 쪽으로 나오고, 방향을 잃었다면 바닥에 남은 물결 흔적의 골이 얕은 쪽을 향하여 나와요.
- 갯골이나 기타 위험 지역에 빠졌을 경우 바로 달려들기보다는 밧줄 등을 이용해 구조해요.

 **몸으로 익혀요**

이안류에서 휩쓸리면 어떻게 해야 할까요?

수영을 잘하는 사람도 이안류를 거슬러 탈출하는 것은 힘들어요. 급속도로 밀려드는 파도의 힘과 속도가 상상을 초월하기 때문에 빠져나오려다 탈진으로 더 큰 화를 당할 수 있어요. 이안류에 휩쓸려 먼바다 쪽으로 나가게 되면 무리하게 빠져나오려고 하지 말고 일단 침착하게 물살에 몸을 맡겨요.

이안류의 흐름에서 벗어난 후, 해변 방향으로 헤엄쳐 나와요. 이안류의 폭은 불과 10~30m 예요. 가장자리로 헤엄쳐 나오면 곧바로 이안류 흐름 폭에서 벗어날 수 있어요. 수영에 자신이 없는 사람은 이안류의 흐름이 약해지고, 구조대가 올 때까지 기다려요.

 **알아 두면 좋은** 안전 상식

위험 지역의 유형을 알아볼까요?

① 바다갈라짐길
평상시는 육지와 섬으로 떨어져 있다가 해수면이 낮아지면 육지와 연결돼요. 바닷물이 들어오면 걸어서 나오는 것이 불가능해요. 물때를 착각하면 큰 사고가 일어날 수 있으니 반드시 밀물과 썰물 시간을 확인하고, 안개가 낄 때는 가지 않아요.

② 갯골
바닷물이 들어오고 나가기를 반복하면서 갯벌에 생기는 좁고 긴 수로예요. 물이 차면 갑자기 수심이 깊어지고, 썰물 때는 물살이 세서 수영하기 어렵지요. 태안 해안 기지포가 대표적인 갯골 지역이에요.

③ 이안류
해안가로 밀려 들어오던 파도가 먼바다 쪽으로 갑자기 빠르게 되돌아가는 해류예요. 이안류에 휩쓸리면 순식간에 먼바다로 나가게 돼요. 태안 해안 도장골과 연포, 변산반도 격포, 다도해 중리 등이 이안류 지역이에요.

④ 조수 웅덩이
바닷물이 빠질 때 암초 위에 생기는 물웅덩이예요. 바닷물이 찼을 때 수심이 깊어지는 지역이지요.

⑤ 해저 급경사
해안가에서 바닷가로 나갈 때, 몹시 가팔라지는 곳을 말해요. 수심이 매우 깊어 위험하지요. 태안 해안 학암포와 연포, 변산반도 고사포, 다도해 예송리 지역이 해저 급경사예요.

04 놀이 안전 ▶ 바다

해변에서 안전하게 놀아요

>>> **바닷가에서 안전하게 물놀이해요.**

- 신발을 신어요. 모래 속에 조개껍데기나 깨진 유리 조각이 있을 수 있어요.
- 어디가 얕고 깊은지 확인해요. 파도가 크게 치는 곳은 깊고, 파도가 부서지는 곳은 얕아요. 색이 검은 곳은 깊고 맑은 곳은 얕아요.
- 구명조끼를 입어요. 파도를 타고 놀다 보면 나도 모르게 멀리 떠내려갈 수 있어요.
- 모래사장 근처에서는 누워서 튜브를 타지 않아요. 파도에 튜브가 뒤집히면 허리를 다칠 수 있어요.
- 파도가 심할 때는 수영을 하지 않아요.
- 큰 파도가 덮칠 때는 깊이 잠수를 하는 것도 좋은 방법이에요. 물속이 오히려 더 안전

할 수 있어요.
- 바위나 방파제의 가장자리에 서 있으면 위험해요. 파도가 칠 때 쓸려 갈 수 있어요.
- 귀에 물이 들어가면 따뜻한 돌멩이를 귀에 대요. 주변에 돌이 없으면 몸을 기울여서 자연스럽게 물이 빠지기를 기다리거나 깡충깡충 뛰어요.
- 수초에 몸이 감기면 천천히 다리와 팔을 움직여 풀어요. 물의 흐름에 몸을 맡기고 있다가 수초가 헐거워질 때 털어 버리듯 풀고 나와요. 몸부림치면 수초가 몸에 휘감겨 오히려 더 위험해요.
- 바위나 자갈이 많은 곳에서 장난치지 않아요.
- 물속에 빈 병이나 캔을 버리지 않아요.
- 사람이 드문 외딴 곳에서 수영하지 않아요.
- 신발(또는 물건)이 떠내려간다고 혼자 잡으러 가지 않아요. 반드시 어른에게 도움을 청해요.
- 혼자 깊은 곳에 들어가지 않아요. 빠른 물살에 휩쓸릴 수 있어요.
- 물놀이 도중 갑자기 몸이 저리고, 소름이 돋으면 휴식을 취해요. 무리해서 놀다가 일사병에 걸릴 수 있어요. 일사병 증상으로는 두통, 열, 구토가 있어요.

>>> **바닷가 안전사고에 대비해요.**
- 출발 전 날씨를 확인해요. 파도가 높거나 풍랑이 세다면 바닷가 근처에 가지 않아요.
- 바다에 빠진 사람을 발견하면, 주위에 소리쳐 알리고 119에 신고해요.
- 구조 경험이 있고, 수영에 자신이 있더라도 가능하면 튜브나 스티로폼이나 장대 같은 주위 물건을 이용해 물 바깥에서 도움을 주는 것이 좋아요.

04 놀이 안전 ▶ 바다

해파리에게 물리지 않게 조심해요

부레관해파리는 제외

꺼꾸리 안전 Tip

>>> **해파리* 쏘임 사고를 예방해요.**
- 두꺼운 바디슈트를 착용해요.
- 해파리 선크림을 발라요. 해파리 선크림에는 해파리 쏘임 방지 기능이 있어요. 80분에 한 번씩 덧발라요.

>>> **해파리에 물렸다면 응급처치를 해요.**
- 즉시 물 밖으로 나와요. 마비가 올 수도 있어요.
- 한 번 더 쏘일 수 있으니 물린 부위에 촉수가 남아 있을 때 손으로 만지지 않아요.

---

* **해파리** 해파리는 운동 능력이 거의 없는 동물성 플랑크톤이에요. 그렇기 때문에 사람을 만나면 피할 능력이 없어 방어 수단으로 공격을 해요.

- 두꺼운 천이나 타월을 이용해 촉수를 떼어 내거나 전화카드처럼 얇은 카드로 눌러 해파리 침을 빼내요. 촉수의 반대 방향으로 밀어내듯 빼내야 해요.
- 상처 부위에 계속 미지근한 바닷물을 흘려서 세척해요.
- 뜨거운 물이나 모래로 찜질해요. 해파리 독은 열에 약해요.
- 쏘인 부위에 식초를 뿌려요. 쏘인 부위를 식초에 담그는 것도 좋아요. 하지만 부레관해파리 같은 경우 오히려 식초가 독이 되니 먼저 해파리의 종류를 확인해요.
- 통증이나 부기가 심할 때는 물에 갠 베이킹파우더를 발라요.
- 쏘인 부위가 넓고, 가렵고, 많이 부으면 119의 응급처치가 필요해요. 심해지면 호흡곤란과 구토, 마비가 올 수 있으니 즉시 병원에 가서 치료를 받아요.

>>> **해파리에 물렸을 때 이런 행동은 피해요.**
- 알코올, 수돗물, 증류수로 소독하지 않아요.
- 얼음으로 문지르거나 찜질하지 않아요.

 안전 상식

해파리는 왜 위험할까요?
해파리의 촉수에는 독이 있어요. 쏘이면 근육마비, 발열, 오한, 통증 등의 증상이 나타나고 심한 경우 점점 신경이 마비되면서 호흡곤란이 오지요. 심하면 목숨을 잃을 수도 있어요.

해파리 정보 홈페이지와 스마트폰 앱이 있다고요?
국립수산과학원(www.nfrdi.re.kr) 홈페이지를 통해 해파리 위험 지역에 대한 정보를 얻어요. 국립수산과학원은 해파리 신고라는 앱도 출시했어요. 회원 가입 등 복잡한 절차 없이 무료로 사용할 수 있어요.

 이런 사고도 있었어요

해파리 때문에 목숨을 잃었어요.
2012년 8월 을왕리 해수욕장에서 사람들 사이에서 물놀이를 즐기던 8세 여자 어린이가 독성 해파리에 물렸어요. 두 다리와 손등을 물린 어린이는 고통을 호소했고, 어머니는 119에 신고해 응급처치를 했어요. 수상구조대가 어린이를 인하대병원 공항의료센터로 옮겨 치료했지만, 결국 숨졌어요.

04 놀이 안전 ▶ 계곡

계곡에서 안전하게 놀아요

>>> **계곡에서 안전한 물놀이를 즐겨요.**
- 갑자기 물에 뛰어들지 않아요. 심장에 무리가 올 수 있어요. 충분한 준비 운동을 한 후 심장에서 먼 부위부터 물을 묻히고 천천히 물에 들어가요.
- 아무 곳에서나 다이빙하지 않아요. 바위에 머리를 부딪히면 크게 다칠 수 있어요.
- 혼자서 멀리 헤엄쳐 나가지 않아요. 수영을 잘 하는 사람도 물살이 갑자기 세지면 사고를 당할 수 있어요.

>>> **계곡은 바닥이 갑자기 깊어질 수 있어요.**
- 안전 구역을 지키고 얕은 물에서 놀아요. 계곡은 바닥이 고르지 않아요. 자칫 보이지 않는 깊은 웅덩이에 빠질 수 있어요.
- 물을 건널 때는 반드시 지팡이 등으로 물의 깊이를 재면서 앞서 이동하는 어른을 뒤따라가요. 계곡은 물의 깊이를 정확히 가늠하기 힘들어요. 계곡 물이 맑아서 아래가 훤히 보이기 때문에 실제 수심보다 더 깊어 보이거든요. 주위의 나무 그림자 때문에 깊이를 가늠하기도 힘들지요.
- 소용돌이 현상이 일어나는 폭포 근처에서는 절대로 물놀이를 하지 않아요.

 **미리미리 안전 연습**

만화로 배워요 – 계곡에서 노는데 비가 와요.

 **엄마 안전 Tip**

▷▷▷ **비가 와서 접근 금지 명령이 내려진 계곡 주위에 가지 않아요.**
- 안전표지판을 걸어 놓은 접근 금지 지역에 들어가는 것은 생명을 잃을 수도 있는 위험한 행동이에요.
- 사고가 나면 본인 과실을 인정해야 해요.

▷▷▷ **계곡에서 배를 탈 때에도 구명조끼를 입어야 해요.**
- 물살이 빠른 곳에서 헤엄칠 때도 구명조끼를 입고 수영해요.
- 계곡에서 보트형 튜브를 즐길 때, 사용법을 철저하게 익히고 꼭 구명조끼를 입어요. 미숙한 보트 운전이 사고로 이어질 수 있어요.

 **이런 사고도 있었어요**

입수가 금지된 계곡에 들어갔다 목숨을 잃었어요.

2014년 8월 집중호우로 물이 불어나 입수가 금지된 경남 밀양의 한 계곡에서 대학생 2명이 사망했어요. 한 학생이 위험 경계선을 넘어 들어간 뒤 물속에서 허우적거리자 다른 학생이 구하러 뛰어들었다가 함께 목숨을 잃었지요. 다른 친구들이 주변의 긴 막대기와 로프로 두 사람을 구하려 했지만 물살이 너무 세서 구하지 못했어요.

04 놀이 안전 ▶ 물가 근처

안전하게 얼음낚시를 즐겨요

>>> **얼음낚시를 안전하게 즐겨요.**
- 방한복, 방한모자, 장갑, 방한신발을 신어 동상을 예방해요.
- 구명조끼를 입어요. 구명조끼가 없다면 구명줄을 큰 나무나 바위에 묶어서 내 몸과 연결한 후 낚시를 해요.
- 사람들 근처에 앉아요. 혼자 멀리 앉으면 사고가 나도 구해 줄 사람이 없어요.
- 얼음판에서 뒷걸음질하지 않아요. 뚫어 놓은 구멍에 빠질 수 있어요.

>>> **단단한 얼음 위에서 낚시를 해요.**
- 얼음끌이나 드릴을 사용해서 얼음을 뚫어요. 도끼나 망치 같은 일반 공구로 깨면 얼음에 쉽게 금이 가요. 거기에 사람 몸무게가 더해지면 얼음이 무너져 물에 빠질 수 있어요.
- 얼음 두께가 20cm 이상인 곳에 지름 15cm의 구멍을 뚫어요. 구멍을 너무 크게 뚫으면

몸으로 익혀요

팔을 뻗어 몸이 가라앉지 않도록 해요.
열쇠고리나 쇠붙이가 있다면 얼음판을 찍고 몸을 얼음판 위로 올려 엎드린 자세로 빠져나와요.

주위 얼음도 약해져요. 이곳에 살얼음이 얼거나 눈이 쌓이면 사고 발생 위험이 높아져요.

- 얼음 두께가 10cm 이하인 곳에 짐과 함께 올라가 있지 않아요.
- 여러 사람이 한자리에 모여 있는 것도, 무거운 짐을 한데 모아 놓는 것도 위험해요.
- 취사 또는 난방을 위해 얼음판 위에서 히터를 사용하지 않아요. 오랫동안 사용하면 얼음이 녹을 수 있어요.
- 앉은 자리에 물이 고이기 시작하면 즉시 그 자리를 피해요.

>>> **낚시는 안전할 때만 해요.**

- 해가 뜨고 질 때는 시야 확보가 안 되므로 얼음낚시를 하지 않아요. 특히 야간에 얼음낚시를 하면, 어린이가 뛰어놀다가 얼음 구멍에 빠지거나 미끄러져 넘어질 수 있어요.
- 날씨가 풀려 얼음이 녹기 시작하는 2, 3월에 얼음낚시를 하지 않아요. 해빙기에는 얼음 두께를 맨눈으로 확인하기 힘들어요.

>>> **얼음 구멍에 빠질 때를 대비해요.**

- 아이스박스를 꼭 필요한 것들로만 채우고 위급상황을 대비해요. 물에 빠졌을 때, 다른 안전장비를 하지 않았다면 아이스박스를 잡아야 물에 떠 있을 수 있어요.
- 누군가 물에 빠지면, 안전한 얼음판에 몸을 기대게 한 후 긴 막대기나 로프, 사다리를 던져요.
- 물에 빠진 사람이 뭍으로 나오면 담요 등으로 몸을 감싸고, 불을 피워 따뜻하게 해줘요.

이런 사고도 있었어요

얼음낚시를 하다 물에 빠졌어요.

2013년 2월 오후 2시 30분경, 얼음이 깨지면서 천안 저수지에서 낚시 중이던 세 사람이 물에 빠졌어요. 이 사고로 한쌍의 부부가 숨지고, 다른 사람은 저체온증으로 중태에 빠졌지요. 사고가 난 저수지는 원래 낚시가 허용되지 않는 곳으로, 포근해진 날씨 때문에 얼음이 매우 얇게 얼어 있는 상태였어요.

04 놀이 안전 ▶ 물가 근처

갯벌에서 안전하게 놀아요

꺼꾸리 안전 Tip >>> **갯벌 체험을 떠날 때는 아래 사항을 꼭 기억해요.**
- 혼자 갯벌에 들어가거나 남지 않고, 멀리 떨어진 곳까지 들어가지 않아요.
- 장화를 꼭 신고 들어가요. 맨발로 들어가면 조개껍데기 등에 찔려 상처를 입을 수 있어요.
- 체험장에서 잡은 것을 함부로 먹지 않아요.
- 갈고리나 모종삽 등으로 장난치지 않아요.

엄마 안전 Tip >>> **갯벌 체험이 가능한 지역인지 미리 확인해요.**
- 허가된 지역에서만 체험 활동을 해요.
- 마을 공동어장 또는 양식장이 있는 갯벌에서는 어장에 무단 출입을 하지 않아요.
- 어패류의 채집을 목적으로 한 갯벌 체험은 자제해요.
- 어패류의 서식 장소를 찾아 연안으로부터 멀리 떨어진 곳까지 들어가는 것은 매우 위험해요.
- 채집한 어패류의 무게가 많이 나가는 경우 그 무게로 인해 갯벌에서 빠져나오지 못할 수도 있어요.

미리미리 안전 연습 확인해 봐요

갯벌 체험을 갈 때 준비해요.

- ☐ 선크림
- ☐ 흙이 묻어도 상관없는 긴팔 옷
- ☐ 햇빛 가리개용 넓은 챙 모자
- ☐ 관찰일지
- ☐ 나침반
- ☐ 망원경
- ☐ 시계
- ☐ 면장갑
- ☐ 발에 맞는 장화
- ☐ 여벌의 옷
- ☐ 비상 약

알아 두면 좋은 안전 상식

갯벌 체험 시 안전사고 대비 요령을 알아볼까요?

- 어민들이 갯벌 출입을 위해 만들어 놓은 진입로가 있는 경우에는 진입로를 이용하고, 진입로에서 멀리 떨어진 곳은 들어가지 않아요.
- 갯벌에 갯골이 있는 경우 넘어가지 않아요. 밀물 시 갯골에 물이 먼저 차오르기 때문에 수심이 깊어져 넘어오지 못하는 경우가 있어요.
- 갯벌에 발이 빠진 경우 반대 방향으로 엎드려 기어 나오며, 안내인의 도움을 받아요. 위급 상황에는 119로 전화해요.

이런 사고도 있었어요

갯벌에 잘못 들어가면 목숨이 위험해요.

2015년 7월 21일 오전 0시 50분경 충남 보령에서 관광객 6명이 갯벌에 고립되는 사고가 발생했어요. 사람들은 꽃게를 잡다가 물이 들어오는 것을 미처 발견하지 못해 고립됐다가 구조됐어요. 이에 앞서 7월 초에는 경기 안산에서 신혼부부가 새벽에 차를 몰고 갯벌에 들어갔다가 밀물에 휩쓸려 목숨을 잃었어요. 국민안전처에 따르면 2015년 들어 8월 21일까지 갯벌에서 발생한 사고는 44건으로, 총 6명이 사망했어요. 특히 야간에 사고가 많이 발생했는데, 밤에는 앞이 잘 보이지 않아 빠른 속도로 차오르는 바닷물에 빠지거나 고립되기 쉽기 때문이에요. 밀물의 속도는 시속 7~15㎞로, 성인 남성의 걸음보다 2, 3배 빨라 순식간에 물이 차올라요.

04 놀이 안전 ▶ 야외 놀이

연을 안전하게 날려요

>>> **넓은 운동장이나 공터에서 연을 날려요.**
- 나무가 많은 곳에서 연을 날리면 연이 나뭇가지에 걸릴 수 있어요.
- 전선이 많은 곳에서는 연줄과 전선이 엉켜 사고가 날 수 있어요.
- 자동차나 자전거, 사람이 많은 곳에서 연을 날리면 주변 사람들과 부딪히거나 넘어질 수 있어요.

>>> **연줄을 올바르게 잡고 날려요.**
- 실을 너무 팽팽하게 잡지 않아요. 얼레에 감긴 실에 손가락이 베일 수 있어요.
- 실이 너무 느슨하면 연이 순식간에 떨어질 수 있어요. 연줄이 발에 걸리면 넘어질 수 있어요.
- 바람의 방향을 잘 보고 연을 날려요. 바람을 잘못 타면 연이 곤두박질칠 수 있어요.
- 스포츠 연은 일반 연보다 훨씬 커요. 강한 바람에 큰 사고가 날 수 있으니 12세 이하 어린이는 사용하지 않아요.

야외 놀이 ▶ 놀이 안전 **04**

비비탄을 함부로 쏘지 않아요

>>> **비비탄 총알은 위험해요.**
- 보안경을 착용하고 놀아요. 눈 부위에 맞으면 시력을 잃을 수도 있어요.
- 절대 다른 사람의 얼굴과 머리 쪽으로 비비탄을 쏘지 않아요. 친구들과 놀 때도 마찬가지예요.
- 비비탄 총알을 삼키거나 입에 넣지 않아요.
- 안전한 곳에서 놀아요. 사람이 많은 곳이나 좁은 공간에서 놀지 않아요.

>>> **8세 미만 어린이에게 비비탄을 사 주지 않아요.**
- 비비탄 사고의 대부분(63.4%)은 0~7세 사이 유아에게 일어나요.
- 비비탄 총알을 삼키거나 귀 또는 코에 넣는 사고가 가장 많아요.
- 눈에 총알을 맞아 시력을 잃거나 총구에 찔려 출혈이 발생하는 경우도 종종 있어요.

04 놀이 안전 ▶ 야외 놀이

폭죽을 조심해서 다뤄요

꺼꾸리 안전 Tip

▷▷▷ **폭죽을 갖고 놀다 화상을 입지 않도록 조심해요.**

- 어른이 없을 때 폭죽을 갖고 놀지 않아요.
- 불붙은 폭죽을 입에 물고 다니거나 손으로 흔들지 않아요.
- 불붙은 폭죽을 사람의 얼굴이나 몸을 향해 들거나 던지지 않아요..
- 파편이 튈 수 있으니 폭죽 가까이에 가지 않아요.
- 꺼진 폭죽도 손으로 만지지 않아요. 남아 있는 불씨 때문에 화상을 입을 수 있어요.
- 터지지 않는 불량 폭죽도 함부로 만지거나 던지면 안 돼요. 평평한 곳에 폭죽을 놓고 지켜본 후 시간이 지나도 터지지 않으면 모래로 덮은 후 물을 뿌려요.

172

- 주머니에 넣고 다니지 않아요. 폭죽끼리 마찰해서 폭발할 수 있어요.
- 폭죽놀이를 하는 곳에 맨발로 다니지 않아요. 바닥에 불꽃이 떨어져 있을 수 있어요.

>>> **폭죽을 안전하게 터트려요.**

- 폭죽은 꼭 믿을 수 있는 판매점에서 구입하고, 표면에 표시된 유효기간을 확인해요.
- 제품의 주의사항을 숙지하고, 불법 화학류이거나 상표, 라벨이 붙어 있지 않은 폭죽은 구입하지 않아요.
- 점화 전 주변에 사람이나 불이 잘 붙는 물질이 없는지 잘 살펴봐요.
- 바람이 강하고, 주변이 복잡한 장소에서는 폭죽을 터트리지 않아요.
- 폭죽과 안전거리를 두고 점화해요.
- 평평한 곳에서 점화해요. 바닥이 기울어져 있으면 폭죽이 넘어질 수 있어요.
- 폭죽 여러 개를 한꺼번에 터트리지 않아요.
- 폭죽을 마음대로 분해, 변형, 가공하지 않아요. 분해, 변형, 가공 과정에서 폭죽이 터질 수 있어요.
- 어린이 혼자 폭죽을 갖고 놀지 못하게 해요.
- 사용 후 불이 꺼졌는지 제대로 확인해요.
- 점화가 되지 않은 폭죽은 충분한 시간이 지난 후 물을 붓거나 물통에 넣어 폐기해요.
- 불량제품, 화재 등에 대비해 물통이나 소화기 등을 미리 준비해요.

 **확인해 봐요**

안전한 폭죽놀이를 위해 확인해요.

☐ 바닥이 평평한 곳에서 점화했나요?
☐ 폭죽을 분해, 변형, 가공하지 않았나요?
☐ 여러 개를 한꺼번에 사용하지 않았나요?
☐ 사용 후에는 불이 꺼졌는지 반드시 확인했나요?

04 놀이 안전 ▶ 등산

등산장비를 잘 챙겨요

>>> **등산에 알맞은 옷을 입어요.**
- 땀을 잘 흡수하고 바람이 잘 통하는 옷을 입어요.
- 얇은 옷을 여러 벌 입어요. 보온성도 좋고 땀이 날 때 입고 벗기 편해요.
- 면 옷을 입지 않아요. 면 옷은 일단 젖으면 빨리 마르지 않아요. 땀을 많이 흘리면, 계속 젖은 옷을 입고 있어야 하지요. 산 위는 기온이 낮고 바람도 불기 때문에 젖은 옷을 입고 있으면 저체온증이 올 수 있어요.
- 신축성 없는 바지를 입으면 무릎에 무리가 올 수 있어요. 편한 바지를 입어요.

>>> **등산장비를 갖춰요.**
- 등산화를 신어요. 등산화는 미끄럼을 방지하고, 발목을 보호해요. 등산화가 없다면 운동화를 신어요.
- 발보다 5, 10mm 큰 사이즈의 신발을 신어요. 산에서 내려올 때는 발가락이 앞으로 쏠리면서 마찰이 심해지는데, 발보다 큰 등산화를 신으면 마찰을 줄일 수 있어요. 발

볼이 넓거나 발등이 높은 사람, 발등에 살이 많은 사람도 10mm 정도 큰 등산화를 신으면 편해요.

- 가볍고, 방수가 되는 모자를 써요.
- 수건이나 손수건을 준비해요. 땀 닦을 때 필요해요.
- 등산스틱을 챙겨요. 산에서 내려올 때 등산스틱을 사용하면 무릎에 부담이 줄어요.

>>> **짐은 배낭에 다 넣어요.**
- 두 손이 자유로워야 등산하기가 편해요.
- 경사가 급한 곳을 오를 때는 두 손을 사용하는 경우가 있어요.

>>> **등산을 하기 전에 날씨를 확인해요.**
- 날씨가 좋지 않을 때는 산에 가지 않아요.
- 비나 눈이 오면 거기에 맞는 장비와 의류(비옷, 아이젠, 방한복)를 준비해요.
- 겨울에는 눈이 오지 않아도 아이젠을 준비해요. 산 정상에 눈이 남아 있을 수 있어요.

>>> **도시락, 간식, 비상식량을 준비해요.**
- 도시락으로는 간단히 먹을 수 있는 유부초밥이나 김밥, 주먹밥이 좋아요.
- 간식은 적당히 넣어요. 배낭이 무거우면 등산이 힘들어요.
- 물을 넉넉히 준비해요. 등산하면 땀이 많이 나기 때문에 물을 많이 마시게 돼요. 스포츠 음료도 좋아요. 물보다 빨리 몸에 흡수돼 수분을 보충해 줘요.
- 만약을 대비해 손전등, 나침반, 압박붕대, 연고, 반창고, 비상 약을 준비해요.

 확인해 봐요

등산 배낭을 꾸려요.
- ☐ 등산 배낭 맨 바닥에 가벼운 물건을 넣었나요?
- ☐ 중간부에 무거운 물건과 물, 그리고 음료를 넣었나요?
- ☐ 윗부분에는 빨리 꺼내어 쓸 물건, 비상 약이나 간식을 넣었나요?
- ☐ 손전등, 나침반, 압박붕대, 연고, 반창고 등을 준비했나요?
- ☐ 여벌 옷을 넣었나요?(봄, 가을 등산)
- ☐ 어린이의 배낭에도 물과 비상 약, 비상식량을 따로 챙겼나요?
- ☐ 큰 비닐을 배낭 안에 넣어 방수가 되도록 했나요?

04 놀이 안전 ▶ 등산

>>> **날씨 변화를 잘 살펴요.**
- 초봄 산행 시 방수와 방풍이 되는 여벌 옷을 챙겨요. 3월이 돼도 산의 날씨는 2월에 가깝기 때문에 평지와 달리 비나 눈이 올 수 있어요.
- 여름 산행 시 계곡 근처에서 야영할 경우 기상 변화를 살펴요. 비가 오면 계곡물이 빠른 속도로 불어나 급류에 휘말릴 수 있어요.

 알아 두면 좋은 안전 상식

산 정상은 기후 변화와 일교차가 심하다고요?
산에서는 고도 100m를 올라갈 때마다 기온이 0.6℃씩 낮아져요. 가령 고도 1km의 산이라면 평지보다 기온이 6℃ 정도 낮은데, 여기에 바람이 불거나 비가 오면 기온은 더 떨어져요. 평지가 봄 평균 기온인 15℃일 때, 북한산 정상 백운대(836.5m)의 기온은 10℃예요. 만약 초속 10m의 바람이 분다면 체감 기온은 0℃로 떨어지지요.

구조 헬기에 산악 사고 지점을 알리려면 팔로 V 자를 만들라고요?
구조 헬기가 왔을 때, 손을 흔들어 부르면 주변 등산객들과 구분이 되지 않아요. 등산객들도 헬기를 보면 반가워 손을 흔들거든요. 팔로 V 자를 만들고 가만히 서 있거나 나뭇가지나 옷가지로 바닥에 V 자를 그리면 구조시간을 단축할 수 있어요.

일과성뇌허혈증이 뭐예요?
일과성뇌허혈증은 뇌로 공급되는 혈액의 흐름이 일시 막혔다가 다시 이어지면서 생기는 순간적인 뇌의 쇼크 상태예요. 일단 증상이 나타나면 한쪽 팔다리가 마비되거나 감각이 둔해져요. 사물이 둘로 보이거나 갑자기 안 보이고, 말이 어눌해지며 침을 삼키기 힘들어요. 자꾸 한쪽으로 넘어지고, 일어나거나 걷기도 어려워요. 등산 중 이러한 증상이 나타나면 낙상 사고로 이어질 수 있으니 어지럼증, 고혈압, 당뇨병이 있는 사람은 무리한 산행을 계획하지 않아요.

 **몸으로 익혀요**

저체온증 응급처치는 이렇게 해요.

① 젖은 옷을 갈아입히고 담요나 여벌 옷으로 감싸거나 몸으로 안아 체온을 높여 줘요.

② 의식이 있는 경우에는 따뜻한 음료를 먹여요. 술을 먹이면 몸의 중심 온도를 더 떨어뜨려서 위험해요.

③ 땀이 나지 않을 정도로 가볍게 운동을 해요.

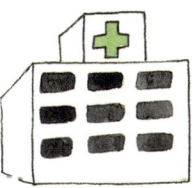

④ 체온이 계속 떨어지면 목숨을 잃을 수도 있어요. 응급처치 후 빨리 병원에 가요.

04 놀이 안전 ▶ 등산

안전하게 등산해요

정해진 등산로로 다니기

등산 안내도 확인하기

다른 사람 추월하지 않기

올라오는 사람에게 길 양보하기

높은 바위에 올라가지 않기

위험 지역에 가지 않기

간식 많이 먹지 않기

한꺼번에 물 많이 마시지 않기

꺼꾸리 안전 Tip

>>> **호흡을 조절하며 등산해요.**
- 천천히 올라가요. 급하게 올라가면, 내려올 때 체력이 떨어져서 힘들어요.
- 몸을 낮추고, 발 디딜 곳을 잘 살피면서 천천히 내려와요. 내려올 때는 몸이 지쳐 다리에 힘이 없기 때문에 올라갈 때보다 훨씬 위험해요.

>>> **등산 매너를 지켜요.**
- 정해진 등산로를 따라 올라가요.
- 다른 사람을 앞지르지 않아요. 등산로는 좁기 때문에 발을 헛디뎌 넘어지기라도 하면 몹시 위험해요.
- 내려올 때는 올라가는 사람들에게 길을 양보해요.
- 등산로를 약간 벗어나 안전한 곳에서 쉬어요. 등산로를 막고 쉬면 지나가는 등산객의 등산스틱에 찔릴 수 있어요. 서로 몸이 부딪혀 넘어질 수도 있지요.

>>> **추락 사고를 조심해요.**
- 높은 바위에 올라가지 않아요.

- 경사가 급한 곳에서는 두 손을 적극적으로 사용해요.

>>> **음식을 안전하게 먹어요.**
- 간식은 적당히 먹어요. 한꺼번에 많이 먹으면 움직이기가 불편해요.
- 물을 한꺼번에 많이 마시지 않아요. 목이 바짝 마른 상태에서 물이 많이 들어가면 염분 부족으로 탈수 현상이 와요.

>>> **안전하게 등산해요.**
- 날이 밝을 때 등산을 끝내요. 산에 가면 나무가 햇볕을 가리기 때문에 금방 어두워져요. 하산할 때 서두르다 낙상 사고가 날 수 있으니 해가 지기 1, 2시간 전에 내려가기 시작해요.
- 무리하지 않아요. 처음 30분이 가장 힘들어요. 걷는 속도를 조절하며 자신에게 맞는 호흡법과 걸음법을 찾고, 몸을 데워 등산하기 알맞은 상태로 만들어요. 이때 지나치게 빨리 걸으면 쉽게 피곤해져요.
- 등산 시작 30분이 지나면 한 번 쉬어요. 처음 몇 차례는 15, 20분간 걷고, 5분은 쉬어요. 이후에는 30분씩 걷고 5분에서 10분 정도 쉬어요. 몸이 등산에 적응되면 1시간 걷고 10분 쉬어요. 휴식 시간이 길어지면 더 피곤하니까 적당히 쉬어요.
- 어린이 걸음을 기준으로 산행을 해요. 어린이가 어른 걸음을 따라가기는 힘들어요. 어린이와 함께 등산을 갈 때는 무리하게 정상까지 가지 말고, 산에 오르는 과정을 즐길 수 있도록 배려해요.

 **몸으로 익혀요**

안전하게 산에 오르려면 어떻게 해야 할까요?
- 자신의 체력에 맞는 코스를 정하고 무리한 산행은 자제해요.
- 보폭을 너무 넓게 하지 말고 일정한 속도로 걸어요.
- 등산화 바닥 전체로 지면을 밟으면서 걸어요.
- 등산로를 벗어난 길로 가지 않고, 길을 잃었을 때는 계곡을 피해 능선으로 올라가요.
- 흡연은 산소 부족 현상을 가중시키며, 저체온증과 탈수를 유발할 수 있어요.
- 수시로 지형과 지도를 대조해 현재 위치를 '위치판 고유번호'와 함께 확인해요.
- 나뭇가지나 풀, 바위를 손잡이로 사용하지 않아요.

04 놀이 안전 ▶ 등산

야생 동물을 조심해요

>>> **벌에 쏘이지 않도록 조심해요.**
- 소매가 길고 색상이 화려하지 않은 옷을 입어요. 벌은 색에 민감해요.
- 향이 강한 화장품을 사용하지 않고, 달콤한 음료수를 마신 후에는 입을 꼭 닦아요. 벌이 달콤한 향기를 맡고 날아와요.
- 장난으로 벌집을 건드리거나 벌을 공격하지 않아요.
- 벌을 만나면 몸을 최대한 낮춘 후 움직이지 말고 벌이 돌아갈 때까지 기다려요. 손을 휘두르거나 도망가면 오히려 벌에 쏘이기 쉬워요.

>>> **멧돼지 등 산짐승과 맞닥뜨리면 조용히 나무 뒤나 바위 뒤로 숨어요.**
- 큰 소리를 내거나 등을 보이며 도망가지 않아요. 멧돼지가 쫓아올 위험이 있어요.
- 주위 나무나 바위 뒤로 몸을 감춰요. 멧돼지는 시력이 좋지 않아요. 크게 움직이지 않으면 그냥 지나칠 가능성이 높아요.
- 주위에 아무것도 없으면 등산스틱을 사용해 몸집을 크게 보이도록 해요. 양손으로 스틱을 45° 정도 벌려 땅을 짚으면 몸집이 커 보여요.

>>> **등산로를 벗어나 낙엽이 쌓인 곳으로 걸어가지 않아요.**
- 초봄에 낙엽 쌓인 곳에는 겨울잠에서 깬 뱀이 있을 수 있어요.
- 7월에서 10월 사이에는 뱀에 물리는 사고가 많아요. 뱀이 장마철에 젖은 몸을 말리기 위해 수풀 위로 올라오거든요. 특히 10월은 겨울잠을 자기 직전으로, 배를 채우기 위해 뱀이 활발히 활동해요.

>>> **벌에 쏘이면 재빨리 응급처치를 해요.**
- 신용카드처럼 빳빳한 것을 쏘인 부위에 대고 밀어내어 벌침을 빼내요. 벌침을 내버려 두면 피부 속에 남아 계속 독액을 분비해요. 말벌에 쏘이면 호흡곤란이나 의식장애가 생겨 쇼크에 빠지거나 심한 경우 목숨을 잃을 수도 있어요.
- 벌침 알레르기가 있는 사람은 항히스타민제를 먹어요. 비상 약이 없으면 식초나 레몬 주스를 발라요.

>>> **뱀에 물리면 응급처치 후 빨리 병원으로 가요.**
- 물린 부위에 1cm 간격으로 2개의 이 자국이 있으면 독사예요. 휴대전화로 뱀 사진을 찍어요. 뱀 사진을 병원에 갖고 가면 해독제를 빨리 알아낼 수 있어요.
- 반지와 시계를 제거해요. 반지와 시계를 제거하지 않으면 살이 부풀어 오르면서 피가 통하지 않아 2차 피해를 입을 수 있지요.
- 물린 부위에서 심장 방향으로 5~10cm 정도 위에서 끈으로 묶어 독이 퍼지는 것을 막아요. 지나치게 꽉 묶지 말고, 손가락 하나가 들어갈 정도로 느슨하게 묶어요.
- 깨끗한 물로 상처 부위의 독과 이물질을 씻어 내요.
- 상처 부위를 심장보다 낮은 쪽에 둬요. 독이 심장으로 가는 것을 늦출 수 있어요.
- 움직이면 독이 더 빨리 퍼져요. 움직이지 않는 것이 좋아요.
- 입으로 독을 빨아내지 않아요. 입안의 상처 등을 통해 중독될 수 있어요.

04 놀이 안전 ▶ 캠핑

안전하게 캠핑을 즐겨요

꺼꾸리 안전 Tip

>>> **혼자 돌아다니지 않아요.**
- 부모님과 함께 다녀요. 그래야 길을 잃지 않아요.
- 혼자 이동할 때도 부모님 시야에서 벗어나지 않도록 주의해요.
- 이른 봄, 호수와 강 주변의 얼음 근처로 가지 않아요. 봄이 되면 얼음이 녹기 시작해서 쉽게 깨져요.
- 얼음 위에 올라가지 않아요. 얼음이 깨져서 물에 빠질 수 있어요.

>>> **뱀에 물리지 않게 조심해요.**
- 막대기로 덤불을 찌르지 않아요. 뱀이 나뭇잎 더미 속에 숨어 있을 수 있어요.
- 밤에는 신발을 텐트 안에 넣어 둬요. 뱀은 어둡고 축축한 곳을 좋아하기 때문에 신발 속으로 들어갈 수 있어요.
- 뱀이 접근하지 못하게 텐트 주변에 마늘이나 김치 등을 뿌려요.

>>> **안전하게 식사를 해요.**
- 냉장 보관하지 않아도 괜찮은 재료로 음식을 준비해요.
- 냉동식품, 고기, 생선 등은 속까지 완전히 익혀 먹어요.
- 일단 조리한 음식은 남기지 않고 다 먹어요.
- 세균은 대부분 열에 약해요. 음식과 물을 모두 끓여 먹어요.
- 흐르는 물에 채소, 과일 등을 깨끗하게 씻어요.
- 칼과 도마는 생선, 채소, 육류를 구분해서 사용해요.
- 음식을 다룰 때는 손을 특별히 더 청결하게 유지해요.

>>> **안전하게 해먹을 설치해요.**
- 설치하기 전에 바닥이 고른지, 뾰족한 돌이나 나무뿌리가 없는지 살펴요.
- 해먹을 어린 나무에 걸지 않아요. 해먹을 흔들면 나뭇가지가 부러질 수 있어요.

04 놀이 안전 ▶ 캠핑

- 해먹 아래에 두꺼운 돗자리를 깔아요.
- 한 번에 1명씩만 올라가요. 여러 사람이 해먹 위에 올라가면 해먹이 떨어져요.
- 해먹 끈이 느슨해지면 다시 단단히 묶어요.

≫ **텐트를 올바르게 설치해요.**
- 텐트 출입구는 바람 반대 방향에 둬요. 바람의 방향을 판단하기 어려울 때는 출입구를 산 아래쪽으로 향하게 해요.
- 문을 닫고 다녀요. 바람이 들이치면 텐트가 날아갈 위험이 있어요.
- 여름철에는 산비탈 바로 아래 또는 경사가 심한 곳, 계곡 근처를 피해요. 비가 오면 위험해요.

알아 두면 좋은 안전 상식

텐트 고정방법을 알아볼까요?

- 밤에 팩이나 스트링에 걸려 넘어지는 사고가 발생하기 때문에 팩의 머리가 땅에 닿을 정도로 깊이 박아야 해요. 낡은 테니스공을 팩의 머리에 씌워서 팩의 위치를 알 수 있도록 해도 좋아요.

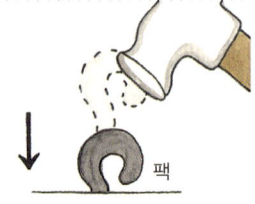

- 타프는 바람을 많이 받으므로 팩을 더 단단히 고정해요. 팩을 박을 때 스트링과 팩의 각도를 90°로 맞춰요. 팩에 비녀로 스트링을 고정하면 팩이 빠졌을 때 위험해요. 바람이 심하게 불 때, 스트링에 팩이 매달려 흔들리면 사람이 다치거나 주변 텐트가 찢어질 수 있어요.

난방 준비는 어떻게 하나요?

가을철에는 아침저녁으로 10℃ 이상 일교차가 나요. 숲 속 캠핑장의 기온은 더 낮지요. 이럴 때 별다른 난방 없이 텐트에서 자면 체온 유지를 위해 몸을 움츠리게 돼요. 자면서 근육의 긴장 상태가 지속돼 허리나 목에 통증이 생기지요. 그러나 바닥에 매트를 두껍게 깔고 전기요와 침낭을 사용하면 따뜻하게 잘 수 있어요.

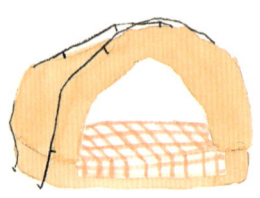

몸으로 익혀요

텐트는 어디에 쳐야 할까요?

<u>좋아요!</u>
평평한 곳
물을 구하기 쉬운 곳
암벽이나 언덕이 없는 곳

<u>나빠요!</u>
계곡 근처
철탑이나 큰 나무 아래
전깃줄, 철계단, 쇠줄 근처

캠핑 중 호우를 만나면 이렇게 해요.

- 호우특보 발령 시 휴대전화, 라디오 등으로 기상상황을 계속 주시해요.
- 등산 중일 때에는 빨리 하산하거나 높은 지대로 피신하되, 물살이 거센 계곡은 절대로 건너지 않아요.
- 야영 중에 물이 밀려들 때는 절대로 물건에 미련을 두지 말고 신속히 대피해요.
- 집중호우 시 나무로 만들어진 다리는 건너지 않아요.
- 휴대용 랜턴, 라디오, 밧줄, 구급약품 등을 준비해 둬요.

이런 사고도 있었어요

기상상황이 나쁠 때는 가능한 한 캠핑을 자제해요.

2014년 8월 3일 태풍 나크리의 영향으로 캠핑을 하던 7세 남자 어린이가 목숨을 잃고 10세 여자 어린이가 크게 다친 사고가 있었어요. 최대 풍속 10m/s의 강풍이 몰아치면서 텐트 옆에 있던 소나무가 부러졌는데, 부러진 소나무가 텐트를 덮친 탓에 일어난 사고였지요. 소나무는 지름이 70cm, 부러진 부분의 길이만 8m에 달했다고 해요.

04 놀이 안전 ▶ 캠핑

화재 사고를 조심해요

▶▶▶ 불을 조심해요.
- 음식을 할 때 버너 곁에 가까이 가지 않아요. 화상의 위험이 있어요. 화로 주변도 마찬가지예요.
- 화로에 장작을 태우면 불똥이 멀리까지 튀어 화재가 일어날 수 있어요. 화로 주위의 낙엽, 잔가지를 치워요.

▶▶▶ 불을 다룰 때는 꼭 장갑을 껴요.
- 요즘 화기들은 화력이 좋아요. 크기가 작은 캠핑용 화기라도 화상을 입으면 심각한 상태가 될 수 있어요. 캠핑에서는 일상생활보다 화상의 위험이 크니까 꼭 주의해요.

▶▶▶ 텐트 안에 난로를 피울 때, 연통을 꼭 설치하고 자주 환기해요.
- 텐트 안에서 난로를 피우면 일산화탄소 중독 위험이 있어요. 일산화탄소는 무색·무취·무미의 기체로 15분 정도만 노출돼도 생명이 위험하지요. 잠들면 일산화탄소 중

독으로 목숨을 잃을 수 있어요.

>>> **화로대는 밖에서만 사용하고, 불씨는 끝까지 살펴서 꺼요.**
- 화로대는 무조건 밖에서만 사용해요. 크기가 작다고 안에서 사용하면 안 돼요. 좁은 공간에서 화로대를 사용하면 불씨가 날려 옷이나 텐트를 망가뜨리거나 불이 날 우려가 있어요.
- 모래를 뿌려 확실하게 불씨를 꺼요. 안쪽에 불씨가 살아 있을 수 있어요.

>>> **질식사를 예방해요.**
- 작은 휴대용 가스등이라도 켜 놓고 자지 않아요. 성인 1명이 시간당 소비하는 산소의 양은 약 20L인데, 휴대용 가스등은 약 120L로 사람의 6배를 소비해요. 밀폐된 텐트 안에서 휴대용 가스등을 켠 채 잠든다면, 매우 짧은 시간 안에 텐트 안의 산소가 완전히 사라져요.

>>> **화재 사고에 대비해요**
- 텐트가 가연성 소재인지, 비가연성 소재인지 확인해요. 가연성 소재를 사용한 텐트는 화재가 발생했을 때 불이 빠르게 옮겨 붙고 유독가스를 배출하기 때문에 위험해요.
- 자동소화장치나 충격센서, 산소센서 등 안전장치가 갖추어진 난방기기를 챙겨요. 또한 실내용인지 야외용인지 꼼꼼하게 따져 봐요. 크기가 작다고 해서 야외용 난방기기를 텐트 안에서 사용하면 절대로 안 돼요.
- 기온이 떨어지면 두꺼운 옷과 침낭 등으로 체온을 유지하고, 난방기기는 될 수 있으면 사용을 자제해요. 난방기기를 오래 틀어 놓을수록 화재의 위험도 높아져요.
- 캠핑장에 소화기가 구비되어 있는지 사전에 알아보고, 필요하다면 휴대용 소화기를 준비해요.
- 난로 주위에 휴대용 가스통을 두지 않아요. 가스통은 열을 계속 가하면 압력이 팽창하면서 폭발할 수 있어요.

 **몸으로 익혀요**

화상을 입었다고요?
① 화상 부위를 찬물로 적셔요.
② 물집을 터트리지 말고 소독된 거즈나 붕대, 깨끗한 수건으로 화상 부위를 덮어요.
③ 최대한 빨리 병원으로 가서 치료를 받아요.

04 놀이 안전 ▶ 캠핑

알아 두면 좋은 안전 상식

꼭 지켜야 할 겨울철 캠핑 안전수칙을 알아볼까요?

겨울철에 난방기기 없이 야영하면 위험한 상황이 생길 수 있어요. 텐트를 이용하여 야영을 할 때에는 보온 관리에 각별한 주의가 필요해요.

1. 얇은 옷을 여러 겹 입어요. 두꺼운 옷을 한 겹 입는 것보다 더 따뜻해요. 눈이나 땀에 젖기 쉬우므로 여벌의 옷과 양말을 충분히 챙겨요. 자기 전에 젖은 양말은 꼭 갈아 신어요.

2. 거실형 텐트 내에서 화로대를 절대 사용하지 않아요. 거실형 텐트를 비롯한 실내에서 숯이나 화목, 가스 등을 이용하여 난방을 할 경우 연소가스 누출 또는 산소 부족 등으로 질식할 우려가 있어요. 취침 시에는 모든 연소기구를 꺼야 해요.

3. 보조 난방기기를 사용할 때 저온화상에 주의해요. 탕파(뜨거운 물의 열기를 이용한 보온 용기)나 핫팩 같은 보조 난방기기는 절대로 피부에 직접 닿지 않도록 주의해요. 탕파는 찬물을 사용하면 폭발할 수 있기 때문에 반드시 100℃로 끓인 물을 채워 사용해요.

4. 캠핑장에서 쓸 수 있는 전기의 양은 많지 않아요. 그렇기 때문에 100W 이내의 전기요와 매트를 사용하는 것이 좋아요. 릴선을 항상 풀어 놓은 상태로 사용하여 과열로 인한 화재, 정전 사고를 예방해요. 반드시 차단기가 부착된 제품을 사용하는 것이 좋아요.

5. 모닥불을 피울 경우 안전한 화로대를 사용해요. 소화기 또는 진화도구를 준비하고 연소 중에는 절대 자리를 비우지 않아요. 어린이만 불가에 남겨 두어서는 안 되며, 취침 시에는 반드시 불이 꺼졌는지 확인해요. 모닥불 주위 지면에 물을 충분히 뿌리는 것이 좋아요.

6. 폭설 시 텐트에 눈이 쌓이면 텐트 파손 위험은 물론 질식의 우려가 있어요. 틈틈이 눈의 양을 점검하고 텐트에 쌓인 눈을 제거해요.

일산화탄소는 우리 몸에 어떤 영향을 끼칠까요?

일산화탄소는 우리 몸에 치명적인 물질이에요. 어지러움, 두통, 현기증 등의 증상을 일으키며 증상이 심할 경우 쇼크나 심장마비를 일으키지요. 뇌 손상으로 인해 심각한 장애가 생길 수도 있어요. 일산화탄소로 인해 어지럼증, 구토 증상이 나타나면 쉽게 알아차릴 것 같지만 실제로는 단순한 멀미나 술기운이라고 착각해 큰 사고로 이어질 수 있어요.

일산화탄소에 중독된 사람을 발견했다고요?

바로 텐트에 들어가면 구조자 역시 중독의 위험이 있으므로 반대쪽 출입구를 열어 충분히 환기시킨 후 환자를 텐트 밖으로 이동시켜요. 곧바로 119에 신고해서 산소 치료를 받게 하는 것이 좋아요.

 **확인해 봐요**

가스를 조심히 다뤄요.

- ☐ 삼발이 크기에 맞는 조리기구를 사용했나요?
- ☐ 밀폐된 공간에서 가스용품을 사용하지 않았나요?
- ☐ 가스 주변에 불이 잘 붙는 물질을 두지 않았나요?
- ☐ 휴대용 가스레인지를 2개 이상 연결하지 않았나요?
- ☐ 알루미늄 포일을 사용하지 않았나요?
- ☐ 사용한 부탄가스통은 구멍을 뚫어서 분리수거 했나요?
- ☐ 캠핑용 가스용기의 KS마크를 확인하고 불법 재충전을 하지 않았나요?

 **이런 사고도 있었어요**

일산화탄소 중독 사고는 생명을 위협해요.

2014년 1월, 충북의 어느 야영장에서 야영하던 이씨(41)와 장인(62), 딸(9)이 가스에 질식해 쓰러져 있는 것을 아내가 발견해 경찰에 신고했어요. 3명은 사고 직후 병원으로 옮겨졌으나, 이씨는 결국 숨졌지요. 장인과 딸은 병원에서 치료를 받았어요. "텐트 안에 부탄가스 난로와 전날 고기를 굽고 남은 갈탄을 피워 놓고 잤다."는 이씨 아내의 말에 따라 경찰은 일산화탄소 중독을 사고 경위로 추정했어요.

휴대용 가스통이 폭발했어요.

2015년 10월 전북 완주군 운주면의 한 캠핑장에서 휴대용 가스통이 폭발하면서 정씨(45)와 윤씨(41)가 각각 신체의 일부에 2도 화상을 입고 인근 병원으로 옮겨졌어요. 경찰과 소방당국은 음식물을 조리하던 중 옆에 둔 휴대용 가스통이 과열로 인해 폭발한 것으로 보고 있어요.

04 놀이 안전 ▶ 캠핑

다치지 않게 조심해요

꺼꾸리 안전 Tip ≫ **캠핑을 할 때 다치지 않게 조심해요.**
- 뛰어다니지 않아요. 텐트 고정 줄, 뾰족한 나뭇가지, 돌 등에 걸려 넘어지면 크게 다칠 수 있어요.
- 풀밭에 함부로 눕지 않아요. 특히 가을철 풀밭에는 위험한 병을 퍼뜨리는 벌레가 있어 위험해요.
- 땅에도 벌집이 있을 수 있으니까 건드리지 않도록 조심해요.

엄마 안전 Tip ≫ **벌레를 조심해요.**
- 귀에 벌레가 들어갔을 때 올리브오일을 넣으면 벌레가 밖으로 나와요.
- 올리브오일이 없으면 알코올을 넣어 벌레를 죽인 후 제거해요.
- 잔디 위에 침구나 옷을 말리지 않고, 야외활동이 가능한 긴 옷을 입어요. 유행성 출혈

열, 쯔쯔가무시 등의 질병에 걸릴 수 있어요. 특히 가을철에는 발열성 질병에 걸릴 위험이 높지요.
- 캠핑 후에는 겉옷을 털어서 혹시 붙어 있을지도 모르는 벌레를 제거한 후 세탁해요.

>>> **다쳤을 때는 이렇게 해요.**
- 피가 날 때, 상처 부위가 깊거나 선홍색 피가 박동치며 뿜듯이 나오면 동맥이 손상된 거예요. 상처 부위의 이물질을 제거하고 깨끗한 수건이나 헝겊으로 꽉 묶어 지혈한 다음 빨리 병원으로 가요.
- 팔다리가 부러지면 날카로운 뼈끝이 신경과 혈관을 손상시키지 않도록 부목을 이용해서 고정해요.
- 골절상을 입으면 응급처치 후 구조대를 기다려요. 환자를 섣불리 옮기는 것은 위험해요. 옮기다 상처 부위를 잘못 건드리면 상처가 깊어질 수 있거든요.
- 골절인지 판단하기 어려우면 일단 부러진 것으로 생각하고 응급처치(부목)를 해요.

 안전 상식

우리나라에 무면허 캠핑장이 운영되고 있다고요?
캠핑장은 관광진흥법에 따라 무조건 등록을 해야 해요. 하지만 등록에 비용이 많이 들고, 시간이 많이 들기 때문에 캠핑장들은 등록을 기피하고 있지요. 그래서 대다수 야영장이 무등록 상태예요. 현재 운영되고 있는 전국 1,900여 곳의 캠핑장에서 등록된 곳은 200여 곳에 불과하지요. 캠핑장 등록률이 10%에 불과한 거예요. 우리나라는 캠핑장이 우후죽순 늘어나면서 아직 안전관리 체계가 자리를 잡지 못한 상황이에요. 무허가 캠핑장은 안전사고가 났을 때 사후 보상 등이 어려우므로 꼭 허가받은 캠핑장을 이용해요.

캠핑장 안전사고 Top 6를 알아볼까요?
캠핑 인구가 늘어나면서 안전사고도 빈번하게 일어나고 있어요. 주로 아래 6가지 사고가 많이 발생하니 특별히 주의해요.

1. 가스폭발 사고
2. 텐트 내 난로 및 온열기기 사고
3. 화로 불씨로 인한 사고
4. 우천 시 감전 사고
5. 텐트 고정 줄에 걸려서 넘어지는 사고
6. 캠핑장 내 벌, 독충, 뱀에 물리는 사고

04 놀이 안전 ▶ 놀이터

놀이터에서 안전하게 놀아요

민소매와 반바지 입지 않기

몸에 붙는 옷 입지 않기

장식 많은 옷 입지 않기

가방 메고 놀이기구 타지 않기

지나치게 긴바지 입지 않기

액세서리 착용하지 않기

꺼꾸리 안전 Tip

>>> **편하고 안전한 옷을 입어요.**
- 한여름에도 민소매와 반바지를 입지 않아요. 뜨거운 놀이기구에 살이 닿으면 화상을 입을 수도 있고, 넘어졌을 때 살갗이 까져 피가 날 수도 있어요.
- 몸에 꼭 달라붙는 옷을 입지 않아요. 움직이기 불편할뿐더러, 옷 밖으로 땀을 내보내지 못해 피부에도 안 좋아요.
- 헐렁한 옷, 장식이 많은 옷, 모자나 끈이 달린 옷을 입지 않아요. 놀이기구에 걸릴 위험이 있어요.
- 가방을 메고 놀이기구를 타지 않아요. 가방 끈이 놀이기구에 걸릴 수 있어요.
- 지나치게 긴 바지를 입지 않아요. 발에 걸려 넘어질 수 있어요.
- 반지, 목걸이, 머리핀 등을 하지 않아요. 넘어지면 액세서리 때문에 더 크게 다칠 수 있어요.

>>> **물을 가지고 놀이터에 가요.**
- 놀이터에서 놀면 땀을 많이 흘리기 때문에 목이 말라요.
- 손이 더러워졌을 때 물로 씻을 수 있어요.

>>> **햇볕이 너무 뜨거울 때 놀이터에서 놀지 않아요.**
- 오후 1시에서 3시 사이에 놀이터에 가지 않아요. 놀이터는 실내 온도보다 5℃ 이상 높기 때문에 일사병에 걸릴 수 있어요.
- 강한 햇볕에 오랫동안 노출되면 피부가 상할 수 있으니 선크림을 발라요.

>>> **안전한 놀이터를 찾아가요.**
- 바닥에 부드러운 매트가 깔린 놀이터에서 놀아요.
- 깨진 유리 조각처럼 날카로운 물건이 있을지 몰라요. 놀이터 바닥을 잘 살펴봐요.
- 놀이기구의 안전성, 녹, 부품 상태를 확인해요.

>>> **놀이기구를 안전하게 이용해요.**
- 5세 이하의 어린이는 전용 놀이기구를 이용하게 해요.
- 어린이가 놀이기구에서 추락해도 잡을 수 있도록 놀이기구 가까이에 서 있어요.
- 놀이기구를 갈아탈 때는 반드시 따라가서 살펴요.

 **확인해 봐요**

안전한 놀이터인지 확인해요.
- ☐ 바닥이 충격 흡수가 잘 되는 재질인가요?
- ☐ 놀이기구가 견고한가요? 부품과 설비가 안전한가요?
- ☐ 놀이기구에 녹슬거나 갈라진 틈이 보이지 않나요?
- ☐ 페인트는 인체에 무해한 것인가요?
- ☐ 나무 구조물은 나무가 썩지 않았나요?
- ☐ 놀이기구를 연결하는 부분의 볼트나 못이 헐겁게 연결되거나 부식되지 않았나요?
- ☐ 연결 부분에 유아의 안전을 위한 덮개가 씌워져 있나요?
- ☐ 놀이 시설물 간의 간격이 동선을 고려해 설계되었나요?
- ☐ 미끄럼틀 폭이 너무 좁거나 경사가 지나치게 급하지 않나요?
- ☐ 미끄럼틀 계단에 손잡이가 있는 난간이 있나요?
- ☐ 그네의 앉는 부분이 가죽이나 고무 타이어 등의 부드러운 재료로 만들어졌나요?
- ☐ 그네 줄이 고리 형태로 되어 있지는 않나요?(그네줄이 고리 형태면 어린이의 손가락이 끼일 수 있어요.)
- ☐ 만약 그네 줄이 고리 형태로 연결되었다면 비닐이나 튜브로 고리를 감싸고 있나요?
- ☐ 정글짐 가로대의 굵기가 유아가 손에 쥘 수 있을 정도로 적당한가요?
- ☐ 시소는 무게의 균형이 정확하게 잡히고 흔들림이 없도록 안전하게 설치되어 있나요?
- ☐ 시소가 땅에 닿는 부분에 타이어를 설치해 어린이에게 충격이 전해지지 않도록 되어 있고, 손잡이가 안전하게 부착되어 있나요?

04 놀이 안전 ▶ 놀이터

몸으로 익혀요

놀이터에서 안전하게 놀아요.

구멍이나 그물 사이에 머리가 끼지 않도록 조심해요.

놀이기구 틈에 손가락이 끼이지 않도록 주의해요.

놀이기구 틈에 발이 빠지지 않도록 조심해요.

놀이기구에 옷이 걸리지 않도록 조심해요.

놀이터 ▶ 놀이 안전 **04**

그네를 안전하게 이용해요

꺼꾸리 안전 Tip

>>> **그네를 안전하게 이용해요.**
- 그네가 완전히 멈춘 뒤에 타거나 내려요.
- 서거나 무릎을 꿇거나 엎드려서 타지 않아요. 그네 의자 한가운데에 앉아 양손으로 손잡이를 꼭 잡고 타요.
- 그네를 흔들거나 줄을 돌려 꼬지 않아요.
- 그네 주위를 지날 때는 안전선 밖으로 다녀요.

미리미리 안전 연습 확인해 봐요

나는 그네를 안전하게 타고 있을까요?

☐ 친구가 그네를 타고 있을 때 가까이 다가가지 않았나요?
☐ 친구가 그네를 타고 있을 때 뒤에서 밀지 않았나요?
☐ 앞사람이 내린 후에 순서대로 1명씩 탔나요?
☐ 그네가 완전히 정지한 상태에서 타고 내렸나요?
☐ 그네 하나에 2, 3명이 함께 타지 않았나요?
☐ 그네 의자에 연결된 사슬이 튼튼한지 확인했나요?
☐ 너무 낮거나 높은 그네에 타지 않았나요?

04 놀이 안전 ▶놀이터

미끄럼틀을 안전하게 이용해요

꺼꾸리 안전 Tip

>>> **미끄럼틀을 타기 전, 주의해요.**
- 긴팔, 긴바지를 입고 타요. 뜨거운 여름, 미끄럼틀에 맨살이 닿으면 화상을 입을 수 있어요. 한겨울에는 꽁꽁 언 쇠붙이에 살이 달라붙을 수 있고요.
- 가방, 인형, 장난감 등을 손에 들고 타지 않아요. 손에 물건을 들고 있으면 위급상황에 대처할 수 없어요.
- 길게 늘어진 목걸이는 타기 전에 빼 놓아요. 미끄럼틀에 걸릴 수 있어요.

>>> **미끄럼틀은 1명씩 제대로 순서를 지켜서 타요.**
- 손잡이를 꼭 잡고 올라가요.
- 앞사람이 다 올라간 다음, 한 계단씩 올라가요.
- 미끄럼판을 밟고 거꾸로 올라가지 않아요.

>>> **반드시 앉아서 내려와요.**
- 엎드려 타면 머리가 바닥에 먼저 닿아 다칠 수 있어요.

- 서서 타면 중심을 잡을 수 없어요. 넘어지기 쉬워요.

>>> **남을 배려하며 미끄럼틀을 타요.**
- 다른 친구를 밀거나 당기지 않아요.
- 미끄럼틀 아래 다른 어린이가 놀고 있는지 확인해요. 내려오다 부딪힐 수 있어요.
- 내려온 다음에는 뒷사람을 위해 재빨리 비켜요.

>>> **어린이가 다치지 않도록 미끄럼틀을 타는 동안 지켜봐요.**
- 미끄럼틀을 타기 전, 바닥에 위험한 물건이 없는지 반드시 확인해요.
- 어린이가 미끄럼틀에서 내려올 때 밑에서 꼭 기다려 줘요.

>>> **실내 미끄럼틀을 탈 때도 조심해요.**
- 실내 미끄럼틀은 실외보다 안전하다고 방심하지 않아요. 실내 미끄럼틀도 쓸림, 타박상에 주의해야 해요.
- 미끄럼틀 아래 바닥에 완충재가 잘 깔려 있는지 확인해요.
- 원통 모양으로 된 미끄럼틀은 이음새 사이사이에 손이나 발이 끼지 않도록 주의해요.

알아 두면 좋은 안전 상식

실외 놀이터 사고는 미끄럼틀에서 가장 많이 일어난다고요? [한국소비자원]

미끄럼틀	44.9%	시소	8.6%
그네	22.7%	울타리 등	8%
기어오르기	9.7%		

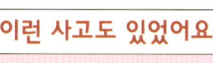 이런 사고도 있었어요

미끄럼틀 사고는 언제 어디서 일어날지 몰라요.

2014년 3월 23일 원주시 모 아파트 인근 놀이터에서 4세 여자 어린이가 미끄럼틀에 머리가 끼어 다쳤어요.
2015년 5월 10일 춘천시 동면 만천리 한 놀이터에서 7세 여자 어린이가 미끄럼틀 구조물 사이에 무릎이 끼었지요.

04 놀이 안전 ▶ 놀이터

시소를 안전하게 이용해요

 꺼꾸리 안전 Tip >>> **시소를 바르게 타요.**

- 한꺼번에 여러 사람과 올라가지 않아요.
- 몸무게가 비슷한 친구와 꼭 마주 보고 타요. 등지고 앉으면 서로 보이지 않아 위험해요.
- 두 손으로 시소 손잡이를 꼭 잡아요. 시소를 타다 보면 몸이 갑자기 튀어 오를 수 있어요.
- 마주 앉은 친구가 손잡이를 잡으면 시소 놀이를 시작해요. 갑자기 시소를 움직이면 손잡이에 부딪힐 수 있어 위험해요.
- 마주 앉은 사람을 갑자기 놀라게 하면 안 돼요. 시소를 탄 채 자리에서 일어나거나 뛰지 않아요.
- 시소에서 내릴 때는 상대방에게 미리 알려요.
- 내릴 때 시소 밑에 발을 두지 않아요.

놀이터 ▶ 놀이 안전 **04**

철봉을 안전하게 이용해요

>>> **내 몸에 맞는 철봉에 매달려요.**
- 키에 맞는 철봉에 매달려요. 낮은 철봉에 매달리면 다리나 머리가 땅에 부딪힐 수 있어요. 높은 철봉은 떨어질 위험이 있지요.
- 손에 맞는 철봉대에 매달려요. 철봉대가 두꺼우면 안정감 있게 잡을 수가 없어요. 손이 미끄러져서 아래로 떨어질 위험이 있고요.

>>> **바른 자세로 타요.**
- 철봉에서 돌 때 팔이 꺾이지 않도록 주의해요.
- 다리를 쭉 뻗지 않아요.
- 거꾸로 매달리지 않아요. 손에 힘이 빠져 아래로 떨어지면 크게 다쳐요.
- 철봉에서 뛰어내리지 않아요. 발에 충격이 올 수 있어요.

>>> **철봉은 혼자 하는 운동이에요.**
- 친구가 철봉에 매달려 있다면 근처에 가지 않아요. 잘못하면 부딪히니 옆의 기둥에 매달려서도 안 돼요.
- 친구와 같은 철봉에 매달리지 않아요. 좁은 철봉에 2, 3명이 함께 매달리면 떨어질 확률이 높아요.

04 놀이 안전 ▶ 놀이터

회전대를 안전하게 이용해요

>>> **안전하게 회전대에서 놀아요.**
- 회전대 밑에 숨지 않아요. 또 돌리기 전에 밑에 숨은 사람이 없는지 꼭 확인해요.
- 회전대를 발로 돌리지 않아요. 발이 끼일 위험이 있어요.
- 회전대 안에서는 손잡이를 꼭 잡고, 마음대로 이동하지 않아요.
- 움직이는 회전대 밖에 매달리지 않아요. 움직이는 회전대를 더 세게 돌려서도 안 돼요.
- 회전대가 돌고 있을 때 타거나 내리지 않아요.
- 움직이는 회전대를 갑자기 손으로 잡지 않아요.
- 회전 중에 친구를 미는 등 장난치지 않아요.

PART 05

미디어 안전

중독
사이버 범죄

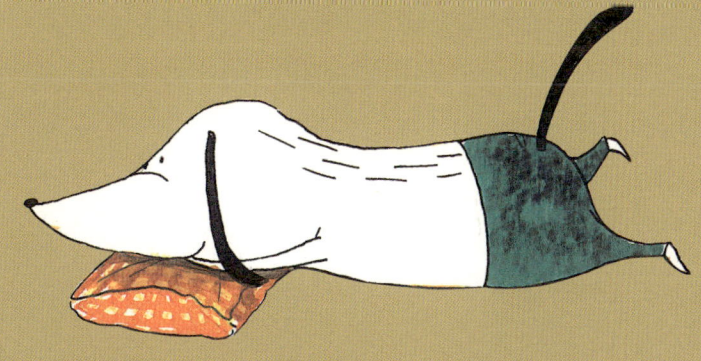

05 미디어 안전 ▶ 중독

텔레비전을 오래 보지 않아요

>>> **건강을 지키며 텔레비전을 봐요.**
- 최소 1, 2m 이상 떨어져서 시청해요. 눈 건강도 지키고, 전자파도 피할 수 있어요. 화면이 클수록 더 멀리 떨어져서 봐요.
- 텔레비전 소리를 너무 키우지 않아요. 귀에 무리가 가서 소리가 잘 안 들릴 수 있어요.
- 바른 자세로 시청해요. 텔레비전을 오랫동안 보면 같은 자세를 계속 유지하게 되는데, 이때 자세가 나쁘면 척추 등의 뼈 건강에 좋지 않아요.

>>> **텔레비전을 올바르게 이용해요.**
- 텔레비전 시청 계획표를 만들고 지켜요. 지나친 텔레비전 시청은 시각장애, 청각장애의 원인이 돼요. 텔레비전을 너무 많이 보면 텔레비전 속 세상과 현실을 구분하기 어려워질 수 있어요.
- 텔레비전을 다 보면 꼭 전원을 꺼요. 텔레비전을 켜 놓으면 자꾸 보고 싶어져요.

- 부모님과 함께 시청해요. 부모님과 함께 텔레비전을 보면 궁금증을 바로 해결할 수 있어요. 이야깃거리도 많이 생겨요.

>>> **어린이의 텔레비전 시청을 직접 관리해요.**
- 텔레비전 프로그램을 직접 선택하고, 보여 줘요. 어린이 프로그램 중에도 내용이 자극적이고 폭력적인 것이 있어요.
- 텔레비전을 계속 틀어 놓지 않아요. 어린이가 텔레비전을 직접 눈으로 보지 않더라도 신경을 빼앗겨 다른 일에 집중하지 못할 수 있어요.
- 보기로 한 프로그램이 끝나면 반드시 전원을 꺼요.

어린이는 왜 텔레비전 시청을 자제해야 할까요?
만 2세 전의 어린이가 오랫동안 동영상에 노출되면, 사람과 상호 작용을 하지 못하고 대인 관계에 어려움을 느껴요. 화면을 있는 그대로 받아들이기 때문에 뇌가 수동적으로 변한 탓이지요. 언어발달도 늦어지고, 학습과 놀이에도 적극적으로 나서지 못하게 돼요. 과도한 자극에 노출된 어린이는 더 센 자극에만 반응하게 되어 창의력, 공감 능력 등이 떨어지고 폭력적으로 자라날 위험도 있어요. ADHD, 성장장애 등의 부작용도 나타날 수 있고요.

너무 일찍 동영상에 노출된 어린이들에게는 어떤 부작용이 있을까요?
① **비디오증후군**
미국소아과학회에서는 만 2세 미만의 어린이에게 동영상 시청을 금하고 있어요. 유아기부터 동영상을 너무 많이 보면 자폐, 발달장애, 언어장애, 사회성 결핍 등이 생기거든요. 이것을 바로 비디오증후군이라고 하지요.

② **ADHD(주의력 결핍/과잉행동장애)**
동영상 등으로 시각과 청각이 지나치게 많이 자극되면 뇌의 균형 있는 발달이 방해받을 수 있어요. 그 과정에서 하나에 집중하지 못하고 산만한 모습을 보이거나 충동을 억제하지 못하는 어린이로 자라날 수 있지요. ADHD 증상을 보일 수 있는 거예요.

③ **유사 자폐**
6세 미만의 어린이가 게임, 동영상 같은 일방적인 시청각 자극에 반복적으로 노출되면 유사 자폐 증상을 보일 수 있어요. 우뇌가 발달해야 할 시기에 좌뇌가 과도하게 발달하여 좌우 균형이 깨지기 때문이지요.

05 미디어 안전 ▶중독

스마트폰을 오래 갖고 놀지 않아요

▶▶▶ **스마트폰을 너무 오래 갖고 놀지 않아요.**
- 스마트폰을 너무 오래 갖고 놀면 '일상생활장애*'가 나타날 수 있어요. 참을성 없는 성격이 되기 쉽고, 짜증도 많아져요.
- 스마트폰을 밤늦게까지 보지 않아요. 스마트폰을 보다 늦게 잠들면, 늦게 일어나서 지각하기 쉬워요. 또 수업시간에 집중하기가 힘들어 학업 능률이 떨어질 수도 있지요.

▶▶▶ **어릴 때부터 스마트폰을 사용하게 하면 안 돼요.**
- 어릴 때부터 스마트폰을 사용하면 기분 조절이 힘들어져요.
- 영유아기의 스마트폰 사용은 충동장애, 소음성 난청의 원인이 되기도 해요.

* **일상생활장애** 인터넷 과다사용으로 인해 학교나 직장에서 문제를 일으키는 상태

- 스마트폰을 사용하면 눈이 나빠질 수 있어요. 스마트폰은 특히 성장기 어린이의 시력에 안 좋은 영향을 미쳐요. 근시가 생길 확률이 높아지지요.
- 스마트폰을 보느라 오랫동안 움직이지 않으면 비만이 될 수 있어요.

>>> **스마트폰을 전화기로만 인식하게 해요.**
- 마트 같은 곳에서 카트에 어린이를 앉히고 스마트폰으로 동영상을 보여 주지 않아요. 10세 이전에 영상 이미지를 너무 많이 보여 주면 뇌 발달에 방해가 될 수 있어요.
- 어린이 교육용 프로그램도 10세 이전에는 보여 주지 않아요.
- 스마트폰으로 게임하는 모습을 보여 주지 않아요.

>>> **스마트폰 대신 어린이와 함께 놀아요.**
- 아이와 함께 생각하고, 말하고, 글을 쓰면 전두엽 발달에 도움이 돼요.
- 기계음 대신 엄마, 아빠의 목소리를 들려 줘요. 스마트폰을 들여다보느라 가족, 친구와 대화가 단절되고 유대관계를 형성하지 못한 어린이는 폭력적이고 반사회적인 성향을 나타낼 수 있어요.
- 산책, 운동, 영화나 연극 관람, 활동적인 문화 체험 등 스트레스를 풀 수 있는 긍정적인 방법을 함께 찾아봐요. 스마트 미디어를 통해 스트레스를 풀면 중독으로 이어지기 쉬워요.

>>> **어린이의 스마트폰 중독을 진단하고 치료해요.**
- 한국정보화진흥원에서는 '스마트쉼센터(http://www.iapc.or.kr/)'를 운영하고 있어요. 이곳은 인터넷 및 스마트 미디어 중독을 해소하기 위해 다양한 사업을 펼치고 있는 기관이에요. 어린이들이 인터넷, 온라인게임, 스마트폰 등에 중독되었는지 점검할 수 있을 뿐 아니라 무료로 상담도 받을 수 있어요. 또한 예방 교육을 통해 올바른 스마트폰·인터넷 사용법을 전파하고 있지요.

 **확인해 봐요**

나는 스마트폰 중독일까요?
- ☐ 스마트폰이 없으면 불안하고 초조해요.
- ☐ 잘 때도 손에서 스마트폰을 놓지 못해요.
- ☐ 스마트폰을 쓸 때만 우울하거나 불안하지 않아요.
- ☐ 게임, 채팅 생각에 몰두하느라 집중력이 떨어져요.
- ☐ 스마트폰을 들여다보지 않으면 멍하고 답답해요.

05 미디어 안전 ▶중독

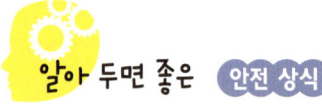 안전 상식

스마트폰이 어린이들의 신체에 미치는 영향을 알아볼까요?

① 뇌의 좌우 발달이 불균형해져요.

6세 미만의 어린이가 동영상, 게임 등의 일방적이고 반복적인 자극에 오랫동안 노출되면 우뇌 발달기에 좌뇌가 지나치게 발달하게 돼요. 뇌의 좌우 균형이 깨지면 주의가 산만해지고, 또래보다 발달이 늦어질 수 있어요.

② 눈이 나빠져요.

스마트폰을 오랫동안 들여다보면 눈의 조절근을 과하게 사용하게 돼요. 눈 깜빡임이 줄어들고 눈물이 말라 안구건조증도 생길 수 있지요. 어린이들은 성장하면서 눈에도 많은 변화가 있는데, 이때 나쁜 환경에 노출되면 근시 확률이 높아져요.

③ 척추측만증*이 생길 수 있어요.

스마트폰은 눕거나 엎드려서 사용하기 쉬워요. 장시간 좋지 않은 자세를 유지하면 척추측만증이 생길 수 있어요.

오랫동안 스마트폰에 노출된 어린이에게는 어떤 부작용이 있을까요?

① 언어발달 지연

언어발달은 노출시간이 가장 중요해요. 정상적으로 언어가 발달할 수 있는 노출시간은 하루 평균 5, 6시간이지요. 적어도 하루에 5시간 이상 어린이와 대화하는 것이 좋아요. 아이의 언어발달은 뇌 성장에도 영향을 주는, 아주 중요한 사항이에요. 어린이에게 스마트폰을 보여주는 대신 대화를 나눠요.

② 조절장애

스마트폰에 지나치게 많이 노출된 영유아는 분노와 흥분 등의 감정 조절 능력이 현저히 떨어져요. 스마트폰 게임과 동영상에 눈높이가 맞춰져 있어서 참고 기다리는 것에 익숙지 않기 때문이지요.

③ 공격성

스마트폰에 중독된 어린이는 참고 기다리는 것에 익숙지 않기 때문에 스마트폰을 이용하지 못하는 상황에서 짜증을 내며 주위 사람에게 공격적으로 대해요. 스마트폰이 건강한 정서발달과 인격 형성에 아주 나쁜 영향을 미치는 셈이에요.

---

* **척추측만증** 척추가 C자 또는 S자로 휘어져서 몸이 한쪽으로 기울거나 틀어지는 질병

중독 ▶ 미디어 안전 05

습관적으로 정보를 검색하지 않아요

 >>> **정보를 모으는 데 집착하지 않아요.**
- 아무 생각 없이 정보를 검색하다 보면 찾은 정보를 쉽게 잊어버려요.
- 정보 수집 자체에 집착하면 남는 것 없이 시간만 버릴 수 있어요. 내게 필요한 정보가 무엇인지, 왜 해당 정보를 찾아야 하는지 확실할 때 정보를 찾아요.

 안전 상식

인포러스트Inforlust가 뭐예요?
인포러스트는 정보(Information)와 욕구(Lust)가 합쳐져 생긴 신조어예요. 정보 검색 중독자들을 가리키지요. 정보 검색 중독은 사회, 직업 활동과 연관돼 있기 때문에 중독을 인정하지 못하는 경향이 강해요. 하지만 정보 검색 중독과 업무, 학문 검색은 분명히 달라요. 습관적으로 필요 없는 자료를 내려받고 비생산적으로 여러 사이트를 돌아다니느라 일상생활에 지장이 있다면 중독이에요.

05 미디어 안전 ▶ 중독

게임을 오래 하지 않아요

>>> 게임은 적당히 즐겨요.
- 부모님과 함께 게임이 허락되는 장소와 시간을 정해요.
- 게임을 스스로 끝내요. 게임에 빠져들면 스스로를 통제하기가 어려울 수 있어요.
- 현실과 게임을 구분해요. 게임에 빠져 폭력적이거나 충동적인 행동을 하면 안 돼요.

>>> 게임으로부터 어린이의 몸과 마음을 지켜요.
- 매일 반복해서 게임을 하지 못하도록 '주말에 1시간' 등의 약속을 정해요.
- 하루에 4시간 이상 반복해서 게임을 하면 중독을 의심할 수 있어요. 게임을 멈췄을 때 불안, 분노, 과잉행동 등이 보이면 심각한 게임 중독이에요.
- 오래 앉아 있으면 척추에 많은 부담이 가요. 성장판이 자극되지 않아 성장이 더뎌질 수도 있고, 골밀도가 떨어질 위험도 있어요.
- 폭력적인 게임에 중독되면 충동조절장애 같은 정신질환을 겪을 수 있어요.

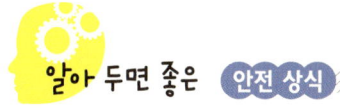 안전 상식

어린이에게 알맞은 컴퓨터 환경은 어떻게 만드나요?

① 가족이 함께 사용하는 공간에 컴퓨터를 둬요.

어린이의 방 안에 컴퓨터를 두면 게임이나 인터넷에 중독되기 쉬워요. 시간을 정해 컴퓨터를 사용하게 하는 것도 중요하지만, 거실 같은 곳에 컴퓨터를 두어 어린이가 게임 등에 지나치게 몰입하지 않도록 하는 것도 필요해요.

② 의자와 컴퓨터 책상의 높이를 어린이의 몸에 알맞게 조절해요.

컴퓨터를 사용할 때는 한 자세로 오랫동안 앉아 있는 경우가 많기 때문에 자세가 중요해요. 의자와 컴퓨터 책상이 너무 높거나 낮으면 허리나 어깨, 다리에 무리가 갈 수 있으니 어린이가 바른 자세로 앉을 수 있는 환경을 만들어 줘요.

③ 어린이의 시선보다 조금 낮은 곳에 모니터를 둬요.

모니터가 어린이의 시선보다 높은 곳에 있으면 눈이 쉽게 피로해져요. 두통이 생기기도 하지요. 또한 불편한 자세로 오래 앉아 있으면 목이나 어깨가 아파요.

④ 컴퓨터 책상에 스탠드를 켜 두지 않아요.

컴퓨터를 사용할 때는 지나치게 밝거나 어둡지 않게 조명을 조절해 주는 것이 좋지만, 스탠드를 켜 두어서는 안 돼요. 모니터와 스탠드의 불빛에 조명까지 더해지면 눈 건강을 심각하게 해칠 수 있어요.

어린이를 위한 컴퓨터 관리 프로그램을 알아볼까요?

① 엑스키퍼 – 어린이들이 올바른 컴퓨터 사용 습관을 가질 수 있도록 도와주는 프로그램이에요. 일일 사용시간을 정해 부모님과 약속한 시간만큼 컴퓨터를 사용할 수 있도록 도와주고, 공부에 집중해야 할 시간에는 잠금 설정을 할 수도 있어요. 어린이들에게 유해한 콘텐츠를 차단해 주기도 해요.

② 아이키퍼 – 무료로 이용할 수 있는 유해 사이트 차단 프로그램이에요. 방송통신위원회의 데이터베이스를 활용해 어린이 연령에 맞지 않는 사이트를 자동으로 차단하고, 어린이의 컴퓨터 사용 패턴을 분석해 줘요.

③ 타임코디 – KT에서 제공하는 인터넷 시간 관리 프로그램이에요. 요일, 시간대별로 인터넷 사용시간을 제한해 어린이들이 인터넷에 중독되지 않도록 도와줘요. 스마트폰 앱을 내려받으면 언제 어디서든 편리하게 인터넷 사용시간을 설정할 수 있어요.

05 미디어 안전 ▶ 중독

아무 물건이나 사지 않아요

>>> **물건을 계획적으로 사요.**
- 인터넷 쇼핑 사이트를 매일 방문하지 않아요.
- 필요도 없는 물건을 싸다는 이유로 사지 않아요.
- 물건을 살 때는 비슷한 장난감이나 물건이 없는지 확인하고, 꼭 필요한 것만 부모님과 의논해서 사요.
- 물건을 사 달라고 부모님께 떼쓰지 않아요.

>>> **어린이가 본받을 수 있도록 올바른 구매를 해요.**
- 수시로 쇼핑 정보를 검색하지 않아요. 지나치게 많은 정보는 오히려 현명한 선택을 방해해요.
- 자녀 양육의 스트레스를 쇼핑으로 풀지 않아요. 중독 증세가 심할수록 스트레스도 심해져요.

- 인터넷으로 물건을 구매하고 반품하는 모습을 가능한 한 어린이에게 보여 주지 않아요. 쉽게 사고 쉽게 반품하는 모습을 자주 보면 어린이가 물건의 소중함을 느끼지 못하고 소비에 대한 잘못된 인식을 갖게 될 수 있어요.
- 언젠가 필요할 것 같다고 해서 물건을 미리 사 두지 않아요. 정말 필요할 때 사도 늦지 않아요.
- 수시로 집 안을 정리해요. 정리하면서 불필요한 물건을 사지는 않았는지, 필요한 물건은 무엇인지 확인해요.
- 사 놓고 쓰지 않는 물건의 목록을 정리하고 올바른 쇼핑을 할 수 있도록 해요.

 **확인해 봐요**

어떻게 하면 쇼핑 중독을 예방할 수 있을까요?

☐ 쇼핑 전에 반드시 구매 목록을 작성해요.
☐ 구매 목록에 없는 물품은 구매하지 않아요.
☐ 평소에 카드 내역을 잘 정리하고, 가능하면 신용카드 대신 통장 액수만큼만 거래할 수 있는 체크카드로 바꾸어 사용해요.
☐ 쇼핑을 할 때 다른 사람에게 해당 물건을 구매하는 것이 좋을지 물어봐요.

쇼핑 중독이 뭐예요?

쇼핑 중독이란 원래 분별없이 필요하지 않은 물건을 구매하거나, 자신의 경제력으로 감당하기 힘들 정도로 많은 돈을 쇼핑에 쓰는 병이에요. 단순하게 쇼핑을 많이 하는 병이라기보다는 쇼핑의 충동을 스스로 조절하지 못하는 병이라고 할 수 있어요. 집 안에서 쉽고, 간단하게 물건을 살 수 있는 인터넷 쇼핑이 가능해지면서 쇼핑 중독은 우리 삶에 더욱더 깊이 파고들고 있지요.

05 미디어 안전 ▶ 사이버 범죄

사이버 공간에서 친구들을 괴롭히지 않아요

>>> **언제나 예의를 지키고 상대를 존중해요.**
- 사이버 공간에서 친구를 따돌리며 괴롭히지 않아요. 단체 대화방에 친구를 초대해 놓고 모두 나가는 일, 초대한 친구를 무시하거나 욕하는 일, 퇴장한 친구를 계속 초대하는 행동을 하면 안 돼요. 친구에게 정말 큰 상처를 줄 수 있어요.
- 댓글을 달거나 게시물을 올릴 때 다른 사람을 공격하지 않아요. 명예훼손 등으로 법적인 책임을 져야 할 수도 있어요.

>>> **어린이가 인터넷에 무슨 글을 남기는지 관심 있게 지켜봐요.**
- 괴롭힘을 당하고 있다면 상황을 빨리 파악하고 대응해요.
- 어린이가 다른 사람을 괴롭히고 있다면 옳고 그른 행동에 대해 알려 줘요.

 **확인해 봐요**

네티켓이란 무엇일까요?

네티켓은 통신망을 뜻하는 네트워크Network와 예절을 뜻하는 에티켓Etiquette의 합성어예요. 즉, 인터넷을 통해 사이버 공간에 접속했을 때 지켜야 할 예절을 의미해요.

인터넷으로 대화를 나눌 때 지켜야 할 네티켓을 알아봐요.

☐ 상대방과 마주 보고 있다는 마음가짐으로 대화를 해요.
☐ 만나고 헤어질 때 인사를 나눠요.
☐ 여러 사람과 함께 이야기할 때는 상대방을 혼동하지 않도록 조심해요.
☐ 자신의 생각을 상대방에게 강요하지 않아요.
☐ 지나친 줄임말, 속어, 욕설 등을 사용하지 않아요.

인터넷 게시판을 이용할 때의 네티켓을 알아봐요.

☐ 게시판의 글은 간결하고 명확하게 써요.
☐ 글의 내용에 잘 어울리는 제목을 붙여요.
☐ 국어 문법과 맞춤법에 맞는 표현을 사용해요.
☐ 사실로 확인되지 않은 내용을 글로 쓰지 않아요.
☐ 자신의 주장이 무조건 옳다고 고집하지 않아요.
☐ 댓글을 쓰기 전에 다른 사람의 글을 충분히 읽어요.
☐ 상대방을 비하하거나 욕설이 담긴 댓글을 달지 않아요.

 **안전 상식**

인터넷 명예훼손에 대해 알아볼까요?

인터넷 명예훼손은 정보통신망을 통하여 공공연하게 다른 사람의 명예를 훼손하는 것을 말해요. 사실을 드러내어 다른 사람의 명예를 훼손한 경우에는 3년 이하의 징역 또는 3천만 원 이하의 벌금에 처해지고('정보통신망 이용촉진 및 정보보호 등에 관한 법률' 제70조 제1항), 거짓 사실로 다른 사람의 명예를 훼손한 경우에는 7년 이하의 징역, 10년 이하의 자격정지 또는 5천만 원 이하의 벌금에 처해지지요('정보통신망 이용촉진 및 정보보호 등에 관한 법률' 제70조 제2항).

05 미디어 안전 ▶ 사이버 범죄

개인 정보를 지켜요

 >>> **조금만 조심하면 충분히 개인 정보를 지킬 수 있어요.**

- 아무 사이트나 가입하지 않아요. 수상한 사이트에 가입해서 나의 개인 정보가 유출되면 부모님에게도 문제가 생길 수 있어요.
- 사이트에 가입할 때는 약관 등을 꼼꼼히 살펴본 다음 부모님께 해당 사이트에 가입해도 되는지 여쭤 보고 가입해요.
- 무료 게임머니 이벤트 등의 광고 배너에 함부로 동의하지 않아요. 휴대전화에 저장된 개인 정보 유출의 위험이 있어요.
- 아무에게나 내 개인 정보를 알려 주지 않아요. 친구들과 아이디와 비밀번호를 공유하다 보면 모르는 사람까지 내 개인 정보를 알게 될 수 있어요.
- 스팸 메일 차단 프로그램을 설치하고, 절대로 스팸 메일을 열지 않아요. 스팸 메일은 보내는 사람과 받는 사람이 아무런 관계가 없어요. 대부분 개인 정보를 유출시키기 위한 용도로 보낸 거예요.

미리미리 안전 연습 — 확인해 봐요

나는 개인 정보를 잘 지키고 있을까요?

- ☐ 비밀번호를 주기적으로 변경하고 있나요?
- ☐ 수신자가 불명확하거나 의심스러운 문자, 메일은 확인하지 않고 삭제하나요?
- ☐ 의심스러운 파일은 내려받지 않나요?
- ☐ 내려받은 파일은 꼭 바이러스 검사를 하나요?
- ☐ 수시로 PC와 스마트폰의 바이러스 검사를 하나요?
- ☐ 게임머니 무료 충전, 이벤트 등의 광고를 봐도 클릭하지 않나요?
- ☐ 아무 사이트에나 회원 가입을 하지 않나요?
- ☐ 개인 정보를 게임머니 포인트와 바꾸지 않나요?
- ☐ 인터넷상에서 주민등록번호 수집과 이용이 금지돼 있음을 알고 있나요?
- ☐ 해킹이나 피싱 등의 사고가 의심될 때 보호나라(사이버테러신고) '118'로 신고하고 있나요?
- ☐ 채팅할 때 자신의 정보를 절대 알려 주지 않나요?

알아 두면 좋은 안전 상식

개인 정보가 뭐예요? [KISA 개인 정보 보호(http://privacy.kisa.or.kr)]

오늘날의 개인 정보는 과거의 단순한 신분 정보를 넘어서 신체, 재산, 사회적 지위, 신분 등에 대한 사실, 판단, 평가 등 한 개인에 대한 모든 정보로 확장되었어요. 전자상거래, 고객관리, 금융거래 등 사회의 구성과 유지, 발전에 필수 요소로 기능하고 있지요. '개인정보보호법' 제2조에서는 개인 정보를 "살아 있는 개인에 관한 정보로 성명, 주민등록번호 및 영상 등을 통하여 개인을 알아볼 수 있는 정보(해당 정보만으로는 특정 개인을 알아볼 수 없더라도 다른 정보와 쉽게 결합하여 알아볼 수 있는 것을 포함)를 말한다."고 규정하고 있어요.

개인 정보의 유형을 알아볼까요?

개인 정보는 크게 6가지 유형으로 나눌 수 있어요. 첫 번째는 신분관계예요. 성명, 주민등록번호, 주소, 본적, 가족관계, 본관 등이 첫 번째 유형으로 구분되지요. 두 번째는 내면의 비밀이에요. 사상, 신조, 종교, 가치관, 정치적 성향 등이 이 유형이에요. 세 번째는 건강 상태, 신장, 체중, 신체 특징, 병력, 장애 정도 등이 포함된 심신의 상태예요. 네 번째는 사회 경력이에요. 학력과 직업, 자격, 전과 여부 등을 이 유형으로 구분해요. 다섯 번째는 소득 규모, 재산 보유 상황, 거래 내역, 신용 정보, 채권·채무 관계를 알아볼 수 있는 경제관계 유형이에요. 마지막은 지문, 홍채, DNA 등 생체 인식 정보와 위치 정보 같은 새로운 유형이지요.

05 미디어 안전 ▶ 사이버 범죄

성인 콘텐츠를 보지 않아요

>>> **성인 콘텐츠를 멀리해요.**
- 스팸 메일을 열지 않아요. 성인 콘텐츠가 담겨 있을 수 있어요.
- 우연히 성인 콘텐츠를 접하더라도 따라 하지 않아요.
- 성인 콘텐츠를 다루는 사이트에 접속하지 않아요.
- 내 몸을 사진으로 찍어 인터넷상의 다른 사람들에게 보여 주지 않아요. 사진이 나도 모르게 나쁜 일에 쓰일 수 있어요.

>>> **어린이가 음란물에 중독되지 않도록 인터넷 사용을 직접 관리하고 올바른 성교육을 실시해요.**
- 어린이가 관심 있게 보는 사이트 및 어린이가 접하는 정보를 수시로 확인하고, 음란물 차단 프로그램을 설치해요. 어린이 혼자 인터넷을 사용하다 음란물을 접하면 음란물에 중독될 수 있어요.
- 어린이가 음란물을 이미 접했다면 자기 자신을 통제할 수 있도록 올바른 성교육을 실시해요. 음란물에 중독되어 학습 활동에 문제가 생기거나 충동조절 능력이 떨어지는 일을 막을 수 있어요.

PART 06
스포츠 안전

준비
공놀이
탈것
혼자 하는 운동

06 스포츠 안전 ▶ 준비

준비 운동으로 근육을 풀어 줘요

꺼꾸리 안전 Tip ≫ **준비 운동으로 근육을 풀어 줘요.**
- 준비 운동을 하면 체온이 올라가면서 신체 여러 부위의 근육이 부드러워져요.
- 준비 운동 없이 운동을 하면 근육이 놀라 다치기 쉬워요.
- 준비 운동을 하면 운동 효과가 높아져요.

엄마 안전 Tip ≫ **근육경련이 일어나지 않게 주의해요.**
- 운동 중 근육이 아프고 떨리는 이유에는 여러 가지가 있지만 그중 가장 대표적인 것은 근육신경의 흥분이에요.
- 일단 근육이 떨리면 놀란 근육을 당겨서 반대쪽으로 늘어날 수 있게 하고, 경련이 일어난 부위를 강하게 주물러 줘요.
- 운동 전이나 휴식 중에 자주 물이나 스포츠 음료를 마셔요. 근육경련은 근육 속 수분이나 미네랄이 부족한 경우에도 발생할 수 있어요.

 **몸으로 익혀요**

스트레칭을 해 봐요.

❶ ❷ ❸ ❹

스트레칭은 10, 20초 정도 동작을 유지해야 효과가 있어요.

① 목 스트레칭
- 양손을 정수리에 대고 머리를 앞으로 눌러요.
- 머리를 오른쪽, 왼쪽 번갈아 가며 옆으로 눌러요.

② 어깨 스트레칭
- 한 팔을 쭉 뻗고, 다른 팔로 뻗은 팔의 팔꿈치 윗부분을 받쳐 준 뒤 몸 쪽으로 당겨요. 시선은 뻗은 팔의 반대 쪽으로 둬요.
- 한 팔을 들어 어깨 뒤로 넘긴 뒤, 다른 팔로 넘긴 팔의 팔꿈치를 잡아당겨요.

③ 허리 스트레칭
- 두 손을 허리에 올린 뒤 상체를 뒤로 젖혀요.

④ 다리 스트레칭
- 두 팔로 한쪽 무릎을 감싸 배에 닿을 만큼 당겨요.
- 다리를 뒤로 들어 올린 뒤 한 손으로 발목을 잡아 뒤꿈치가 엉덩이에 닿을 때까지 당겨요.

준비 운동을 해 봐요.

준비 운동은 심장에서 먼 곳부터 시작해요.
① 손목, 발목, 어깨, 허리를 양방향으로 충분히 돌려요.
② 무릎을 45° 구부리고 위에 양손을 올려놓은 다음 양방향으로 원을 그려요.
③ 두 무릎을 붙이고 똑바로 선 다음 제자리에서 앉았다 일어나요.
④ 몸에 힘을 빼고 제자리에서 가볍게 뛰어요.
⑤ 양팔을 들어 좌우로 가볍게 흔들면서 허리도 같은 방향으로 돌려요.

06 스포츠 안전 ▶준비

안전하게 보호장비를 착용해요

>>> **보호장비를 꼭 착용해요.**
- 보호장비를 갖추지 않은 상태로 사고를 당하면 뇌출혈이 생겨서 목숨이 위험해지거나 성장판에 손상을 입어 팔다리의 양쪽 길이가 다른 후유증이 생길 수 있어요.
- 보호장비는 꼭 직접 착용해 본 뒤 자신에게 딱 맞는 사이즈를 선택해요.
- 무릎 보호대와 팔꿈치 보호대를 착용해요. 넘어져서 생기는 상처를 예방할 수 있어요.
- 손목 보호대를 착용해요. 인라인스케이트처럼 바퀴 달린 놀이기구는 넘어지면서 손목을 다치기 쉬워요.
- 바퀴 달린 놀이기구와 스키, 스노보드, 스케이트를 탈 때는 꼭 헬멧을 착용해요. 넘어지면 머리가 제일 다치기 쉬워요.
- 스키나 스노보드를 탈 때는 엉덩이 보호대를 착용해요.

>>> **KC마크를 확인하고 구입해요.**
- KC마크는 공산품안전인증마크예요. 특정 제품을 유통하거나 판매할 경우 반드시 제품에 표시해야 하는 국가통합인증마크이지요.

- 꼭 KC마크가 있는 헬멧을 구입해요. KC마크는 해당 안전인증기관으로부터 정기적으로 안전성을 인증받았다는 표시예요.

>>> **한 번이라도 충격을 받았다면 외부에 손상이 없더라도 헬멧을 교체해요.**
- 시중에 유통되는 대다수 헬멧은 내부에 압축 스티로폼인 EPS 소재를 사용해요.
- EPS는 충격흡수력이 높지만 충격을 받았을 때 내부에 보이지 않는 금이 생기거나 파손될 수 있어요.
- 손상된 EPS는 복구가 불가능하기 때문에 한 번이라도 충격 받은 헬멧을 쓰는 것은 쓰지 않은 것과 똑같이 위험해요.
- 헬멧을 전시하거나 운반하는 과정에서도 내부가 손상될 수 있으니 구매 시 내부를 확인해요.

>>> **리콜 대상 제품인지 확인해요.**
- 한국소비자원 어린이안전넷(http://www.isafe.go.kr/)에서는 국내·해외에서 판매되고 있는 어린이용품의 리콜 정보를 제공하고 있어요. 보호장비를 구입하기 전에 해당 제품이 리콜 대상인지 아닌지 꼭 알아봐요.

몸으로 익혀요

헬멧을 올바르게 착용해요.
① 착용하기 전에 머리 치수를 확인해요.
② 헬멧은 눈썹 위로 손가락 2개가 들어갈 수 있을 만큼의 공간을 두고 수평으로 착용해요. 수평을 유지해야 시야를 확보할 수 있어요.
③ 옆조임끈은 귀와 턱이 만나는 지점까지 조여요.
④ 말할 때 불편하지 않도록 턱조임끈을 맞춰요.
⑤ 헬멧을 위와 뒤로 밀었을 때 2.5cm 이상 움직이면 다시 끈을 조절해요.

보호대를 올바르게 착용해요.
① 무릎, 팔꿈치, 손목순으로 보호대를 착용해요.
② 팔꿈치, 무릎 보호대는 상표를 몸 쪽으로 향하게 한 다음 보호대를 관절 부위에 맞추고 밴드로 고정해요.
③ 손목 보호대는 플라스틱 부분이 손바닥으로 오도록 고정해요.

06 스포츠 안전 ▶ 공놀이

안전하게 야구를 해요

>>> **안전하게 야구를 해요.**
- 사람에게 부딪혀도 위험하지 않은 스펀지 공을 사용해요.
- 공을 사람 근처로 던지지 않아요. 공에 머리나 얼굴을 맞으면 크게 다칠 수 있어요.
- 주변에 친구들이 있는지 반드시 확인해요. 배트를 휘두르다 놓치면 친구들이 맞아서 다칠 수 있어요.
- 어떤 사고가 날지 모르니 야구 배트를 아무 곳에서나 함부로 휘두르지 않아요.

>>> **어린이가 일반 야구공을 가지고 놀면 위험해요.**
- 성인 야구 경기에 쓰이는 공은 무게가 142~145g에 이르는 무겁고 단단한 공이에요. 힘껏 던지면 자동차 유리창도 어렵지 않게 깰 수 있고, 사람이 맞으면 뼈가 부러질 수 있을 정도로 위력적이지요. 그래서 어린이들은 일반 야구공보다 덜 딱딱하고 무게도 가벼운 스펀지 공을 사용하는 것이 좋아요.

알아 두면 좋은 안전 상식

야구 경기에 쓰이는 보호장비를 알아볼까요?

① **헬멧** – 타자들에게 가장 중요한 보호장비 중 하나예요. 투수가 던진 공이나 야구 배트에 맞아 튀어 오른 공으로부터 머리를 보호해 줘요. 강화 플라스틱 재질로 이루어져 있으며, 한쪽에만 보호대가 있는 헬멧과 양쪽 모두에 보호대가 있는 헬멧으로 나뉘어요.

② **타자 장갑** – 타자들은 배트를 휘두를 때, 슬라이딩을 할 때 손에 상처가 나지 않게 장갑을 착용해요. 타석에서 스윙을 할 때 배트가 미끄러지는 것을 방지해 주는 배팅용 장갑과 패드가 덧붙여져 있어 슬라이딩 시 부상을 막아 주는 주루용 장갑이 있어요.

③ **보호대** – 암가드와 풋가드가 있어요. 암가드는 엘보가드라고도 하는데, 투수의 공으로부터 팔꿈치를 보호하기 위해 착용해요. 풋가드는 앵클가드라고도 하며, 발과 발목을 보호하기 위한 장비예요.

④ **포수용 보호장비** – 포수는 투수의 빠른 공을 받아야 하기 때문에 온몸을 두꺼운 장비로 보호해요. 얼굴을 보호하는 포수 마스크, 상체를 보호하는 프로텍터, 무릎과 정강이, 발등을 보호하는 렉가드 등이 있어요.

이런 사고도 있었어요

야구공이나 배트에 맞으면 위험해요.

2006년 6월, 프로 야구 리그에서 배트가 부러지며 한쪽이 덕아웃*으로 날아갔어요. 날아간 배트에 머리를 맞은 선수는 큰 부상을 입었지요. 2014년 7월에는 사회인 리그 경기에서 수비를 보던 선수가 상대방이 친 공에 눈을 맞아 실명했어요.

---
* **덕아웃** 일루와 삼루 쪽에 있는 야구장의 선수 대기석

06 스포츠 안전 ▶공놀이

안전하게 축구를 해요

>>> **안전하게 축구를 해요.**

- 축구 경기를 시작하기 전에 충분히 준비 운동을 해요.
- 골대를 잡지 않아요. 골대는 생각보다 쉽게 넘어져요.
- 골대를 움직일 때는 반드시 어른들에게 부탁해서 옮겨요.
- 네트에 매달리지 않아요. 네트가 찢어지면 떨어져서 다칠 수 있어요.
- 긴팔, 긴바지를 입어요. 인조 잔디는 위로 미끄러지기만 해도 화상을 입을 수 있어요. 고무 알갱이가 피부에 박혀 까만 점이 남을 수도 있고요.
- 길에서 축구하지 않아요. 축구공을 잡으러 가다 자전거나 오토바이, 자동차에 부딪힐 수 있어요.
- 축구화는 발 사이즈보다 5mm 크게 신어요. 발에 너무 딱 맞으면 발톱이 빠질 수 있어요.

- 무리하게 태클을 하지 않아요. 잘못하면 친구의 뼈가 부러질 수도 있어요.
- 헤딩을 할 때 눈을 다치지 않게 조심해요. 축구공에 잘못 맞으면 시력을 잃을 수도 있어요.

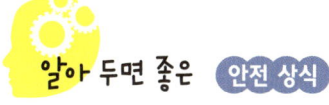

축구화를 고를 때 스터드stud를 살펴봐야 한다고요?

스터드는 미끄러지지 않고 민첩하게 움직일 수 있도록 바닥과 신발 밑창 사이 마찰력을 알맞게 유지해 주는 돌기예요. 축구화는 용도별로 스터드가 달라요.

① SG(Soft Ground) - 금속 소재로 천연 잔디 구장에 적합해요. 전문 선수용으로 축구 전문 매장을 통해서만 구매가 가능하지요.

② FG(Firm Ground) - 습기가 적고 거칠어 마찰력이 높은 그라운드에 적합해요. 이런 그라운드를 한국 잔디 그라운드라고도 해요.

③ HG(Hard Ground) - 운동장 표면처럼 흙과 모래가 깔린 그라운드에 적합해요. 하지만 인조 잔디 구장이나 천연 잔디 구장에서도 무리 없이 사용할 수 있어요.

④ TT(Turt Trainning) - 스터드의 높이가 매우 낮고, 재질도 물러요. 그래서 지면 조건에 관계없이 편하게 신을 수 있지요.

이런 사고도 있었어요

골대가 넘어져 사람이 죽거나 다쳤어요.

2002년 초등학생 3명이 골대 그물망에 올라가 흔드는 바람에 골대가 넘어져 근처에서 청소하던 학생이 다쳤어요. 그해 8월 초등학교 체육시간에 골대가 넘어지면서 골대에 머리를 맞은 학생 1명이 뇌출혈로 목숨을 잃었어요.

태클을 당해서 다리가 부러졌어요.

2015년 UEFA 챔피언스리그에 출전한 맨체스터 유타이티드의 선수 루크 쇼는 PSV에인트호번과의 원전 경기에서 상대팀 선수인 헥터 모레노에게 태클을 당해 다리가 부러졌어요. 맨유는 루크 쇼가 다리 이중 골절을 당했다고 밝혔지요.

06 스포츠 안전 ▶공놀이

안전하게 농구를 해요

>>> **어린이용 농구공을 사용하고, 내 발에 맞는 신발을 신어요.**
- 농구공에 표시된 숫자 중 마지막 숫자가 5인 유아용이나 6인 어린이용을 골라서 갖고 놀아요. 마트 등에서 파는 농구공은 대부분 성인 남자용이에요.
- 내 발에 잘 맞는 농구화를 신어요. 농구는 좌우 이동과 점프, 착지가 많아 하체 관절에 부담을 줄 수 있어요.
- 몸 상태가 안 좋으면 바로 휴식을 취해요. 농구는 체력 소모가 많은 운동이에요. 무리하게 경기를 뛰면 위험할 수 있어요.
- 농구 골대를 타고 올라가거나 링에 매달리지 않아요.

>>> **농구를 하던 어린이가 손가락이나 손목이 아프다고 하면 꼭 병원에 가서 확인해요.**
- 어린이는 손목이나 손가락이 쉽게 골절될 수 있어요. 다쳤을 때 부기가 가라앉지 않거나 부기가 가라앉은 뒤에도 멍이 들고 통증이 계속된다면 병원에 가서 꼭 확인해요.

- 크고 무거운 농구공을 사용하다 보면 손목 인대가 부어 시큰거리는 '손목터널증후군'이 생길 수 있어요. 엄지손가락과 새끼손가락을 마주 대고 힘을 준 상태에서 엄지손가락 아래 손바닥의 볼록한 근육을 눌렀을 때 근육이 단단하지 않고 말랑하다면 '손목터널증후군'일 가능성이 높아요.

확인해 봐요 [〈세계일보〉 2010. 5. 2. 기사]

성장판이 다치지 않았는지 확인해요.
- ☐ 관절 부위에 멍울이 만져지지 않나요?
- ☐ 다친 관절 부위가 한쪽으로 휘지 않나요?
- ☐ 걸을 때 뒤꿈치를 들고 걷거나 다리를 절지 않나요?
- ☐ 손목을 다친 후 필기 자세가 변하지 않았나요?
- ☐ 양쪽 팔꿈치 모양이나 각도가 달라지지 않았나요?

뼈에 금이 가는 것도 골절이라고요?

녹봉 골절은 뼈가 완전히 부러지지 않고 금이 가는 어린이 골절이에요. 골절 시 부기와 통증이 잘 나타나지 않아 발견하기가 쉽지 않지요. 넘어지기만 해도 발생할 수 있으니 겉으로 변화가 없더라도 약한 통증이 계속된다면 녹봉 골절이 아닌지 확인해 보세요. 만약 치료 시기를 놓치면 뼈가 기형으로 자라거나 성장판에 이상이 올 수 있어요.

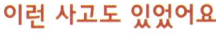

국가대표 선수들도 농구를 하다가 다쳤어요.
2015년 국가대표 농구 선수 박찬희는 연습 중에 손가락이 탈골되는 부상을 입었어요. 또 다른 국가대표 선수인 이승현은 중국 후난성 창사에서 열린 이란과의 8강전에서 슛을 던지고 착지하는 과정에서 상대편 수비의 발을 밟고 넘어지면서 발목을 접질렸지요.

06 스포츠 안전 ▶ 탈것

눈썰매/스케이트/스키를 안전하게 타요

>>> **옷과 장갑, 보호장비를 점검해요.**
- 방수 기능이 있는 옷을 입어요. 옷이 젖으면 감기에 걸리기 쉬워요.
- 몸에 잘 맞는 옷을 입어요. 큰 옷을 입으면 리프트나 스키폴*에 걸려 다칠 수 있어요.
- 목도리를 하지 않아요. 끌려 넘어질 수 있어서 위험해요.
- 장갑을 껴요. 동상에 걸리거나 눈썰매, 스케이트 날에 손가락을 다칠 위험이 줄어들어요.

>>> **안전수칙을 지켜요.**
- 출발 전, 주변에 넘어진 사람이 없는지 확인해요.
- 앞사람과 안전거리를 유지해요. 잘못하면 충돌 사고가 일어나요.

---

* **스키폴** 끝으로 갈수록 폭이 좁아지는 긴 막대로, 한쪽 끝을 손으로 편하게 잡을 수 있어요. 스키를 타는 사람들이 걷거나 돌거나 비탈길을 오를 때 균형을 잡을 수 있도록 도와줘요.

- 안전요원의 지시에 따라 움직여요.
- 도착지 앞에서는 미리 속도를 줄여요.
- 1시간을 타면 10분 정도 따뜻한 음료를 마시면서 휴식해요.

>>> **눈썰매를 안전하게 타요.**
- 가장자리에 매트리스 보호대가 설치된 곳에서 타요. 눈썰매의 최대 시속은 35km로, 소형 오토바이 속도와 비슷해요. 그렇기 때문에 안전설비가 제대로 돼 있지 않으면 큰 사고를 당할 수 있어요.
- 엎드려 타지 않아요. 얼굴이나 척추를 다칠 위험이 있어요.
- 눈썰매 안에 발을 넣고 타지 않아요. 속도 제어가 힘들고 균형 감각이 떨어져 충돌 사고가 일어날 수 있어요.
- 허리를 15° 정도로만 젖히고 타요. 자세를 완전히 뒤로 젖히면 앞이 보이지 않을뿐더러 충격이 엉덩이와 다리 근육이 아닌 허리로 바로 전해져서 위험해요.
- 1인용 눈썰매는 1명만 타요. 1인용 눈썰매에 2명이 타면 무게 때문에 속도가 빨라지고 눈썰매를 조종하기가 어려워요.
- 앞으로 몸을 많이 숙이지 않아요. 눈썰매가 뒤집힐 수 있어요.

>>> **스케이트를 안전하게 타요.**
- 스케이트는 큰 원을 그리면서 모두 같은 방향으로 타야 안전해요.

06 스포츠 안전 ▶ 탈것

- 원 안쪽에서 연습하는 사람들이 있으면 절대 안쪽으로 들어가지 않아요.
- 넘어질 때 손목으로 얼음판을 짚지 않아요. 몸 전체의 충격이 손목에 집중돼 크게 다칠 수 있어요.

>>> **스키를 안전하게 타요.**
- 자신의 실력에 맞는 코스를 이용해요. 가족 또는 친구와 함께 타겠다고 난이도가 높은 곳으로 가면 위험해요.
- 코스 중간에서 마음대로 멈추지 않아요. 다른 사람들과 충돌할 수 있어요.
- 넘어졌을 때는 가능한 한 빨리 가장자리로 이동해요. 그래야 다른 사고를 막을 수 있어요.
- 스키폴을 놓치지 않게 조심해요.

>>> **어린이가 다치지 않도록 주의해요.**
- 5세 이하 어린이와 눈썰매를 탈 때는 반드시 유아 전용 코스에서 함께 타요. 5세 이하 어린이는 눈썰매 줄을 놓치기도 쉽고, 방향 조절이 안 돼 옆 사람과 부딪힐 수도 있어요. 제때 멈추지 못할 위험도 있지요. 유아 전용 코스는 경사가 급하지 않고 사람이 적어 다른 코스보다 안전해요.
- 어린이가 하체를 다치면 바로 병원으로 가요. 어린이는 스키를 멈추는 기술이 부족해서 하체를 다치는 일이 많은데, 하체를 다치면 성장판에도 영향을 미칠 수 있어요.
- 사고가 나면 반드시 안전요원과 함께 의무실로 가요. 사고 후유증에 대비할 수 있게 의무실에서 사고 경위서를 작성해요.

 **몸으로 익혀요**

스키장 사고가 나면 이렇게 대처해요.

① 사고 직후 현장을 사진이나 동영상으로 남기고, 상대방과 연락처를 교환해요. 주변에 목격자가 있다면 연락처를 확인해요.
② 안전요원에게 알려 조치를 받아요.
③ 사고 경위를 정확하게 기록하고 다친 정도와 장비 손상도 확인해요.
④ 사고 당시에는 아무런 증상이 없어도 나중에 문제가 발생할 수 있어요. 의무 기록만으로도 사고 사실을 확인할 수 있으니 반드시 의무실에서 처치를 받아요.

설맹증이 뭐예요?

빙판 또는 눈에서 반사되는 자외선은 약 80% 정도예요. 강한 자외선에 눈동자가 오랫동안 노출되면 각막이 손상돼 설맹증이 발생할 수 있어요. 각막의 상처 부위에 세균이 침투하면 눈이 멀 수도 있고요. 겨울철 빙판이나 스키장에서 스포츠를 즐긴 뒤 눈이 충혈되고 피로하거나 눈물이 난다면 설맹증일 가능성이 높으니 안과에서 확인해요. 설맹증을 예방하기 위해서는 선글라스나 자외선 코팅이 된 고글을 착용해요. 안구를 촉촉하게 유지하기 위해 눈을 자주 깜빡이는 것이 좋아요.

 **이런 사고도 있었어요**

눈썰매를 타다 조작 미숙으로 발생한 안전사고는 본인에게 전적으로 책임이 있어요.

2008년 2월, 정씨는 아들과 함께 눈썰매를 타고 슬로프를 내려오다 제때 멈추지 못해 안전울타리와 충돌했어요. 결국 골절상을 입고, 눈썰매장 운영업체인 D사에 손해배상청구소송을 제기했지요. 하지만 서울중앙지법은 "눈썰매장 입구에 안전수칙이 적힌 안내문이 붙어 있고, 이용객에게 안전수칙을 설명하는 직원이 따로 있었으며 도착 지점에서 약 20m 거리의 안전울타리 앞에 안전매트가 설치돼 있었다."며 "사고 당시 이용객이 5,400명인데도 유사한 사고가 없었던 점을 고려할 때 정씨가 미숙한 조작으로 사고를 당한 것으로 보인다."고 원고 패소 판결을 내렸어요.

06 스포츠 안전 ▶탈것

인라인스케이트/스케이트보드/킥보드를 안전하게 타요

>>> **타기 전에 안전점검을 해요.**
- 바퀴의 상태를 점검해요.
- 눈에 잘 띄도록 밝은색 옷을 입고, 밝은색 헬멧을 써요.
- 무릎 보호대, 팔꿈치 보호대, 손목 보호대를 착용해요.

>>> **꼭 정해진 장소에서 타고, 비 오는 날이나 밤에는 타지 않아요.**
- 바퀴 달린 놀이기구를 탈 때는 항상 길바닥을 잘 살펴요. 바닥이 조금만 울퉁불퉁해도 넘어지기 쉬워요.
- 물기가 많은 곳이나 내리막길은 피해요. 다른 곳보다 특히 더 미끄럽기 때문에 아주 위험해요.
- 비 오는 날은 바퀴 달린 놀이기구를 타지 않아요. 바닥이 미끄러워 위험할뿐더러 바퀴 축받이에 녹이 슬 수 있어요.
- 밤에 타지 않아요. 앞을 확인하기 어려워 사고율이 낮보다 4배나 높아요.

- 어쩔 수 없이 밤에 타야 할 때는 반사판을 부착해요.
- 13세 이하의 어린이는 바퀴 달린 놀이기구를 탈 때 특별히 더 조심해요. 특히 스케이트보드는 사고의 약 60%가 13세 이하의 어린이에게 발생해요.

>>> **이런 상황에서는 타지 않아요.**
- 사람 많은 곳, 건널목, 계단에서 타지 않아요.
- 손에 물건을 들고 타지 않아요. 넘어질 때 바닥을 짚을 수 없어서 얼굴, 머리를 다칠 수 있어요.
- 앉아서 타지 않아요. 넘어질 때 머리부터 부딪혀 뇌진탕이 올 위험이 있어요.
- 모든 차와 거리를 두고 천천히 지나가요. 갑자기 차문이 열리면 부딪힐 수 있어요.

>>> **안전하게 멈추고 넘어지는 동작을 익혀요.**
- 앞으로 넘어질 때는 손으로 바닥을 짚어요.
- 뒤로 넘어질 때는 엉덩이부터 바닥에 닿아야 해요. 멈추는 동작을 정확하게 익혀야 속도도 조절할 수 있어요.

>>> **인라인스케이트를 제대로 구매해요.**
- 가볍고 발목이 높으며 재질이 단단한 것을 구매해요. 그래야 발목 부상을 예방할 수 있어요.
- 발에 딱 맞는 사이즈를 구매해요. 인라인스케이트는 조금만 커도 발을 잡아 주지 못해 중심 잡기가 힘들어요.

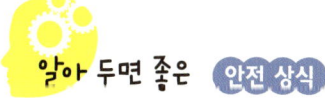

한국소비자원이 스케이트보드 관련 사건·사고를 분석했다고요?

한국소비자원에 따르면 2011년 1월부터 2014년 3월까지 스케이트보드로 사람이 다친 사고는 총 133건이에요. 2013년에는 전년 대비 157.7% 급증한 것으로 나타났지요. 다친 곳은 눈·코·입을 포함한 머리 부위가 41.3%(55건)로 가장 많았어요. 팔과 어깨는 27.9%(37건), 무릎·발·다리는 15.8%(21건)로 뒤를 이었지요. 부상의 종류는 열상·타박상이 48.9%(65건)로 제일 많았어요. 골절은 25.5%(34건), 뇌진탕은 11.3%(15건), 염좌와 긴장은 9%(12건) 등이었지요. 사고 발생 장소는 '도로'가 50.9%(57건)로 가장 많았어요. 도로는 차량 혹은 보행자와의 충돌 등 2차 피해가 발생하기 쉬운 장소라 더욱 주의가 필요해요.

06 스포츠 안전 ▶ 혼자 하는 운동

안전하게 줄넘기를 해요

>>> **안전하게 줄넘기를 해요.**

- 줄넘기할 때는 꼭 운동화를 신어요. 점프했다 땅에 닿을 때, 무릎이 체중의 5배에 달하는 충격을 받기 때문에 맨발로 운동하면 무릎 관절에 이상이 생길 수도 있어요. 딱딱한 아스팔트에서는 충격이 더 심하지요.
- 1번에 20, 30회를 뛴 다음 1, 2분 휴식을 반복해서 총 30, 40분 정도 운동해요. 줄넘기는 성장판에 자극을 주기 때문에 키가 크는 데 도움이 되지만, 오래하면 성장판이 다칠 수 있어요.
- 몸에 힘을 빼고 양발을 모아 수직으로 가볍게 점프해요. 점프할 때 발을 앞으로 뻗거나 뒤로 너무 많이 굽히면 발바닥 전체가 땅에 닿아 무릎 관절이 아플 수 있어요.

이런 사고도 있었어요

줄넘기를 목에 걸고 놀면 위험해요.

2014년 5월, 한 초등학생 어린이가 줄넘기를 목에 걸고 놀다 목숨을 잃은 사고가 발생했어요. 미끄럼틀을 타고 내려오는데 줄넘기 손잡이가 미끄럼틀 난간에 걸리면서 목이 졸려 질식을 하고 말았지요.

PART 07

식품 안전

재료 구입
재료 보관
음식 조리
가공식품
간식

07 식품 안전 ▶ 재료 구입

신선한 재료를 골라요

>>> 엄마와 식료품 장바구니에 대해 이야기를 나누고, 내가 산 식품의 종류를 확인해요.
- 엄마와 함께 신선한 과일과 고기를 어떻게 고르는지 알아봐요.
- 엄마와 함께 가공식품을 살 때 무엇을 살펴봐야 하는지 알아봐요.
- 내가 먹고 싶은 식품이 자연식품인지, 가공식품인지 알아봐요.
- 장을 보러 가기 전, 엄마와 함께 사야 할 물건의 목록을 작성해요.
- 장을 보러 가서는 사고 싶은 물건을 스스로 담아 보고, 어떤 것을 골랐는지 확인해요.

>>> 가공식품보다 신선식품을 많이 사요.
- 가공식품은 맛있고 요리하기도 쉽지만 다양한 식품첨가물이 들어가고 유통기한이 길다 보니 영양소가 파괴되기 쉬워요.
- 가공식품과 신선식품을 카트에 따로 담아요. 우리 가족이 어떤 식품을 많이 먹는지 한눈에 알 수 있어요.

>>> **내가 사는 지역 주변에서 생산된 제품을 골라요.**
- 신선식품은 유통기한이 길지 않아요. 운송기간이 짧은, 가까운 지역에서 생산된 것이 가장 신선해요.
- 멀리서 생산된 제품은 유통기한을 늘리기 위해 식품첨가물을 추가했을 수 있어요.
- 농사지은 것을 가지고 와서 직접 파는 경우에는 원산지가 어디인지, 어떤 방법으로 농사를 지었는지 물어봐요.

>>> **식품 상태를 확인해요.**
- 식품에는 저마다 보관하기에 알맞은 온도가 있어요. 하지만 재래시장에는 건물 밖에 진열된 식품도 많지요. 적절하게 진열됐는지 살피고, 상태가 의심스러운 재료는 사지 않아요.

알아 두면 좋은

신선식품은 어떻게 고르는 것이 좋을까요?

① 상처나 흠이 없는 과일과 채소를 골라요. 그래야 껍질에 묻은 농약 때문에 재오염되는 일이 없어요. 표면이 푸르스름하거나 싹이 보이는 감자는 독(솔라닌)이 들어 있으니 사지 않아요.

② 고기류는 반드시 냉장 유통된 것을 골라요. 고기는 수분과 단백질이 많아서 상하기 쉬워요. 돼지고기는 살코기 부분이 연분홍색, 쇠고기는 살코기 부분이 붉은색인 것을 골라요. 둘 다 지방 부분은 하얗고 윤기가 있는 것이 좋아요. 닭고기는 껍질이 투명하고 크림색이며, 매끈한 것보다 울퉁불퉁한 것이 신선해요.

③ 생선은 비늘과 껍질이 단단히 붙어 있고 눈이 흐물흐물하지 않으면서 튀어나오고 투명한 것을 골라요. 살이 단단하고 배 부분이 팽팽하며 아가미가 분홍색이면서 냄새가 나지 않아야 해요. 조개류는 껍질이 단단하게 닫혀 있는 것을 골라요. 갑각류와 연체류는 몸이 단단하고 빛깔이 선명하며 광택이 있는 것을 골라요.

④ 달걀은 무겁고 껍데기가 거친 것을 골라요. 흔들었을 때 속이 많이 흔들리지 않는 것이 신선해요.

07 식품 안전 ▶ 재료 구입

- 가공식품은 유통기한, 품질과 성분 표시, 포장 상태 등 4가지를 확인해요.
- 수입 식품은 원산지, 수입원, 주재료, 유통기간, 포장 상태 등 5가지를 꼼꼼하게 확인해요. 5가지가 모두 표시돼 있지 않은 제품은 정식으로 수입된 것이 아니니 구매하지 않아요.

>>> **천식 환자는 아황산나트륨이 들어간 재료를 피해요.**
- 아황산나트륨은 알레르기가 있는 사람에게 천식을 유발할 위험이 있어요.
- 아황산나트륨은 오징어채 같은 건어물과 건조과일(건망고, 건살구 등), 건조채소, 건새우, 깐 우엉, 깐 연근, 과일주스와 과일주, 발효식초 등에 갈변방지제 또는 산화방지제, 표백제로 쓰여요.

안전 상식

가공식품은 어떻게 고르는 것이 좋을까요?
구입 시 제품에 표시(냉장, 냉동, 실온 등)된 대로 진열·보관돼 있었는지 확인해요.

① 우유나 유제품은 유통기한을 꼭 확인해요. 우유갑이 부풀었거나 손상되었다면 구입하지 않아요. 치즈는 자연 치즈를 많이 함유한 것으로 골라요. 연유도 성분과 함량을 비교한 후 구입해요. 분유는 밀봉 여부를 확인해요.

② 식용유는 침전물이 없고 밀봉된 것을 골라요. 버터나 마가린은 물기가 겉돌지 않고 냉장된 것을 선택해요. 집에서 보관할 때는 반드시 밀폐 용기로 둘러싸서 2℃ 이하의 냉장고에 보관해요. 그래야 지방 산화를 막을 수 있어요. 오랫동안 저장할 때는 영하 18℃ 이하의 냉동고에 넣어요. 냉동실에 넣어 두면 약 60일간 보관할 수 있어요.

③ 연어, 오리고기 등 훈제식품은 냉장 보관된 것을 구입해요. 통조림은 찌그러지거나 녹슬지 않은 것을 고르고, 볼록하게 팽창된 것은 사지 않아요. 국가인증품질표시를 획득한 제품이 좋아요.

④ 수입 식품은 한국어 라벨이 붙어 있는지 꼭 확인해요. 한국어 라벨이 붙어 있지 않은 것은 불법 유통 제품일 가능성이 있어요. 한국어 라벨이 붙어 있어도 조잡하거나 새 라벨로 원래의 외국어 라벨을 가린 것은 사지 않아요.

>>> **과일을 제대로 골라요.**
- 표면이 너무 반짝거리거나 매끈한 과일은 피해요. 껍질에 왁스를 발라 코팅한 과일도 있어요.
- 사과는 껍질이 거칠고 윤기가 없는 것을 골라요. 껍질이 거친 사과가 당도가 높아요.
- 배는 전체적으로 맑고 투명하며 꼭지 반대편에 미세한 검은 균열이 없는 것을 골라요.
- 감은 얼룩이 없고 둥근 사각형 모양이 제대로 잡힌 것을 골라요. 꼭지와 그 반대편 부위가 움푹 들어간 것은 피해요.

해썹HACCP이 뭐예요?

식품위해요소 중점 관리기준(Hazard Analysis and Critical Control Point)을 줄여서 '해썹'이라고 불러요. HACCP은 최종 제품을 검사해서 인증하는 것이 아니에요. 식품의 생산, 유통, 소비에 걸친 전 과정을 관리해서 식품의 안정성을 확보하는 개념이지요. HACCP은 전 공정에서 중점적으로 관리해야 할 기준을 정하고, 각 공정에서 설정된 기준에 따라 식품업체가 위해요소를 자율적으로 관리할 수 있도록 만든 시스템이에요. 미국 항공우주국(NASA)에서 세균 또는 독소가 없는 식품을 만들기 위해서 개발한 식품 관리 시스템으로 유엔식량농업기구와 세계보건기구, 미국 식품의약국(FDA)에서도 사용을 적극 권장하지요. 우리나라에서는 1995년 12월에 도입했어요.

HACCP 마크는 식품의약품안전처와 농림수산부에서 발행할 수 있는데, 제품 포장 위에 인쇄해도 눈에 띄어야 하기 때문에 마크의 색깔이 다양해요. 하지만 HACCP 마크를 붙였다고 해서 원재료가 유기농 농축산물이나 친환경제품이라는 의미는 아니에요.

불량식품을 신고해요.

냄새나 맛이 조금이라도 이상하면 신고해요.

① 식품의약품안전처의 식품안전소비자신고센터에 인터넷으로 신고해요.
② 스마트폰 식품안전파수꾼 앱을 통해 신고해요.
③ 1399로 전화를 걸어 신고해요.

07 식품 안전 ▶ 재료 구입

농약이 묻지 않은 재료를 골라요

>>> **친환경농산물을 골라요.**
- 친환경농산물 마크가 있는 채소와 과일을 골라요. 친환경농산물은 농약이나 화학비료를 사용하지 않고 키우는 농산물이에요.

>>> **농약을 제거하고 요리해요.**
- 3회 이상 깨끗이 씻어요. 물로 잘 씻기만 해도 상당히 많은 양의 농약을 없앨 수 있어요.
- 농산물을 씻을 때 소금이나 식초, 베이킹파우더를 사용하지 않아요. 다른 영양소가 파괴될 수 있어요.
- 시금치, 상추, 미나리 등 이파리 채소는 흐르는 물에 구석구석 잘 씻어요.
- 파는 파란 줄기가 갈라지는 부분을 잘 씻어요.
- 양배추와 양파 같은 채소는 겉껍질을 여러 장 벗겨 내요.
- 재료를 데치거나 끓여요. 열에 약한 오염 물질이 사라져 농약이 더 많이 없어져요.
- 사과나 딸기, 바나나 꼭지는 잘 씻고 떼어 내요. 농약이 많이 묻어 있어요.

 알아 두면 좋은 안전 상식

농약이 뭐예요?
농약은 벌레, 잡초, 세균을 제거하는 것이 목적인 약품으로, 성분이 아주 독해요. 작물에 남아서 사람에게도 해를 끼칠 수 있어요.

친환경농산물 마크를 알아볼까요? [국립농산물품질관리원]
친환경농산물은 농약과 화학비료를 얼마나 뿌렸는지 소비자가 알 수 있도록 유기농, 무농약 등으로 표시돼 있어요.

① 유기농
2년 이상(다년생 작물은 3년) 농약과 화학비료를 사용하지 않고 재배한 작물이에요.

② 무농약
농약은 사용하지 않고 화학비료는 권장 사용량의 1/3만 사용해요.

유기축산물과 무항생제축산물 마크를 알아볼까요?
항생제나 호르몬제를 쓰지 않고, 몸에 좋은 사료를 먹여 키운 가축에게서 얻은 축산물이에요.

① 유기축산물
유기농 혹은 유기축산물이라고 표시돼 있어요. 항생제, 합성항균제, 호르몬제를 사용하지 않고 유기농 사료를 먹인 가축에게서 얻은 축산물이에요.

② 무항생제축산물
무항생제, 혹은 무항생제축산물이라고 쓰여 있고, 가축에게 항생제, 합성항균제, 호르몬제를 사용하지 않고 무항생제 사료를 먹여 키운 가축에게서 얻은 축산물이에요. 유기축산물과는 먹은 사료로 구분돼요.

친환경농산물 정보 시스템(http://www.enviagro.go.kr)에 대해 알아볼까요?
번호만 입력해도 인증 여부와 정보를 확인할 수 있어요. 원하는 농산물을 품목별, 지역별 등의 조건으로 검색할 수 있고, 생산자와 직거래도 가능해요. 친환경농산물을 구입할 때에는 인증마크, 인증기관명, 성명, 연락처, 인증번호, 산지 등이 기재돼 있는지 잘 살펴봐요.

07 식품 안전 ▶ 재료 구입

오염된 곳에서 자라거나 독성이 있는 재료를 피해요

>>> **가로수 열매를 따 먹지 않아요.**
- 길거리에 있는 가로수 열매는 자동차 매연 등 오염에 많이 노출돼 있어요. 또 가로수 열매 자체에 독이 들어 있을 수도 있어요.
- 가로수 열매는 식용이 아니에요. 그뿐 아니라 가로수 열매를 마음대로 따면 절도죄로 처벌을 받을 수 있어요.
- 가로수 열매를 잘못 먹으면 몸에 문제가 생길 수도 있어요.
- 가로수 열매를 만졌다면 꼭 손을 깨끗이 씻어요.

>>> **야생 아몬드를 먹지 않아요.**
- 아몬드를 먹었는데 쓴맛이 난다면 바로 뱉어요. 독이 든 야생 아몬드예요. 일반 아몬드와 모양이 같다고 안심하고 먹으면 안 돼요.
- 야생 아몬드 대신 구입해서 먹어요. 시중에서 판매하는 아몬드는 독이 없는 품종이에요.

>>> **나물을 함부로 캐 먹지 않아요.**
- 도시의 강변, 도로변에 있는 나물을 캐 먹지 않아요. 매연에 노출돼 있을 뿐 아니라

- 납 등의 중금속에 오염돼 있을 수 있어요.
- 먹어도 되는 나물인지 꼼꼼하게 확인해요. 미나리와 비슷한 독미나리, 산마늘과 비슷한 은방울꽃은 먹으면 위험한 독초예요.
- 겉보기에 깨끗해 보이는 농산물도 꼭 살균 처리를 해요. 동물의 배설물에 오염된 농산물을 익히지 않고 먹으면 식중독에 걸릴 수 있어요.

>>> 버섯을 함부로 캐 먹지 않아요.

- 식용버섯 외에 다른 버섯을 잘못 먹으면 구토, 구역질, 설사, 경련 등이 나타나고 심하면 목숨을 잃어요.
- 야생버섯은 가능한 한 먹지 않는 것이 좋아요. 독버섯과 식용버섯의 생김새가 비슷한 경우도 있어요.
- 독버섯을 먹었다면 119에 신고하고 구급차가 오기 전 먹은 것을 모두 토해요. 토한 것을 병원으로 가지고 가면 진단과 치료에 도움이 돼요.

>>> 복어는 꼭 전문가가 요리한 것을 먹어요.

- 집에서 함부로 복어를 요리하지 않아요. 복어 알과 내장에는 맹독(테트로도톡신)이 들어 있어요.
- 독이 있는 복어를 먹었다면, 즉시 응급실에 가서 위세척을 받아요.
- 복어 독은 30분에서 1시간 이내에 증상이 나타나는데, 증세가 급격히 나빠지는 것이 특징이에요. 복어 독은 아직 해독제가 개발되지 않았어요.

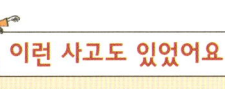

이런 사고도 있었어요

복어 독을 잘못 먹으면 목숨을 잃을 수도 있어요.

2012년 6월 추자도 참굴비 축제 행사장에서 복어를 요리해 먹은 주민들이 집단으로 중독됐어요. 중독 환자들은 헬기와 경비함정을 이용해 곧바로 제주 시내 병원으로 옮겨졌지요. 9명 중 5명은 가벼운 마비 증세만 보였지만 3명은 중태에 빠졌고 1명은 목숨을 잃었어요.

07 식품 안전 ▶ 재료 구입

만화로 배워요 – 음식을 먹기 전에 알아봐요.

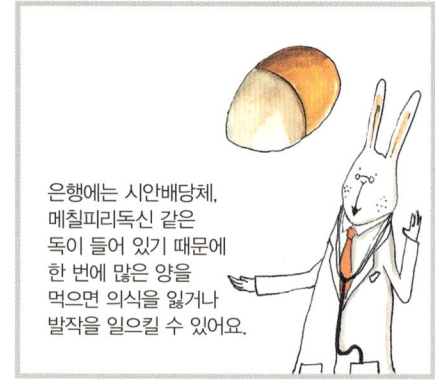

알아 두면 좋은 안전 상식

자연 속의 독에 대해 알아볼까요?

① 감자
싹이 난 감자에는 솔라닌이란 독이 들어 있어요. 싹이 난 부분과 싹이 나려고 푸르스름하게 변한 부분을 깊이 도려내고 먹어요.

② 씨앗(아마씨, 피마자씨, 유채씨, 목화씨, 나팔꽃씨)
아마씨는 시안배당체라는 독을 지니고 있어요. 먹기 전 물에 오랫동안 담근 후 여러 번 씻거나 가열해서 독소를 제거해요. 하루에 두 숟가락 이상 먹지 않아요.
피마자씨는 리시닌이라는 독물이 함유돼 있어 구토를 일으키고 혈압과 호흡을 저하시키며 간과 신장에 장애를 일으켜요. 유채씨에 들어 있는 에루스산이라는 독물은 심장질환을, 글루코시놀레이트는 갑상선비대증을 일으켜 위험하지요. 하지만 시중에서 판매하는 피마자유와 유채유(카놀라유)는 정제를 통해 독성을 제거하거나 독성이 없는 개량 품종으로 만든 것이므로 안심하고 먹어도 돼요.
목화씨는 먹을 수 없지만 목화씨를 짜서 만든 면실유는 먹어도 괜찮아요.
나팔꽃씨를 먹으면 동공이 확대되고 손이 떨리며 심박과 혈압이 증가해요.

③ 패류
섭조개, 검은조개, 대합에는 삭시톡신이라는 물질이 들어 있어요. 경련과 전신마비를 일으키고, 심하면 목숨을 잃을 수 있어요. 홍합에 있는 미틸로콘게스틴이라는 물질은 중추신경에 작용해서 마비를 일으키지요. 도모이산은 기억 상실을 일으키는 독인데, 규조류에 해당하는 해초를 먹은 패류에 많이 축적돼 있어요. 조개 자체에 독이 들어 있는 경우는 흔치 않지만, 독이 있는 플랑크톤을 섭취한 조개를 먹으면 중독될 수 있어요. 따라서 플랑크톤이 증가하는 4, 5월에는 패류 섭취에 각별히 주의해요. 이 시기가 되면 신문과 방송에 어패류 섭취 금지령이 내렸는지 잘 확인해요.

④ 매실

매실에는 청산배당체(아미그달린)가 들어 있어요. 덜 익은 매실을 먹으면 목숨을 잃을 수 있으니 잘 익은 것으로 구입해요. 매실은 설탕에 절이는 등 자체 소화 과정을 거쳐 청산배당체를 분해시킨 후 섭취하는 것이 가장 좋아요. 복숭아씨, 살구씨에도 같은 성분이 들어 있어요.

⑤ 도토리

도토리에는 유해 산소를 없애 주는 타닌이 많이 들어 있어요. 하지만 너무 많이 먹으면 변비를 일으켜요. 또 사포닌을 다량 함유하고 있어서 물에 충분히 우린 후 먹어야 해요.

⑥ 생고사리, 원추리나물, 두릅, 다래순

고사리에는 프타킬로사이드라는 발암 물질이 들어 있어요. 열을 가한 후 물에 우려내면 사라지니 꼭 삶아 먹어요. 원추리에는 콜히친이라는 독성분이 있어요. 콜히친은 수용성이므로 데친 후 찬물에 2시간 이상 담가요. 두릅과 다래순도 끓는 물에 데쳐 독을 제거하고 먹어요.

⑦ 버섯, 독미나리, 은방울꽃

색깔이 화려하지 않은 독버섯도 있고, 은(Ag)으로 알아낼 수 없는 독버섯도 있어요. 전문 지식과 경험이 없으면 독버섯과 식용버섯을 구분하기 쉽지 않아요. 독초 중 미나리와 비슷한 독미나리, 산마늘과 비슷한 은방울꽃도 전문가가 아니면 구별하기 어려워요. 직접 채취한 것 말고 꼭 시장에서 구입한 것을 먹어요.

07 식품 안전 ▶ 재료 구입

유전자변형식품과 방사능오염식품에 대해 알아봐요

>>> **유전자변형식품에 대해 알고 구입해요.**
- 유전자변형식품이 무엇인지 충분히 알아보고 구입해요.
- 식품을 구입하기 전에 유전자변형식품 표시가 되어 있는지 확인해요.
- 알레르기가 있는 사람은 가능하면 유전자변형식품을 구입하지 않아요.
- 유전자변형식품의 장단점에 대해 친구들과 이야기를 나눠요.

>>> **양념류 식품 라벨에 유전자변형작물 사용 표시가 있는지 확인해요.**
- 우리나라에서는 유전자변형작물을 생산하지 않지만 유전자변형작물을 수입해 다른 식품의 재료로 써요. 간장, 고추장, 된장 등 각종 장류와 식용유, 옥수수 시럽이 들어가는 식품, 그리고 냉면과 쫄면 양념 등에 쓰이지요.
- 우리나라에서 사용이 승인된 유전자변형작물은 콩, 옥수수, 면화, 카놀라, 알팔파, 사탕무, 감자 등 7가지 54품목이에요.
- 유전자변형식품 표시 대상 원료는 콩, 옥수수, 면화, 카놀라, 사탕무 5개 농산물이지

만 실제 국내에서 사용되는 것은 콩, 옥수수에 한정돼 있어요.
- 옥수수, 콩이 원재료인 가공식품을 고를 때는 식품 라벨을 꼼꼼히 살펴요.

>>> **알레르기에 주의해요.**
- 유전자변형식품을 잘못 섭취하면 알레르기를 일으킬 수 있어요. 낯선 물질을 섭취하면 우리 몸은 이물질이 공격한다고 느끼거든요.

>>> **방사능오염식품의 종류를 알아봐요.**
- 일본 원자력발전소 사고 이후 방사능오염식품에 대한 관심이 높아지고 있어요.
- 우리나라는 일본 수입 식품의 방사능 검사를 실시하고 있으며 일본에서 자체 수출 제한을 가한 품목을 수입하지 않아요.
- 현재 일본 후쿠시마 주변 8개 현의 '모든 수산물'은 수입이 금지돼 있어요.

>>> **자연 방사능에도 관심을 가져요.**
- '자연 방사능이냐, 인공 방사능이냐'보다 방사선 노출 피폭량이 더 중요해요.
- 일반인에게 허용된 방사능 수치는 1년에 약 5mSv*인데 이 중 우주, 토양, 건축자재에서 나오는 자연 방사선이 약 2.5mSv고 X-ray를 한 번 찍을 때 나오는 양이 1mSv예요.
- 일상생활에서도 지나치게 방사능에 노출되지 않게 조심해요. 지나치게 방사능에 노출되면 암이나 백혈병에 걸리기 쉬워요.

* mSv(밀리시버트) 피폭량을 재는 단위

이런 사고도 있었어요

후쿠시마에서 생산된 음식을 먹었다가 내부 피폭*을 당했어요.

2011년 3월 11일 대규모 지진과 쓰나미로 인해 일본 후쿠시마 현에 위치해 있던 원자력발전소에서 방사능이 누출되는 사고가 발생했어요. 이후 일본에서는 한 아이돌 그룹의 리더가 '후쿠시마 건강해'라는 광고를 찍으며 1년 동안 후쿠시마산 농산물 먹기에 앞장섰지요. 일본 정부에서 후쿠시마의 농수산물 방사능이 정부 허용치 이하라고 발표했기 때문이었어요. 하지만 이 아이돌은 2012년 3월 방송 도중에 받은 전신 스캔에서 내부 피폭 진단을 받았어요.

* **피폭** 인체가 방사능에 노출됨

247

07 식품 안전 ▶ 재료 구입

알아 두면 좋은 안전 상식

유전자변형생물(GMO)과 유전자변형식품에 대해 알아볼까요?

GMO는 Genetically Modified Organisms의 약자로, 기존의 생물체가 가진 유전자를 변형하여 특정한 목적에 맞도록 새로운 성질을 부여한 생물체예요. 대표적인 예로 병충해에 강한 옥수수나 오랫동안 보관해도 무르지 않는 토마토 등이 있어요. 유전자변형식품은 GMO 기술을 활용해 만든 식품이에요. GMO는 해충이나 잡초 등으로 인한 피해를 줄이고 수확량을 증가시키는 역할을 하기 때문에 농업 발전에 긍정적인 영향을 끼치고 있어요. 하지만 GMO의 역사가 오래되지 않아서 지속적으로 섭취했을 때 사람의 몸에 어떤 일이 일어날지 모른다는 걱정의 목소리도 높아지고 있지요.

유전자변형생물을 둘러싼 찬반 논란에 대해 알아볼까요?

세계 곳곳에서 GMO 기술을 활용한 농작물이 재배되고 있지만, 여전히 GMO에 대한 찬반 논란은 계속되고 있어요. GMO에 찬성하는 사람들은 GMO가 식량 생산량을 늘릴 수 있고, 특정 영양소를 강화해 식품의 가치를 높이는 한편 식품을 의약품으로도 활용할 수 있게 해 주기 때문에 바람직하다고 말해요. 또한 GMO가 인체에 유해하다는 것이 과학적으로 입증되지 않았다고 주장하지요. 반면에 GMO에 반대하는 사람들은 조작된 유전자가 생물체에 어떤 영향을 미칠지 알 수 없고, 그러한 생물체를 섭취한 인간에게도 알레르기를 비롯한 이상 증상이 발생할 수 있다고 우려해요. 그뿐 아니라 GMO로 인해 농약에 강한 내성을 가진 슈퍼 잡초나 해충 등이 등장해 환경이 파괴되고 생태계에 교란이 올 수 있다고 주장하지요.

방사능오염식품은 어떻게 생겨날까요?

원자력발전소가 폭발하거나 무너지면 대량의 방사능 물질이 대기로 방출돼요. 이 물질은 낙진, 비를 통해 땅이나 바다에 떨어져 오염을 시키지요. 오염된 토양, 해양에서 자란 농수산물에는 계속 방사능 물질이 쌓이게 되고, 이것이 결국 방사능오염식품으로 만들어지게 되는 거예요.

재료 보관 ▶ **식품 안전** **07**

음식을 제대로 보관해요

꺼꾸리 안전 Tip

>>> **음식이 상하지 않게 신경 써요.**
- 냉장고를 열기 전에는 손을 씻어요. 손을 씻지 않고 냉장고를 열면 세균이나 오염 물질이 묻어 냉장고 안의 음식이 상할 수도 있어요.
- 음식은 먹을 만큼만 덜고 나머지는 보관해요. 음식에 침이 섞이면 쉽게 상해요.
- 먹다 남은 음식은 잘 싸서 바로 냉장고에 넣어요.
- 우유도 컵에 따라 마셔요. 우유갑을 입에 대고 마시면 유통기한이 지나지 않았더라도 상할 수 있어요.
- 남은 우유는 냉장고에 바로 넣어요.

>>> **모든 음식을 무조건 냉장고에 넣지 않아요.**
- 바나나와 고구마는 냉장고에 넣지 말고 건조하고 그늘진 곳에 보관해요. 냉장고에 넣으면 색이 잘 변하고 빨리 상해요.
- 식품마다 저장 장소로 어디가 좋은지 알아봐요. 냉장고, 실온, 건조하고 그늘진 곳 등 식품에는 저마다 알맞은 보관 장소가 있어요.

07 식품 안전 ▶ 재료 보관

>>> **음식이 상하지 않게 잘 보관해요.**
- 단백질식품(고기, 생선, 우유 및 유제품 등)은 구입 후 즉시 냉장 보관해요. 안 그러면 상할 수 있어요.
- 우유나 달걀은 생선처럼 냄새가 심한 식품과 같이 두지 않아요. 다른 음식의 냄새를 흡수할 수 있어요.
- 사과, 배, 감은 따로 보관해요. 사과, 배, 감에서는 에틸렌 가스가 나오는데, 에틸렌 가스는 바나나, 양배추, 양상추, 가지, 오이 등의 품질을 저하시키고 빨리 썩게 만들어요.

>>> **발효식품은 낮은 온도에서 청결하게 관리해요.**
- 치즈 같은 유가공품, 된장, 간장, 젓갈, 포도주, 맥주 등 미생물이 자랄 수 있는 식품에서는 바이오제닉아민이라는 발암 물질이 광범위하게 발견돼요.
- 바이오제닉아민은 단백질 발효 과정에서 미생물의 작용으로 생기는 것으로, 섭취하면 메슥거림, 두근거림, 발한, 경련, 두드러기, 호흡곤란, 두통, 구토, 설사, 고혈압이 생길 수 있어요.
- 된장이나 간장을 직접 만들 때는 발효와 저장 온도를 낮춰요. 바이오제닉아민의 발생을 억제할 수 있어요.
- 미생물이 자라지 못하게 청결한 조리 환경을 만들어요.

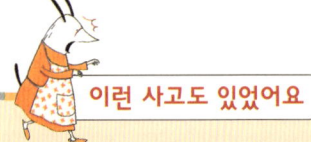

추석 선물인 줄 알았더니 음식물 쓰레기가······.

2015년은 특히 추석 연휴를 앞두고 전국 주요 도시가 여름 날씨를 보이면서 상한 음식물이 배달되는 경우가 많았다고 해요. 택배로 받은 음식물이 상했을 경우에는 즉시 반품을 요구하고 사고 접수를 하는 것이 가장 좋아요. 피해를 입었다면 사진을 찍어 증거를 남긴 뒤 최대한 빠른 시일 내에 사고 접수를 해야 해요.

냉장고에 음식을 보관할 때 적당한 온도를 알아볼까요?

냉장실의 온도는 5℃ 이하, 냉동실은 영하 18℃ 이하가 바람직해요. 온도를 낮추면 세균이 자라는 것을 어느 정도 막을 수 있어요.

① 육류
고기는 1℃~3℃에서 1~2일간 냉장고에 보관할 수 있어요. 영하 18℃ 이하로 1개월간 냉동 보관이 가능해요. 양념한 고기는 더 낮은 온도인 영하 20℃ 이하에서 보관해요.

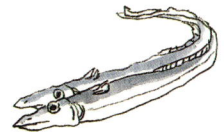

② 생선류
생선은 구입한 즉시 조리해요. 하루 정도는 냉장 보관할 수 있어요. 냉동하면 2주간 보관이 가능해요. 건어물은 비닐봉지에 넣은 채 상온 보관이 가능하지만 여름에는 냉장이나 냉동 보관해요.

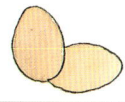

③ 달걀
달걀은 냉장실에서 3주에서 최대 5주까지 보관이 가능해요.

④ 이파리 채소와 콩나물
배추, 양배추, 상추, 시금치 등 이파리 채소와 콩나물 등은 15~25℃에서 3일간 보관할 수 있어요. 씻은 후에는 냉장실에서 하루 동안 보관 가능해요.

⑤ 뿌리채소
무, 감자, 양파 등 뿌리채소는 15~25℃에서 1~3주간, 씻은 후에는 5℃에서 2일간 보관할 수 있어요. 비타민C는 공기에 닿거나 절단면이 있으면 파괴되므로 주의해요. 감자는 햇빛에 닿으면 싹이 나면서 솔라닌이란 독이 생기므로 반드시 그늘진 곳에 보관해요.

⑥ 곡류 및 콩류, 가루류
곡류 및 콩류는 수분 함량이 적어서 쉽게 상하지는 않아요. 건조하고 서늘하고 바람이 잘 통하는 곳이면 3개월 정도 보관할 수 있어요. 고춧가루는 냉동 보관해요.

⑦ 가공식품
밀가루, 설탕, 양념류는 공기가 들어가지 않도록 밀폐용기에 저장해요. 여름에는 냉동실로 옮겨서 보관해요.

07 식품 안전 ▶ 재료 보관

곰팡이 핀 음식을 먹지 않아요

>>> **빵과 떡은 개봉하고 나면 바로 먹어요.**
- 개봉하면 바로 먹어요. 개봉 후에는 유통기한이 지나지 않았더라도 곰팡이가 생기기 쉬워요.
- 남은 음식은 냉동실에 보관해요.
- 떡을 보관할 때는 잘 포장해서 겨자나 고추냉이를 함께 넣어 둬요. 곰팡이가 피는 것을 잠시 늦출 수 있어요.

>>> **먹다 남긴 음료수를 실온에 두지 않아요.**
- 곰팡이는 '음료＞빵, 떡＞국수＞과자'의 순서로 많이 생겨요.
- 큰 병에 든 음료는 꼭 컵에 따라 마셔요.
- 먹다 남긴 음료수를 실온에 두었다면 다시 마시지 않아요.

>>> **곰팡이가 핀 견과류를 절대 먹지 않아요.**
- 땅콩, 호두 같은 견과류와 옥수수, 콩에 피는 곰팡이에는 씻거나 가열해도 없어지지

않는 독성(아플라톡신)이 있어요.
- 1개만 곰팡이가 피었어도 먹지 말고 전부 버려요.

>>> **실내 습도를 60% 이하로 유지해요.**
- 습도가 높거나 비가 많이 오는 날은 보일러, 에어컨, 제습기 등으로 습기를 제거해요.
- 싱크대를 자주 건조하고 소독하면 곰팡이가 생기는 것을 막을 수 있어요.

>>> **견과류는 밀봉해서 냉장 또는 냉동 보관해요.**
- 견과류는 공기와 접촉하지 않도록 밀봉해요.
- 습도 60% 이하, 온도 10~15℃ 이하에서 보관해요.
- 1회분씩 나누어 진공 포장한 다음 냉장 또는 냉동 보관하는 것이 가장 좋아요.

>>> **장마철에는 쌀(곡류)을 냉장 보관하는 것이 좋아요.**
- 고온다습하면 쌀(곡류)에 곰팡이가 생길 수 있어요.
- 쌀을 냉장고 채소 칸에 넣어 두고 먹으면 오랫동안 신선하게 먹을 수 있어요.

곰팡이가 만드는 독소에 대해 알아볼까요?

① 아플라톡신 B1

견과류나 옥수수, 콩, 보리, 밀, 쌀 등에 피는 곰팡이가 생산하는 강력한 발암 물질이에요. 간암의 주요 원인으로 알려져 있어요. 콩이나 견과류로 만든 땅콩버터, 된장, 메주 등에서도 발견돼요.

② 파튜린

사과나 배 등의 과실류나 주스 등 가공식품에 주로 생기는 곰팡이에 의해 생성돼요. 운동신경마비, 부종, 폐출혈, 구토를 일으킬 수 있어요.

③ 제랄레논

옥수수, 보리 같은 곡물에 잘 피는 곰팡이가 만드는 독소예요. 여성호르몬인 에스트로겐과 성질이 유사해 생식기능장애를 유발할 수 있어요.

④ 오크라톡신 A

된장, 간장, 고추장과 곡류에 주로 피는 곰팡이에 의해 만들어져요. 신장과 간장에 특히 안 좋고 기형을 유발할 수 있어요.

07 식품 안전 ▶ 음식 조리

탄 음식을 먹지 않아요

>>> **조리된 음식도 주의해서 먹어요.**
- 음식의 탄 부분은 떼어 내고 먹어요. 탄 음식을 많이 먹으면 암에 걸릴 수 있어요.
- 신선한 채소와 함께 먹어요. 채소와 함께 먹으면 요리할 때 생긴 나쁜 물질의 섭취를 줄일 수 있어요.

>>> **최대한 짧은 시간 동안 요리해요.**
- 기름으로 오래 조리하면 칼로리가 높아지고 산패*되기 쉬워요. 산패가 덜 되는 올리브유나 저칼로리 다이어트 식용유를 사용해요.
- 볶음요리는 물로 볶은 후 약간의 참기름이나 들기름으로 마무리해요.

* **산패** 술이나 지방 따위의 물질이 공기 속의 산소, 빛, 열, 세균, 효소의 작용에 의해 맛과 색이 변하고 불쾌한 냄새가 나는 현상

- 튀김요리는 재료의 물기를 없애고 전자레인지에서 거의 익힌 다음, 튀김옷을 얇게 입혀 짧은 시간 동안 튀겨요.
- 전을 부칠 때는 기름종이에 기름을 적셔 얇게 바른 후 연기나 거품이 나기 전에 재빨리 지져요.

>>> **지나치게 높은 온도로 요리하지 않아요.**
- 저온에서 천천히 익혀요. 고체는 열전달을 잘 하지 못하기 때문에 높은 온도로 조리하면 겉은 타고 속은 하나도 익지 않을 수 있어요.
- 감자와 빵 등을 튀길 때는 160℃, 오븐에 구울 때는 200℃를 넘기지 않아요. 지나치게 높은 온도로 튀기거나 구우면 타기 쉬워요. 타면 발암 물질이 발생하지요.

>>> **요리할 때 자주 환기해요.**
- 음식이 타면 연기도 맡지 말아요. 유해물질이 증기에도 섞여 있어요.
- 가스가 불완전 연소해서 일산화탄소가 발생하면 중독 위험이 있어요. 일산화탄소는 폐암의 원인이기도 해요.

>>> **조리기구를 바꿔요.**
- 프라이팬 말고 그릴, 오븐을 사용해요. 기름 사용량이 줄어들어요.
- 튀김을 먹고 싶을 때는 에어프라이어를 사용해요. 에어프라이어는 재료에 포함된 수분만으로 음식을 바삭하게 튀겨 줘요.

이런 사고도 있었어요

참기름에서 발암 물질이 검출됐어요.

2015년 식품의약품안전처는 유통 중인 참기름에서 기준치를 초과한 벤조피렌이 검출돼 회수 조치했다고 밝혔어요. 국내 식품의 벤조피렌 기준은 2.0㎍/kg 이하인데, 이 참기름에서는 10.0㎍/kg 이상의 벤조피렌이 들어 있는 것으로 확인됐지요. 이처럼 유해물질이 검출된 이유는 시중에 유통되고 있는 참기름 중에 통참깨 또는 참깨가루로만 만들어진 '진짜' 참기름이 아닌 제품이 있기 때문이에요. 진짜 참기름을 만들고 남은 찌꺼기인 깻묵에 헥산이라는 화학물질을 부어 잔여 기름을 추출하고, 이를 옥수수유 등과 합쳐 양을 부풀려 만든 기름이지요. 이 과정에서 벤조피렌 같은 발암 물질이 생성된 거예요. 건강한 참기름을 섭취하기 위해서 참기름을 구매할 때 원재료 참깨 구성 비율과 전통식품 인증 마크를 꼭 확인해요.

07 식품 안전 ▶ 음식 조리

알아 두면 좋은 **안전 상식**

조리 과정에서 생기는 유해물질을 알아볼까요?

음식에 첨가하지 않아도 조리 과정에서 자연스럽게 생기는 유해물질이 있어요. 조리법에 따라 발생량을 줄이거나 없앨 수 있어요.

① 아크릴아마이드

감자 같은 식품을 지나치게 높은 온도에서 조리할 때 생기는 물질이에요. 세계보건기구(WHO)에서 발암 우려 물질로 규정했지요. 더 높은 온도에서, 더 오래 요리할수록 더 많이 생겨요.

② 벤조피렌

식용유, 올리브유, 참기름, 들기름 등의 식용유지류와 햄, 소세지 등의 훈제식품, 견과류와 쇠고기, 돼지고기 숯불구이 요리 과정에서 발생해요. 발암 물질로, 적혈구를 파괴해 빈혈을 일으키고 면역력을 저하시켜요. 조리할 때 불판을 충분히 가열해서 굽고, 타지 않도록 해요.

③ 니트로사민

육류와 생선이 산소와 결합해 산화되면서 생기는 강력한 발암 물질이에요. 특히 햄이나 소시지에 생길 가능성이 높지요. 직접 불에 닿는 요리를 하면 더 많이 생겨요. 비타민C나 비타민E 같은 항산화 물질이 니트로사민의 생성을 억제하기 때문에 과일과 채소, 콩, 식물성 기름, 소나 돼지의 간을 같이 먹으면 좋아요. 육류나 생선을 고를 때는 비타민C나 마늘 추출물 같은 항산화제를 강화한 식품이나 급속 동결·건조한 것을 선택해요. 항산화제나 급속 동결·건조는 니트로사민 화합물 생성을 줄이는 데 효과적이에요.

④ 헤테로사이클릭아민

쇠고기, 돼지고기, 닭고기, 생선 등의 타거나 검게 그을린 부분에 생기는 발암 물질이에요. 이런 음식은 직화구이나 튀김보다 끓이거나 찌거나 삶아서 먹는 것이 좋아요. 양파, 마늘, 연잎, 올리브 잎, 복분자 등과 함께 먹으면 덜 생겨요. 조리시간을 최소화할 수 있도록 작게 잘라서 요리하고 전자레인지에서 1, 2분 정도 가열해 육즙을 제거하고 요리하면 좋아요.

음식 조리 ▶ 식품 안전 07

환경호르몬 없이 조리해요

>>> **환경호르몬을 최대한 피해요.**
- 음식을 먹을 때뿐만 아니라 평소에도 환경호르몬에 신경을 써요.
- 영수증을 만진 다음에는 반드시 손을 씻어요. 환경호르몬이 영수증에 묻어 있어요. 또, 영수증을 만진 손으로 음식을 집어 먹지 않아요.

>>> **플라스틱을 주의해서 다뤄요.**
- 컵라면을 용기째 전자레인지에 돌리지 않아요.
- 전자레인지에 음식을 데울 때 플라스틱 용기를 사용하지 않아요.
- 설거지 또는 소독을 할 때 플라스틱 용기를 뜨거운 물로 세척하지 않아요.

>>> **환경호르몬이 들어 있는 음식을 사 먹지 않아요.**
- 뜨겁게 데우거나 보온 중인 음료수 및 캔 커피를 사 먹지 않아요.
- 참치, 꽁치 등 기름기 많은 통조림을 가급적 피하고, 가급적 최근에 만들어진 통조림을 구매해요. 오래된 통조림일수록 더 많은 환경호르몬이 나와요.

07 식품 안전 ▶ 음식 조리

너무 단 음식은 몸에 좋지 않아요

꺼꾸리 안전 Tip >>> **설탕 섭취량을 줄여요.**

- 음식을 설탕에 찍어 먹지 않아요. 특히 딸기와 토마토 같은 음식을 설탕에 찍어 먹으면 비타민C가 파괴돼요.
- 흰 우유를 마셔요. 딸기 맛, 바나나 맛, 초콜릿 맛 우유에는 설탕이 많이 들어 있어요. 설탕을 많이 먹으면 살이 찌기 쉬워요.
- 플레인 요구르트를 먹어요. 단맛이나 향을 가미한 요구르트에는 몸에 좋지 않은 성분이 들어 있을 수 있어요.

엄마 안전 Tip >>> **음식을 만들 때 비정제 설탕을 사용해요.**

- 비정제 흑설탕은 사탕수수를 끓여서 만들기 때문에 효소, 미네랄, 비타민, 섬유소 등이 풍부해요. 반면 정제 흑설탕은 백설탕에 캐러멜 색소를 섞어 만든 것으로, 백설탕과 영양상의 차이가 크게 없어요.

>>> **꿀이나 조청, 메이플 시럽, 매실즙으로 조리해요.**
- 꿀이나 메이플 시럽 같은 천연감미료, 유자청이나 매실청같이 설탕과 함께 발효한 과실청은 당도와 열량이 낮고 구연산 등 식품이 함유한 섬유질과 각종 영양소가 대부분 들어 있어요.

>>> **평소 식품을 선택할 때 당분 함량과 함유된 당분의 종류를 확인해요.**
- 입에 단맛이 느껴지지 않는 음식에도 설탕이 들어 있을 수 있어요. 영양표를 확인해 하루에 몇 g의 설탕을 섭취하는지 파악해요.

미리미리 안전 연습 확인해 봐요

나는 설탕 중독일까요?
- ☐ 물보다 탄산음료, 과일주스를 더 많이 마셔요.
- ☐ 다른 사람이 단 음식을 먹고 있으면 금세 먹고 싶어져요.
- ☐ 식사를 하고 나면 단맛이 나는 간식을 찾아요.
- ☐ 주위에 항상 간식이 있어요.
- ☐ 가끔 지나칠 정도로 단 음식이 먹고 싶어요.
- ☐ 점점 단 음식의 섭취량이 늘어요.

알아 두면 좋은 안전 상식

설탕을 많이 먹으면 왜 안 좋을까요?

설탕을 많이 먹으면 갑자기 높아진 혈당*을 낮추려고 인슐린이 지나치게 분비돼 몸이 저혈당 상태에 빠질 수 있어요. 저혈당 상태에 빠지면 불안, 초조하고 과민해지지요. 설탕으로 높아진 산도를 낮추려고 뼈에 든 칼슘을 쓰기 때문에 충치가 생기기 쉽고요. 어린이의 키 성장에도 방해가 돼요. 집중력과 학습 능력이 떨어지고 과잉행동을 보이기도 해요. 이 밖에도 설탕의 과다한 섭취는 비만과 각종 성인병의 원인이 되며 면역력을 저하시켜요.

---

* **혈당** 혈액 속에 포함된 당이에요. 척추동물의 혈당은 주로 포도당으로, 뇌와 적혈구의 에너지원이 돼요. 운동, 식사 등에 따라 양이 달라지지요.

07 식품 안전 ▶ 가공식품

통조림식품을 안전하게 먹어요

⋙ **통조림식품은 적당히, 올바른 방법으로 먹어요.**

- 참치 통조림은 주 1회, 100g 이하로 먹어요. 강이나 바다가 중금속에 오염되면 생선에 중금속이 농축될 수 있어요. 작은 생선보다 참치처럼 큰 생선에 수은이 많이 들어 있기 때문에 식품의약품안전처는 참치 통조림을 일주일에 100g 이하로 먹기를 권장해요.
- 통조림은 개봉하자마자 내용물을 다른 그릇에 옮겨요. 통조림 캔은 산소와 닿는 순간부터 부식해요. 그대로 두면 음식에서 쇳가루 냄새가 나고 건강에도 좋지 않아요. 개봉한 통조림을 그대로 두고 먹으면 내용물이 상하기도 쉬워요.

⋙ **중금속과 유해물질을 섭취하지 않도록 주의해요.**

- 찌그러지거나 녹슨 통조림은 사지 않아요. 통이 찌그러지면 깡통 내부의 도금이 깨져 주석이 통에서 녹아 나올 수 있어요. 주석은 구토, 마비, 중추신경계 장애 및 칼슘 대

사 이상 등을 일으키는 중금속이에요.
- 개봉한 통조림을 오랫동안 방치하지 않아요. 뚜껑을 딴 채로 방치하는 것은 주석이 녹아 나오길 기다리는 것과 마찬가지예요.
- 뚜껑을 열고 잠시 놔 둬요. 수프 같은 조리 통조림(또는 병조림)에는 퓨란이라는 유해 물질이 들어 있어요. 퓨란은 세계보건기구(WHO) 규정, 발암 우려 물질이지만 휘발성이기 때문에 뚜껑을 열어 두거나 가열하면 사라져요.
- 통조림 캔을 직접 조리하지 않아요. 통조림 캔을 전자레인지 등에 넣고 바로 조리하면 뜨거워진 용기에서 환경호르몬이 나올 수 있어요. 유리나 금속으로 된 용기에 덜어서 조리해야 해요.

>>> **살짝 씻고 끓이거나 데쳐요.**
- 콩이나 옥수수 통조림식품은 살짝 씻어서 먹어요. 씻으면 중금속은 줄어들지만 식감과 맛은 별 차이가 없어요.
- 생선 통조림은 국물을 걸러 낸 후 끓여요. 한 번 씻은 후 끓이면 기름과 소금은 물론 중금속도 제거할 수 있어요.

 **안전 상식**

중금속은 왜 몸에 나쁠까요?
중금속은 토양이나 강, 바다를 오염시키고 그곳에서 자라는 동식물 안에 쌓여요. 이것을 사람이 먹으면 몸에 농축되지요. 몸에 흡수된 중금속은 밖으로 잘 배출되지 않고 간장, 신장이나 뼈에 쌓여요. 차곡차곡 쌓인 중금속은 수십 년간 몸 안에 머물면서 건강을 해치지요.

① **납** – 통조림이나 오염된 토양에 많아요.

② **수은** – 어패류, 참치 등에 축적돼 있다가 섭취한 사람에게 미나마타 병을 일으켜요.

③ **비소** – 주로 해산물에 많이 들어 있어요.

④ **주석** – 통조림, 플라스틱, 식품 포장재, 농약 등에 들어 있어요.

⑤ **카드뮴** – 해조류, 생선, 곡물을 오염시켜 이타이이타이 병을 일으켜요.

07 식품 안전 ▶ 가공식품

햄을 한꺼번에 많이 먹지 않아요

>>> **햄 같은 가공식품을 너무 많이 먹지 않아요.**
- 가공식품을 많이, 또는 계속 먹지 않아요. 햄 같은 가공식품에는 식품첨가물이 많이 들어 있어요. 한꺼번에 많이 먹으면 식품첨가물도 다량 섭취하게 되지요. 식품첨가물 섭취량이 지나치게 많으면 아플 수 있어요.
- 어떤 식품첨가물이 들어 있는지 확인하고 싶으면 식품 뒷면의 영양분석표를 살펴봐요. 식품첨가물의 종류와 제품의 원재료, 원재료 함유량이 표시돼 있어요.

>>> **식품첨가물을 제거하고 먹어요.**
- 먹기 전, 칼집을 내어 뜨거운 물에 한 번 데쳐요.
- 데치기 힘들면 가공식품을 바구니에 넓게 펼쳐 놓고 골고루 뜨거운 물을 끼얹어요.
- 익혀 먹기 어려운 상황에는 키친타월로 음식의 기름기를 제거해요.
- 두부와 단무지도 찬물에 5분 정도 담갔다 사용해요. 응고제, 살균제, 거품을 제거하

기 위해 넣은 소포제, 색소 등을 상당량 제거할 수 있어요.

>>> **안전하고 맛있게 보관해요.**
- 남은 햄을 원래의 깡통 대신 다른 통에 옮겨서 냉장고에 보관해요.
- 햄과 소시지는 잘라 낸 자리에 식초를 묻힌 뒤 랩으로 싸 냉장 보관해요. 살균 효과도 있고 본래의 맛도 유지할 수 있어요.
- 햄과 소시지를 잘라 낸 자리에 버터를 발라요. 말라 붙지 않아 오래 보관할 수 있어요.

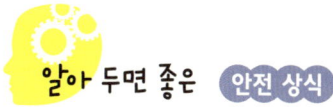 안전 상식

식품첨가물의 종류를 알아볼까요?

식품첨가물은 식품의 보존성을 높이고 맛, 향, 촉감, 영양을 높이기 위해 사용하는 물질이에요. 천연첨가물도 있지만 화학합성물이 대다수예요.

① 아질산나트륨(발색제)
아질산나트륨은 발그스름한 색깔과 탱탱한 질감을 내기 위해 쓰여요. 보기 좋은 색을 내기 위해 햄, 소시지 같은 육어류 가공품에는 대부분 사용해요. 육어류 가공품뿐만 아니라 훈제오리, 훈제연어 등 각종 훈제식품과 명란젓을 만드는 데도 쓰이지요.
아질산나트륨은 보툴리누스균 등 식중독균을 죽이는 효과가 있지만 위 속에 들어가면 단백질과 반응해서 니트로사민이라는 발암 물질로 변한다는 실험 결과가 있어요. 2015년 세계보건기구(WHO) 산하 국제 암 연구소에서는 가공육을 매 50g 섭취 시 암 발생율이 18% 증가한다고 발표했어요. 아질산나트륨 중독 증상으로는 청색증, 오심, 현기증, 구토, 혈압 강하, 두통, 시각 장애 등이 있어요. 15세 미만의 어린이와 임산부가 아질산나트륨을 많이 섭취하면 심각한 문제가 발생할 수도 있다고 해요.

② L-글루타민산나트륨(향미증진제)
L-글루타민산나트륨은 보통 맛을 내려고 사용해요. 조미료라고도 하지요. 많이 먹으면 두통과 메스꺼움, 후두부 작열감, 가슴 압박을 느낄 수 있어요. 중국음식을 먹고 많이 생긴다고 중국음식 증후군이라고도 불러요. 어떤 사람들은 L-글루타민산나트륨에 함유된 나트륨의 양이 소금의 1/3 수준이기 때문에 L-글루타민산나트륨를 사용하면 오히려 나트륨 섭취를 줄일 수 있다고 주장해요. 하지만 L-글루타민산나트륨 사용에 대한 논란은 계속되고 있어요.

③ 안식향산나트륨(방부제)
안식향산나트륨은 세균과 곰팡이 발생을 막고, 식품이 부패하지 않게 해 줘요. 탄산음료, 마가린, 마요네즈, 잼 등에 사용돼요. 음료를 통해 주로 섭취하지요. 많이 먹으면 위염, 위통, 구토를 일으키고 피부에 닿으면 발진이 일어나기도 해요. 이 밖에도 절임식품, 장류, 어육 가공품, 건어포, 포도주, 치즈 등에 방부제로 소르빈산이 들어 있어요.

식품첨가물 '스마트인포' 앱이란?
식품안전정보원 앱이에요. 음성과 첫 단어 검색으로 식품첨가물을 검색할 수 있어요. 관계 기관 홈페이지와 콜센터 전화번호가 있어서 부정·불량식품 신고도 가능해요.

07 식품 안전 ▶ 가공식품

라면을 너무 맵고 짜게 먹지 않아요

꺼꾸리 안전 Tip

>>> **너무 맵고 짜게 먹지 않아요.**
- 세계보건기구(WHO)에서 권고하는 일일 나트륨 권장량은 2,000mg이에요. 라면은 1개만 먹어도 일일 나트륨 권장량을 채울 수 있어요.
- 라면이 너무 맵고 짜면 뜨거운 물을 부어 간을 맞춰요.
- 국물을 다 먹지 않고 남기는 것도 나트륨 섭취를 줄이는 방법이에요.

>>> **칼륨이 많은 음식과 함께 먹어요.**
- 칼륨은 나트륨 배출을 도와주는 펌프 같은 영양소예요. 라면 먹을 때는 우유, 과일, 채소 등 칼륨이 많은 음식을 같이 먹는 것이 좋아요.
- 배, 바나나, 키위는 과일 중에서도 칼륨이 많아요.
- 채소 중에는 감자, 브로콜리, 양파에 칼륨이 많지요.

>>> **컵라면은 다른 그릇에 옮겨 먹어요.**
- 스티로폼 용기에서는 환경호르몬이 나올 수 있어요.

- 환경호르몬은 산업 활동을 통해 만들어진 물질인데, 우리 몸으로 들어와 마치 자신이 호르몬인 것처럼 작용해요.
- 환경호르몬을 많이 섭취하면 우리 몸이 제대로 성장할 수 없으니 최대한 환경호르몬에 덜 노출되도록 노력해요.

>>> **끓는 물에 면을 한 번 데친 후 다시 끓여요.**
- 라면은 오래 보관할 수 있도록 방부제와 산화방지제를 넣고, 착색·착향제는 물론 맛을 증가시키는 감미료, 향미증진제, 느끼한 맛을 줄이는 산도조절제를 첨가했어요. 거의 모든 식품첨가물이 라면 하나에 다 들어 있지요.
- 끓는 물에 면을 한 번 데치면 면을 튀기는 데 쓴 기름과 식품첨가물이 함께 빠져나와요.

>>> **나트륨은 줄이고, 영양은 높여요.**
- 끓일 때 스프를 조금 덜 넣어요. 처음부터 물을 적게 넣고 끓이면 들어가는 스프의 양도 따라서 줄고, 섭취하는 나트륨의 양도 줄일 수 있어요.
- 콩나물, 당근, 고추 같은 채소와 오징어, 조개, 다시마 같은 해산물을 넣어요. 라면에 부족한 비타민과 무기질을 보충해 줄 수 있어요.

왜 나트륨을 많이 섭취하면 안 좋을까요?
나트륨을 많이 섭취할 경우 몸이 붓고 혈압이 높아지며 각종 심혈관질환에 걸리기 쉬워요. 체내에서 나트륨이 배출될 때 칼슘도 함께 빠져나가 골다공증에 걸릴 위험도 있지요. 염분이 위 점막을 자극해 염증을 일으키기도 하고요. 염증이 오래되면 위암이 되기도 해요.

텔레비전에서 라면 광고를 볼 수 없다고요?
식품의약품안전처는 2010년부터 초콜릿, 컵라면, 아이스크림 등 비만과 영양 불균형을 초래할 수 있는 어린이 기호식품의 광고를 제한하고 있어요. 그래서 오후 5시에서 7시 사이의 텔레비전 방송, 어린이를 대상으로 하는 유료 방송에서는 해당 제품의 광고를 할 수 없어요. 이 규제는 원래 적용기간이 2015년 1월까지였지만 2018년까지로 연장되었어요.

07 식품 안전 ▶ 간식

음료수 대신 물을 마셔요

▶▶▶ **음료수 대신 물을 마셔요.**
- 세계보건기구(WHO)가 권고하는 가공식품을 통한 당류의 1일 섭취 기준은 50g이에요.
- 우리나라 어린이와 청소년의 경우 가공식품을 통한 당류의 1일 섭취량이 50g을 훨씬 넘는 것으로 조사됐는데, 그중 음료를 통한 섭취가 가장 많았어요.

▶▶▶ **무설탕이라고 무조건 건강한 음식이라고 생각하면 안 돼요.**
- 무설탕식품은 주로 액상과당이라고 불리는 옥수수 시럽으로 단맛을 내요.
- 액상과당은 설탕보다 과당이 많이 들어 있고 분해속도도 빨라요. 오히려 건강에 더 해로울 수 있어요.

▶▶▶ **에너지 음료를 많이 마시지 않아요.**
- 우리나라 청소년의 카페인 일일 섭취 허용량은 125mg인데, 에너지 음료 중에는 1개가 이 기준을 넘기는 것도 있어요.

- 카페인을 많이 먹으면 신경과민, 근육경련, 불면증, 골다공증이 생길 수 있지요.
- 카페인은 오줌의 양을 증가시켜 신장에 부담을 줄 수 있고, 중독될 위험도 있어요.

>>> **인공감미료가 들어 있는지 확인해요.**
- 인공감미료는 화학합성법으로 제조한 것으로 설탕, 꿀 같은 천연감미료와 달라요.
- 현재 사카린, 아스파탐, 소르비톨 등 일부 인공감미료는 1일 기준치 내에서 섭취할 경우 무해하다고 해서 사용이 허가되고 있지만, 이 중 소르비톨은 다량 섭취 시 설사를 유발한 가능성이 있대요.
- 다른 인공감미료에 대해서도 계속 유해성 논란이 제기되고 있어요.

16살 이하 어린이에게는 에너지 음료를 팔지 못하게 해야 한다고요?

건강 운동가들은 영국의 일간 〈데일리메일〉을 통해 고카페인 에너지 음료가 청소년들의 건강에 해롭다고 지적했어요. 에너지 음료에 포함된 설탕의 양이 성인의 하루 설탕 섭취량의 3배에 해당한다고요. 이는 비만과 당뇨병의 원인이 될 수 있지요. 여기에 덧붙여 런던 퀸 메리 대학의 심장혈관의학 그레이엄 맥그리거 교수는 "아이들은 에너지 음료가 잠을 쫓고 집중력을 높여 공부하는 데 효과가 좋다고 생각해 과다 복용하는 경우가 많다."며 "에너지 음료에는 상당량의 카페인이 포함돼 자주 마시면 오히려 집중력이 떨어지고 피로가 누적되는 등 역효과를 낼 수 있다."고 말했어요.

물에도 종류가 있다고요?

물은 세기(경도*)에 따라 연수와 경수로 나눌 수 있어요. 경도가 낮은 연수는 '단물'이라고도 하며 칼슘, 마그네슘 등의 미네랄이 적은 물이에요. 증류수나 빗물, 수돗물이 여기에 해당돼요. 밥을 하거나 차를 끓이는 등 일상생활에서 많이 쓰이는 물이지요. '센물'이라고도 불리는 경수는 경도가 높은 물이에요. 각종 미네랄이 풍부하게 녹아 있는 지하수나 우물물 등이 여기에 해당돼요.

---

* **경도** 물에 포함된 칼슘과 마그네슘의 양을 탄산칼슘의 함유량으로 나타낸 값

07 식품 안전 ▶ 간식

과자와 빵을 먹을 때는 유통기한을 확인해요

>>> **유통기한과 포장 상태, 영양분석표를 확인해요.**
- 유통기한이 지난 것은 먹지도, 사지도 않아요.
- 유통기한에는 판매 유효기간, 사용 유효기간, 최적 사용 유효기간, 소비기한 등 여러 가지가 있어요. 숫자로 적힌 날짜만 보지 말고 글씨를 꼼꼼히 살펴요.
- 포장이 찢어진 과자나 빵을 사지 않아요. 먼지나 세균이 들어가서 유통기한이 지나지 않았어도 식품이 상하기 쉬워요.
- 손으로 글씨를 써 놓았거나 스티커를 이용해 유통기한을 다시 표시한 음식은 사지 않아요.
- 성분 및 기준치, 1회 제공량을 알고 먹어요. 영양분석표는 1회 제공량이 제품별로 제각각이니 잘 살펴봐요.

>>> **먹기 전에 방부제를 없애고, 제대로 보관해요.**
- 과자와 빵은 오븐이나 전자레인지에 다시 살짝 구워 방부제를 없애요. 시판되는 과자

와 빵은 유통기한 동안 품질을 유지하기 위해 방부제(보존료)를 사용해요.
- 개봉한 시리얼은 플라스틱 밀폐 용기에 담아 서늘하고 건조한 곳에 보관해요. 제대로 보관을 하지 못하면 벌레가 생길 수 있어요.

>>> **케이크는 구입 후 1, 2일 내에 다 먹어요.**
- 케이크는 크림 때문에 상하기 쉬워요.
- 냉장고에 보관할 때는 냄새가 배지 않게 잘 싸서 가장 시원한 칸에 보관해요.
- 냉동실에서도 2주 이상 보관하지 않아요.

>>> **타르 색소*가 사용이 금지된 식품에 첨가되지 않았는지 확인해요.**
- 영유아용 곡류 조제식, 기타 영유아식, 조제유류, 영아용 조제식, 성장기용 조제식에는 타르 색소를 사용할 수 없어요. 또 어린이 기호식품에는 적색 제2호와 적색 제102호를 사용할 수 없어요.
- 면류, 단무지에도 타르 색소를 사용할 수 없어요. 아이스크림을 제외한 유가공품, 두부, 김치, 천연 식품 등에도 사용이 금지돼 있어요.
- 각종 장류, 식초, 소스류, 케첩, 마요네즈, 식용유지류와 버터 등에도 첨가할 수 없어요.

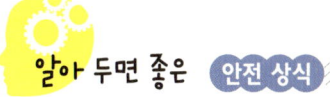 안전 상식

유통기한이 뭐예요?
식품을 만든 날부터 소비자에게 판매 가능한 날짜까지 표시해 놓은 거예요. 기한이 넘으면 제품이 상하지 않았더라도 판매할 수 없어요. 하지만 소비 가능한 식품을 버리게 된다는 지적이 잇따라 최근에는 소비기한을 같이 표기하기도 해요. 소비기한은 먹어도 안전하다고 판단되는 최종 날짜로, 유통기한보다 길지요.

왜 과자나 빵을 많이 먹으면 안 좋을까요?
과자나 빵에는 색과 맛을 위해 다양한 식품첨가물을 넣어요. 이런 식품첨가물을 먹으면 우리 몸은 비타민과 미네랄을 사용해서 식품첨가물을 걸러내지요. 그러다 보면 영양 결핍 상태가 될 수 있어요. 식품첨가물이 아토피나 주의·집중력 결핍, 과잉행동을 유발한다는 주장도 끊임없이 제기되고 있고요. 또 달고 지방이 많기 때문에 비만을 일으킬 수 있어요.

* **타르 색소** 석탄의 타르에 들어 있는 벤젠, 나프탈렌 합성물로 섬유 염색에 쓰여요. 사탕, 아이스크림, 껌, 과자, 음료 등 가공식품의 색깔을 좋게 하는 데 사용되고 있어요. 그런데 일부 타르 색소는 인체에 간독성, 혈소판 감소증, 천식을 유발할 가능성이 있다는 연구 결과가 있어요.

07 식품 안전 ▶ 간식

패스트푸드와 분식을 많이 먹지 않아요

>>> **패스트푸드나 분식은 가끔, 조금만 먹어요.**

- 자주 먹지 않아요. 햄버거, 피자, 치킨 같은 패스트푸드는 대체로 열량이 높기 때문에 자주 먹으면 비만이 되기 쉬워요.
- 패스트푸드에 많이 들어 있는 트랜스지방*은 나쁜 콜레스테롤은 높이고 좋은 콜레스테롤을 없애 병을 일으킬 수 있어요.
- 치킨, 떡볶이, 순대는 먹을 만큼 그릇에 덜어서 먹어요. 자신이 먹는 양을 알 수 있기 때문에 비만 예방에 도움이 돼요.
- 채소, 과일과 함께 먹어요. 패스트푸드와 떡볶이, 라면 같은 분식류는 열량에 비해 영

---

* **트랜스지방** 액체 상태인 식물성 지방에 수소를 첨가해 실온에서도 단단히 굳은 채로 있는 지방이에요. 고체라 포장이 용이하고 바삭한 식감을 주기 때문에 패스트푸드, 감자튀김, 팝콘, 마요네즈, 케이크, 빵, 초콜릿 등에 많이 쓰이지요. 지방 조직 내에 축적되면서 지방 대사를 원활하지 못하게 만들어 각종 심혈관질환을 일으켜요.

양소가 골고루 들어 있지 않아요. 비타민, 미네랄은 물론 섬유소도 많이 부족하지요. 채소, 과일로 영양을 보충해 줄 필요가 있어요.

>>> **어린이가 골고루 영양소를 섭취할 수 있도록 배려해요.**
- 아침 식사를 거르지 않게 하고, 가급적 한식 위주로 식단을 짜요.
- 어쩔 수 없이 가공식품을 섭취할 때는 당류, 포화지방, 나트륨, 트랜스지방의 함유량을 꼼꼼히 살펴요.
- 몇몇 영양소에 치우치지 않고 골고루 섭취하는 것이 가장 중요해요.
- 어린이가 비만이 아닌지 자주 확인해요. 유아 비만은 성인 비만으로 이어지는 경우가 대부분이고, 비만은 각종 질병의 원인으로 지목되고 있어요.

 **확인해 봐요**

엄마의 생활 습관이 아이를 비만으로 만들고 있다고요?
- ☐ 퇴근길에 피자나 케이크, 치킨 등을 사 오나요?
- ☐ 3일에 1번 이상 배달 음식을 시켜 먹나요?
- ☐ 일주일에 1번 이상 외식을 하나요?
- ☐ 빨리 먹으라고 재촉하나요?
- ☐ 장바구니에 항상 과자가 들어 있나요?
- ☐ 야식을 자주 먹는 편인가요?
- ☐ 휴일에 함께 누워서 TV를 보나요?

고열량·저영양식품에 대해 알아볼까요?
어린이 비만이 문제가 되면서 고열량·저영양식품이 관심을 받고 있어요. 고열량·저영양식품은 열량이 높아 한 끼 식사로는 충분하지만 제대로 된 식사보다 여러 영양소가 부족한 음식이에요. 이런 식품을 자주 먹으면 살이 찌고 몸이 약해질 수 있어요. 식품의약품안전처에서는 제품명과 1회 제공량 등을 써넣으면 고열량·저영양식품인지 아닌지 알려 주는 고열량·저영양식품 판별 앱을 운영하고 있어요. 간식은 물론 패스트푸드, 김밥, 떡볶이, 라면 등 식사 대용 식품을 먹을 때 확인해요.

07 식품 안전 ▶ 간식

불량식품을 먹지 않아요

▶▶▶ **불량식품을 함부로 사 먹지 않아요.**
- 꼭 먹고 싶을 때는 부모님이나 어른과 함께 사 먹어요. 먹어도 좋은 것인지, 어떤 기준으로 골라야 하는지 도움을 받을 수 있어요.
- 색깔이 유난히 진하거나 고운 것은 피해요. 허가받은 제품은 사용할 수 있는 색소의 양이 정해져 있기 때문에 많은 색소를 사용하지 않고, 색깔도 진하지 않아요.
- 늘 보던 것과 조금이라도 다르면 먹지 않아요. 유명제품과 비슷하게 만든 식품일 수 있어요.

▶▶▶ **불량식품인지 아닌지 꼼꼼히 확인해요.**
- 위생 상태를 점검해요. 음식이 깨끗한지, 파는 사람이 앞치마는 잘 갖춰 입었는지 살펴봐요.

- 식품의 포장이 허술하지 않은지 살펴요.
- 주요 표시사항을 확인해요. 불량식품은 포장지에 제조원, 소재지, 유통기한 등이 빠져 있는 경우가 많아요.
- 허가 관청 이외의 기관으로부터 받은 허가 표시나 외국 기관의 인증 사항을 표시해 불량식품이라는 것을 감추려고 하지는 않았는지 확인해요.
- 유사제품과 비교했을 때 가격이 너무 싸지 않은지 확인해요. 유명제품을 본뜬 무허가 제품일 수도 있어요. 문제 있는 원재료를 사용했거나 함량 미달일 수도 있지요. 이럴 경우 맛, 냄새, 색깔이 원제품과 다르지 않은지 확인해요.

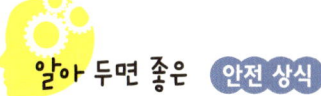

불량식품이 뭐예요?
불량식품의 종류가 따로 정해져 있는 것은 아니에요. 관리가 안 되는 무허가식품은 모두 불량식품이지요. 떡볶이, 순대, 어묵, 튀김류, 라면, 빵, 과자, 아이스크림 등 기호식품도 허가를 받지 않았다면 불량식품이라고 할 수 있어요.

왜 불량식품을 먹으면 안 될까요?
불량식품은 허가를 받지 않고 파는 식품이기 때문에 어떤 재료를 쓰는지 정확히 알 수 없어요. 저렴한 재료로 맛을 내기 위해 인체에 유해한 물질을 사용할 수도 있고, 검증되지 않은 재료를 혼합해서 식품을 만들 수도 있어요. 또한 식품이 조리되는 과정이 위생적인지도 확인하기 어려워요. 그렇기 때문에 이런 식품을 먹으면 우리의 몸에 어떤 일이 일어날지 예측할 수 없지요.

어린이 기호식품 품질 인증이 뭐예요?
안전하고 영양을 고루 갖춘 어린이 기호식품에 부여하는 품질 인증 제도예요. 우선 HACCP 인증을 받아야 해요. 제품에 천연비타민, 무기질 함량이 높고 포화지방, 나트륨의 함량은 낮아야 하지요. 또 합성보존료, L-글루타민산나트륨, 타르 색소 등을 사용하지 않았으며 '어린이 식생활 안전관리 특별법'에 따른 고열량·저영양이 아닌 식품으로 기준에 적합해야 해요.

07 식품 안전 ▶ 간식

알아 두면 좋은 안전 상식

그린푸드존이 뭐예요?
2013년 현재, 전국 8,819개 구역의 초·중·고등학교 주변 200m 이내를 어린이 식품안전 보호 구역, 그린푸드존으로 지정했어요. 불량식품이나 지방과 당, 나트륨을 과다 포함한 식품 판매를 금지·제한하는 구역이에요. 서울시는 그린푸드존 내에서 탄산음료나 트랜스지방 과다 함유 제품, 패스트푸드 판매를 제한하고 있어요.

그린푸드존은 위생 점검을 실시해요.
그린푸드존 내의 학교 매점과 학교 앞 분식집, 문방구, 슈퍼마켓 등 조리·판매 업소는 위생 점검을 받아요. 점검 내용은 ▼유통기한이 지난 제품을 판매하지는 않는지 ▼보존 및 보관 기준을 지키는지 ▼종사자가 건강 진단을 했는지 ▼기타 식품위생법을 위반하고 있지는 않은 지 ▼고열량·저영양식품 및 고카페인 식품을 파는지 등이에요.

그린푸드존에서 위생 점검이 제대로 시행되지 않을 경우에는 어떻게 해야 할까요?
어린이가 다니는 학교 주위의 업소가 그린푸드존으로 지정이 돼 있는지, 잘 시행되고 있는지 관심을 가지고 살펴봐요. 지켜지지 않는 경우 식품의약품안전처(www.mfds.go.kr)에 신고할 수 있어요.

아동범죄 안전

유괴
성폭력
미아 발생

08 아동범죄 안전 ▶ 유괴

낯선 사람을 경계해요

>>> **안전하고 밝은 곳에서 친구들과 같이 놀아요.**
- 어두운 곳에 혼자 있지 않아요. 낯선 사람에게 공격당하기 쉬워요.
- 해 지기 전에 집으로 돌아오는 습관을 들여요. 밤에 혼자 있으면 정말 위험해요.

>>> **낯선 사람을 함부로 상대하지 않아요.**
- 선물을 준다고, 같이 놀자고 한다고 따라가지 않아요. 가게에 따라가는 것도 안 돼요. 위험한 사람일 수 있어요. 아무리 착해 보여도 절대 따라가지 않아요. 겉모습만 봐서는 나쁜 사람인지 착한 사람인지 알 수 없어요.
- 과자나 음료수를 준다고 해도 받지 않아요. 안에 수면제 등이 들어 있을 수 있어요.
- 모르는 어른이 도와 달라고 하면 다른 사람에게 대신 부탁하라고 말하고 얼른 자리를 피해요. 대부분의 어른은 어린이에게 도움을 청하지 않아요.
- 낯선 사람이 말을 걸 때, 주변에 아는 어른이 있으면 그쪽으로 가요.
- 위급상황에서 도움을 청할 만한 문구점이나 슈퍼 같은 곳을 알아 둬요.

- 낯선 사람이 억지로 끌고 가려 할 때는 소리를 지르고, 사람이 많은 곳으로 가요.
- 아주 다급한 상황이면 누워서 소리쳐요. 어른이라도 누워 있는 어린이를 끌고 가기는 쉽지 않아요.

>>> **엘리베이터는 닫힌 공간이라 특히 조심해야 해요.**
- 부모님이 없을 때 혼자 낯선 사람과 엘리베이터를 같이 타지 않아요.
- 낯선 사람이 따라 타면 얼른 엘리베이터에서 내려요.
- 낯선 사람과 둘만 엘리베이터를 탔을 때, 이상한 느낌이 들면 바로 내려요.
- 엘리베이터 안에서 위험을 느끼면 언제든 누를 수 있게 비상버튼을 보고 있어요.

> 미리미리 안전 연습

만화로 배워요 – 낯선 사람이 선물을 준대요.

08 아동범죄 안전 ▶유괴

낯선 차가 따라오면 도망가요

>>> **위험한 골목길로 다니지 않아요.**
- 평소에 큰길로 다니고, 가능하면 인도의 안쪽으로 걸어요.
- 수상한 차가 따라오면 뒤돌아서 차의 반대쪽으로 걸어가요.
- 좁은 골목길에서 낯선 차와 마주치면 재빨리 그 길을 벗어나요.
- 평소 학교 주변 어린이 보호 구역에 설치된 CCTV의 위치를 알아 두고 그 길로 다녀요. CCTV가 설치된 곳은 다른 곳보다 안전해요.

>>> **억지로 차에 태우려고 하면 소리를 질러요.**
- 주변에 도와줄 사람이 있는지 확인하고, 도움을 요청해요.
- 무리하게 반항하지 않아요. 오히려 위험한 일이 벌어질 수 있어요.
- 평소에 "도와주세요!" 하고 소리치는 연습을 해요. 실제상황에서는 목소리가 잘 나오지 않을 수도 있어요.

- 달리는 차에서 뛰어내리거나 소리치거나 큰 소리로 울지 않아요. 가만히 있는 것 보다 위험할 수 있어요.

>>> **어린이가 외출할 때는 특별히 더 관심을 가져요.**
- 어린이가 밖에 나갈 때 어디에 가는지, 몇 시에 들어올 것인지 확인해요.
- 평소에 대화를 자주 해서 하루 종일 어떤 일이 있었는지 알아 둬요.
- 비상시에 대비해 자녀의 친구나 주변 사람들의 연락처를 알아 둬요.

>>> **어린이에게 구체적인 상황을 들어 행동요령을 가르쳐요.**
- 엄마, 아빠의 허락 없이는 아는 사람의 차도 못 타게 해요.
- 차 안에서 또는 길에서 누가 길을 물으면 그 사람과 거리를 두고 대답하게끔 가르쳐요.

어린이 보호 구역의 지정 및 CCTV의 설치는 어떻게 이루어질까요?
유괴 등 범죄 위험으로부터 어린이를 보호하기 위해 필요하다고 인정되는 경우에는 국가와 지방자치단체에서 도시 공원, 어린이집, 초등학교나 특수학교, 유치원의 주변 구역을 어린이 보호 구역으로 지정해 범죄 예방을 위한 순찰 및 어린이 지도 업무 등 필요한 조치를 할 수 있어요.

길가에 서 있던 여학생을 강제로 택시에 태우려고 했어요.
2011년 3월 서울 강북구에서 30대 남자가 학원 버스를 기다리던 11세 여자 어린이의 손목을 잡고 도로 쪽으로 잡아끌어 미리 세워 둔 택시에 강제로 태우려 했어요. 어린이는 주머니에 있던 휴대전화의 단축번호로 엄마에게 전화를 걸었지요. 엄마가 경찰에 신고한 덕분에 어린이는 무사히 구출됐어요. 어린이의 빠른 판단이 아니었다면 큰 사건으로 번질 수 있는 일이었어요.

08 아동범죄 안전 ▶유괴

내 이름을 안다고 모르는 사람을 따라가지 않아요

▶▶▶ 내 이름을 부른다고 해서 나를 아는 사람이 아니에요.
- 이름을 부르면서 주소나 전화번호를 물으면 알려 주지 않아요.
- 모르는 사람이 내 이름을 부르면 대꾸하지 말고 그 자리를 피해요.
- 엄마가 미리 이야기해 준 사람이 아니면 따라가지 않아요.
- 설령 얼굴을 아는 사람이라도 부모님께 허락을 받은 다음에 따라가요.
- 낯선 사람이 친한 척하며 따라올 때, 가까운 곳에 있는 아동안전지킴이 집, 친구 집, 상가 등 안전한 곳으로 가서 부모님께 전화해요.

▶▶▶ 어린이가 표적이 되지 않도록 위험요소를 제거해요.
- 어린이의 입장에서 아는 사람과 모르는 사람을 구체적으로 지정해 줘요. 예를 들어 경비 아저씨나 문구점 주인, 가게 주인은 아는 사람이 아니에요.

- 이름은 가방 안쪽에 작게 적어요. 가방 바깥쪽에 이름을 크게 적어 놓으면 어린이가 위험해질 수 있어요.
- 비싼 옷을 입히지 않아요. 고가의 시계, 금 목걸이도 채우지 않아요.

>>> **어린이에게 낯선 사람에 대한 인식을 심어 줘요.**
- 어린이에게 가족과 선생님 등 몇몇 사람 외에는 모두 '낯선 사람'이라는 사실을 분명하게 알려 줘요. 7세 이하의 어린이들은 '낯선 사람'에 대한 명확한 개념이 없어요.
- 낯선 사람과는 항상 일정한 거리를 두게끔 가르쳐요. 그래야 위급상황에 대처하기가 쉬워요.

만화로 배워요 – 얼굴만 아는 아줌마가 같이 병원에 가자고 해요.

알아 두면 좋은 안전 상식

아는 사람이 더 위험하다고요?

2013년 일어난 유괴 사건의 범인 10명 중 5명은 피해 어린이의 친족이거나 이웃이었어요. 대검찰청이 작성한 '2014 범죄분석'에 따르면 아동유괴 범죄 가해자 가운데 지인, 친족, 이웃 등 '아는 사람'의 비율은 52.4%에 달했지요. 가해자가 친족인 경우가 42.9%로 가장 높았어요. 유괴 장소도 집인 경우가 많았지요. 어린이를 대상으로 한 범죄는 '아는 사람'과 '익숙한 장소'를 조심해야 하는 거예요. 심지어 이혼한 배우자가 갈등 끝에 자식을 유괴하는 경우도 있었어요.

08 아동범죄 안전 ▶유괴

집에 혼자 있을 때는 함부로 문을 열어 주지 않아요

택배

똑 똑

꺼꾸리 안전 Tip

>>> 전화로 집 주소나 부모님 전화번호를 물어보면 알려 주지 않아요.
- 절대로 집에 혼자 있다고 말하지 않아요. 대신 부모님이 바쁘셔서 나중에 다시 전화한다고 이야기해요.
- 상대방의 연락처를 받아 두고, 전화를 끊은 다음 부모님께 연락해요.

>>> 어떤 상황에서도 문을 열어 주지 않아요.
- 부모님이 오실 때까지 문을 열지 않아요.
- 창문도 가려요.
- 부모님의 친구라고 하더라도 절대 열지 말아요.
- 택배 아저씨에게는 문 앞에 물건을 두고 가라고 해요.
- 밖에서 억지로 문을 열려고 하면 112나 부모님에게 전화해요.

>>> 아무도 없는 집에 혼자 들어갈 때는 "다녀왔습니다." 하고 큰 소리로 인사해요.
- 집에 혼자 들어갈 때는 집 안에 어른이 있는 것처럼 행동해요.

- 집에 들어가기 전 주위를 한 번 더 살피고, 재빨리 들어간 다음 문을 잠가요.
- 문의 비밀번호를 누를 때는 다른 사람이 보지 못하게 조심해요.
- 집 근처에 수상한 사람이 있으면 도움을 청할 수 있는 곳(경비실)이나 사람이 많은 곳(마트)으로 가요.

>>> **가능한 한 어린이를 혼자 두지 않아요.**

- 어린이의 목에 열쇠를 걸어 주지 않아요. 열쇠를 목에 걸거나 가방에 매달고 다니면 나쁜 사람의 표적이 되기 쉬워요.
- 어린이를 혼자 집에 두고 외출할 때는 택배나 다른 사람의 방문 등을 미리 어린이에게 알려 줘요.
- 집에 돌아오면 이상한 전화가 걸려 오지 않았는지, 누가 찾아오지 않았는지 물어봐요.

만화로 배워요 – 집에 혼자 있는데 초인종이 울려요.

08 아동범죄 안전 ▶성폭력

어른이 몸을 만지면 큰 소리로 "싫어요!" 하고 말해요

꺼꾸리 안전 Tip

▶▶▶ 어른이 몸을 만지면 큰 소리로 "싫어요!" 하고 말해요.

- 낯선 어른과 단 둘이 있지 않아요. 학원 선생님처럼 잘 아는 어른과도 단 둘이 밀폐된 공간에 있게 되면 손이 닿지 않게 거리를 두고, 되도록 빨리 그 자리를 피해요.
- 부모님 말고 다른 사람이 함부로 내 몸을 만지려고 하면 "안 돼요, 싫어요." 하고 분명하게 말해요. 상대방과 친하더라도, 행동이 아무리 사소하더라도 단호하게 싫다고 말해야 해요.
- 신체의 특정 부분을 보여 달라고 할 때도 큰 소리로 "안 돼요, 싫어요" 하고 단호하게 말해요.
- 부모님께 하루에 있었던 일을 작은 일도 감추지 말고 모두 이야기해요. 곤란한 상황이나 나쁜 일을 미리 막을 수 있어요.
- 이유 없이 잘해 주거나 계속 선물을 주는 사람이 생겼다면 부모님께 꼭 말해요.

>>> **어린이의 이야기에 귀 기울여요.**
- 아동 성폭력 가해자는 대부분 범죄 대상을 정한 뒤 친밀한 관계를 형성하기 위해 어린이의 욕구를 충족시켜 줘요. 이것을 '길들이기(grooming)'라고 해요.
- 길들이기 과정을 통해 친밀한 관계가 되면 어린이는 자신이 위험한 상황에 처할 수 있다는 사실을 알아차리지 못할 수 있어요. 하지만 부모가 어린이의 이야기에 매일 귀 기울인다면 위험을 방지할 수 있어요.
- 어린이의 채팅 내용도 확인해요. 최근에는 컴퓨터나 스마트폰 채팅을 통해 어린이에게 접근하는 경우가 늘고 있어요.

>>> **아동 성폭력의 예방은 물론 사후 대처에도 신경을 써요.**
- 평소에 자녀의 행동을 관찰해 이상행동이 있는지 살펴봐요. 어린이는 성폭력 피해를 당해도 잘 모를 수 있어요.
- 가족이라도 남매간에는 방을 따로 사용하고, 주변에 위험요소는 없는지 평소에 주의 깊게 살펴봐요.
- 애정 표현을 많이 해요. 긍정적인 신체 접촉을 많이 한 어린이는 직감적으로 나쁜 의도를 가진 신체 접촉을 구별할 수 있어요.
- 어린이가 성폭력 피해를 입었다면 해바라기아동센터(www.child1375.or.kr)를 찾아가요. 해바라기아동센터는 성폭력을 당한 19세 미만의 어린이와 청소년, 지적장애인에 대한 외상 치료, 심리 평가 및 치료, 사건 면담, 법률 지원 서비스, 가족 기능 강화를 위한 서비스 등을 제공해요.

 **확인해 봐요**

어린이가 갑자기 이상한 행동을 하지 않나요?
- ☐ 밤에 불을 켜 놓고 자려고 해요.
- ☐ 혼자 집에 있거나 외출하는 것을 두려워해요.
- ☐ 특정 인물이나 장소를 무서워하거나 피해요.
- ☐ 평소에 잘 먹던 음식을 거부해요.
- ☐ 소변을 가리지 못해요.
- ☐ 더 어렸을 때 보이던 행동이 나타나기도 해요.

 **안전 상식**

성범죄자의 거주지를 알 수 있다고요?
① '성범죄자 알림e(www.sexoffender.go.kr)' 사이트나 모바일 앱에 접속하면 성범죄자의 신상 정보를 알 수 있어요.
② 지도 검색을 통해 거주지를 지도에서 찾아볼 수도 있어요.
③ 모바일 앱에서는 설정시간마다 내 주변 지역의 성범죄자 거주 여부를 알 수 있어요.

08 아동범죄 안전 ▶ 성폭력

이성 친구와 함께 있을 때는 서로 예의를 지켜요

>>> **친구 사이라도 서로 예의를 지켜요.**
- 친구에게 피해를 주거나 불쾌감을 주는 장난은 치지 않아요.
- 신체적인 약점을 놀리지 않아요.
- 친구가 불쾌감을 느낄 수 있는, 성적으로 심한 농담은 하지 않아요.
- 친구들에게 음란물을 보여 주지 않아요.

>>> **아무리 친해도 이성 친구와는 거리를 지켜야 해요.**
- 이성 친구의 집에 부모님이 계시지 않을 때 놀러 가지 않아요.
- 이성 친구 집에서 놀 때는 반드시 방문을 열어 둬요. 친구의 부모님이 방 안에서 일어나는 일을 잘 알 수 있도록 말이에요.

>>> **싫은 행동에 대해서는 분명하게 싫다고 말해요.**
- 늦은 시간에 불러낸다거나 자꾸 몸을 만지려고 할 때는 당황하지 말고 단호하고 분명

하게 싫다고 말해요.
- 성폭력을 당했다고 느끼면 혼자서 고민하지 말고 믿을 만한 선생님이나 부모님께 말씀드려요.

>>> **혼자 짐작하고 결론을 내리지 않아요.**
- 내가 원한다고 해서 상대방도 원할 것이라고 착각하지 않아요.
- 상대방이 침묵하거나 반응을 보이지 않는 것을 긍정의 의미로 받아들이지 않아요.

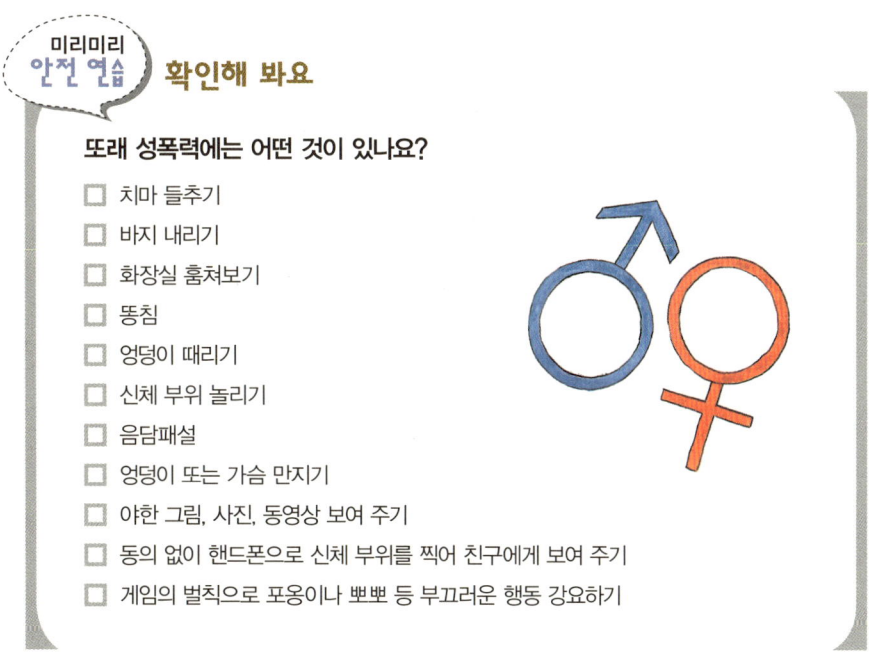

미리미리 안전 연습 확인해 봐요

또래 성폭력에는 어떤 것이 있나요?
- ☐ 치마 들추기
- ☐ 바지 내리기
- ☐ 화장실 훔쳐보기
- ☐ 똥침
- ☐ 엉덩이 때리기
- ☐ 신체 부위 놀리기
- ☐ 음담패설
- ☐ 엉덩이 또는 가슴 만지기
- ☐ 야한 그림, 사진, 동영상 보여 주기
- ☐ 동의 없이 핸드폰으로 신체 부위를 찍어 친구에게 보여 주기
- ☐ 게임의 벌칙으로 포옹이나 뽀뽀 등 부끄러운 행동 강요하기

알아 두면 좋은 안전 상식

또래 성폭력이 뭐예요?
또래 성폭력이란 장난처럼 친구에게 성적으로 수치심을 주는 행동이에요. 상대방을 존중하지 않고 수치심을 주는 장난을 치면 자신도 모르게 성폭력의 가해자가 될 수 있어요. 또래 성폭력의 피해자나 가해자가 되지 않으려면 과도한 신체 접촉은 피하고, 의사 표현을 확실하게 해요.

올바른 성교육을 받아요

 >>> **성에 대해 궁금한 점은 학교 선생님이나 부모님에게 물어봐요.**
- 이성에 대한 궁금증이 생기면 어른들에게 물어봐요. 남자와 여자의 몸이 다르기 때문에 궁금증이 생기는 것은 자연스러운 일이에요.
- 어른들에게 물어보기 힘들면 성교육에 관한 좋은 책을 읽어요.
- 유해 사이트에 접속하지 않아요. 유해 사이트에는 실제와 다른 자극적인 정보가 담겨 있어요.

 >>> **평소에 틈틈이 성교육을 실시해요.**
- 성에 대한 균형 잡힌 인식을 위해서는 학교에서뿐만 아니라 가정에서도 올바른 성교육이 이루어져야 해요. 틈틈이 성교육을 실시해 어린이가 이성과의 신체 차이를 알고, 타인을 배려하며 성폭력으로부터 스스로를 보호할 수 있도록 해요.

- 유해 사이트로부터 청소년을 지켜 주는 앱*을 설치해요. 음란물 시청은 어린이의 가치관과 성장, 정체성 형성에 악영향을 주는데, 차단 앱이 깔리면 유해 사이트에 접속할 수 없고, 유해 앱을 내려받을 수 없어요.
- 스마트폰 채팅 앱을 사용하지 못하도록 해요. 최근에는 스마트폰으로 인해 어린이가 성폭력에 노출되고 성매매 피해를 입기도 해요.

안전 상식

성교육은 언제, 어떻게 해야 할까요?

성교육은 어린이가 태어날 때부터 시작해야 해요. 평소 어린이의 말을 잘 들어주면 어린이와 성에 대해 스스럼없이 대화할 수 있어요. 어린이가 성 관련 문제에 대해 질문하면 대답을 회피하거나 얼버무리지 말고 적극적으로 궁금증이 풀릴 때까지 대답해 줘요. 대신 나이에 맞게 수준을 조절해요. 글을 읽기 시작하면 올바른 성교육 도서를 읽도록 하고, 자연스럽게 성에 대한 이야기를 나눠요. 대화 뒤 성에 대한 어린이의 지식이 얼마만큼인지, 성을 어떻게 생각하는지 알아 둬요. 대화가 어려우면 메모나 편지를 이용하는 것도 좋아요.

성장 단계별 성교육 내용을 알아볼까요?

- **1단계(유아기)** – 성교육의 진정한 가치는 어린이가 자신을 소중한 존재로 인식하고 자존감을 갖게 하는 거예요. 올바른 성 가치관을 갖도록 어린이를 사랑해 줘요.
- **2단계(초등학교 저학년)** – 성폭력으로부터 자신을 지키는 안전교육에 중점을 둬요.
- **3단계(초등학교 고학년)** – 음란물에 대한 올바른 지도가 필요해요. 음란물을 통해 왜곡된 성 정보를 얻지 않도록 어린이가 궁금해하는 것을 속 시원하게 알려 줘요.
- **4단계(중학교)** – 이성 교제가 시작되는 시기예요. 이성 간에 올바른 교제 규칙을 세워 줘요. 사랑과 폭력의 차이를 가르쳐 상대가 싫어하는 것을 강요하지 않도록 해요. 또래 성폭력에 대해 가르쳐 가해자가 되지 않도록 예방해요.
- **5단계(고등학교)** – 성관계에 대한 바르고 구체적인 정보를 제공해요. 성관계에 따르는 결과도 미리 알려 줘서 행동에 책임질 수 있도록 해요.

---

* **청소년을 지켜주는 앱** 2015년 4월부터 시행되는 전기통신사업법 시행령에 따르면 19세 미만 청소년 가입자의 휴대전화에는 유해 정보 차단 앱 설치가 의무화돼 있어요.

08 아동범죄 안전 ▶ 성폭력

이상한 아저씨가 보이면 경찰에 신고해요

>>> **노출증 환자*를 자극하지 말고, 경찰에 신고해요.**
- 노출증 환자를 보면 못 본 척 무시하고 안전한 곳으로 피한 후 신고해요. 휴대전화로 사진을 찍는다거나 놀리는 말을 하면 2차 범죄로 이어질 수 있어요.
- 다른 사람이 휴대전화로 영상통화를 걸어 신체 부위를 노출시켰다면 사이버 성폭력으로 신고해요.

>>> **될 수 있으면 혼자 다니지 않아요.**
- 지하 주차장처럼 사람이 없고 어두운 공간에서 놀지 않아요. 사람이 잘 다니지 않고, 어두운 곳은 위험해요.
- 공중 화장실도 친구나 부모님과 함께 가요.

---

* **노출증 환자** 알몸에 외투만 걸치고 돌아다니다가 젊은 여성이나 어린이 앞에서 은밀한 신체 부위를 보여 주는 사람

- 너무 일찍 학교에 가거나 늦게까지 학교에 남아 있지 않아요.
- 남자 어린이들도 위험할 수 있으니 조심해요.

>>> **어린이의 신체적, 정신적 건강을 지켜 줘요.**
- 하굣길과 학원에 혼자 다니는 어린이들의 안전을 확실하게 지켜 줘요. 13세 미만의 어린이를 대상으로 하는 성범죄 중에서 74%가 학교로부터 2km 반경 이내에서 일어났어요. 특히 2시부터 5시 사이에 가장 많이 발생했지요.
- 어린이와 이야기해 올바른 성 가치관을 가질 수 있도록 해요. 어린 나이에 노출증 환자를 보게 되면 심한 충격을 받고 성에 혐오감을 느낄 수도 있어요.
- 적절한 심리 치료를 병행해요. 특히 여자 어린이의 경우 트라우마*가 심해지면 남성 공포증으로 발전할 수 있어요.

노출증 환자는 왜 위험한 걸까요?
노출증 환자는 다른 종류의 성도착 증세를 함께 보이는 경우가 많아요. 이 중 가장 치료가 힘들고 재범률이 높은 것이 소아기호증이에요. 소아기호증은 아동에게 성욕을 느끼는 증상으로, 보통 16세 이상의 남성이 사춘기 이전의 어린 소녀들에 대해 병적인 성적 집착을 보이면서 소녀들을 성적 대상으로 삼으려고 하는 변태적인 심리를 가리키지요.

노출증 환자는 어떤 처벌을 받을까요?
노출증 환자는 '공연음란죄'로 처벌을 받아요. 공연음란죄란 불특정 다수의 사람이 볼 수 있는 상태에서 성욕을 채우기 위해서 타인에게 수치심이나 모욕감을 주는 행위를 하는 것을 말해요. 이 같은 행위를 한 사람은 1년 이하의 징역을 살거나 500만 원 이하의 벌금을 내야 해요.

---

* **트라우마** 충격적인 사건으로 인해 받게 되는 정신적인 상처를 말해요. 마음의 상처는 눈에 보이는 것이 아니기 때문에 주위에서 심각성을 깨닫지 못하는 경우가 있는데, 마음의 상처도 심각한 후유증을 남기므로 회복을 위한 치료가 필요해요.

08 아동범죄 안전 ▶ 미아 발생

엄마를 잃어버리면 3단계를 생각해요

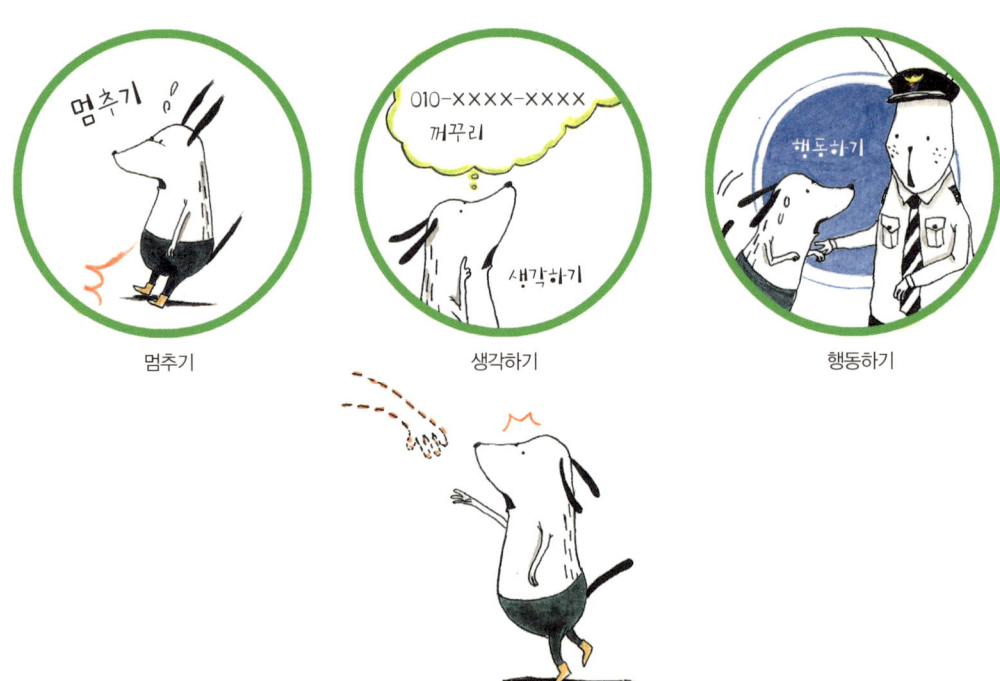

멈추기   생각하기   행동하기

꺼꾸리 안전 Tip

>>> **엄마의 손을 꼭 잡고 다녀요.**
- 항상 엄마 옆에 있어요. 혼자 돌아다니면 엄마를 놓치기 쉬워요.
- 놀이공원처럼 사람이 많이 다니는 곳에서 엄마의 손을 놓치면 사람들에 밀려 엄마를 잃어버리기 쉬워요.

>>> **엄마를 잃어버렸을 때 해야 할 행동 1단계 : 멈추기**
- 그 자리에 멈춰서 부모님이 올 때까지 기다려요. 부모님은 나를 잃어버린 자리로 반드시 돌아와요.
- 따로 만나기로 한 장소가 있고, 그 장소가 기억이 나면 그곳에서 기다려요.

>>> **엄마를 잃어버렸을 때 해야 할 행동 2단계 : 생각하기**
- 평소에 이름, 나이, 부모님 전화번호를 외워 둬요.
- 부모님과 헤어져 혼자가 됐다면 당황하지 말고 침착하게 부모님의 전화번호를 기억해 봐요.

>>> 엄마를 잃어버렸을 때 해야 할 행동 3단계 : 행동하기

- 사람이 많은 놀이공원 같은 곳이면 직원용 옷을 입었거나 어린이를 데리고 있는 아주머니께 도움을 청해요.
- 공중전화가 보이면 긴급 통화버튼을 누른 다음 112를 눌러요. 경찰 아저씨가 도와주러 올 거예요.
- 주변에 경찰서가 보이면 얼른 달려가서 도움을 청해요.

>>> 어린이를 잠깐이라도 혼자 두면 위험해요.

- 백화점이나 마트, 영화관 같은 곳에서 어린이 혼자 두고 화장실에 다녀오지 않아요.
- 자동차 안에 어린이를 혼자 두지 않아요.
- 어린이 혼자 심부름을 보내지 않아요.
- 놀이공원처럼 인파가 붐비는 곳이나 야외활동을 나갈 때는 어린이를 잃어버리지 않도록 특히 더 신경 써요.

 몸으로 익혀요

미아를 발견했다고요?

① 어린이가 겁에 질려 울고 있다면 일단 진정시키고, 이름이나 연락처 등을 확인해 보호자에게 연락해요. 관리소의 안내방송을 통해 보호자를 찾을 수도 있어요.
② 가까운 곳에 경찰지구대가 있으면 미아 보호를 신고하거나 '아동안전지킴이 집'에 인계해 보호 요청을 해요.
③ 정당한 사유 없이 실종 어린이를 신고하지 않고 보호해서는 안 돼요. 법제 7조에 따라 5년 이하의 징역 또는 3천만 원 이하의 벌금을 물어요. 절대로 어린이를 집으로 데리고 가지 않아요.

어린이를 잃어버렸다면 이떻게 해야 할까요?

① 경찰청 실종아동찾기센터 전화번호 182를 기억해요. 경찰의 초동 수사가 가장 중요해요. 경찰에게 현장 수사권을 부여해 사례를 정확하게 판단할 수 있도록 해요. 단순 실종인지, 범죄 관련인지 판단해 범죄 관련으로 결론이 나면 즉시 수사를 시작해요.
② 어린이를 잃어버렸을 때 중요한 정보는 바로 사진이에요. 어린이는 성장이 빠르므로 너무 오래된 사진은 도움을 줄 수 없어요. 가능한 한 어린이의 사진을 정기적으로 찍어 보관해요.
③ '전진 증후군'을 기억해요. 어린이는 눈앞에 부모님이 보이지 않으면 계속 앞으로 전진하는 경향이 있어요. 이를 모르는 부모가 왔던 길을 되짚어 가서 엇갈리는 경우가 많지요.
④ SNS에 어린이 이름과 사진을 올리기 전에 한번쯤 고민해요. 범죄에 노출될 가능성이 있어요.

08 아동범죄 안전 ▶미아 발생

>>> **어린이 이름과 전화번호가 적힌 목걸이를 걸어 줘요.**
- 아직 말이 서툰 어린이는 반드시 이름표를 붙여야 해요.
- 이름이 크게 보이면 위험하니까 값싼 목걸이나 팔찌에 이름을 새겨서 걸어 줘요.
- 부모님의 명함을 어린이의 주머니에 넣어 두는 것도 좋아요.

>>> **만날 장소를 미리 정해요.**
- 지하철을 타기 전, 미리 길을 잃거나 엄마, 아빠와 떨어졌을 경우 지하철 관리센터에 가서 전화를 하고 기다리라고 알려 줘요. 관리센터에서는 출입구에 있는 스피커폰을 이용해서 도움을 줘요.
- 사람이 움직이지 못할 정도로 많은 시내 축제나 행사장에서도 헤어졌을 때 만날 장소를 미리 정해 놓으면 어린이를 잃어버릴 확률이 줄어들어요.

 **알아 두면 좋은** 안전 상식

실종 아동 사전등록제(www.safe182.go.kr)가 뭐예요?
경찰서에서는 미아를 조기에 보호자의 품으로 되돌려 보내기 위해 만 18세 미만의 어린이나 지적장애인, 치매 환자의 주소, 사진, 지문 등 신상 정보를 시스템에 입력하고 적극 활용하는 제도를 시행 중이에요. 인터넷으로 등록한 다음 가까운 파출소를 찾아가 지문만 등록하면 돼요. 사전 등록이 된 경우 어린이의 사진은 수시로 변경할 수 있어요.

초록우산 실종 아동 전문기관(www.missingchild.or.kr)에 찾아가라고요?
미아 문제 해결을 위한 제도적 장치 마련을 위해 한국복지재단(02-777-0182)이 정부의 위탁을 받아 운영하는 미아 찾기 종합센터예요. 주로 미아 찾기 활동을 하며 미아 예방을 위한 홍보 활동도 하고 있어요.

미아 발생 ▶ 아동범죄 안전 08

길을 잃었을 때 엄마에게 전화해요

>>> **잘 아는 곳이라고 방심하면 안 돼요.**
- 친구와 놀러 나갈 때에는 반드시 부모님께 허락을 받아요.
- 어디에 가는지, 언제 돌아올 것인지 시간 약속을 하고 꼭 지켜요.
- 늦거나 장소를 옮길 경우에는 부모님께 전화해요.
- 단지가 큰 아파트에서는 어른도 길을 잃기 쉬워요. 반드시 우리 집이 몇 동 몇 호인지 기억해요.
- 길을 잃으면 기억나는 건물이 없는지 주변을 살펴봐요.
- 가까운 거리라고 하더라도 혼자 택시를 타지 않아요.

>>> **평소에 어린이를 잃어버릴 때를 대비해요.**
- 어린이의 하루 일과를 자세히 파악해요. 그래야 어린이가 집에 돌아오지 않는 경우 재빨리 수소문할 수 있어요.
- 친한 친구들의 연락처를 알아 둬요.

08 아동범죄 안전 ▶ 미아 발생

- 어린이 안전 지도나 '성범죄자 알림e' 앱 등을 통해 활동 구역 안에 위험 지역이 있는지 확인하고, 어린이에게 미리 알려 줘요.
- 어린이에게 큰길로 다니게끔 교육해요. 좁은 골목길이나 위험 지역은 이용하지 못하게 해요.
- 정기적으로 사진을 찍고 보관해요. 어린이들은 성장이 빠르기 때문에 너무 오래된 사진은 실종됐을 때 도움이 되지 않아요.

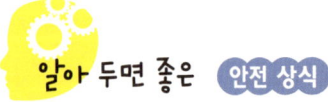

어린이 실종 사고는 집 주변에서 가장 많이 일어난다고요?

2011년부터 2014년 7월까지 18세 미만의 어린이와 청소년이 실종된 장소별 현황을 확인한 결과, 자기 집 근처에서 실종된 건수가 전체 실종 건수의 62.6%나 되었어요. 학교 및 유치원은 7.2%였지요. 집 근처라고 방심하지 말고, 항상 어린이의 안전에 주의해요.

PART 09

재난 안전

지반침하/싱크홀
대형 참사
화재

09 재난 안전 ▶ 지반침하/싱크홀

구멍 근처에 가지 않아요

>>> **위험하다고 생각되는 곳에 가지 않아요.**
- 우리나라에서 갑자기 땅이 꺼지는 지역은 주로 공사 중인 곳이에요. 특히 지하철, 상하수도관 공사 지역에서 지반침하 현상이 많이 발생해요.
- 지하 공사 중인 지역에는 가급적 가지 않아요. 무리하게 땅속을 파헤친 탓에 땅바닥이 갑자기 푹 꺼질 수 있어요.
- 지반침하나 씽크홀이 생겨 땅이 꺼진 곳을 지나다 호기심으로 구멍 안을 들여다보지 않아요.

>>> **사고가 일어나지 않게 예방해요.**
- 2019년까지 전국 지자체의 지하공간 통합 지도(3D)가 완성될 예정이에요. 내가 사는 지역의 지하공간 통합 지도가 완성됐는지, 내용이 어떤지 틈틈이 확인해 봐요.
- 도시 주요 지역에서 지하수의 흐름을 늘 모니터링해요. 지반침하 또는 싱크홀은 지하

수의 흐름에 영향을 받기 때문에 사고를 예측하고 예방할 수 있어요.
- 무분별한 도시 개발을 하고 있지는 않은지 모니터링해요. 도시 개발 과정에서 지반침하 또는 싱크홀 현상이 생겨날 수 있어요.

알아 두면 좋은 안전 상식

왜 갑자기 땅이 아래로 꺼지는 걸까요?

땅 밑에 빈 공간이 생겼기 때문이에요. 땅은 안으로 깊이 들어갈수록 압력이 높아지는데, 그 속에 빈 공간이 생기면 압력을 버티지 못하고 아래로 꺼지면서 커다란 구멍이 생기지요. 땅 밑에 빈 공간이 생기는 데는 크게 3가지 이유가 있어요.

첫째, 지하수가 사라졌어요! 땅이 비·강·바람 등 각종 자연현상에 의해 깎여 내려가면서 지하수가 원래 있던 곳에서 다른 곳으로 이동한 거예요. 그러면 원래 지하수가 흐르던 곳은 동굴처럼 텅 비어 버리겠지요? 또 사람들이 지하수를 지나치게 많이 사용해서 빈 공간이 생기기도 해요.

둘째, 지하수가 빠르게 흘러요! 원래 지하수는 천천히 흐르는데, 땅을 파면 물이 들어오는 곳과 빠져나가는 곳의 높이 차이가 생겨 빨리 흐르게 돼요. 지하수가 빨리 흐르면 흙이 쓸려가면서 땅속에 빈 공간이 생기고, 갑자기 땅이 아래로 꺼지게 되지요.

셋째, 수돗물을 각 가정으로 나르는 상하수도관이 손상됐어요! 상하수도관에서 물이 샐 경우 땅이 물렁물렁해지면서 빈 공간이 생기고, 어느 날 갑자기 아래로 꺼져요.

우리나라는 땅의 성질이 단단한 편이라 지금까지는 해외에 비해 이런 현상이 심각하지 않았어요. 하지만 무분별한 개발로 인해 현재 계속 지반침하 현상이 발생하고 있어 대책을 마련할 필요가 있답니다.

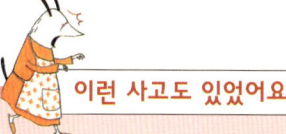

이런 사고도 있었어요

공사현장 근처에 가지 않아요. 땅이 언제 아래로 꺼질지 몰라요.

2012년, 인천시 지하철 공사현장에서 갑자기 27m가량 땅이 아래로 꺼지면서 커다란 구멍이 생겼어요. 오토바이를 타고 지나가던 사람이 이 구멍에 빠져 목숨을 잃었지요. 2015년 2월에는 용산역 근처 버스 정류장 땅이 아래로 꺼지면서 지나가던 사람 2명이 떨어져 다쳤어요.

09 재난 안전 ▶ 대형 참사

무너지는 건물에서 안전하게 탈출해요

>>> **평소에 비상 대피로를 확인해요.**
- 완강기, 손전등 등 탈출에 필요한 물품이 어디에 있는지 알아 둬요.
- 평상시 주변을 살펴 미리 대피로를 그려 봐요. 그래야 건물이 무너질 때 신속하게 대처할 수 있어요.

>>> **무너지는 건물에서 먼 곳으로 이동해요.**
- 건물 바닥이 갈라지거나 꺼지고, 벽이나 바닥에서 얼음이 깨지는 소리가 나고, 갑자기 창이나 문이 뒤틀려서 여닫기가 곤란하면 곧 건물이 무너질 거라는 신호예요. 이 중 하나라도 해당되면 즉시 건물 밖으로 나가요.
- 가방, 책 같은 물건으로 머리를 보호하고 대피해요. 밖에 있는데 건물이 무너지면 유리 파편 등에 의해 다칠 수 있어요.
- 대피하는 데 방해가 되는 물건은 소지하지 않아요.
- 탈출이 어려운 경우에는 계단처럼 견디는 힘이 강한 벽체가 있는 곳으로 대피해요.

- 건물에 갇힐 것 같으면 화장실로 대피해요. 물이 있으면 오랫동안 생존할 수 있어요.
- 건물에서 빠져나온 다음에는 최대한 건물에서 멀리 떨어져요. 추가로 가스 폭발 등이 일어날 수 있어요.

>>> **무너진 건물에 갇혔을 때는 이렇게 행동해요.**
- 입과 코를 옷이나 천으로 가려서 먼지를 막아요.
- 최대한 편안한 자세로 구조를 기다려요.
- 휴대전화가 있으면 119에 신고해요.
- 휴대전화는 통신이 단절된 구역에서도 켜 놓아요. 구조자가 전파를 이용해서 찾을 수도 있어요. 하지만 배터리 절약을 위해 가능하면 시간을 정해서 껐다 켰다 해요.
- 구조될 때까지 버틸 수 있도록 물이나 먹거리는 양을 조절해서 섭취해요.
- 구조까지 시간이 걸릴 수 있으니까 체력이 떨어지지 않도록 소리를 지르지 않아요.
- 체온이 떨어지지 않도록 신경 써요.
- 잔해*에 깔려 있다면 혈액순환이 잘 되도록 수시로 손가락과 발가락을 움직여요.

* **잔해** 부서지거나 못 쓰게 돼 남아 있는 물체

이런 사고도 있었어요

건물은 튼튼하게 지어야 해요.

강남 삼풍백화점은 애초에 대단지 상가로 설계됐어요. 이후 정밀한 구조 진단 없이 백화점으로 변경, 1989년 완공됐지요. 완공 후에도 무리한 확장 공사가 수시로 진행된 탓에 사고 수개월 전부터 바닥과 벽에 균열 등 붕괴의 조짐이 있었어요. 사고 당일 오전에도 5층에서 심각한 건물 붕괴 조짐이 나타났대요. 결국 삼풍백화점은 1995년 6월 29일 5시 52분경 무너졌어요. 이 사고로 인해 501명이 사망하고, 6명이 실종됐으며, 937명이 다쳤지요. 한국 전쟁 이후 우리나라에서 입은 가장 큰 인명 피해였어요.

09 재난 안전 ▶ 대형 참사

추락하는 비행기에서 안전하게 탈출해요

 **꺼꾸리 안전 Tip** ⟩⟩⟩ 승무원의 지시에 따르면 90초 안에 비행기 안에서 나갈 수 있어요.

- 비행기가 예정되지 않은 장소에 착륙하면 안내방송에 따라 안전벨트를 매고 충격 방지 자세*를 취해요.
- 여행 가방을 챙기지 않아요. 가방에 신경을 쓰다 탈출 시간이 늦어지면 그만큼 다칠 가능성이 높아져요.
- 불이 나서 비행기 안이 연기로 자욱해지면 몸을 낮추고 비상구로 이동해요.
- 구명조끼는 반드시 기내의 출구 앞에서 부풀려요. 비행기 안은 좁기 때문에 안에서 구명조끼를 부풀리면 이동이 불편해요. 또 물이 찼을 때 잠수해서 빠져나갈 수 없어요.
- 물에 빠지면 비행기에서 최대한 멀리 떨어져요. 추락하는 비행기에 휩쓸릴 수 있어요.

* **충격 방지 자세** 양손은 앞좌석을 잡고, 머리는 숙여요. 이때 다리를 어깨 넓이로 벌려요.

>>> 사고가 나면 안전하게 비행기에서 대피해요.

- 보호자가 먼저 산소마스크를 착용해요. 어린이에게 산소마스크를 씌우려고 하다 보면 먼저 정신을 잃을 수 있어요. 비상 착륙 후 어린이를 돌보기 위해서라도 보호자가 정신을 잃어서는 안 돼요.
- 영유아는 개월 수에 맞춰 안전시트에 앉히거나 아기 띠를 채워요. 사고 시 충격을 덜기 위해 꼭 필요한 조치예요.
- 하이힐이나 뾰족한 장신구는 벗어요. 비상탈출용 대피 슬라이드는 대부분 고무 소재이기 때문에 찢어지거나 구멍이 나기 쉬워요.

 **몸으로 익혀요**

비행기 구명조끼는 이렇게 입어요.

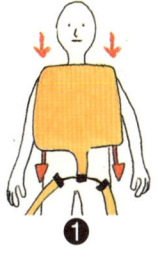 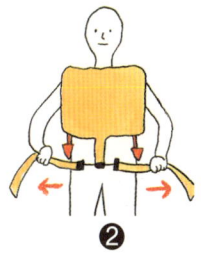 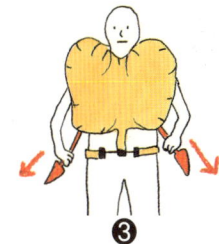 

① 구명조끼에 머리를 넣어요.
② 허리끈을 돌려서 헐겁지 않게 조여요.
③ 붉은색 손잡이를 당겨 부풀려요.
④ 조끼가 부풀지 않을 때는 양쪽 고무관을 불어요.

 **이런 사고도 있었어요**

침착하게 승무원의 지시를 따라서 아무도 죽지 않았어요.

2009년 1월 미국 라구아디아 공항에서 출발한 US 에어웨이스 1459편은 새떼와 충돌해 엔진에 불이 붙어 허드슨 강에 불시착했어요. 승객들은 침착하게 승무원들의 지시를 잘 따랐고, 아무도 기내에서 구명조끼를 부풀리지 않았지요. 그 결과 사망한 사람 없이 승객 150명, 승무원 5명이 모두 구조됐어요.

09 재난 안전 ▶ 대형 참사

침몰하는 배에서 안전하게 탈출해요

>>> **위험하다고 생각되면 바로 선실 밖으로 나와요.**
- 배에 탄 뒤에 비상구, 구명조끼, 구명보트의 위치를 먼저 확인해요.
- 배가 침몰할 조짐이 보이면 선실 밖으로 나와요. 위급상황에서는 주위를 확인하고 살피는 것이 아주 중요해요.
- 안내방송에 귀 기울이되, 상황을 잘 살펴 판단해요.
- 배가 가라앉을 때까지 시간 여유가 있다고 생각되면 물과 먹거리, 비상 약과 휴대전화를 챙긴 다음 얇은 옷을 가능한 한 많이 껴입어요.
- 배가 기울어지는 방향의 반대편, 가능하면 아무것도 없는 곳으로 이동해요. 배가 기울어지면 컨테이너와 물건 등에 깔릴 수 있어요.

>>> **구명조끼와 호루라기, 라이트를 챙겨요.**
- 구명조끼를 미리 챙겨 입어요.

- 호루라기와 라이트가 작동하는지 확인하고 부모님과 마주 보며 검사를 해요.

>>> **구명뗏목의 T 자 모양 안전핀을 뽑고 레버를 당겨요.**
- 레버를 잡아당기면 알약같이 생긴 구명뗏목이 바다로 떨어져 자동으로 펴져요. 구명뗏목이 펴지면 그물사다리나 슬라이딩도어를 타고 내려가 올라타요.
- 구명뗏목에 탑승한 뒤에는 뗏목 안의 칼로 선박에 연결된 줄을 잘라요.

>>> **배에서 내리면 가능한 한 배로부터 멀리 떨어져요.**
- 슬라이딩도어나 그물사다리를 타고 내려가요. 물에 젖으면 저체온증에 걸릴 수 있어요.
- 무사히 배에서 내렸다면 최대한 배로부터 멀리 떨어져요. 배와 적어도 3배 이상 거리를 두어야 해요. 자칫 잘못하면 배가 가라앉는 데 휩쓸려 목숨을 잃을 수 있어요.
- 구명뗏목에 올라타자마자 배와 연결된 줄을 끊어요. 줄을 끊지 않으면 뗏목이 빨려 들어가요.

>>> **저체온증을 조심해요.**
- 최대한 물에 젖지 않게 조심해요. 저체온증은 배 사고의 가장 큰 사망 원인이에요. 여름철에도 위험해요.
- 물에 빠지면 가장 가까운 구명뗏목에 올라타 최대한 물기를 제거하고 체온이 떨어지지 않게 다른 사람들과 붙어 앉아요.
- 구명뗏목이 없으면 주변 부유물*에 매달려요.
- 부유물이 없으면 사람들을 불러 동그랗게 모여 있어요. 사람들과 모여 움직이지 않고 있으면 체온이 완전히 떨어지기 전까지 시간을 벌 수 있어요.
- 혼자 있다면 물속에서 다리를 끌어안고 머리를 물 밖으로 내밀어요. 허벅지와 겨드랑이는 몸에 바짝 붙여요. 체온 손실을 조금이나마 줄일 수 있어요.

>>> **물 이외에 다른 것은 먹지 않아요.**
- 바닷물이나 소변을 마시면 탈수증상이 일어날 수 있어요.
- 비상식량은 24시간 후 소량을 오래 씹어 먹어요. 비상식량을 많이 먹으면 목이 말라 오래 버틸 수 없어요.

---

* **부유물** 물 위에 떠다니는 물질

09 재난 안전 ▶ 대형 참사

알아 두면 좋은 안전 상식

내 위치를 알리라고요?

주변에서 지나가는 배 등을 발견하면 옷을 흔들거나 호루라기를 불어서 위치를 알려요. 구명조끼에 라이트가 달려 있다면 라이트를 켜고 흔들어요. 거울 또는 손전등으로도 위치를 알리는 신호를 보낼 수 있어요. 신호탄이 있다면 신호탄을 쏘아 올려요.

스마트폰을 가지고 있는 사람은 배에 타기 전 나침반 앱을 깔고, 사고가 일어나면 119에 전화해서 나침반 앱에 표시된 좌표와 방향을 알려 줘요. 전화하면 119 상황실에도 위치가 뜨지만, 오차 발생 위험이 있어요. 스마트폰 나침반의 좌표(그림의 하얀 네모 칸)를 불러주면 구급대원들의 대응이 빨라져요. 스마트폰도 오차 위험이 있으니 태양의 방향과 스마트폰의 남쪽 방향이 맞는지 비교해요. 배가 가던 방향, 육지의 지형과 건물도 함께 이야기하는 것이 좋아요.

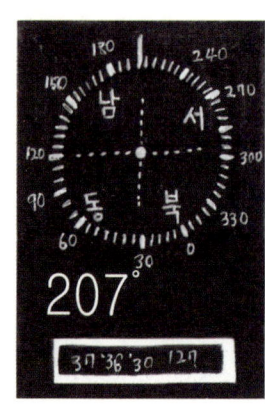

배에서 어떻게 탈출할까요?

① 배가 높지 않을 때는 이렇게 해요.

구명조끼가 벗겨지지 않도록 오른손으로 왼쪽 겨드랑이 쪽을 손으로 꼭 잡고 팔꿈치를 몸에 붙여요. 왼손으로 코를 막아요. 그리고 다리를 × 자로 꼬고 입수해요.

② 배가 높을 때는 이렇게 해요.

왼손으로 코를 막고 구명조끼가 벗겨지지 않게 팔꿈치를 몸에 바짝 붙여요. 이때 남자들은 오른손으로 고환을 가려요. 그런 다음 배가 높지 않을 때와 마찬가지로 다리를 × 자로 꼬고 입수해요.

배에는 어떤 안전장비가 있을까요?

① **구명조끼** – 물에 빠져도 몸이 뜰 수 있도록 만든 조끼예요. 조끼처럼 팔을 끼워 입는 일반형 구명조끼, 머리를 집어넣어 목에 끼우는 목걸이형 구명조끼 등이 있어요.

② **구명부표** – 물에 빠진 사람을 구할 수 있도록 물에 뜨게 만든 고리 모양의 기구예요.

③ **구명정** – 배가 침몰할 때 승객들을 구조하기 위해 만든 작은 배예요.

④ **조명탄** – 어두운 밤에 배나 사람의 위치를 파악할 수 있도록 쏘아 올리는 포탄이에요.

화재현장에서 안전하게 탈출해요

안전 Tip

>>> **불이 났다는 사실을 주위에 알려요.**
- 건물 안에 있으면 화재경보 비상벨을 눌러요.
- 연기를 피해 밖으로 나오면 '불이야' 하고 큰 소리로 외쳐요. 다른 사람들도 불이 났다는 사실을 알아야 큰 사고를 막을 수 있어요.
- 화재 구역 주변에 공중전화가 있거나 휴대전화를 가지고 있다면 119에 바로 전화해요. 불은 초기 진화가 중요하기 때문에 신고가 빠를수록 좋아요. 긴급 통화버튼을 누르면 돈을 넣지 않아도 공중전화로 소방서에 신고할 수 있어요. 휴대전화는 사용이 제한된 전화나 개통이 안 된 전화도 긴급 신고가 가능해요.

>>> **무조건 건물 밖으로 나가요.**
- 화장실이나 옷장, 침대 밑에 숨으면 안 돼요. 불이 났을 때는 숨어 있는 것이 밖으로 뛰어나가는 것보다 훨씬 위험해요.

09 재난 안전 ▶ 화재

- 엘리베이터 안은 유독가스*로 가득 차 있어 위험해요. 갑자기 작동이 멈춰 갇히거나 불이 난 층에서 문이 열릴 수도 있으니 계단을 이용해요.
- 도저히 아래층으로 갈 수 없는 상황에서는 옥상으로 올라가요.

>>> **숨은 짧게 쉬고 자세는 낮춰요.**

- 화재 연기가 심할 때는 젖은 수건 등으로 코와 입을 막아요. 그래야 연기가 폐에 들어가지 않아요.
- 가능하면 팔과 무릎으로 기어서 최대한 낮은 자세로 이동해요. 맑은 공기는 화재 연기 아래에 있어요.
- 배를 바닥에 대고 가지 않도록 해요. 시야 확보가 안 돼서 앞의 상황을 정확하게 볼 수 없어요.

>>> **옷에 불이 붙으면 불이 꺼질 때까지 계속 뒹굴어요.**

- 일단 그 자리에 멈춰요. 뛰거나 몸을 흔들면 불이 더 크게 번져요.
- 바닥에 엎드려 두 손으로 눈과 입을 가려요. 얼굴에 화상을 입거나 폐로 연기가 들어가는 것을 막을 수 있어요. 그 자세로 뒹굴어서 불을 꺼요.

---

* **유독가스** 독성이 있어 생물에 큰 해가 되는 기체

미리미리 안전 연습 — 확인해 봐요

화재 사고 예방 안전수칙을 확인해요.

- ☐ 실내에 있을 때, 사용하지 않는 플러그를 빼 두나요?
- ☐ 1개의 콘센트에 여러 전기제품의 플러그를 한꺼번에 꽂아서 사용하지 않나요?
- ☐ 선을 잡아당기며 플러그를 뽑지 않나요?
- ☐ 플러그가 문틈을 지나가지 않나요?
- ☐ 전기장판 밑으로 전선이 깔리지 않았나요?
- ☐ 물 묻은 손으로 전기제품을 만지지 않았나요?
- ☐ 성냥, 라이터, 촛불을 가지고 장난하지 않았나요?
- ☐ 난로에서 1, 2m 이내에 불이 잘 붙는 물질을 두지 않았나요?
- ☐ 석유통 가까이에 잘 타는 물건이나 뜨거운 전기제품을 두지 않았나요?
- ☐ 난로를 켜 놓은 채로 외출하지 않았나요?
- ☐ 공터나 야산에 올라가 불 피우기 놀이를 하지 않았나요?
- ☐ 성냥이나 라이터로 불장난을 하지 않았나요?
- ☐ 나무, 기름, 종이가 많은 곳에서 폭죽놀이를 하지 않았나요?

엄마 안전 Tip

>>> **어린이에게 불이 났을 때의 대처 방법을 수시로 알려 줘요.**
- 화재 시 무조건 대피하도록 가르쳐요. 5세 이하의 어린이는 불이 나면 옷장, 화장실 등으로 숨는 경향이 있어요. 본능적으로 숨어 있는 것이 안전하다고 생각하거든요.
- 누군가 "불이야!" 소리를 지르면 다 같이 밖으로 나가야 한다는 것을 정확히 인지시켜요. 탈출 후 만날 장소도 정한 다음 화재 시 대피 연습을 해요.

>>> **화재상황에 따라 조치를 취해요.**
- 석유, 난로에 의한 화재일 때는 이불이나 담요를 물에 적셔서 뒤집어씌워요.
- 전기 또는 기름 때문에 불이 났을 때는 물을 사용해서 끄지 않아요. 전기는 감전 위험이 있고, 기름은 물에 뜨기 때문에 물이 흐르는 방향으로 불도 함께 흘러 화재가 더 커질 위험이 있어요.
- 가스화재는 폭발 위험이 있으므로 문을 열거나 가스레인지 스위치를 만지지 않아요. 대신 용기의 밸브를 잠가요.

>>> **소화기를 사용해요.**
- 평소에 소화기 사용법을 알아 둬요. 잘 보이고 사용하기 편한 곳에 소화기를 두되, 햇빛이나 습기에 노출되지 않도록 해요.
- 소화기는 화재 발생 3분 이내에 사용해야 효과적이에요. 불이 나면 소화기를 불길이 시작된 곳으로 옮겨 손잡이 부분의 안전핀을 뽑아요.
- 사람이 여럿 있으면 여러 개의 소화기를 동시에 사용하는 것이 좋아요.
- 소화기는 작은 화재에만 사용하고, 불꽃이 천장에 닿으면 빨리 대피해요.
- 3.3kg 분말 소화기의 방사* 시간은 약 10초예요. 정확하게 불이 시작된 지점에 소화기를 뿌려요.
- 소화기는 불이 번지지 않게 바람 방향과 출입구를 등지고 서서 사용해요. 그래야 화재 진압에 실패했을 때 대피가 쉬워요.
- 소화기 손잡이를 힘껏 움켜쥐고 빗자루로 쓸듯이 소화기 내용물을 뿌려요.

>>> **일단 탈출했으면 불이 난 건물로 돌아가지 않아요.**
- 화재현장에서 탈출하면 최대한 멀리, 안전한 곳으로 이동해요.
- 돈이나 통장 같은 귀중품을 가지러 돌아가지 않아요. 들어가도 괜찮을 것처럼 보이더라도 절대 들어가면 안 돼요. 화재상황은 언제 어떻게 돌변할지 몰라요.

---

* **방사** 중심에서 사방으로 내뻗침

09 재난 안전 ▶ 화재

만화로 배워요 – 화재가 나면 제일 먼저 119에 신고해요.

① 119에 전화를 걸어 최대한 간단하고 정확하게 상황을 설명해요. 이때 상황을 주관적으로 설명하면 안 돼요. 객관적으로, 보이는 대로 설명해요. 정확한 상황을 알아야 119에서 필요한 인원과 장비를 현장으로 출동시킬 수 있어요.

② 정확한 장소와 주소를 알려요. 길가라면 도로교통표지판 또는 이정표를 참고하고, 골목이나 갈림길에서는 새로운 주소 'ㅇㅇ길'이라는 표지판을 참고하면 도움이 돼요. 주소를 정확하게 알면 도로상황을 파악해 소방차가 빨리 도착할 수 있어요.

③ 소방 공무원의 질문에 명확하게 답하고, 알았다고 할 때까지 전화를 끊지 않아요.

④ 소방차가 도착할 때까지 안전한 곳에서 기다려요. 소방서에서 연락이 가능하도록 신고전화는 다른 용도로 사용하지 않아요. 119에서 걸려오는 전화는 즉각 받아요.

알아 두면 좋은 안전 상식

왜 불이 났을 때 연기를 들이마시면 안 될까요?

불이 났을 때 목숨을 잃는 사람의 60% 이상은 가스와 연기를 마시고 숨이 막혀서 죽어요. 불에 타 죽는 경우는 약 20% 정도예요. 화재 시 발생하는 일산화탄소가 산소를 운반하는 헤모글로빈과 결합해 산소의 공급을 막기 때문에 목숨을 잃는 거예요. 화재 연기는 한 두 모금만 들이마셔도 그 자리에서 쓰러질 수 있어요.

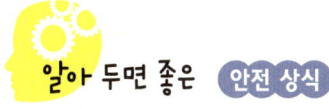 안전 상식

화재 유형을 알아볼까요?
A급 화재-일반화재(보통화재) – 섬유, 목재, 종이류, 플라스틱 등 타고 난 뒤 재를 남기는 화재
B급 화재-가스, 유류화재 – 가스, 유류(휘발유, 석유), 신나 등 불에 타기 쉬운 인화성 물질 화재
C급 화재-전기화재 – 변압기, 다리미 등 전기제품으로 인해 발생하는 화재
D급 화재-금속화재 – 마그네슘, 나트륨, 칼륨 등 가연성 금속에서 발생하는 화재

소화기의 종류를 알아볼까요?
① **분말 소화기** – 압력을 가하는 방식의 차이에 따라 가압식 소화기(1999년도에 생산 중단)와 축압식 소화기가 있어요. 현재는 몸체에 별도로 압력 게이지가 부착된 축압식 소화기만 생산되고 있지요. 직사광선에 노출되거나 온도가 높은 곳에 보관할 경우 분말이 소화기 통 안에서 그대로 굳어 사용이 불가능하니 소화기 겉에 부식이나 손상이 있는지, 몸체에 붙은 게이지에 바늘이 녹색 위치에 있는지, 압력 상태가 적정한지 등을 자주 확인해요.

② **이산화탄소 소화기(탄산가스 소화기)** – 이산화탄소를 높은 압력으로 압축·액화시켜 단단한 철재 용기에 넣은 거예요. 주로 B, C급 화재에 사용해요. 냉각 효과와 질식 효과(공기의 공급을 차단하는 효과)가 커서 물이 닿으면 안 되는 화재에 효과적이에요.

③ **하론 소화기** – 할로겐 화합물 가스를 사용하는 소화기로, 사용 후 흔적이 없고 방출할 때에 물체에 손상이 없어요. 단, 가격이 비싸고 프레온처럼 오존층을 파괴하는 물질이 나와요. 현재는 사용이 규제되고 있어요.

화재용 마스크와 국민 방독면은 어떻게 사용하나요?
화재용 마스크와 국민 방독면 모두 유독가스를 막을 수 있어요.

① **화재용 마스크 착용법**
포장지를 뜯은 다음 면체의 정화통 마개를 뽑아요. 최대한 빨리 머리에 쓰고, 양옆의 줄을 잡아당겨 연기가 들어오지 못하게 해요.

② **국민 방독면 착용법**
갈색 휴대 주머니에 들어 있는 면체와 은색 봉지의 정화통을 꺼내요. 면체의 보호마개를 풀고 정화통의 청색이 앞을 보게 한 다음 둘을 결합해요. 결합 후 양손을 끼어 공간을 만들어서 머리에 써요. 정화통으로 호흡이 가능한지 확인하고 방독면의 머리끈을 당겨 조절해요.

09 재난 안전 ▶ 화재

고층 건물 화재현장에서 안전하게 탈출해요

고층 건물 화재현장에서 안전하게 대피해요.

- 화장실에 숨지 않아요. 백화점 같은 고층 건물은 대부분 화장실이 통로와 이어진 열린 구조예요. 문이 따로 없기 때문에 불이나 연기를 피해 문을 닫을 수도 없지요. 연기를 들이마시고 정신을 잃거나 생명이 위험할 수 있어요.
- 위급하다고 아래로 뛰어내리면 안 돼요. 당황하거나 공포에 질려 창문으로 뛰어내리거나 다른 건물로 건너뛰면 크게 다치거나 목숨을 잃을 수 있어요. 특히 고층 건물일 경우 더욱 위험해요.
- 높은 층에 있다면 이동에 시간이 많이 걸리는 아래층이나 옥상으로 가려고 하지 말고 대피층으로 가요. 초고층 건물은 보통 대피층이 만들어져 있어요.
- 건물 구조나 연기 배출 시설 설비에 따라 다르지만, 일반적으로 비상계단을 이용해 위로 올라가는 것이 안전해요.
- 스프링클러나 소방 시설이 잘 돼 있으면 실내에 있는 것이 더 안전할 수 있어요.

 **몸으로 익혀요**

완강기 지지대 사용법을 익혀요.

완강기는 화재 발생 시 계단 또는 옥상으로 대피할 수 없는 경우 지상으로 탈출할 수 있는 비상용 기구예요. 2005년부터 3층 이상 10층 이하 건물의 창문에 무조건 설치하도록 법으로 정해졌어요. 오른쪽으로 낙하하면 왼쪽 로프가, 왼쪽으로 낙하하면 오른쪽 로프가 올라와서 여러 명이 교대로 반복해서 사용할 수 있어요.

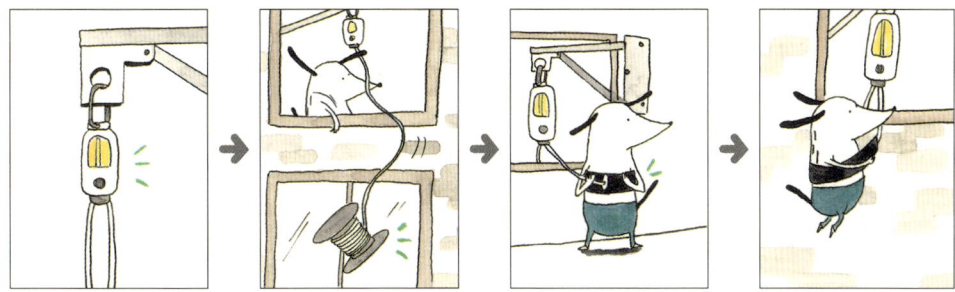

1단계, 완강기 지지대에 고리를 걸고 나사조임쇠를 조여요.
2단계, 로프가 감겨 있는 릴을 창밖으로 던져요.
3단계, 가슴띠를 착용하고 길이를 조절해요.
4단계, 창문을 통해 탈출한 다음 몸을 싣고 천천히 내려가요. 내려갈 때는 몸이 벽을 향한 상태에서 팔은 앞으로 나란히 한 뒤 벽에 대요. 아래를 보며 장애물이 있는지 확인하고 팔을 위로 들지 않고 내려가요. 팔을 위로 들면 몸이 안전벨트에서 빠져서 추락할 수 있어요.

 **안전 상식**

화재가 발생하면 아래층보다 위층이 더 위험하다고요?

고층 건물에서 화재가 일어나면 불이 난 층보다 그 위층에서 발생하는 사망자 수가 1.5배나 많다고 해요. 우리의 목숨을 위협하는 유독가스가 불길과 함께 위로 상승하기 때문이지요. 화재 시 연기는 1초당 수평 이동거리가 1~2m, 수직 이동거리가 3~5m에 달해요. 수직으로 이동할 경우, 사람이 연기를 피하기는 매우 어려워요. 또한 화재가 발생하고 일정시간이 지나면 연기가 퍼지고 폭발적으로 불길이 커지면서 위층으로 옮겨붙어요. 따라서 불이 나면 되도록 아래층을 통해 밖으로 대피하고, 아래층으로 내려갈 수 없는 상황이라면 최대한 빨리 옥상으로 올라가야 해요.

09 재난 안전 ▶ 화재

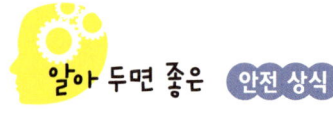 **알아 두면 좋은** 안전 상식

화재 안전표지를 알아볼까요?

분류	표지	용어	적용 분야
안전유도 표지		비상구	건물, 부대시설, 공공장소 등
		대피소	건물, 부대시설, 공공장소 등
		비상시 깨고 여시오	건물, 부대시설, 교통시설, 공공시설 등
화재 안전·긴급 표지		전기화재용 소화기	건물, 부대시설, 공공시설, 작업장 등
		소화기	건물, 부대시설, 공공장소, 교통, 교량, 터널 등
		소방호스(소화전)	건물, 부대시설, 공공장소, 교통, 교량, 터널 등
		비상전화	건물, 부대시설, 공공장소, 지도, 안내서 등
금지 표지		비상경보기	건물, 부대시설, 공공장소, 도로, 지도, 안내서 등
		화기 엄금	건물, 부대시설, 공공장소 등
		물로 불을 끄지 마시오	건물, 부대시설, 공공시설, 공공장소 등
경고·주의 표지		인화성 물질·고온 경고	건물, 부대시설, 작업장 등
경고·주의 표지		사용 후 전원 차단	건물, 부대시설, 작업장 등

아파트/주택 화재현장에서 안전하게 탈출해요

>>> **아파트·주택 화재현장에서 안전하게 대피해요.**
- 방문 손잡이를 천으로 감싸서 살짝 만져 봐요. 손잡이가 뜨거우면 문을 열지 말고 비상통로 등 다른 길을 찾아요. 뜨겁지 않으면 문을 조심스럽게 열고 밖으로 나가요.
- 탈출할 때는 문을 반드시 닫고 나와요. 연기가 확산되는 것과 플래시 오버*가 일어나는 것을 막을 수 있어요. 방화문도 잊지 말고 닫아요.
- 문밖에 연기 또는 불기가 없다고 생각이 들 때에는 어깨로 문을 떠받친 다음, 문 반대쪽으로 고개를 돌리고 숨을 멈춘 후 비상구 또는 출입문 바깥으로 대피해요.

>>> **출구가 없을 때는 응급대처 후 구조를 기다려요.**
- 연기가 방 안에 들어오지 못하도록 옷이나 이불로 문틈을 막아요.

---

* **플래시 오버 Flash Over** 불이 났을 때, 주변 온도가 급상승하면서 불에 타기 쉬운 가스가 축적돼요. 일정 온도에 올라가면 순간적으로 폭발적인 연소가 진행되고 건물 전체가 화염에 휩싸이지요. 이것을 플래시 오버라고 해요.

09 재난 안전 ▶ 화재

미리미리 안전 연습 — 몸으로 익혀요

탈출방법이 없을 때는 커튼이나 끈을 활용해요.

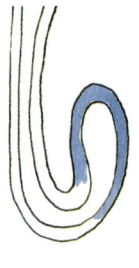   

집 안의 커튼, 빨랫줄을 8 자 매듭이나 낚시 매듭으로 묶어요. 화재가 났을 때 탈출에 활용할 수 있어요.

- 가능하면 창문이 있는 방에서 구조를 기다려요. 옷장이나 침대 밑 같은 구석에 숨으면 구조대원이 찾기가 어려워요.

엄마 안전 Tip

>>> **아파트–우리 집에서 불이 나면 옆집으로 대피해요.**
- 출구 또는 집 전체가 타고 있는 상황이면 베란다에 설치된 경량 칸막이를 파괴하고 옆집으로 대피해요. 아파트 베란다에는 위급할 때 망치나 발 등으로 부술 수 있는 경량 칸막이가 설치돼 있어요.

>>> **아파트–아래층에서 화재가 났어요.**
- 아래층에서 화재가 발생해 계단으로 연기가 올라오면 옥상으로 대피해요.
- 어디로도 대피가 불가능하면 방화문 안쪽으로 대피해서 문 틈새를 모두 젖은 이불이나 담요로 막은 후 불이 나지 않은 방향의 베란다에서 구조 요청을 해요.

>>> **주택–단독경보형감지기*를 설치해요.**
- 단독경보형감지기를 달아 놓으면 화재가 발생했을 때 자체 경보가 울려 인명 피해를 줄일 수 있어요.
- 2012년 2월 5일부터 새로 건축된 주택에는 단독경보감지기 설치가 의무예요. 이미 건축이 완료된 기존 주택은 2017년 2월 4일까지 설치해야 해요.

---

* **단독경보형감지기** 배터리와 음성경보장치가 내장돼 별도의 전기 시설 없이 단독으로 열 또는 연기를 감지하고 음성 안내를 통해 최대한 빨리 화재로부터 대피할 수 있도록 도와주는 장치

미리미리 안전 연습 확인해 봐요

아파트 화재를 대비해요. [국민안전처 국민행동요령]

- ☐ 아파트에 소화기를 비치하고 수시로 이상 유무를 점검하나요?
- ☐ 누전차단기의 시험 스위치를 월 1회 점검해 이상 유무를 확인하나요?
- ☐ 전기제품은 반드시 규격제품을 사용하나요?
- ☐ 하나의 콘센트에 여러 전열기구를 사용하고 있지는 않나요?
- ☐ 화재 발생을 대비해 피난 방법, 피난로를 숙지하고 있나요?
- ☐ 가스밸브는 사용 후 항상 잠그고, 월 1회 이상 누설 여부를 확인하고 있나요?
- ☐ 보일러실에 불에 타기 쉬운 물건을 보관하지는 않나요?
- ☐ 보일러 정기 점검을 받고 있나요?
- ☐ 베란다 경량 칸막이 앞에 피난에 장애가 되는 물건을 쌓아 놓고 있지 않나요?

주택 화재를 대비해요.

- ☐ 종이, 신문 폐지, 헌 옷 등을 쌓아 두지 않았나요?
- ☐ 부탄가스(인화성 기체), 알코올·휘발유(인화성 액체)를 함부로 두지 않았나요?
- ☐ 성냥, 라이터 등을 어린이 손이 닿기 쉬운 곳에 두지는 않았나요?
- ☐ 가스 위에 요리를 올려놓고 오랫동안 자리를 비우지 않나요?
- ☐ 창문 방범창이 있는 경우 화재 시 대피할 수 있도록 안에서 열 수 있나요?
- ☐ 가정에 적합한 소화기를 비치하고 사용법을 익혔나요?

이런 사고도 있었어요

화재는 초기에 인지하고 진화해야 해요.

2012년 9월 새벽, 군포에 있는 다세대 주택의 전기식 살충기에서 화재가 발생했어요. 화재는 순식간에 근처에 널어놓은 빨래로 옮겨붙었지요. 제일 먼저 화재를 발견한 할머니가 직접 불길을 잡아 보려 했지만 실패했고, 결국 4세 어린이와 9세 어린이가 숨졌어요. 이 외에도 6명이 부상을 입었어요. 화재를 초기에 인지하고 진화했다면 피해 규모는 훨씬 줄었을 거예요.

09 재난 안전 ▶ 화재

산불현장에서 안전하게 탈출해요

>>> **산불현장에서 안전하게 대피해요.**

- 바람의 반대 방향(바람을 앞으로 맞는 방향)으로 대피해요. 산불은 바람이 부는 쪽으로 확산돼요.
- 초기 산불은 나뭇가지를 이용해 두드리거나 덮어서 불을 꺼요.
- 불길이 닿지 않는 도로, 바위 뒤, 수풀이 적은 곳으로 대피해요.
- 불이 난 곳보다 높은 곳으로 가지 않아요. 불길은 산 위로 번져요.
- 불길에 휩싸이면 불길이 강한 곳(나무 근처)를 피해 이미 타 버린 곳이나 도로, 바위 뒤, 지대가 낮은 곳으로 대피해요.
- 대피가 어려우면 낙엽, 나뭇가지 등 불에 탈 만한 것이 적은 곳을 찾아요. 그런 다음 마른 풀을 긁어내고 얼굴을 가린 후 엎드려 있어요.

>>> **산불 위험요소를 없애요.**
- 등산할 때는 성냥, 라이터를 가지고 가지 않아요.
- 입산 통제 구역에 출입하지 않아요.
- 산에서는 절대로 담배를 피우지 않아요. 건조한 날이나 바람이 많이 부는 날에는 작은 불씨가 대형 화재로 이어질 수 있어요.
- 산과 가까운 곳의 논두렁, 밭두렁을 태우지 않아요.
- 야외에서 취사할 때는 허가된 장소에서만 하고, 취사가 모두 끝난 다음에는 불씨를 철저하게 단속해요.

>>> **주택가로 산불이 확산되면 집에 불이 옮겨붙지 않게 대처해요.**
- 이웃집에 알리고, 불이 집으로 옮겨붙지 않게 문과 창문을 닫아요.
- 집 주변에 물을 뿌리고, 가스, 기름통, 장작 등 불이 붙을 만한 것을 옮겨요.
- 불이 난 산과 멀리 떨어진 논, 밭, 학교 등 공터로 대피해요.
- 가축은 미리 안전한 곳으로 이동시켜요.

 **이런 사고도 있었어요**

산불의 피해는 어마어마해요.

강원도 고성군에서 2000년에 발생한 산불은 꺼지기까지 무려 191시간이라는 긴 시간이 걸렸어요. 피해 면적이 23,794ha, 피해액이 1천억 원에 달했지요. 러시아에는 2010년 7월 말부터 9월 초까지 대형 산불이 지속되었어요. 이 산불로 약 5, 6천 명이 호흡기질환으로 사망했으며 2천여 개의 건물이 붕괴되었어요. 러시아에서 일어난 산불로 인한 피해를 금액으로 환산하면 약 16조 원 정도래요.

09 재난 안전 ▶ 화재

지하철 화재현장에서 안전하게 탈출해요

>>> **지하철 화재현장에서 탈출해요.**

- 평소 지하철 안에 있는 비상통화장치의 위치를 기억해 두었다가 지하철 안에 불이 났을 때 비상통화장치로 화재를 알려요. 휴대전화로 119에 신고해요.
- 어른들에게 소화기가 있는 곳을 알려 주고 불에서 멀리 떨어져요.
- 불을 끄지지 않으면 다른 칸으로 대피해요.
- 어른들이 탈출을 시도하면 부모님의 손을 꼭 잡고 차분히 나가요.
- 선로에 내릴 때는 좌우를 살펴 다른 열차가 오는지 확인해요.
- 벽면이나 바닥, 천장의 유도등, 비상등을 찾아요. 유도등, 비상등을 따라 움직여야 연기가 자욱한 실내에서 빠져나갈 수 있어요.
- 유도등, 비상등이 보이지 않을 경우에는 시각장애인용 보도블록을 따라가요.
- 지상으로 대피하기가 어려울 때는 전동차 진행 방향으로 대피해요.

- 손수건이나 옷으로 코와 입을 가려요. 이때 손수건이나 옷에 물을 묻히면 좋아요. 소화전 옆에 청소를 위해 만들어 놓은 수도꼭지가 있으니 참고해요.

 >>> **화재 사고가 발생하면 질서를 지켜요.**
- 초기 화재일 때는 객실 내 소화기를 이용해 불을 꺼요.
- 다른 사람을 밀치거나 잡아당기지 말고 질서를 지켜서 움직여요. 그래야 골든타임*인 5분 안에 빠져나올 수 있어요.
- 문이 자동으로 열리지 않으면 비상코크를 이용해 출입문을 열어요.
- 비상코크를 사용해도 문이 열리지 않을 때는 소화기로 창문을 깨고 나가요.
- 스크린도어가 열리지 않으면 스크린도어에 설치된 빨간색 바를 밀고 나가요.
- 화재현장에서는 어린이를 잃어버리는 일이 없도록 더욱 신경을 써요.
- 대구시민안전체험관에 가서 지하철 화재 사고 시 탈출을 연습해 봐요. 실제상황 같은 화재 사고가 재현돼 있어요.

* **골든타임** 사고 발생 시 인명을 구조하기 위해 필요한 최소 시간

 **이런 사고도 있었어요**

사고가 일어나면 스스로 탈출을 시도해야 해요.

2003년 2월 18일 대구 도시철도 1호선 중앙로역에 화재가 났어요. 50대 중반의 지적장애인이 갑자기 휘발유가 든 페트병에 불을 붙여서 일어난 화재였지요. 다행히 불이 시작된 지하철은 역으로 정차 중이었기 때문에 대부분의 승객들이 무사히 빠져나갔어요. 하지만 다음 지하철에 불이 옮겨붙으면서 450명의 승객 중 192명이 사망하고 148명이 다쳤지요. 피해를 입은 승객들은 지하철 안에 연기가 자욱한데도 "잠시 기다리라."는 안내방송을 듣고 가만히 문이 열리기를 기다렸어요.

09 재난 안전 ▶ 화재

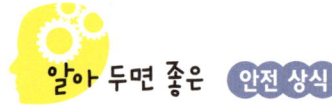
알아 두면 좋은 안전 상식

꼭 기억해야 할 지하철 안전장치를 알아볼까요?

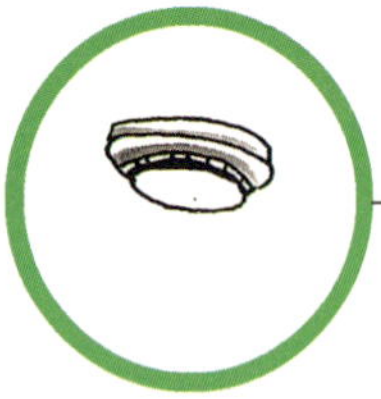

① 비상통화장치
지하철과 지하철 사이 통로 벽면에 있어요. 구형은 마이크폰, 신형은 버튼이에요.

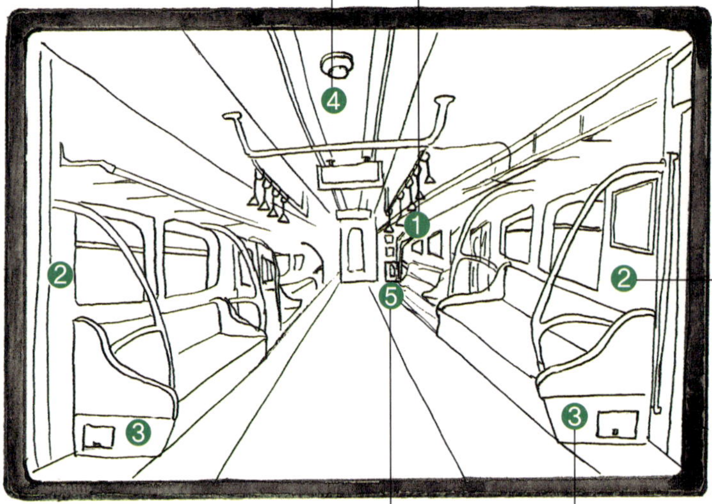

④ 화재감지기
열이나 화재 발생 때 경고음이 나와요.

②, ③ 출입문 비상코크
③은 가스밸브처럼 생겼고,
②은 핸들형으로 돼 있어요.
③은 잡아당기고,
②은 수평 방향에서
수직 방향으로 바꿔요.
방향을 바꾸고 5초 후 문을 열어요.

⑤ 분말 소화기
화재 발생 시 불을 끌 수 있어요.
(소화기 사용법 참고 00쪽)

PART 10

재해 안전

미세먼지/황사
지진/화산
태풍/장마/파도
번개/우박

10 재해 안전 ▶ 미세먼지/황사

황사가 심한 날에는 밖에 나가지 않아요

▶▶▶ **황사특보가 발령되면 밖에 나가지 않아요.**
- 텔레비전에서 황사를 예보하고, 밖의 공기가 뿌옇게 흐린 날은 가능하면 집 안에서만 놀아요.
- 반드시 손을 씻고 식사해요. 미세먼지와 황사에 있는 나쁜 물질이 손을 통해 우리 몸 속으로 들어올 수 있어요.
- 하루에 최소 2L 이상의 물을 마셔요. 물은 호흡기의 습도를 유지해서 미세먼지 배출에 도움을 줘요.

▶▶▶ **미세먼지와 황사로부터 집을 지켜요.**
- 현관문, 창문을 꼭꼭 닫아요. 창문 틈은 테이프로 막아요. 미세먼지는 아주 좁은 문틈으로도 들어올 수 있어요.

- 과일, 채소, 생선은 흐르는 물에 여러 번 씻어요. 과일은 무조건 껍질을 깎아서 먹어요.
- 창문을 닫으면 집 안이 건조해지니까 가습기를 사용해요. 가습기를 사용하면 기침도 덜하게 돼요.
- 공기청정기를 사용해요. 공기청정기가 없을 때는 바닥, 가구, 소파 등을 물걸레로 자주 닦아요.
- 빨래는 꼭 실내에 널어요. 깨끗하게 세탁한 옷을 베란다나 마당에 널면 황사와 미세먼지가 옷에 달라붙어요.

 안전 상식

미세먼지와 황사는 왜 생기는 걸까요?
미세먼지는 자동차 배출가스나 공장 굴뚝 등을 통해 주로 배출되는, 크기가 아주 작은 먼지예요. 1μm*를 기준으로 10μm 이하의 먼지를 미세먼지라고 부르지요. 이 중 지름 2.5μm 이하의 먼지를 초미세먼지라고 불러요.

한편, 황사는 주로 강한 바람에 의해 일어나요. 건조한 모래 먼지가 바람에 의해 조금씩 위로 올라가고, 거기에 강렬한 햇빛까지 쐬면 땅이 뜨거워지면서 더 높이 떠오르게 되는 거예요. 무거운 것은 상승하다 가까운 곳에 떨어지지만, 작고 가벼운 입자는 대기 상층까지 올라가 떠다니다가 멀리까지 이동하여 우리나라를 비롯한 아시아 전역에 영향을 미치는 것이지요.

미세먼지와 황사의 다른 점은 무엇일까요?
황사는 중국 몽골의 사막에서 발생하는 자연현상이에요. 신라 시대 기록에서도 황사에 대한 내용을 찾아볼 수 있지요. 하지만 미세먼지는 자동차, 공장, 가정 등에서 사용하는 화석연료의 사용으로 발생하는 거예요.

황사주의보와 황사경보에 대해 알아볼까요?
기상청에서는 정기적인 예보 외에도 기상상황이 나빠질 때 특보를 발표해요. 황사특보의 경우 2가지 단계로 나눠지는데, 황사로 인한 1시간 평균 미세먼지 농도가 400~800μg/m³인 상태로 2시간 이상 지속될 것으로 예상될 때에는 황사주의보, 800μg/m³ 이상으로 2시간 이상 지속될 것으로 예상될 때에는 황사경보를 발표해요.

---
* **μm(마이크로미터)** 1m의 1/1,000,000

10 재해 안전 ▶ 미세먼지/황사

마스크를 쓰고 외출해요

▶▶▶ **황사가 심한 날 외출한다면 준비를 철저히 해요.**
- 외출할 때는 꼭 마스크를 착용해요.
- 긴소매 옷을 입고, 보호 안경과 모자를 써요.
- 길거리 음식을 먹지 않아요. 눈에 보이지 않는 더러운 먼지와 모래가 입으로 고스란히 들어가요.
- 눈을 비비지 않아요. 눈이 가려우면 흐르는 물에 씻거나 물수건으로 닦아요.
- 코로만 숨을 쉬어요. 코털이 먼지를 한번 걸러 줘요.
- 물병에 물을 담아 들고 다니며 수시로 마셔요.

▶▶▶ **가급적 바깥 공기와 접촉하지 않아요.**
- 노약자, 호흡기 환자는 야외활동을 자제해요.
- 만 5세 이하 어린이와 외출할 때는 반드시 긴소매를 입고 마스크를 착용시켜요. 유모

차에도 바람막이를 씌워 미세먼지와 황사를 막아요.
- 운전할 때는 창문을 닫고 외부 공기가 들어오지 않게 대기순환 모드로 조작해요.
- 운전할 때 앞이 잘 안 보이면 전조등을 켜고 주차는 지하 주차장에 해요.
- 장기 주차 시에는 차 위에 커버를 씌워 주는 것이 좋아요.
- 천식 환자는 외출 시 반드시 기관 확장제와 소염제를 휴대해요.
- 호흡기, 눈, 피부 등에 질병이 있는 환자들은 응급처치가 가능하도록 최대한 준비하고 나가요.

>>> **마스크를 올바르게 착용해요.**
- 마스크를 구입할 때는 제품 외부포장에 '의약외품'이라는 글자와 KF*80, KF94 표시가 있는지 꼭 확인해요. 의약외품으로 허가받은 보건용 마스크는 일반 마스크와 달리 평균 크기 약 0.6μm 이하의 입자를 80% 이상 걸러 낼 수 있어요. 입자 차단성이 없는 방한대는 아닌지, 의약외품으로 허가받지 못한 무허가 마스크를 보건용 마스크로 판매하는 것은 아닌지 꼭 확인해요.
- 수건이나 휴지 등을 덧댄 후 마스크를 사용하지 않아요. 밀착력 감소로 황사, 미세먼지 차단 효과가 떨어져요.
- 마스크를 세탁하지 않아요. 보건용 마스크는 일회용이라 한 번 세탁하면 오히려 먼지나 세균에 오염될 수 있어요. 황사가 심한 날에는 꼭 새 마스크를 사용해요.

 **알아 두면 좋은** 안전 상식

황사 마스크를 고를 때 식품의약품안전처의 허가를 받았는지 확인하라고요?
식품의약품안전처는 평균 크기가 0.6μm인 미세 입자를 80% 이상 차단하는 황사 마스크만 보건용으로 허가해요. 이 보건용 마스크는 아주 작은 먼지까지 차단할 수 있어요.
① **KF80** – 황사, 미세먼지(PM10, PM2.5), 유해물질 80% 이상 차단
② **KF94** – 황사, 미세먼지(PM10, PM2.5), 유해물질 94% 이상 차단

* **KF** Korea Filter

10 재해 안전 ▶ 미세먼지/황사

외출하고 돌아오면 깨끗이 씻어요

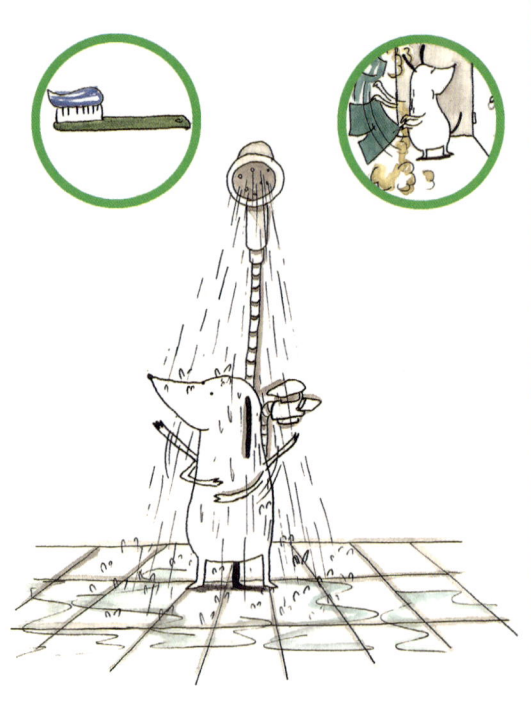

>>> 미세먼지와 황사로부터 내 몸을 지켜요.
- 외출하고 돌아오면 밖의 먼지도 실내로 함께 들어와요. 집 안으로 들어오기 전에 겉옷에 묻은 먼지를 털어요.
- 흐르는 물로 몸을 깨끗이 씻고 양치질을 해요. 귓속, 콧속도 깨끗하게 닦아요.
- 눈이 가렵고 붉어지면서 끈끈한 물질이 나오면 빨리 병원에 가요. 감염된 것일 수 있어요. 코가 간지러워도 마찬가지예요.
- 피부에 문제가 생기면 식염수로 닦고 냉찜질로 진정시켜요.

>>> 평소보다 더 깨끗이 청소를 해요.
- 집 안을 청소할 때는 먼지가 일어나지 않게 창문을 꼭 닫고 물걸레를 사용해요.
- 옷 세탁을 자주 해요. 가구나 섬유에 미세먼지나 각종 세균이 붙어 알레르기를 유발할 수 있어요. 특히 외출 후에는 입었던 옷을 반드시 세탁해요.

- 황사가 끝나면 자동차 안팎을 구석구석 세차해요. 에어필터도 한 달에 1, 2회 청소해요.
- 황사가 끝난 후에는 집 밖을 물로 청소해요. 물을 뿌리면 먼지가 씻겨 나가요.

미세먼지에 노출되면 걸리기 쉬운 병이 있다고요?
장기간 미세먼지에 노출되면 면역력이 급격히 떨어져 감기, 천식, 기관지염 등의 호흡기질환은 물론 심혈관질환, 피부질환, 안구질환 등 각종 질병에 걸릴 수 있어요. 미세먼지는 암을 유발하기도 해요.

황사에 노출되면 걸리기 쉬운 알레르기성 질환이 있다고요?
① **알레르기 결막염**
황사로 인한 이물질이 눈꺼풀이나 결막에 닿으면 걸려요. 눈과 눈 주변이 가렵고, 눈이 빨갛게 충혈되지요. 아프고 화끈거리면서 눈물이 계속 흘러요. 눈곱이 끼기도 해요. 이런 증상이 나타나면 눈을 직접 만지지 말고 인공눈물이나 식염수로 헹군 다음 안과에 가는 것이 가장 좋아요.

② **알레르기 비염**
황사가 코의 점막을 자극해 점액이 늘어나면서 걸려요. 코가 막히거나 가렵고, 콧물이 나면서 재채기를 하게 돼요. 평소에 물을 많이 마시고, 황사 마스크를 사용해요. 제대로 치료하지 않으면 만성 축농증이 생길 수 있으니 꼭 병원에 가서 치료를 받아야 해요.

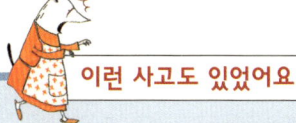

중국에서도 황사로 인한 피해가 심각해요.
2014년 4월 중국에서 슈퍼 황사 때문에 고속도로에서 달리던 트레일러와 고속버스가 충돌하면서 1명이 사망하고 30명이 부상당하는 사고가 일어났어요. 이날은 낮 2시에도 전조등을 켜고 운전을 해야 할 만큼 공기가 탁했을 뿐 아니라 바람도 강해서 차들이 움직이지 못하고 그대로 서 있었어요.

10 재해 안전 ▶ 지진/화산

건물 안에 있을 때는 안전한 곳으로 대피해요

>>> **건물 밖으로 안전하게 대피해요.**
- 비상구로 빠져나가요. 평소에 비상구 위치를 파악하고 있으면 당황해서 우왕좌왕하다 사고당하는 일을 막을 수 있어요.
- 아파트, 빌딩 안에서 엘리베이터를 이용하지 않아요. 정전 때문에 갇힐 수도 있고, 아래로 떨어질 위험도 있어요.
- 엘리베이터를 타고 있을 경우에는 가까운 층에서 내려 비상계단을 이용해요.

>>> **대피할 수 없을 때는 최대한 몸을 보호해요.**
- 쿠션, 방석, 가방 등으로 머리를 보호하고 테이블처럼 단단한 물건 아래 숨어요. 위에서 떨어진 물건 때문에 다치는 경우가 더 많아요.
- 벽면에 기대어 서지 말고 모서리에 몸을 웅크리고 있어요.
- 유리창 가까이 가지 말아요. 유리가 깨질 수 있어요.

>>> **탈출구를 확보하고, 2차 피해를 막아요.**
- 위험주의보 때는 집 안의 가구와 유리창을 테이프로 고정시켜요.
- 비상구를 의자로 고정시켜 미리 탈출구를 확보해요. 철근콘크리트 구조의 아파트 문 등은 위험경보 때 뒤틀려 열리지 않을 수 있어요.
- 가스밸브를 잠가요. 전열기도 모두 끄고 누전차단기도 내려요.
- 불을 사용하는 곳에 소화기구를 설치해요. 화재는 발생 5분 이내 진압해야 피해를 최소한으로 줄일 수 있어요.

>>> **지진이 일어나기 전에 대비해요.**
- 천장이나 높은 곳에 떨어질 수 있는 물건을 두지 않아요.
- 텔레비전, 인터넷, 라디오를 통해 기상상황을 수시로 확인해요.
- 전기배선이나 가스 등을 점검하고 안전하지 않은 곳은 고쳐요.
- 지진이 일어나 가족들이 헤어지게 되었을 때 어디서 다시 만날지 정해요.

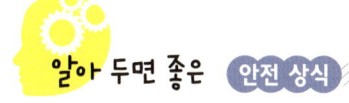

안전표지를 알아볼까요?

표지	용어	의미	적용 분야
🚪	비상구	비상 출구	건물, 부대시설, 공공장소 등
👥	대피소	비상시 대피소	건물, 부대시설, 공공장소 등
✹	비상시 깨고 여시오	비상시 깨고 열 것	건물, 부대시설, 교통시설, 공공시설 등
👨‍⚕️	의사	비상시 의사가 있는 곳	건물, 부대시설, 공공시설, 작업장 등
✚	의무실	의료 서비스를 받을 수 있는 곳	건물, 부대시설, 공공장소, 안내서, 지도 등

10 재해 안전 ▶ 지진/화산

바깥에 있을 때는 넓은 장소로 대피해요

>>> **건물 밖에 있을 때 지진이 나면 넓은 장소로 이동해요.**
- 공터, 학교 운동장, 공원 등 넓은 장소로 대피해요. 주변에 건물이 무너질 염려가 없는 곳이 안전해요.
- 대문이나 담에 기대지 않아요. 지진의 충격으로 대문이 담벼락에서 떨어져 나올 수 있어요. 지진으로 갑자기 담이 무너지면 그 아래 깔릴 위험도 있지요.
- 손이나 가방 등으로 머리를 보호해요. 고정돼 있지 않은 거리 자판기가 넘어지거나 간판이 갑자기 떨어질 수 있어요.
- 공공장소에서는 안내자의 지시에 따라 대피해요. 출구나 계단으로 급히 몰려가면 안 돼요.
- 지진이 끝날 때까지 라디오나 텔레비전 방송을 주시해요.
- 여진*이 끝날 때까지 기다려요. 진동이 약하다고 방심했다가 크게 다칠 수 있어요.

---
* **여진** 큰 지진이 일어난 다음에 얼마 동안 잇따라 일어나는 작은 지진

>>> **운전 중에 지진이 나면 차를 세우고 진동이 멈출 때까지 기다려요.**

- 지진이 일어나면 핸들이 좌우로 흔들려서 제대로 운전을 할 수 없어요. 주위를 살펴보면서 차를 길 오른쪽에 세우고 진동이 완전히 멈추기를 기다려요.
- 지진이 나서 차를 세울 때는 차선을 갑자기 변경하거나 급정거를 하지 않아요. 뒤에 오는 차량과 충돌할 수 있어요.
- 자동차를 버리고 대피해야 할 경우, 창문을 닫고 열쇠는 꽂아 두고 문은 잠그지 않아요.
- 지하철을 타고 있을 때 지진이 나면 차내 안내방송을 따라 행동해요.
- 큰 충격이 있을 수 있으므로 손잡이 등을 꽉 잡아서 넘어지지 않도록 해요.
- 진동이 잦아들면 차내 안내방송에 따라 침착하게 행동해요.
- 산이나 바다에 있을 때 지진이 나면 재빨리 위험 지역을 벗어나요.
- 산 근처나 급한 경사지에서는 산사태가 일어날 수 있으므로 안전한 곳으로 대피해요.
- 바닷가에서는 해일이 발생할 수 있으니 안내방송에 귀를 기울여야 해요.

진도는 어떻게 구분할까요?

진도1(미진) – 민감한 사람만 느낄 수 있는 정도
진도2(경진) – 보통 사람도 느끼고 문이 약간 흔들리는 정도
진도3(약진) – 건물이 흔들리고, 물건이 떨어지고, 그릇에 담긴 물이 진동함
진도4(중진) – 건물이 심하게 흔들리고, 그릇에 담긴 물이 넘쳐흐름
진도5(강진) – 벽에 금이 가고 건물이 다소 파괴되는 정도

지진 피해는 1차 재해와 2차 재해로 구분한다고요?

지진 자체가 원인이 되는 1차 재해는 보통 지진에 의해 땅이 갈라지면서 발생하는 건물 및 다리의 붕괴, 사람들의 부상이나 사망 등이 있어요. 지진이 끝난 후 발생하는 2차 재해로는 화재 및 수도, 전기, 가스, 통신 등의 기간망 파괴로 인한 산업 시설 파괴와 교통 혼란 및 유해 물질 유출 등에 따른 사회 전반의 혼란이 포함되지요. 일단 지진이 발생하면 1차 피해보다 2차 피해가 더 심각해요. 건물이 무너지면서 사람들이 많이 죽고, 막대한 재산 피해가 발생하기 때문에 다른 재해보다 더 많이 대비하고, 경계해야 해요.

10 재해 안전 ▶ 지진/화산

화산이 폭발할 때 안전하게 대피해요

 **화산이 폭발하면 이렇게 해요.**
- 일단 마스크, 손수건 등으로 코와 입을 막아요.
- 실내에 있다면 허둥대지 말고 침착하게 상황을 파악해요.
- 밖에 있다면 공공기관의 지시에 따라 신속히 대피소로 이동해요.

 **안내방송에 따라 안전하게 대피해요.**
- 평소에 방진 마스크, 눈 보호 장비, 물, 비상식량, 손전등, 구급상자 등 구호 물품을 준비해요.
- 문과 창문 틈을 젖은 수건이나 테이프로 막아요.
- 화재에 대비해 집 안 콘센트의 플러그를 뽑고, 가스밸브는 잠가요.
- 높은 곳으로 대피해요. 유독가스는 무거워서 밑으로 퍼져요.
- 텔레비전, 라디오의 대피 방송에 따라요.

- 대피소에 도착하면 마스크, 손수건 등으로 코와 입을 막고 조용히 실내에서 상황을 파악해요.
- 화산 분출이 끝나면 고글과 마스크를 착용하고 신속히 차량 및 집 안의 화산재를 깨끗이 씻어 내요.

 안전 상식

화산 재해의 유형을 알아볼까요? [기상청]

① **용암에 의한 피해** – 집이 부서지고 땅이 용암에 덮여 농사짓기가 어려워져요. 산불도 발생해요.

② **화산재와 화산가스에 의한 피해** – 화산재가 주변을 덮고 하늘 높이 올라가 햇빛을 가려요. 대기오염도 발생시키지요.

③ **이상 저온 현상에 의한 피해** – 떠다니는 화산재가 파라솔처럼 태양을 가려서 지구로 전달되는 태양열을 차단하기 때문에 이상 저온 현상이 발생해요.

④ **지표수의 산성화 오염** – 화산재나 화산 쇄설물* 등으로 강이나 호수가 오염돼요.

⑤ **화산 구름으로 인한 피해** – 화산재 등으로 구성된 구름 때문에 비행기 운항이 통제돼요.

⑥ **기타 피해** – 순식간에 지형을 변화시키고 산사태 및 홍수를 일으켜요.

백두산과 한라산은 사화산일까요, 휴화산일까요, 활화산일까요?

사화산은 활동이 완전히 끝난 화산이에요. 앞으로 화산 작용이 없을 것으로 예상되는 화산이지요. 휴화산은 옛날에는 분화했지만 현재는 분화를 멈춘 화산이에요. 활화산은 지금도 화산 활동을 계속하고 있는 화산을 말하지요. 1만 년 이내에 화산 활동이 있었다면 활화산, 화산 활동이 없었다면 휴화산으로 구분해요. 백두산과 한라산은 모두 휴화산으로 알려져 왔지만, 두 화산이 활화산이라는 증거가 계속 나오고 있어요. 한라산은 약 5천 년 전에 폭발이 있었다는 사실이 밝혀졌고, 백두산은 2002년부터 2005년까지 화산 지진이 급격히 증가하면서 한국과 중국 지질학자들이 합동 연구를 하고 있어요.

* **쇄설물** 자질구레한 부스러기로 이루어진 물건

10 재해 안전 ▶ 태풍/장마/파도

바람이 세게 불 때 밖에 나가지 않아요

>>> **바람이 많이 부는 날은 밖에 나가지 않아요.**
- 바람이 많이 부는 날 나가 놀면 눈에 흙먼지가 들어가거나 마구 떨어지는 물건들에 맞아서 다칠 수 있어요.
- 바람이 세다고 고개를 숙이거나 눈을 감고 걸으면 안 돼요. 앞을 볼 수 없어서 다른 사람과 부딪혀요. 또 바람에 떨어진 물건을 피할 수 없어서 위험해요.
- 대형 공사장 근처에 가지 않아요. 심한 바람에 공사장 안전울타리가 무너질 수도 있고, 건축자재 등이 바람에 날리거나 떨어질 수도 있어요. 크레인 등 높은 철골구조물도 위험해요.

>>> **태풍에 대비해요.**
- 강한 바람에 유리가 깨질 수 있으니 현관문과 창문을 잘 닫고, 유리가 창틀에 고정되도록 젖은 신문지나 테이프를 붙여요.

- 베란다 화분과 자전거 등을 실내로 옮겨요. 바람에 날아가면 지나가던 사람이 맞아 다칠 수 있어요.
- 비전도체인 막대나 고무장갑 등을 사용해서 가스나 전기를 차단해요. 맨손으로 하면 위험해요.
- 정전 때 사용 가능한 손전등을 준비해요. 강풍으로 정전이 될 수 있어요.
- 지하나 오래된 건물 등 붕괴 우려가 있는 곳에는 머무르지 않아요.
- 운전 중일 때는 속도를 충분히 줄이고, 위험한 물체가 날아오지 않는지 주위를 잘 살펴요.

미리미리 안전 연습 확인해 봐요

태풍에는 무엇을 챙겨야 할까요?
- ☐ 마실 물
- ☐ 비상식량(라면, 즉석 요리제품 등)
- ☐ 비상 약
- ☐ 전기, 가스, 창문 점검
- ☐ 손전등(정전 대비)
- ☐ 튜브, 대야, 로프 등(홍수 대비)
- ☐ 일기예보를 들을 수 있는 장치(텔레비전, 라디오, 스마트폰 등)

 알아 두면 좋은 **안전 상식**

바람 세기는 어떻게 구분할까요?

7센바람(13.1~17.1m/s) – 나무 전체가 흔들리며 바람을 안고서 걷기가 어려움

8큰바람(17.2~20.7m/s) – 작은 나무가 꺾이며 바람을 안고서 걸을 수가 없음

9큰센바람(20.8~24.2m/s) – 가옥에 다소 손해가 있으며 굴뚝이 넘어지고 기와가 벗겨짐

10노대바람(24.5~28.4m/s) – 수목이 뿌리째 뽑히고, 가옥에 큰 손해가 일어남

11왕바람(28.5~32.6m/s) – 광범위한 파괴가 생김

12싹쓸바람(32.7m/s 이상) – 아주 심각한 피해를 일으킴

10 재해 안전 ▶ 태풍/장마/파도

비가 많이 올 때 밖에 나가지 않아요

 꺼꾸리 안전 Tip ▶▶▶ 가능한 한 외출을 삼가고, 어쩔 수 없이 밖에 나가게 되면 사고에 주의해요.

- 천둥, 번개가 칠 때 전봇대나 큰 나무 밑으로 피하지 않아요. 우산을 쓰고 있는 것도 위험해요.
- 맨홀에 가까이 가지 않아요. 갑자기 불어난 물에 뚜껑이 열려 아래로 빠질 수 있어요. 또 맨홀 뚜껑에 기포가 생기면 갑자기 뚜껑이 열려 다칠 수도 있어요.
- 바닥에 떨어진 전선 근처에 가지 않아요. 물과 전기가 만나면 감전 위험이 있어요.
- 물에 잠긴 도로로 걸어가지 않아요. 물에 잠긴 도로를 걸을 때는 구덩이, 공사장 등 안전표지판을 잘 살피고 감전 사고에 주의해요.
- 도로가 물에 잠겼을 때는 높은 곳으로 피해요.
- 배수구를 돌이나 나뭇잎, 쓰레기로 막지 않아요. 물이 흘러내려 가지 못해 동네가 물에 잠길 수 있어요.

>>> **상황에 따라 알맞게 대처해요.**
- 피해 예상 지역 주민은 모래주머니를 준비해요. 물이 건물 지하나 1층으로 들어오는 것을 막을 수 있어요.
- 튜브와 로프 등을 미리 준비해 두면 도로와 주택이 잠겼을 때 탈출 수단으로 사용할 수 있어요.
- 하천 범람 우려 지구에 살고 있다면 지정된 학교 등 대피 장소와 헬기장 위치를 미리 알아 둬요.
- 운전 중일 때는 강 근처나 지하 주차장에 주차하지 않아요. 언제 물이 불어날지 몰라요.
- 산간 계곡에서 고립되거나 급류를 만났을 경우에는 무리하게 건너지 않아요. 반드시 119에 구조 요청을 하고 도움을 받아요.

>>> **비가 그쳤을 때도 주의해요.**
- 대피 후 집에 들어갈 때 붕괴 가능성을 점검해요. 하수구나 집 주변의 배수구도 점검하고 막힌 곳은 뚫어야 해요.
- 침수된 요리 재료는 사용하지 않아요. 수돗물이나 저장 식수도 오염 여부를 확인하고 사용해요.

이런 사고도 있었어요

장마기간 중 갑작스런 폭우로 많은 피해가 발생했어요.

2011년 7월 27일 밤부터 28일 새벽까지 서울에 300mm가 넘는 폭우가 쏟아졌어요. 장마기간 강수량의 절반이 넘는 비가 이틀 만에 내리면서 서울에는 많은 피해가 생겼지요. 우면산이 무너지면서 토사가 인근 주거 지역을 덮쳐 주민 17명이 사망했어요. 또 불어난 빗물 때문에 곳곳의 도로가 통제되어서 많은 시민들이 불편을 겪었어요.

10 재해 안전 ▶ 태풍/장마/파도

큰 파도에 쓸려가지 않게 조심해요

방파제 방조제

>>> **위험한 상황을 만들지 않아요.**
- 날씨가 안 좋을 때는 해변 근처에 가지 않아요.
- 시야가 확보되지 않는 밤에 해변가에서 절대로 놀지 않아요.
- 높은 파도가 발생할 위험이 있는 방파제, 방조제 등에 접근하지 않아요.
- 구명조끼를 입어요. 구명조끼는 바다의 안전벨트 역할을 해요.

>>> **위험상황에 맞닥뜨렸다면 침착하게 행동해요.**
- 파도에 휩쓸리면 가만히 있어요. 당황해서 몸부림치면 탈진 위험이 있어요.
- 위급상황 발생 시 즉시 해양경찰(122)에 신고해요. 육상 중심의 구조기관인 119로 신고하면 해양경찰로 사고 내용이 전달되는 만큼 현장 출동이 늦어져요.

>>> **풍랑이 오기 전에 철저히 대비해요.**
- 손전등, 라디오, 상비약 등 대피에 필요한 준비물을 챙겨요.

- 풍랑이 왔을 때 대피할 장소를 미리 정하고 경로를 확인해 둬요.
- 집이 해안가에서 가까우면 발화성, 유독성 물건을 안전한 곳으로 옮겨요.
- 선박은 움직이지 않게 고정해요. 가능한 한 항구 밖으로 이동시키는 것이 좋아요.

>>> **풍랑특보가 발령되면 방송에 따라 안전하게 대피해요.**
- 라디오, 텔레비전, 인터넷 등을 통해서 기상상황을 계속 확인해요.
- 해안가에서는 경보가 울리면 하던 일을 멈추고 신속히 고지대로 대피해요.
- 장애인이나 노약자는 외출을 자제하고 해안가에 접근하지 않도록 해요.
- 해안가에 있는 높은 시설물에는 가까이 가지 않아요.
- 해안도로는 파도에 휩쓸려 유실될 수 있으므로 가급적이면 이용하지 않아요.
- 안내방송이 없어도 위험을 느끼면 신속히 안전한 곳으로 대피해요.

안전 상식

풍랑주의보와 풍랑경보의 발령 기준이 뭐예요?

① 풍랑주의보

해상에서 3시간 이상 풍속 14m/s이 넘는 바람이 지속되거나 파고*가 3m를 초과할 것으로 예상될 때 발표해요.

② 풍랑경보

해상에서 3시간 이상 풍속 21m/s이 넘는 바람이 지속되거나 파고가 5m를 초과할 것으로 예상될 때 발표해요.

---
* 파고 물결의 높이

이런 사고도 있었어요

쓰나미에 휩쓸리면 목숨을 지키기 어려워요.

2004년 12월 26일 인도네시아의 수마트라 섬 인근에서 발생한 해저 지진 때문에 몰디브, 소말리아까지 쓰나미가 도달했어요. 지진 시작 지점에서 2천km 떨어진 태국의 방콕 건물이 흔들리고, 스리랑카 해변에는 10m 높이의 파도가 일어났지요. 이 쓰나미로 인해 약 28만 명이 목숨을 잃었어요. 2011년 3월 11일 일본 도후쿠 지방에서 발생한 쓰나미로는 4만 명 이상이 목숨을 잃었지요.

10 재해 안전 ▶ 번개/우박

번개가 치면 감전되지 않게 조심해요(집 밖)

꺼꾸리 안전 Tip

▷▷▷ **번개가 치는 날에 대비해요.**
- 야외활동을 하기 전에 기상 정보를 확인해 번개가 칠지 알아봐요.
- 비 오는 날 번개가 치면 우산보다는 비옷을 준비하는 것이 좋아요.

▷▷▷ **번개가 치면 안전한 곳으로 이동해요.**
- 가까운 건물 안으로 최대한 빨리 들어가요.
- 근처에 건물이 없다면 물이 없는 움푹 파인 곳으로 대피해요. 탁 트인 곳보다 낮은 지대가 안전해요.
- 평평한 곳, 높은 곳에서는 무릎 사이로 머리를 숙이고 팔로 다리를 감싸서 둥글게 만들어요.
- 절대 땅에 눕지 않아요. 땅속으로 번개가 들어가면 감전 사고를 당할 수 있어요.

▷▷▷ **감전되지 않게 조심해요.**
- 철조망, 전신주, 가로등, 신호등을 만지지 않아요. 되도록 멀리 피해요.

- 야외 수영장에서 수영하지 않아요.
- 하천 주변에서는 가능하면 야외활동을 하지 않아요. 벼락은 산골짜기나 강줄기를 따라 이동하는 성질이 있어요.
- 근처에 공사장이 있다면 금속성 건축자재 등에서 멀리 떨어져 있어요.
- 우산처럼 긴 물건은 벼락을 끌어들이니까 땅에 놓고 멀리 떨어져요.
- 차 안으로 대피해요. 바깥보다 차 안이 안전해요. 벼락이 차의 표면을 따라 흐르다 타이어를 통해 땅으로 사라지거든요. 이때 시동은 끄고, 몸이 차량의 금속과 닿지 않게 주의해요.

>>> **벼락 치는 날, 산에서 길을 잃었다면 이렇게 해요.**

- 아는 길이 나올 때까지 왔던 길을 되짚어 가요.
- 산속 갈림길에서 등산로 표지판이 보이지 않으면 산악 회원들이 나뭇가지에 묶어 놓은 리본을 찾아요.
- 앞이 잘 보이는 높은 곳에 올라가 스스로 어디에 있는지 확인한 뒤 방향을 잡아요.
- 어두운 밤에는 움직이지 않아요. 큰 나무나 바위 밑에 쌓인 낙엽을 바닥에 깔고 체온을 유지하며 해가 뜰 때까지 기다려요.

10 재해 안전 ▶ 번개/우박

>>> **여름에는 갑자기 소나기가 내리거나 벼락이 쳐요.**

- 벼락은 높은 물체에 떨어지기 쉬워요. 만약 산 정상에서 벼락을 만났다면 재빨리 낮은 지역으로 내려가거나 구덩이 또는 동굴에 숨어요.
- 땅에 엎드리는 것은 위험해요. 번개에 잘 맞는 큰 나무 아래도 위험해요. 낮은 나무 아래로 가서 몸을 웅크리고 앉아요. 숲 속에 있다면 최대한 작은 나무들이 촘촘히 우거진 곳으로 피해요.
- 금속성 물건(귀걸이, 카메라 등)은 배낭에 넣고, 등산스틱은 땅에 던져 몸에서 멀리해요.
- 식물과 절벽, 작은 시내 등은 전도체*가 될 수 있어요. 특히 빗물이 흐르는 바위에 벼락이 떨어지면 물을 타고 전류가 흘러 감전될 수 있으니 조심해요.
- 신발이 젖으면 절연체*인 배낭이나 침낭, 로프를 깔고 앉아요.
- 무리 지어 모여 있으면 위험해요. 일행과 5m에서 10m 정도 떨어져서, 무릎을 굽혀 자세를 낮춘 상태로 대피해요.

---
* **전도체** 전기가 잘 통하는 물체
* **절연체** 전기가 잘 통하지 않는 물체

이런 사고도 있었어요

벼락에 맞으면 목숨이 위험해요.

2007년 7월 29일 북한산과 수락산에서 벼락 때문에 사고가 났어요. 약 10명의 사람이 벼락에 맞거나 등산 스틱 또는 등산로에 설치된 쇠줄에 감전돼 다치거나 목숨을 잃었지요. 벼락은 10억V의 전압이 흐르며 온도가 2, 3만°C에 달해요. 일단 맞으면 심장마비 또는 화상 같은 돌이킬 수 없는 피해를 입게 되지요. 기상청 관측 결과, 최근 10년간 연평균 벼락 횟수는 약 14만 회로 보통 여름철(6~8월)에 많이 발생해요. 여름철에 특히 조심해요.

번개/우박 ▶ **재해 안전 10**

번개가 치면 감전되지 않게 조심해요(집 안)

 >>> **집 밖으로 나가지 말고, 감전되지 않게 조심해요.**
- 출입문, 창문에서 거리를 유지하고 마지막 천둥소리를 들은 지 30분 동안 밖에 나가지 않아요. 번개가 칠 때는 건물과 차 안이 가장 안전해요.
- 컴퓨터, 밥솥, 냉장고 등 전기제품과 1m 이상 떨어져 있어요. 휴대전화도 사용하지 않아요. 금속관을 통해서 감전될 수 있으니 욕조, 수도꼭지도 만지지 않아요.

 >>> **감전되지 않게 조심해요.**
- 번개가 칠 때 설거지 또는 샤워를 하지 않아요. 물을 만지거나 몸에 끼었으면 전류가 우리 몸으로 흘러들어 감전될 수 있어요.
- 번개가 멈추면 전화기 또는 전기제품 등의 플러그를 빼 놓아요.
- 번개가 치고 있을 때는 전기제품을 만지면 안 돼요.

10 재해 안전 ▶ 번개/우박

우박으로부터 내 몸을 지켜요

>>> 우박으로부터 내 몸을 지켜요.
- 신문지, 가방, 옷, 우산 등으로 머리와 몸을 보호해요. 작은 우박도 속도가 빨라서 부상을 입을 수 있어요.
- 조심조심 걸어요. 우박 알갱이가 도로에 흩어져 있으면 미끄러워 넘어질 수 있어요.
- 우박을 먹지 않아요. 우박은 오염된 공기가 얼어서 만들어진 거예요. 깨끗하지 않아요.

>>> 운전 중에 우박이 떨어지면 최대한 안전하게 움직여요.
- 주정차가 가능하면 나무 밑이나 가림막이 될 만한 장소에 차를 멈춘 후 기다려요. 창문 유리가 깨지거나 차량 지붕이 손상될 수도 있어요.
- 주정차가 불가능하면 창문을 닫고 와이퍼를 작동시킨 후 속도를 줄여 천천히 운전해요. 비와 우박으로 도로가 미끄러워 사고가 날 수 있어요.

PART 11

전기 안전

기본 수칙
여름 가전
겨울 가전
생활 가전

11 전기 안전 ▶ 기본 수칙

콘센트에 플러그를 제대로 끼워요

 꺼꾸리 안전 Tip

감전에 주의해요.

- 콘센트에 이물질을 넣지 않아요. 잘못하면 손에 전기화상을 입어요. 철사, 가위, 송곳, 수저, 칼, 못, 바늘, 압정, 핀 등은 특히 전기가 잘 통하는 물건이에요.
- 젖은 손으로 전기제품을 만지지 않아요. 물은 전기가 잘 흐르기 때문에 젖은 손으로 전기제품을 만지면 감전될 위험이 있어요.
- 욕조에서 전기제품이나 건전지를 사용하는 장난감을 가지고 놀지 않아요.
- 콘센트에 물을 뿌리지 않아요.
- 전기제품 주변에 화분이나 가습기 등 습기가 있는 물건을 놓지 않아요.
- 전선이 물에 잠겼을 때 가까이 가지 않아요.
- 사용 중인 전기제품의 전선으로 장난치지 않아요.
- 전선을 몸에 감거나 가위로 자르지 않아요.

- 집 밖에서도 전선이 바닥에 떨어져 있다고 함부로 만지지 않아요. 손뿐만 아니라 잠자리채나 긴 막대기로 건드리는 것도 위험해요.
- 플러그를 끼울 때는 끝까지 완전하게 끼우고, 뺄 때는 플러그를 잡고 빼요. 전선을 잡아당겨 플러그를 뽑으면 줄이 끊어지거나 합선될 수 있어요. 그렇게 되면 전기가 몸 속으로 흘러들어 와 목숨을 잃을 수도 있고 불이 날 수도 있지요.
- 전기제품이 고장 나면 즉시 어른들에게 알리고, 전문 수리점에 맡겨요. 감전의 위험이 있어요.

엄마 안전 Tip

>>> **바닥에 있는 플러그나 전선 등을 발에 걸리지 않게 치워요.**
- 전선은 벽 쪽에 테이프나 스테이플러 등으로 고정시키고 주기적으로 떨어지지 않았는지 확인해요.
- 사용하지 않는 콘센트에는 안전덮개를 덮어 두고, 가정 내에는 반드시 누전방지장치를 설치해요.

>>> **낡은 전선은 교체하고, 플러그는 헐겁게 끼우지 않아요.**
- 플러그를 콘센트에 제대로 끼워요. 헐겁게 끼우고 사용하면 감전될 수 있어요. 콘센트에 끼운 플러그를 뺄 때에는 몸체를 잡고 뽑아요.
- 문틈에 전선이 끼이지 않게 조심해요. 잘못하면 전선 내부의 동선이 끊어지면서 화재가 일어날 수 있어요.
- 콘센트가 헐거워졌다고 느껴지면 바로 교체해요. 특히 겨울에는 난로, 전기장판 등 전기제품의 사용이 많아 콘센트 자체가 헐거워질 수 있어요.

>>> **1개의 콘센트에 하나의 전기제품만 연결해 사용해요.**
- 콘센트 1개에 여러 개의 플러그가 끼워져 있으면 소비 전류의 양을 못 따라가 불꽃이 튀며 화재가 발생할 수 있어요. 전선마다 전기가 흐를 수 있는 양이 정해져 있기 때문이지요.
- 사용하지 않는 전기제품의 플러그는 반드시 빼 둬요. 전원을 꺼도 플러그가 끼워져 있으면 미세하게 전류가 흘러요.

>>> **수시로 청소해서 먼지가 쌓이지 않게 해요.**
- 콘센트와 전기제품의 먼지를 마른걸레로 자주 닦아요. 내부에 먼지가 잔뜩 낀 상태에서 습기가 닿으면 합선될 수 있어요.
- 배전반 내의 먼지, 금속 가루, 밀가루, 톱밥, 섬유 먼지 등 가연성 분진이 많이 발생하는 장소는 수시로 청소해 분진이 쌓이지 않도록 해요.

11 전기 안전 ▶ 기본 수칙

- 바닥에 놓고 사용하는 콘센트, 김치냉장고처럼 일단 설치하면 이동하지 않는 전기제품에도 먼지가 많이 쌓이므로 자주 닦아요.
- 선풍기에 쌓인 먼지도 제거해요. 먼지 때문에 모터가 과열돼 화재가 날 수 있어요.

>>> **마른손으로 전기제품을 사용해요.**
- 젖은 손은 마른손보다 전기 전도도*가 커요. 더 많은 전류가 흐르기 때문에 감전될 위험이 높지요.
- 세탁기, 식기건조기, 정수기 등의 가전제품을 물이 있는 곳에서 사용하지 않아요. 누전될 경우 물기가 많은 장소는 매우 위험해요.

>>> **불량 전기제품을 사용하지 않고, 월 1회 이상 누전차단기 이상 유무를 시험해요.**
- 'KS' 표시가 없는 불량품을 사용하면 누전이나 합선 등으로 인해 감전, 화재가 일어날 가능성이 높아요.
- 고장이 났다고 판단되면 빨리 수리해요. 인증받은 제품도 고장 난 상태로 계속 사용하면 위험해요.

---

* **전기 전도도** 물질이나 용액이 전하(물체가 띠고 있는 정전기의 양으로, 이것이 이동하는 현상이 전류)를 운반할 수 있는 정도

미리미리 안전 연습 확인해 봐요

누전을 방지하려면 어떻게 해야 할까요?
- ☐ 220V 전압 공급 지역에서는 반드시 누전차단기를 설치해요.
- ☐ 건물이나 대용량 전기제품의 배선을 분류해 배선별로 누전차단기를 설치해요.
- ☐ 배선의 피복 손상 여부를 수시로 확인해요.
- ☐ 전선이 금속체나 젖은 구조물과 직접 접촉하지 않도록 배선해요.

합선을 방지하려면 어떻게 해야 할까요?
- ☐ 퓨즈나 과전류 차단기를 정격 용량으로 사용해요.
- ☐ 용량에 적합한 선을 사용해요.
- ☐ 낡거나 손상된 전선은 새 전선으로 교체해요.
- ☐ 보이지 않는 장소에 시설된 전선도 수시로 점검해 이상 유무를 확인해요.
- ☐ 배선은 보호관을 사용해 열이나 외부 충격 등에 노출되지 않도록 해요.

 알아 두면 좋은 안전 상식

전기 사고는 어떻게 일어날까요?
전기는 눈에 보이지 않고, 냄새와 소리가 없어서 인식하기 힘들어요. 하지만 전기는 감전과 화재 등의 사고를 일으키는 원인 중 하나예요. 사고는 일반 가정이나 공장 등 어디에서나 발생할 수 있어요. 일단 사고가 일어나면, 급속히 번지기 때문에 대피 시간이 부족해 위험해요.

누전이 뭐예요?
전선 피복이 손상돼 전류가 흘러야 할 정상적인 도선으로 흐르지 않고 새거나 다른 전기제품과 금속 재료 등으로 흘러가는 현상을 말해요.

합선이 뭐예요?
배선이나 전기제품의 용량을 무시하고 과다 사용하면 과전류로 인해 전선 피복이 녹아요. 피복이 녹으면 양극(+)과 음극(-)으로 된 두 전선이 맞닿아 스파크와 불꽃이 동시에 일어나며 높은 열이 발생되지요. 합선은 이러한 현상을 말해요.

감전이 뭐예요?
전기가 접촉한 사람의 몸을 전도체 삼아 지나가는 현상을 말해요.

전류의 크기(mA)	인체에 미치는 영향
1	약간 찌릿한 느낌이 든다.
5	통증을 느낀다(근육의 자제 기능).
10	자제할 수 없는 고통을 받는다.
20	근육의 경련 현상으로 근육이 수축되고 움직일 수 없다.
50	위험한 상태로 근육이 경직되고 호흡이 곤란하다.
100	치명적인 장애 또는 사망에 이른다.

 이런 사고도 있었어요

콘센트에 젓가락을 넣으면 절대로 안 돼요.

지난 2013년 8월, 한 여자 어린이가 음식점에서 쇠젓가락을 콘센트에 집어넣어 감전되는 사고가 발생했어요. 호기심 많은 어린이가 가족들과 식사를 하던 중 양손에 들고 있던 젓가락을 콘센트에 끼운 거예요. 순식간에 감전 사고가 일어났고, 어린이는 의식을 잃었어요. 다행히 병원에 입원해 며칠 만에 의식을 되찾았지만, 한동안 스스로 앉거나 일어서지 못할 정도로 후유증을 겪었다고 해요.

11 전기 안전 ▶ 기본 수칙

정전이 되었을 때 안전하게 행동해요

>>> **깜빡이는 형광등을 만지지 않아요.**
- 형광등이 깜빡이면 스위치를 끄고 부모님께 말씀드려요.
- 빗자루 같은 물건으로 형광등을 건드리지 않아요. 형광등이 깨져 다칠 수 있어요.
- 높은 곳에 올라서서 만지지 않아요. 넘어질 위험이 있어요.
- 형광등에 손대지 않아요. 감전될 수 있어요.

>>> **정전이 되면 침착하게 대응해요.**
- 어린이가 좋아하는 장난감을 가져다 준 후 손전등 등으로 불을 밝혀 줘요. 어린이는 어둠에 민감하기 때문에 불안해하거나 두려워할 수 있어요.
- 정전이 되면 세탁기, 건조기, 텔레비전, 전자레인지, 냉장고, 컴퓨터 등의 플러그를 뽑고 스위치도 꺼 놓아요. 갑자기 전기가 돌아오면 전기제품에 무리가 갈 수 있어요.
- 전기가 들어온 것을 알 수 있도록 전구 하나 정도만 끼워 놓아요.

 알아 두면 좋은 안전 상식

누전차단기가 뭐예요?
전선 껍질이 벗겨지거나 전기제품이 고장 나서 누전됐을 때 전기를 자동으로 끊어 주는 장치예요. 아주 적은 양이 누전돼도 0.03초 내로 순식간에 전기를 끊어 줘요.

배선용 차단기가 뭐예요?
정해진 용량 이상의 전기가 흐르면 자동으로 차단되는 장치예요. 크기가 작고 가벼운 데다 조작이 간편해서 널리 사용되고 있어요.

 미리미리 안전 연습 **몸으로 익혀요**

우리 집만 정전이 됐어요.

- 플러그를 뽑고 스위치를 꺼요.
- 누전차단기의 이상 유무를 확인해요. 누전차단기가 내려가 있으면 올려 줘요.
- 옥내 전기설비에 이상이 있으면 전기공 사업체에 의뢰해서 수리해요.
- 옥내 전기설비에 특별한 이상이 없을 때에는 한국전력공사에 연락해요.

이웃집과 같이 정전이 됐어요.

- 동요하지 말고 잠시 기다려요. 한국전력공사 선로 고장이라면 대부분 빠르게 복구돼요. 물론 사고 유형에 따라 다소 시간이 소요될 수도 있어요.
- 아파트는 단지 내 선로 및 전기설비의 고장일 수 있으니 관리사무소에 연락해요.

11 전기 안전 ▶ 여름 가전

선풍기를 안전하게 사용해요

>>> **선풍기를 안전하게 사용해요.**
- 작동 중인 선풍기에 손가락을 넣지 않아요. 움직이는 선풍기 날개에 크게 다칠 수 있어요. 피부를 베일 수도 있고, 심하면 손가락이 부러지기도 해요.
- 작동 중인 선풍기에 이물질을 넣지 않아요. 선풍기가 고장 날 수 있어요.
- 선풍기를 켰을 때 떨림이나 소음이 심하다면 작동을 멈추고 확인해요. 날개의 균형이 맞지 않거나 날개가 단단히 조립되지 않은 경우일 수 있어요.

>>> **선풍기를 제대로 구매하고 설치해요.**
- 구입 전 전기용품 안전 인증을 받은 제품인지 확인해요.
- 선풍기 날개에 그물망 형태의 안전망을 씌워 사용해요.
- 안전망을 만지면 일시적으로 작동이 멈추는 기능이 있는 선풍기를 사용해요.
- 날개 없는 선풍기를 사용하는 것도 좋아요.

 **확인해 봐요**

우리 집 선풍기는 안전할까요?

- ☐ 선풍기의 날개 균형이 맞나요?
- ☐ 전선이 꼬여 있지는 않나요?
- ☐ 기계가 과열되어 있지는 않나요?
- ☐ 모터 내부에 먼지가 쌓여 있지는 않나요?
- ☐ 모터에서 이상한 소리나 냄새가 나지는 않나요?
- ☐ 선풍기 안전망에 빨래를 걸쳐 놓지 않나요?
- ☐ 통풍구(모터 후면)을 막아 놓고 있지는 않나요?

- 어린이가 주로 활동하는 장소를 피해 선풍기를 안전하게 설치해요.
- 벽이나 천장에 설치한 선풍기의 부착 상태 등을 자주, 꼼꼼히 점검해요. 벽걸이 선풍기는 갑자기 머리 위로 떨어지거나 해체되는 경우가 있어요.

>>> **선풍기를 올바르게 사용해요.**

- 선풍기 모터가 과열되면 화재가 날 수 있어요. 선풍기를 오랜만에 작동할 때는 모터의 소리, 날개의 회전, 비정상적인 냄새나 발열 등을 반드시 점검하고 사용해요.
- 안전을 위해 선풍기 내부의 모터 박스에 쌓인 먼지를 제거하고 사용하는 것이 좋아요.
- 선풍기를 틀 때 모터 후면의 통풍구를 막지 않아요.
- 외출할 때는 전원을 끄고 가능하면 플러그를 뽑아 둬요.
- 선풍기 위에 젖은 빨래를 올려놓지 않아요. 화재가 날 위험이 있어요.

>>> **선풍기나 에어컨을 사용할 때는 반드시 타이머를 설정해요.**

- 회전 모드를 작동시키고 방문을 열어요. 더운 여름철에 선풍기 바람을 특정 부위에 집중적으로 오래 쐬면 몸 안의 수분을 지속적으로 빼앗겨 저체온증이 발생해요.
- 자기 전, 선풍기를 벽 쪽으로 향하게 해요. 바람을 직접 쐴 경우 이산화탄소 포화 농도는 높아지고 산소 농도는 떨어져 산소 부족으로 목숨을 잃을 수 있어요.

 **이런 사고도 있었어요**

선풍기가 과열되면 화재가 일어날 수 있어요.

2015년 8월 울산의 한 단독주택에서 불이 났어요. 불은 주택 내부와 집기류를 태워 소방서 추산 120만원 상당의 재산 피해를 냈지요. 화재 당시 집에 사람이 없었기 때문에 다행히 인명 피해는 없었어요. 경찰과 소방당국은 "선풍기를 틀어 놓고 1시간 정도 외출했다."는 집주인의 말과 선풍기 전선에서 합선 흔적이 발견된 점으로 미루어 선풍기 과열로 불이 난 것으로 판단했어요.

11 전기 안전 ▶ 여름 가전

에어컨을 안전하게 사용해요

꺼꾸리 안전 Tip

>>> **에어컨을 지나치게 틀어 놓지 않아요.**
- 환기를 자주 해요. 냉방병은 실내외 온도차가 너무 많이 날 때(실내는 춥고 실외는 너무 더울 때) 몸이 어느 쪽에도 적응하지 못해서 걸려요.
- 미지근한 물을 수시로 마셔요. 너무 달거나 카페인이 들어간 음료, 주류 등은 마시지 않아요.

>>> **냉방병을 예방해요.**
- 긴소매 덧옷을 준비하고, 에어컨의 차가운 공기가 직접 몸에 닿지 않도록 해요.
- 자주 바깥에 나가 신선한 공기를 쐬요.
- 혈액순환을 돕기 위해 맨손 체조나 가벼운 근육 운동을 수시로 하고, 자세를 자주 바꿔 줘요.
- 차가운 물이나 음식을 많이, 자주 섭취하지 않아요.
- 자기 전, 매일 가벼운 운동으로 적당히 땀을 흘리고 샤워해요.

>>> **더운 날 밖에 나간다면 아래 사항을 꼭 기억해요.**
- 가벼운 옷차림을 해요.
- 챙이 넓은 모자를 써요. 햇빛을 효과적으로 가릴 수 있어요.
- 외출하기 전에 물병을 꼭 챙겨요. 날이 더우면 땀을 너무 많이 흘려 탈수가 일어날 수 있어요.
- 하루 중 기온이 가장 높은 12시에서 오후 5시 사이에는 야외활동을 하지 말고, 최소 2시간 냉방이 가능한 건물에 머물러요.

>>> **에어컨을 사용할 때는 실내외 온도차를 5℃ 내외로 유지해요.**
- 에어컨이나 선풍기를 밤새 켜 두는 것은 위험해요. 집 안을 미리 시원하게 하고 잠들기 전에 끄거나 일정시간 가동 후 꺼지도록 하는 것이 좋아요. 참고로 우리 몸에 알맞은 실내 냉방 온도는 26℃에서 28℃ 사이예요.
- 1시간에 한 번씩 꼭 10분간 환기하고, 2주에 한 번은 필터를 청소해요.
- 보관하던 에어컨을 다시 가동할 때는 전문 업체에 의뢰해 점검을 받아요. 절대로 직접 분해하거나 충전하지 말고 전문 업체에 의뢰해 가스 충전 상태와 누출 여부를 확인해요. 잘못하면 에어컨 폭발 사고가 일어날 수 있어요.

>>> **폭염특보가 내려지면 되도록 집 밖으로 나가지 않아요.**
- 창문에 커튼이나 천을 드리워서 집 안으로 들어오는 직사광선을 최대한 차단해요.
- 냉방이 되지 않는 실내는 맞바람이 불도록 환기하고 선풍기를 켜는 것이 좋아요.
- 거동이 불편한 고령자, 독거노인, 신체 허약자, 환자 등은 외출을 삼가고 혹시 보호자가 오랫동안 외출할 일이 생긴다면 친인척이나 이웃 등에 보호를 부탁해요.
- 만약 차를 타고 외출했다면 창문이 닫힌 자동차 안에 노약자나 어린이를 홀로 남겨 두지 않아요.

>>> **열사병 증세를 보일 때 무리하지 않아요.**
- 탈수 등의 이유로 소금을 섭취할 때는 꼭 의사의 조언을 들어요.
- 현기증, 메스꺼움, 두통, 근육 경련 등 열사병 초기 증세를 보일 경우에는 그늘지고 시원한 장소에서 몇 분간 휴식을 취한 후 음료를 천천히 마셔요.

11 전기 안전 ▶ 여름 가전

제습기를 안전하게 사용해요

>>> **제습기에 장난을 치지 않아요.**
- 공기배출구에 손가락이나 핀, 막대기, 동전 등의 이물질을 넣지 않아요. 이물질이 들어가면 감전 및 제품 고장의 원인이 될 수 있어요. 손가락을 넣으면 화상을 입을 수도 있지요.
- 흡입구나 공기배출구를 커튼 등으로 막지 않아요. 내부가 과열돼 제품이 변형되거나 고장이 날 수 있어요.

>>> **제습기를 안전하게 사용해요.**
- 제습기를 사용할 때는 가끔 창문을 열어 환기시켜 줘요. 밀폐된 곳에서 오랫동안 작동시키면 산소 부족으로 인한 사고 위험이 있어요.
- 반드시 물통을 비운 후 옮겨요. 물통의 물이 넘칠 수 있어요.
- 열 교환기 내부의 가스와 오일이 섞이지 않게 조심해요. 소음과 고장의 원인이 될 수 있어요.
- 45° 이상 기울인 상태로 이동하거나 보관했을 경우 1시간 이상 기다린 후 작동시켜요.

전기장판을 안전하게 사용해요

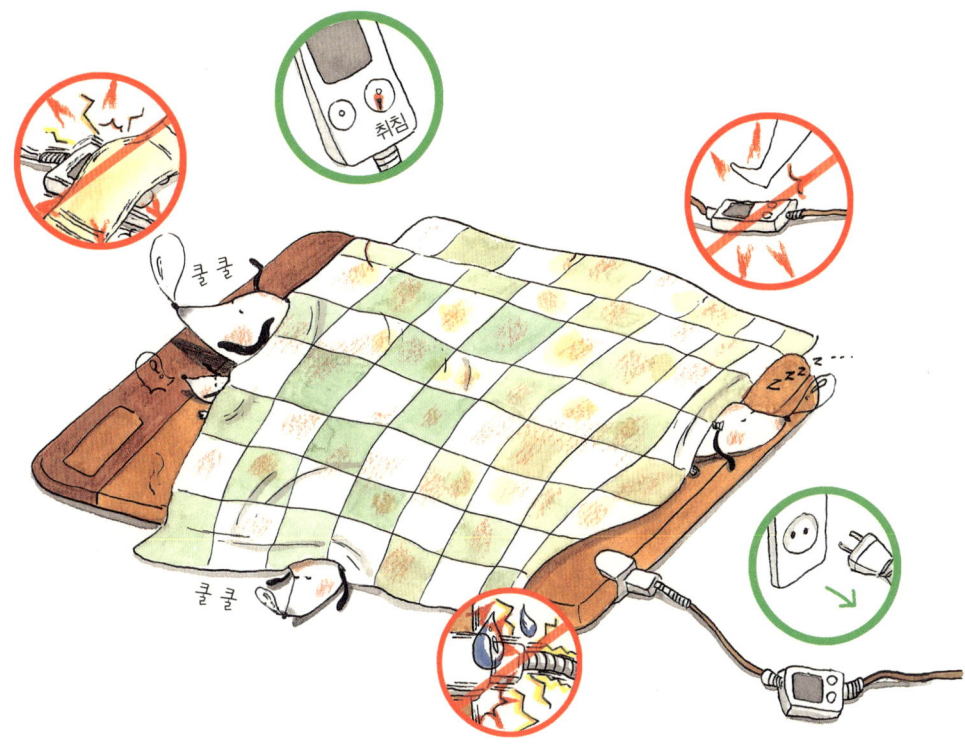

>>> **전기장판을 오랫동안 켜 놓지 않아요.**
- 전기장판을 오래 사용하면 저온화상을 입을 수 있어요. 낮은 온도에 오랜 시간 노출되어 생기는 저온화상은 알아차리기 어렵기 때문에 피해가 더 심각해요.
- 전기장판을 켜놓고 외출하지 않아요. 외출할 때는 플러그를 뽑아 둬요. 전기장판의 내부 온도가 과열돼 장판 위에 덮인 이불에 불이 붙을 수 있어요.
- 불에 탈 만한 물질이나 물건을 가까이 두지 않아요.

>>> **전기장판의 온도조절기는 작은 충격으로도 손상될 수 있어요.**
- 조절기를 발로 밟거나 떨어뜨리지 않도록 조심해요.
- 온도조절기를 뜨거운 장판 위에 올려놓거나 담요나 수건으로 덮어 두지 않아요. 적정 온도 이상의 열이 발생해 화재로 이어질 수 있어요.
- 전기장판의 온도조절기 주위를 자주 청소해요. 먼지가 껴 있을 경우 건조한 환경에서 먼지가 스파크를 일으켜 화재를 일으킬 수 있어요.

11 전기 안전 ▶ 겨울 가전

>>> **전기장판 표면에 물을 쏟았다면 가능한 한 빨리 물기를 닦아요.**
- 전기장판 속에 물이 들어가서 전원부에 닿으면 감전이나 누전의 원인이 돼요.
- 온도조절기가 젖은 상태로 전원을 연결하면 습기로 인한 합선 및 감전의 위험이 있어요.

>>> **전기장판을 올바르게 사용해요.**
- 전기장판을 구입할 때, 전자기장 환경 인증(EMF 인증)을 받았는지 확인해요. 전자파를 크게 줄인 제품이에요.
- 높은 온도를 오랫동안 유지하지 않아요. 우리 피부는 40℃ 이상의 온도에 오랫동안 노출되면 피부 표면의 단백질이 파괴되고 수분을 빼앗겨 건조해져요.
- 전기장판을 켠 상태로 잠을 자면 저온화상을 입을 수 있어요. 저온화상은 열이 오랫동안 서서히 침투하기 때문에 겉으로는 괜찮아 보여도 내부의 피부 조직은 손상돼요. 고온에 의한 화상보다 면적이 좁고 깊지요.
- 자기 전 10분 정도만 전기장판을 켜고 취침 시에는 전원을 꺼요.
- 전자파를 차단했다고 광고하는 전기담요나 전기장판도 많이 사용하지 않아요. 최근 전기장판 대신 온수매트를 사용하는 경우가 늘고 있는데, 상대적으로 전자파 노출에 대한 위험이 적을 뿐이지 전자파가 나오지 않는 것은 아니에요.
- 전기장판 위에 꼭 이불이나 요를 깔아요. 전기장판 같은 온열매트에는 적정 온도에 도달하면 자동으로 전원을 차단하는 자동 온도조절 기능이 있어요. 전기장판 위에 이불을 깔면 저온화상도 예방할 수 있어요.

 **확인해 봐요**

나는 전기장판을 안전하게 사용하고 있을까요?
- ☐ 사용하지 않을 때 전기장판의 전원이 제대로 꺼져 있나요? 플러그가 뽑혀 있나요?
- ☐ 전선이나 온도조절기 주위에 낀 먼지를 제거했나요?
- ☐ 피복이 벗겨진 곳이 있는지 확인했나요?
- ☐ 무거운 물건을 전기장판 위에 올려놓지 않았나요?
- ☐ 매트에 물이 묻어 있거나 축축하진 않나요?
- ☐ 온도의 타이머를 조정했나요?
- ☐ 잘 때 전기장판의 전원을 껐나요?

- 라텍스 재질의 깔개 등은 사용하지 않아요. 천연 고무 소재인 라텍스는 단열 효과가 좋아 과열될 위험이 높아요. 이런 재질의 깔개는 열 온도를 높이면서 화재 발생 가능성을 높이게 되지요.
- 무거운 물건을 전기장판 위에 올리지 않아요. 전기장판으로 인한 화재는 내부 열선이 망가지거나 오래 켜 두었을 때 과열되면서 발생하는 경우가 대부분이에요.

전기장판은 어떻게 보관해야 하나요?

전기장판을 보관할 때 이불을 개듯이 접어서 보관하면 안 돼요. 이렇게 보관하면 전기장판의 내의 전선이 끊어지면서 전류가 한쪽에 몰려 화재가 발생할 수 있어요. 장기간 보관할 경우에는 돌돌 말아서 보관하는 것이 좋아요. 제품에 따라 다를 수 있으니 사용설명서에 적혀 있는 방법을 참고해요. 오랫동안 두었다가 다시 사용할 때는 제품이 정상적으로 작동하는지 꼭 확인해요.

이런 사고도 있었어요

전기장판을 켜고 자는 것은 위험해요!

2014년 11월 전기장판이 탄화하면서 뿜어져 나오는 유독가스로 잠을 자던 가족 모두가 질식사하는 사고가 있었어요. 전기장판으로 인한 사고를 예방하기 위해 과열을 방지하는 안전장치인 바이메탈이나 온도센서가 부착된 제품을 사용해요.

전기장판을 오래 켜 놓으면 화재가 일어날 수 있어요.

2015년 2월 전기장판의 단락 현상으로 인해 전북 익산의 한 고층 아파트에서 화재가 발생했어요. 아파트 전체 면적 반 이상이 타거나 그을려 5천만 원 상당의 재산 피해가 발생했지요. 2015년 9월에는 전남 목포의 한 아파트에서 안방 침대 위에 놓여 있던 전기장판의 전원 연결 부위에 불이 붙어 화재가 일어났어요. 부부는 각각 발바닥에 화상을 입어 치료를 받았고, 초등학생인 두 딸도 연기를 마셔 병원으로 옮겨졌어요.

11 전기 안전 ▶ 겨울 가전

난로를 안전하게 사용해요

>>> **난로 가까이 가지 않아요.**
- 난로 주변에 설치된 안전울타리를 넘어가지 않아요.
- 안전망 안으로 손가락을 넣지 않아요. 난로에 손을 델 수 있어요.
- 안전망 안으로 기다란 물건을 넣지 않아요. 난로가 넘어지면서 화재가 발생할 수 있어요.
- 만약의 상황에 대비해 화재방지제품의 위치와 사용법을 알아 둬요.
- 화재가 발생했을 때는 난로 주변에 설치된 소화기나 모래를 사용해요.

>>> **화재가 일어나지 않도록 대비해요.**
- 전열기구 주위에 보호막을 설치해요.
- 설치할 때 주변 벽이나 사람, 제품 들로부터 충분한 거리를 유지해요.
- 넘어지면 자동으로 꺼지는 기능이 있는 난로를 사용해요.

- 근처에 커튼이나 옷처럼 불이 붙을 만한 물건을 모두 치워요.
- 전열기구를 가습기 옆에서 사용하지 않아요. 가습기로 인해 습도가 올라가면 누전이나 합선으로 인한 사고가 발생할 수 있어요.
- 벽난로 앞에는 유리스크린을 설치해 어린이의 접근을 막아요.
- 난로에 불이 없는 경우에도 어린이가 가까이 가지 못하게 가르쳐요.

>>> **가정용 가스기기는 환기를 시켜 가며 사용하고 매년 점검해요.**
- 난로와 난방기구 등 가스나 석유를 사용하는 제품은 밀폐된 공간에서 사용하지 말고 사용 중에는 자주 환기시켜요. 산소 소모량이 많아 위험해요.
- 가스난로는 침실이나 화장실에 두지 말고 통풍이 잘 되는 곳에 둬요.
- 사용하기 전에 먼지를 제거해요. 화재의 원인이 될 수 있어요.
- 작동 중인 난방기구는 이동하지 않고, 사용하지 않을 때는 밸브를 잠그거나 플러그를 빼 놓아요.

>>> **난방기구를 새로 구입할 때는 안전성을 주의 깊게 살펴봐요.**
- 과열되거나 넘어지면 전원이 차단되는 안전장치가 있는지, 취침 타이머 기능이 있는지 등을 확인해요.
- 어떤 제품이 안전한지 잘 모르겠다면 KS마크, Q마크, KC마크 등 인증받은 제품을 구입해요.
- 야외용 난로를 실내에서 사용하지 않아요.

이런 사고도 있었어요

겨울에는 조금만 방심해도 불이 날 수 있어요.

2015년 1월 전북 전주의 한 사무실에서 전기난로 과열로 불이 났어요. 이 화재로 조립식 컨테이너 1동 1㎡가 모두 타 버렸지요. 그해, 완주군 삼례읍의 한 아파트에서 난방기구 과열로 불이 나 49㎡가 소실됐어요. 이 같은 화재는 대부분 부주의에 의해 발생해요.

11 전기 안전 ▶ 생활 가전

휴대전화가 폭발하지 않게 조심해요

>>> **휴대전화 폭발 사고에 주의해요.**
- 휴대전화를 자주 떨어뜨리지 않아요. 높은 곳에서 자주 떨어뜨리면 보호회로가 고장 나 배터리가 폭발하거나 화재를 일으킬 수 있어요.
- 뜨거운 곳에 두지 않아요. 휴대전화를 뜨거운 전기장판이나 이불, 카펫 위에서 오래 사용하면 폭발 위험이 있어요.
- 찜질방이나 사우나와 같이 온도가 높고 습기가 많은 밀폐된 곳에서 사용하지 않아요. 외관이 변형될 수도 있고, 고장 및 폭발이 일어날 수도 있어요.

>>> **휴대전화를 올바르게 충전해요.**
- 반드시 정품 충전기를 사용해요. 비품 충전기를 사용하면 과열로 인한 화재나 화상의 위험성이 있어요. 저가형 휴대전화 충전기로 인한 폭발 및 화재, 과열로 인한 제품 부식이나 상해, 누전으로 인한 감전 등 피해 사례가 계속 발생하고 있어요.

- 배터리 완충 후 충전기를 분리해요. 충전 완료 후에도 계속 연결하고 있을 경우 배터리 수명이 단축될 수 있어요. 배터리를 사용할 때 이상적인 충전율은 40~80% 사이예요.
- 배터리 완전 방전은 한 달에 한 번 정도가 적당해요.

>>> **배터리를 올바르게 관리해요.**
- 금속에 배터리가 닿지 않도록 주의해요. 동전, 열쇠, 시계 등 금속 물질이 전지 단자에 부딪히면 화재가 일어날 수 있어요.
- 배터리만 따로 갖고 다니지 않아요. 휴대전화에 끼우거나 배터리 케이스에 넣어서 휴대해요.

>>> **휴대전화를 안전하게 사용해요.**
- 인화성 가스가 많은 곳에서 사용하지 않아요. 주유소같이 인화성 물질이 많은 곳에서 휴대전화를 사용할 경우 전자파가 점화원으로 작용해 화재나 폭발 사고를 일으킬 수 있어요.
- 통화버튼을 누른 직후 바로 귀에 대지 않아요. 통화버튼을 누를 때 전자파가 많이 발생해요. 밀폐된 공간에서도 사용하지 않는 것이 좋아요.
- 충전기에 휴대전화를 연결하자마자 전화나 문자를 사용하지 않아요.

 안전 상식

배터리 폭발의 가장 큰 원인이 충격이라고요?

휴대전화 배터리로 사용되는 리튬이온 배터리는 에너지 밀도가 높고, 사용하지 않을 때에도 방전 정도가 작아요. 그래서 휴대용 전기제품에 많이 사용되고 있지요. 하지만 충격이 발생하면 배터리가 부풀어 오르면서 온도가 높아져요. 일정 온도 이상 올라가면 폭발 위험이 높아지지요. 여분의 배터리는 전용 케이스에 넣어 보관하고, 애완견이 물어뜯지 않도록 충전 중에도 주의해요. 또 열쇠나 머리핀, 클립 등 날카로운 금속 물체와 함께 주머니에 넣어서도 안 돼요. 일상생활에서 발생하는 작은 충격도 누적되면 폭발 사고로 이어질 수 있어요.

11 전기 안전 ▶ 생활 가전

청소기를 사용할 때 장난치지 않아요

>>> **청소기는 장난감이 아니에요.**
- 청소기가 먼지를 빨아들일 때 흡입구에 손이나 발을 갖다 대지 않아요. 청소기가 손이나 발을 빨아들여 다칠 수 있어요.
- 로봇청소기가 작동할 때 바닥에 누워 있지 않아요. 로봇청소기가 머리카락을 먼지로 감지해 빨아들일 수 있어요. 로봇청소기는 스스로 이동하며 먼지를 흡입하거나 물걸레 청소를 하기 때문에 사용하기 편리하지만 조심하지 않으면 위험해요.

>>> **진공청소기를 올바르게 사용해요.**
- 여러 제품의 플러그가 끼워진 멀티탭에 연결해서 사용하지 않아요. 진공청소기는 전력 소모가 많은 제품이에요. 과전류로 인한 전원 차단 또는 과열로 인한 전기화재의 위험이 있으므로 단독으로 사용하는 것이 안전해요.
- 청소할 때 전선이 날카로운 모서리에 닿지 않도록 주의해요. 진공청소기는 전선을 길

게 늘어뜨려 사용하기 때문에 전선이 찢어지면 화재나 감전의 위험이 있어요. 혹시 전선이 찢어졌다면 발견 즉시 제조사나 서비스센터를 통해 수리해요.

>>> **호스나 본체, 연결부 등 흡입구가 막히지 않도록 유의해요.**
- 흡입구 부분이 막히지 않도록 주의해요. 흡입구를 막고 진공청소기를 오랫동안 사용할 경우 화재의 위험이 있어요.
- 이물질이 유입되지 않게 주의해요. 흡입구에 날카로운 핀이나 금속막대 같은 이물질이 들어갈 경우 화재나 감전이 일어날 수 있어요.
- 청소기가 액체를 흡입하지 않게 조심해요. 고장 및 감전, 화재의 위험이 있어요.

>>> **사용설명서에 나와 있는 주기마다 먼지통과 필터를 청소해요.**
- 먼지통이나 필터 부분은 오래 사용하면 먼지로 막혀 청소 성능이 떨어질 수 있어요.
- 세척 후에는 먼지통이나 필터를 완전히 건조시킨 후 장착해요.

>>> **스팀청소기로 인한 화상을 주의해요.**
- 스팀청소기는 전선을 감은 상태에서 사용하면 안 돼요. 전선을 손잡이 부위에 칭칭 감아 사용하면 접힌 부분에 충격이 누적되거나 전선 꼬임 현상으로 인해 스파크가 발생하고, 화상을 입을 수 있어요.
- 스팀청소기는 제품을 보관할 때도 전선 고리에 끼워서 보관해야 해요. 그래야 스파크 발생으로 인한 화상 사고를 예방할 수 있어요.
- 스팀분사구가 이물질로 막히지 않게 잘 관리해요.
- 스팀분사 중에 걸레 고정판을 분리하거나 걸레를 만지지 않아요.

이런 사고도 있었어요

로봇청소기가 머리카락을 빨아들였어요.

2015년 2월 경남 창원에서 로봇청소기로 인한 사고가 발생했어요. 바닥에 누워 쉬고 있던 50대 아주머니의 머리카락을 로봇청소기가 빨아들인 거예요. 흡입구가 막혀서 작동이 멈출 때까지 아주머니의 머리카락은 계속 로봇청소기 안으로 빨려 들어갔어요. 놀란 아주머니는 119에 신고를 했고, 구조대원들이 청소기를 완전히 분리한 뒤에야 머리카락을 빼낼 수 있었어요.

11 전기 안전 ▶생활 가전

헤어드라이어를 안전하게 사용해요

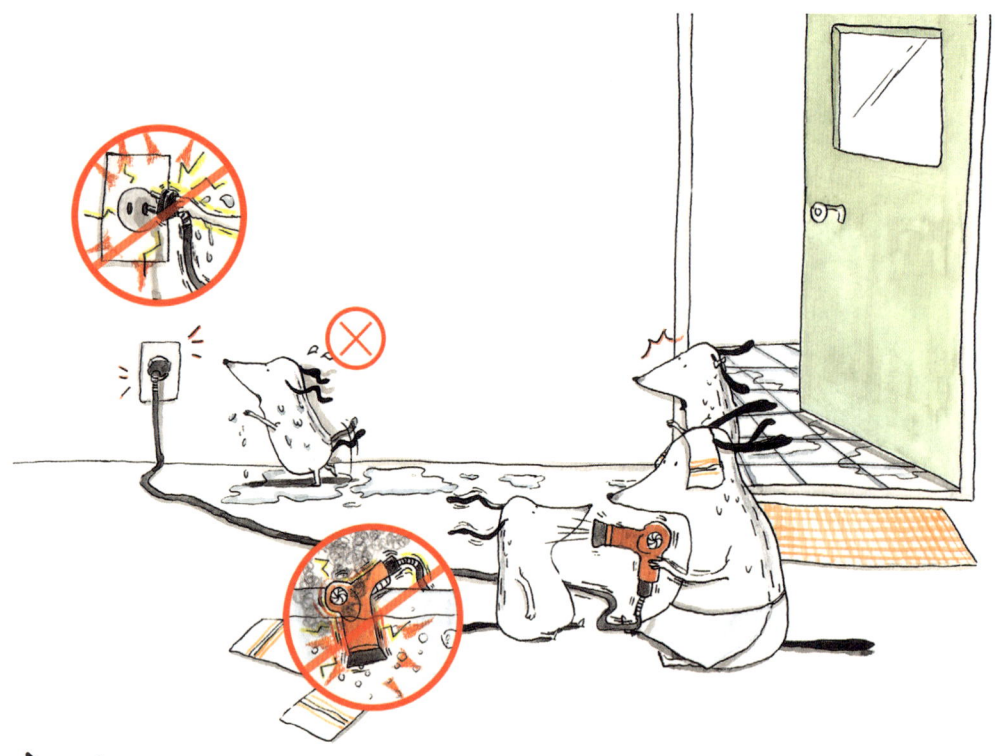

꺼꾸리 안전 Tip >>> **감전이나 화상에 주의해요.**

- 물기가 있는 손으로 콘센트에 플러그를 끼우지 않아요.
- 욕실에서 전기제품을 사용할 때는 감전 방지를 위해 반드시 물기가 마른 상태에서 사용해요. 전선에 물이 닿으면 위험해요.
- 사용하지 않을 때는 전기제품(헤어드라이어, 전기고데기 등)의 플러그를 반드시 뽑아요.
- 헤어드라이어를 사용할 때는 세면대, 변기, 욕조에 떨어지지 않도록 주의해요. 욕실은 보통 습도가 높아 자칫 손에서 미끄러질 수 있어요.
- 혹시 전기제품을 물에 빠뜨렸을 경우 먼저 플러그를 뽑아요. 플러그가 끼워져 있는 상태에서 제품을 꺼내면 감전될 수 있어요.
- 모든 전기제품은 화장실 밖에 두는 것이 가장 안전해요. 사용 후 반드시 화장실 밖으로 들고 나가요.

>>> **헤어드라이어를 올바르게 보관해요.**
- 헤어드라이어의 전선이 무리하게 꺾이지 않도록 주의해서 보관해요. 헤어드라이어의 전선을 몸체에 감아 보관하면 전선의 꺾임이 많아져 단락 사고로 이어질 수 있어요.
- 헤어드라이어의 흡입구에 이물질이 끼어 있는지 확인하고, 필요하면 브러시 등으로 청소해요. 공기 흐름이 막혀 있으면 헤어드라이어가 고장 날 수 있어요. 심하면 화상이나 화재의 원인이 되기도 해요.

>>> **헤어드라이어는 꼭 사용해야 할 때만, 차가운 바람으로 사용해요.**
- 가능하면 멀리 떨어져 약하게, 열을 가하지 않고 사용해요. 전자파로부터 안전하게 전기제품을 사용하기 위해서는 몸에서 30cm 떨어뜨려 사용하는 것이 좋아요. 전자파 세기가 120배 이상 차이가 나요.
- 콘센트에 누전방지장치를 부착해요. 젖은 손으로 제품을 사용하거나 콘센트에 플러그를 꽂을 경우 감전 사고를 당할 수 있어요.

>>> **전기고데기를 올바르게 사용해요.**
- 전기고데기를 사용할 때는 화상 사고를 조심해요. 가열된 전기고데기 발열판의 온도는 최고 228℃, 표면 온도는 최고 160℃까지 상승해요.
- 어린이가 뜨거운 전기고데기에 절대로 접근하지 못하도록 해요. 어린이는 성인에 비해 피부가 얇아 화상을 쉽게 입고, 온도에 대한 반응 속도도 느리기 때문에 화상 정도가 심할 수 있어요.

헤어드라이어를 사용하면 안구건조증이 악화될 수 있다고요?
안구건조증은 눈물이 부족하거나 지나치게 말라서 눈의 표면이 쉽게 손상되는 질환이에요. 안구건조증을 치료하기 위해선 습도를 알맞게 유지하는 것이 좋은데, 헤어드라이어를 지나치게 사용하면 눈 주위가 건조해져서 증상이 악화될 수 있어요.

11 전기 안전 ▶ 생활 가전

다리미를 함부로 만지지 않아요

꺼꾸리 안전 Tip >>> **사용하고 있는 다리미를 만지지 않아요.**
- 다리미 바닥의 최고 온도는 250℃예요. 작동 중인 다리미가 직접 피부에 닿으면 심각한 화상을 입을 수 있어요.
- 스팀다리미에서 나오는 증기는 매우 뜨거워요. 피부가 다리미 발열판에 직접 닿지 않아도 높은 온도로 분사된 증기에 화상을 입을 수 있어요.

엄마 안전 Tip >>> **안전하게 다림질을 해요.**
- 플러그를 끼운 채로 두지 않아요. 다리미를 켜 놓은 채로 잠시 세워 두거나 자리를 비우면 어린이가 열이 식기 전에 뜨거운 다리미 바닥을 만져 화상을 입을 수 있어요.
- 보관함과 거치대를 갖춘 제품을 사용해요. 특수 내열 재료가 사용된 보관함, 거치대, 바닥깔판은 사용 및 보관의 안정성이 탁월해요.
- 사용 후 열이 완전히 식었는지 확인하고 보관해요.

PART 12

질병 및 사고 안전

예방
치료
복용
응급처치

12 질병 및 사고 안전 ▶ 예방

식중독을 예방해요

 >>> **식중독에 걸리지 않게 조심해요.**

- 음식을 먹기 전에 반드시 손을 씻어요. 손가락 사이나 손톱에는 세균이 많기 때문에 손을 씻지 않고 음식을 만지면 식중독에 걸릴 수 있어요.
- 유통기한을 확인해요. 유통기한 이내라도 음식 상태가 의심스러우면 먹지 않아요.
- 냄새부터 맡아 보고, 조금이라도 이상하면 먹지 않아요.
- 잘 익힌 음식을 먹어요. 고기의 경우 붉은 살이 보이면 먹지 않아요.
- 맛이 이상하면 즉시 먹는 것을 멈추고 어른에게 알려요.
- 단체 급식일 때는 냄새와 맛에 더 신경을 쓰고, 조금이라도 이상하면 먹지 않아요. 식중독은 학교나 유치원에서 단체로 걸리는 일이 많아요.
- 여름에 특히 조심해요. 여름에는 덥고 습해서 세균이 번식하기도 쉽고, 음식물이 상하기도 쉬워요.

>>> **식중독에 걸렸다면 이렇게 해요.**
- 물을 충분히 마셔요. 물을 많이 마시면 탈수를 예방할 수 있어요. 세균도 몸 밖으로 빨리 내보낼 수 있고요.
- 설사를 한다고 해서 의사의 처방 없이 마음대로 지사제*를 먹지 않아요. 설사는 세균을 몸 밖으로 내보내는 역할을 하기도 하니까요.

>>> **주방을 깨끗하게 유지해요.**
- 칼, 도마, 행주를 매일 소독하고 마른 상태로 유지해요. 칼과 도마, 행주를 계속 젖은 채로 두면 세균이 자라기 쉬워요.
- 도마를 재료별로 따로 써야 육류나 어패류의 세균이 채소에 옮아가지 않아요.
- 동물의 접근을 막아요. 곤충, 쥐, 기타 동물 등과의 접촉 때문에 음식이 오염될 수 있어요.

>>> **음식을 깨끗이 씻고, 익혀서 먹어요.**
- 생과채류도 오염돼 있을 수 있어요. 적절한 방법으로 살균하거나 청결하게 세척된 제품을 사용해서 요리해요.
- 깨끗한 물로 세척한 다음 조리해요. 깨끗한 물인지 의심스러울 때는 끓인 물을 사용해요.
- 음식을 익혀 먹을 때는 충분히 가열을 해요. 고기는 70℃ 이상에서 굽고, 뼈에 붙은 고기도 골고루 잘 익혀요. 냉동고기는 해동 직후에 조리해요.
- 가열 조리한 식품과 조리되지 않은 원재료가 서로 섞이지 않도록 해요. 원재료와 닿으면 조리식품이 오염될 수 있어요.

* **지사제** 설사를 멈추게 하는 약

12 질병 및 사고 안전 ▶예방

>>> **조리식품을 실온에 방치하면 미생물이 번식할 수 있어요.**
- 조리식품을 보관할 때 냉장실 온도를 5℃ 이하, 냉동실 온도를 영하 15℃ 이하로 유지해요. 미생물이 번식하는 것을 막을 수 있어요.
- 음식은 가능한 한 조리하자마자 바로 먹어요.
- 조리식품을 4, 5시간 이상 보관할 때는 반드시 60℃ 이상이나 10℃ 이하에 저장해요.
- 먹다 남은 이유식은 보관하지 말고 버려요.
- 냉장 보관된 조리식품을 먹을 때는 70℃ 이상의 온도에서 3분 이상 재가열해요. 냉장 보관 중에도 미생물이 번식할 수 있어요.

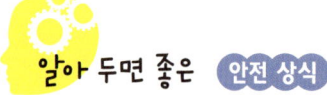

안전 상식

식중독의 종류를 알아볼까요?

① 자연 식중독

복어·모시조개·섭조개 등에 들어 있는 동물성 자연독과 독버섯 등에 들어 있는 식물성 자연독은 식중독을 자주 일으켜요. 발생 건수는 적지만 사망률은 가장 높지요.

② 곰팡이에 의한 식중독

곰팡이로부터 발생하는 진균독(mycotoxin)은 사람이나 동물에게 급성 또는 만성 장애를 일으켜요. 진균독은 쌀·땅콩을 비롯해 탄수화물이 풍부한 곡류에서 잘 번식해요. 특히 메주에서 발생하는 진균독의 독성이 매우 강하니 메주를 사용해 요리할 때 주의해요.

③ 살모넬라증

세균성 식중독은 대부분 살모넬라균에 오염된 음식물을 섭취해서 걸려요. 계란과 우유 등이 살모넬라균에 취약한 음식이에요. 12시간에서 24시간이 지나면 증세가 나타나는데, 주로 구토·복통·설사가 갑자기 시작되면서 두통과 오한이 뒤따르지요. 이러한 증세는 2, 3일이 지나면 치유되고, 치사율은 1% 이하예요. 살모넬라균은 보균자의 대변과 쥐·돼지·개·고양이 등의 배설물에 많이 섞여 있어요. 특히 쥐는 세균을 배설·운반하는 데 가장 큰 역할을 해요. 오염을 막기 위해서는 식품을 위생적으로 다루고, 쥐를 잡아 오염원을 없애야 해요. 식품을 냉장함으로써 식품 내 세균의 번식을 억제하는 것도 방법이에요. 세균 오염의 염려가 있으면 재료를 가열하는 것이 좋아요.

④ 보툴리누스 중독증

보툴리누스 중독증은 보툴리누스균이 식품에 스며들어 생성한 독소가 원인이에요. 지금까지 알려진 독소 중 가장 심한 독성을 가졌으며 치사율이 68%나 돼요. 위에 직접 흡수돼 12시간에서 24시간 내에 뇌 조직을 상하게 하지요. 일단 감염되면 물체가 이중으로 보이고 말하기가 힘들며 숨쉬기가 곤란해져요. 보툴리누스균은 열로 파괴(100℃에서 15분 가열)되기 때문에 충분히 가열하면 감염을 막을 수 있어요. 주로 완전히 살균되지 못한 통조림식품을 먹고 감염되니까 통이 부풀어 오른 통조림이나 내용물이 의심스러운 음식은 먹지 말고 폐기해요.

⑤ 포도상구균 식중독

포도상구균 식중독은 포도상구균이 식품에 스며들어 생성한 독소가 원인이에요. 체내에 들어간 지 2, 3시간 내에 발병하는 것이 특징이지요. 구역질·구토·복통·설사 등의 증세를 보이다가 1, 2일이면 치유되며 치사율은 아주 낮아요. 이 식중독은 전염병으로, 식품을 더러운 손으로 만지거나 음식을 먹을 때 기침을 하면 전염 가능성이 높아지지요. 이미 포도상구균에 오염된 음식은 가열해도 세균만 죽을 뿐 독소는 파괴되지 않고 식중독을 일으켜요. 포도상구균 식중독을 예방하기 위해서는 세균이 애초에 번식할 수 없도록 식품을 냉장 보관하고, 손을 청결히 해야 해요. 또 손에 화농이 있는 사람이 조리를 하면 안 돼요.

⑥ 장염비브리오성 식중독

장염비브리오성 식중독은 장염비브리오균에 오염된 식품을 섭취한 후 11시간에서 15시간이 지나면 증세가 나타나요. 복통과 발열에 더해 구토·설사·구역질이 증상으로 나타나지요. 이 식중독은 특히 간질 환자나 당뇨 환자, 그리고 항암 치료 중인 사람에게 치명적이에요. 어패류에 제일 많이 번식하니까 음식을 저온 저장하고, 식품을 가열 조리해서 예방해요.

⑦ 가스괴저균 식중독

가스괴저균은 조리 전의 식품, 특히 도살한 고기를 실온에 방치했을 때 빠른 속도로 번식해요. 증세는 섭취 후 12시간에서 18시간이면 나타나는데, 설사와 복통을 동반하는 비교적 가벼운 증세로 열이나 구토가 나는 일은 없어요. 예방하려면 고기를 깨끗이 처리해서 냉장 보관해야 해요.

이런 사고도 있었어요

겨울에도 식중독을 조심해요.

2014년 12월, 강원도 춘천의 한 어린이집에서 어린이 23명이 단체로 식중독에 걸렸어요. 강원도 보건환경연구원의 조사 결과, 노로 바이러스에 의한 식중독으로 밝혀졌지요. 노로 바이러스는 겨울철 식중독 원인의 50% 이상을 차지해요. 보건환경연구원은 겨울철이라고 손 씻는 것을 게을리하면 안 되고, 물과 음식물은 꼭 익혀 먹어야 하며 채소와 과일도 먹기 전에 깨끗이 씻어야 한다고 당부했어요.

12 질병 및 사고 안전 ▶ 예방

음식 알레르기를 예방해요

알레르기 유발 음식

꺼꾸리 안전 Tip

>>> **알레르기*를 일으키는 음식을 기억하고, 먹지 않아요.**
- 나에게 알레르기를 일으키는 음식이 있다면 잘 기억해 뒀다가 어떤 상황에서도 먹지 않아요. 음식 알레르기는 해당 음식을 먹지 않는 것이 가장 중요해요.
- 가공식품 포장지에 알레르기를 일으키는 음식 이름이 쓰여 있으면 먹지 않아요.
- 가공식품 포장지에 알레르기를 일으키는 음식을 공장에서 같이 다루었다고 적혀 있어도 먹지 않아요.

>>> **새로운 음식을 한꺼번에 많이 먹지 않고, 평소 건강을 잘 관리해요.**
- 처음 맛보는 음식은 조금씩 먹어요. 알레르기를 일으키는 음식인 경우 많이 먹었을 때 증상이 더 심하게 나타나요.
- 평소에 잘 쉬고, 잘 자고, 잘 먹어요. 몸이 건강하면 알레르기를 일으키는 음식을 먹

* **알레르기** 음식이 상했거나 음식 자체에 독소가 있어서 생기는 것은 아니에요. 다른 사람과 같이 음식을 먹었을 때, 혼자만 붓거나 가렵고 숨 쉬기 곤란한 증상이 나타나면 알레르기가 있는 거예요.

어도 반응이 적게 나타나요.

>>> **찬물로 찜질을 하고, 양치질을 해요.**
- 두드러기가 나고 가려우면 찬물 찜질로 가라앉혀요. 찬물로 샤워를 해도 좋아요.
- 입안을 헹구고 양치질을 해서 알레르기를 일으키는 식품이 입안에 남아 있지 않도록 해요.

>>> **유아의 경우, 이유식을 서서히 시작해요.**
- 이유식을 서서히 시작하면서 어떤 음식이 알레르기를 유발하는지 알아봐요. 유아는 소화기관이 미숙해서 어른보다 알레르기가 나타나기 쉬워요. 한번 발생한 알레르기는 반복될 가능성이 높지요.
- 견과류(Nuts), 계란(Eggs), 밀가루(Wheat), 우유(Milk)는 한 번에 하나씩 먹여요. 이 음식들은 대표적인 알레르기 유발 식품이기 때문에 한 번에 하나씩 먹여야 어느 것이 알레르기를 일으키는지 알 수 있어요.

>>> **알레르기 반응이 일어나면 바로 병원에 가요.**
- 설사로 탈수가 오거나 호흡곤란이 오면 바로 병원으로 가요. 알레르기는 복통, 설사, 메스꺼움, 두드러기를 일으킬 수 있어요. 심하면 호흡곤란으로 목숨을 잃을 수도 있지요.
- 어린이 자신이나, 주변 사람 모두에게 알레르기가 있다는 것을 알려요. 그래야 위급 상황이 발생했을 때 대처할 수 있어요.

알레르기를 병원에서 검사할 수 있다고요?

1. 피부 반응 검사 – 가장 기본적인 진단이에요. 판독이 매우 빠르고 정확하지만 알레르기 약을 복용하고 있는 중이라면 검사에 영향을 미칠 수 있어요.

2. MAST(Multiple Allergen Simultaneous Test) 검사 – 혈액을 기계에 돌려서 다양한 알레르기 항원을 알아보는 검사예요. 정확도는 피부 반응 검사가 좀 더 높지만 알레르기 약을 먹고 있어도 검사 결과에는 영향을 받지 않는다는 장점이 있지요.

3. 만성 음식물 알레르기(Food IgG) 검사 – MAST가 혈액으로 호흡기와 음식물 항원을 확인한다면, 이 검사는 원인을 못 밝히는 다양한 과민증상을 진단하는 검사예요. 1, 2번 검사에서 원인을 찾지 못했을 때 하게 되지요.

12 질병 및 사고 안전 ▶ 예방

멀미를 예방해요

>>> **멀미를 예방해요.**
- 책을 읽거나 휴대전화를 들여다보지 않고, 시선을 먼 곳에 둬요.
- 몸에 꽉 끼는 옷보다는 활동하기 편한 옷을 입어요.
- 차 안에서는 가능한 한 음식을 섭취하지 않아요.
- 멀미를 할 것 같으면 창문을 내려 환기를 시키고 심호흡을 해요. 다른 사람과 대화를 나누면서 관심을 딴 곳으로 돌리는 것도 좋아요.

>>> **멀미약을 제대로 먹어요.**
- 감기약과 함께 먹지 않아요. 감기약에 들어 있는 항히스타민제가 멀미약에도 포함돼 있어서 부작용이 생길 수 있어요.
- 먹는 멀미약은 출발 30분에서 1시간 전에 먹어요.
- 껌은 멀미 증상이 나타날 때 씹기 시작해서 10, 15분 정도 후에 뱉어요.

>>> **붙이는 멀미약을 제대로 사용해요.**
- 붙이는 멀미약을 손으로 만지지 않아요. 만졌다면 꼭 비누로 손을 씻어요. 손을 씻지

않고 눈을 비비면 스코폴라민이라는 멀미약 성분이 눈에 들어가서 앞이 안 보일 수 있어요.
- 멀미약이 묻은 손으로 음식을 만지는 것도 위험해요. 멀미약이 묻은 음식을 먹으면 배가 아플 수 있어요.
- 붙이는 멀미약은 부착면을 반으로 접어서 버려요.
- 어린이용 멀미약을 귀 뒤, 털이 없는 건조한 피부에 붙여요. 어른용 멀미약은 약효가 강해서 두통, 목마름, 발진, 가려움 등의 부작용이 생길 수 있어요.
- 4시간 전에 붙이는 멀미약은 도착하는 즉시 떼어 내요.
- 멀미약을 양쪽 귀에 붙이지 않아요. 멀미약을 양쪽에 1매씩 붙이면 부작용이 생길 수 있어요.
- 만약 붙이는 멀미약이 떨어지면 새 멀미약은 반대편 귀 뒤에 붙여요.
- 붙이는 멀미약의 효과는 3일간 지속돼요. 3일 이상 멀미약을 써야 할 때 첫 번째 멀미약은 제거하고 반대쪽에 붙여요.

〉〉〉 연령과 상황에 맞게 멀미약을 사용해요.
- 3세 이하의 영유아에게 마시는 멀미약을 먹이지 않아요.
- 7세 이하의 어린이에게 붙이는 멀미약을 사용하지 않아요.
- 수유 중인 산모, 녹내장 환자, 배뇨 장애자, 전립선비대증 환자 등은 마시는 멀미약을 먹지 않아요. 건강이 악화될 수 있어요.
- 커피와 멀미약을 함께 먹지 않아요. 멀미약을 먹은 뒤 카페인을 섭취하면 가슴이 두근거리고 다리에 힘이 없어질 수 있어요.
- 운전자는 멀미약을 먹지 않아요. 멀미약은 졸음을 유발해요. 방향감각 상실 같은 부작용이 나타나기도 해요.

등받이를 뒤로 젖히고 운전하지 말라고요? [을지대학병원 건강정보]
운전을 할 때 등받이를 뒤로 젖히면 엉덩이가 운전석과 떨어져 척추에 부담을 줄 수 있어요. 등받이를 90°로 세우고, 엉덩이를 뒤로 밀착시킨 자세에서 운전대 상단을 잡았을 때 팔이 쭉 펴진 자세를 유지하는 것이 좋아요. 페달을 밟을 때는 무릎이 다 펴지지 않을 정도로 거리를 유지해요.

12 질병 및 사고 안전 ▶ 예방

예방접종을 해요

》》》 **예방접종을 하러 가요.**
- 예방접종을 하러 가기 전, 엄마와 함께 미리 예방접종에 대해 알아봐요.
- 주사 맞기가 무섭다면 좋아하는 장난감이나 담요 등을 챙겨 가요.
- 예방접종 당일에는 몸을 깨끗이 닦고, 깨끗한 옷을 입어요.

》》》 **예방접종을 한 뒤에 무리하지 않아요.**
- 예방접종을 한 날은 씻지 않아요. 주사를 맞은 곳에 염증이 생길 수 있어요.
- 주사를 맞은 부위는 물이나 손이 닿지 않게 주의하고 청결하게 유지해요.
- 접종 직후 과격한 운동을 하지 않아요. 땀으로 인해 염증이 생길 수 있어요.
- 과격하게 움직이지 않았는데도 주사를 맞은 곳이 아프다면 빨리 병원에 가요. 예방접종을 한 후 드물지만 백신이 이상반응을 일으킬 가능성이 있어요.

》》》 **예방접종을 하러 갈 때는 어린이의 건강 상태를 잘 살펴야 해요.**
- 질병관리본부 예방접종 도우미 사이트(http://nip.cdc.go.kr) 등에서 예방접종에 대해 미리 알아봐요.

- 예방접종을 할 때는 어린이의 건강 상태를 가장 잘 아는 사람이 따라가요.
- 집에서 미리 체온을 측정하고 열이나 감기 증상이 없을 때 접종해요.
- 모자보건수첩, 아기수첩을 지참해 병원에서 예방접종 기록을 확인할 수 있게 해요.
- 예방접종을 할 어린이 외에는 병원에 데려가지 않아요. 병원에서 다른 질병에 감염될 수 있어요.

>>> **어린이에게 겁을 주지 않아요.**
- 어린이에게 주사를 맞으러 간다는 사실을 솔직히 말해 줘요.
- 주사를 맞을 때 어린이가 놀라거나 겁먹지 않도록 곁에서 안심시켜요.
- 어린이가 울면, 노래를 부르거나 대화를 시도해서 진정하게 해요.

>>> **예방접종 후 어린이를 편안하게 해 줘요.**
- 주사를 맞고 난 뒤에는 어린이를 칭찬해 줘요.
- 영아는 안아 주고 젖을 물리는 등의 신체 접촉으로 진정시키는 것이 좋아요.
- 귀가 후 진통제 등의 약물은 반드시 의사 선생님께 물어보고 사용해요.

>>> **예방접종 뒤 부작용이 없는지 지켜봐요.**
- 예방접종 당일 집에 돌아오면 적어도 3시간은 어린이를 관찰해 이상이 없는지 확인해요. 만일 예방접종 부위에 물집 같은 것이 생기면 차가운 물수건으로 진정시켜 줘요.
- 열이 나면 미지근한 수건으로 해열해요. 예방접종 후 어린이가 아프다면 의사 선생님이 진통제를 추천할 수도 있어요.
- 예방접종 후 3일 정도는 매일 어린이의 상태를 살펴요, 고열이나 경련 등이 있을 때는 바로 진찰을 받아요.

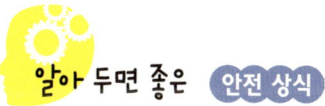

국가가 권장하는 예방접종의 종류를 알아볼까요?

① BCG
② B형간염
③ DTaP(디프테리아·파상풍·백일해)
④ Td / Tdap
⑤ 폴리오
⑥ b형 헤모필루스 인플루엔자(Hib)
⑦ 폐렴구균(단백결합)
⑧ 폐렴구균(다당질)
⑨ 홍역
⑩ A형간염
⑪ 일본뇌염(사백신)
⑫ 일본뇌염(생백신)
⑬ 인플루엔자(사백신)
⑭ 인플루엔자(생백신)

12 질병 및 사고 안전 ▶ 예방

유행성 감기를 예방해요

>>> **기침이나 재채기를 할 때는 꼭 입을 가려요.**
- 기침이나 재채기할 때 나오는 침과 콧물을 통해 세균이 다른 사람에게 옮아갈 수 있어요.
- 사람이 많은 곳에서는 마스크를 꼭 착용해요.

>>> **손을 청결하게 유지해요.**
- 손을 자주 씻어요. 밖에 나갔다 오면 반드시 손을 씻어야 해요. 손 씻기만 잘해도 수인성* 감염의 70%를 예방할 수 있어요.
- 침이나 콧물이 손에 묻었을 때는 손 소독제나 비누를 이용해 손을 씻어요.
- 더러워진 손으로 입과 코, 눈을 만지지 않아요. 유행성 감기 또는 바이러스성 결막염에 걸릴 위험이 있어요.

---

* **수인성** 병원성 미생물이 오염된 물에 의해서 전달되는 현상

>>> **감기에 걸렸는데 열이 난다면 바로 병원에서 진료를 받고 집에서 쉬어요.**
- 열 감기나 기침, 감기 몸살 등의 증상이 보이면 바로 병원에 가요. 유행성 감기는 대부분 잠복기에도 전염되고, 확진을 받는 데 시간이 걸려요. 초기에 빨리 진찰을 받는 것이 좋아요.
- 감기에 걸린 상태에서 열이 나면 집에서 충분히 쉬어요. 감기는 면역력이 떨어지고 몸이 약해졌을 때 많이 걸려요. 또 감기에 걸린 채 학교나 학원에 가면 감기를 친구들에게 옮길 수 있어요.
- 물을 많이 마시고, 몸에 좋은 과일과 채소를 골고루 먹어요. 건강이 회복되는 데 도움이 돼요.

알아두면 좋은 안전 상식

유행성 감기의 종류를 알아볼까요?

① 메르스

일명 중동호흡기증후군이에요. 2012년 사우디 등의 중동 지역에서 발생하기 시작해서 전 세계적으로 23개국에서 발병했어요. 감기와 증상이 비슷하지만 호흡곤란과 구토, 설사 등을 동반하기도 해요. 감염됐더라도 최소 2일에서 최장 14일의 잠복기를 거쳐 증상이 나타나요. 잠복기 중에는 전염되지 않는 것이 특징이지요. 사스 같은 코로나 바이러스의 변형이지만 사스보다 치사율이 6배나 높아요. 세계보건기구(WHO)에 따르면 아직까지 감염원이나 감염 경로는 밝혀지지 않은 상태예요. 아직 예방 백신이나 치료제가 개발되지 않았기 때문에 예방 규칙을 준수하는 것이 가장 중요해요. 현재 치료에 대증 요법*이 사용되고 있어요.

② 에볼라

에볼라는 감염에 의한 열성 질환이에요. 감염 시 사망률이 약 60%에 이르는 중증 감염질환이지요. 잠복기에는 감기 정도의 가벼운 증상만 나타나요. 3주쯤 지나 본격적인 발병시기가 되면 피부 발진을 동반한 전신 출혈, 백혈구·혈소판 수 감소, 간 효소 증가 등으로 인한 혈액량 감소, 괴사, 장기부전 등 다양한 증상이 나타나지요. 4개의 아종으로 구분되는데 이중 자이르Zaire형이 가장 치사율이 높아요. 숙주는 박쥐, 설치류, 유인원 등으로 추측되지만 아직 정확하게는 알 수 없어요. 세계보건기구에서는 현재 미국의 제약회사가 만든 지맥Zmapp이라는 임상 시험제품을 사용, 실험 중에 있어요. 에볼라 바이러스에 회복한 환자의 혈청을 이용한 치료도 시도하고 있지요.

---

* **대증 요법** 병의 원인을 찾아 없애기 곤란한 상황에서, 겉으로 나타난 병의 증상에 대응해 처치하는 치료법

12 질병 및 사고 안전 ▶ 예방

알아 두면 좋은 안전 상식

③ 신종플루

인플루엔자 바이러스가 변이를 일으킨 호흡기질환이에요. 돼지와 조류, 인간의 유전자가 복합돼서 발생했지요. 증상은 감기와 비슷해요. 빠른 시간 내에 발병하며 약물 치료가 가능하지만 신종플루 치료제인 타미플루에는 일부 부작용이 있을 수도 있어요. 백신 약물은 발병 후 28시간 내에 투약해야 하며, 증상은 대부분 7일 정도 계속돼요. 어린이의 경우에는 10일 이상의 전염기를 가져요.

신종플루는 의심, 추정, 확진으로 환자가 구분돼요. 콧물 혹은 코 막힘, 인후통, 기침, 발열 혹은 열감 중 2가지 이상의 증상을 보이면서 급성 호흡기질환에 감염됐고 7일 이내 추정 또는 확진 환자와 접촉한 사람, 또는 7일 이내 확진 환자 발생 지역에 체류 또는 방문 후 귀국한 사람은 의심 환자예요. 급성 호흡기질환이 있으면서 인플루엔자 A가 확인됐으나 기존의 사람 인플루엔자 H1과 H3가 음성인 환자는 추정 환자지요. RT-PCR이나 배양방법에 의해서 검사실에서 확진된 신종플루 바이러스를 지녔으면서 급성 호흡기질환에 걸린 사람은 확진 환자예요. 병원에는 신종플루 검진키트가 구비돼 있으니 의심스러우면 바로 방문해서 확인해요.

④ 사스

사스는 발생 국가를 여행했거나 사스 진단을 받은 사람과 접촉한 적이 있으면 걸릴 수 있어요. 보통 2일에서 7일의 잠복기를 거쳐 발열, 무력감, 두통, 근육통의 증상이 나타나지요. 이후 기침과 호흡곤란 등이 발생해요. 일부 환자는 설사를 하기도 해요. 증상이 심하면 급성 호흡곤란증후군이나 다기관부전증도 나타나요. 확진을 위해서는 RT-PCR법(중합 효소 연쇄 반응)을 이용해서 바이러스의 핵산을 검출해야 해요. 38℃ 이상 열이 나면 사스를 의심해 봐요.

사스와 메르스가 코로나 바이러스로 인한 신종 감기라고요?
코로나 바이러스는 호흡기질환 및 소화기질환을 일으키는 바이러스예요. 포유류와 조류에게서 주로 발견되는데, 일부 동물에게는 치명적이지만 사람에게는 비교적 가벼운 감기 증상이나 설사 정도로 나타나요. 위험성이 높지 않은 편이지요. 하지만 동물을 거쳐 변이된 신종 바이러스들은 전염력도 높고 증상도 심각해요.

치료 ▶ **질병 및 사고 안전** 12

병원에 가서 제대로 치료를 받아요

>>> **병원은 아픈 곳을 고쳐 주는 곳이에요.**
- 의사 선생님을 믿어요. 의사 선생님은 무서운 사람이 아니라 아픈 데를 낫게 해 주는 사람이에요.
- 의사 선생님이 어디가 아픈지 물어보면 최대한 정확하게 아픈 부위와 증상을 말해요. 내가 아픈 곳이 어디인지 정확히 아는 사람은 나밖에 없어요.
- 주사를 맞을 때 울면서 몸부림치지 않아요. 주사는 정확히 혈관에 놓아야 하는데, 몸부림을 치면 혈관을 찾기가 어려워 주사를 계속 맞아야 할 수도 있어요.

>>> **병원에서 안전하게 처방을 받아요.**
- 증상을 미리 메모해서 가요. 어린이가 아프면 당황해서 상태를 일목요연하게 설명하기 힘들어요.
- 어린이가 가장 불편해하는 증상을 제일 먼저 알려요.

12 질병 및 사고 안전 ▶ 치료

- 진료를 받을 때 최대한 많은 정보를 제공해요. 그래야 어린이에게 꼭 맞는 처방을 받을 수 있어요.
- 열이 난다고 당황하지 않아요. 열이 나는 것은 외부에서 침투한 바이러스와 몸이 열심히 싸우고 있다는 증거니까 지나치게 걱정할 필요는 없어요.
- 해열제는 상황을 살펴가며 먹여요. 최소 4시간 간격으로 복용이 가능하지만 다량 복용 시 간독성 등의 부작용이 있어요.
- 4, 5일 동안 발열이 계속되면 병원에 가요.
- 자꾸 토하면 밥을 먹이고 30분 이상 세운 상태로 안고 있어요. 영아는 위와 식도를 연결하는 부위의 주변 근육이 덜 발달해서 수유 후 잘 게워 내요. 급하게 먹고 바로 뛰어놀면 위의 기능이 떨어져 토할 수도 있지요. 심리적 부담이 있을 때 구토 증상을 보이기도 해요.
- 먹은 것을 갑자기 분수처럼 토하거나 이물질을 삼킨 뒤 토하면서 발열이나 복통 등의 다른 증상을 보인다면 꼭 병원에 찾아가 정확한 진료를 받아요.

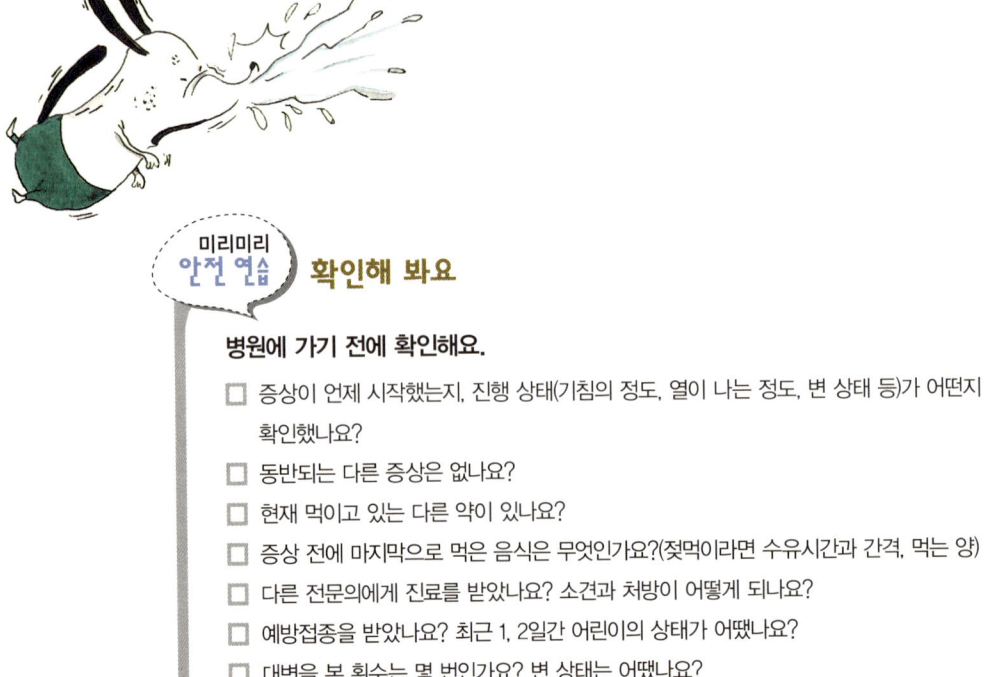

미리미리 안전 연습 확인해 봐요

병원에 가기 전에 확인해요.
- ☐ 증상이 언제 시작했는지, 진행 상태(기침의 정도, 열이 나는 정도, 변 상태 등)가 어떤지 확인했나요?
- ☐ 동반되는 다른 증상은 없나요?
- ☐ 현재 먹이고 있는 다른 약이 있나요?
- ☐ 증상 전에 마지막으로 먹은 음식은 무엇인가요?(젖먹이라면 수유시간과 간격, 먹는 양)
- ☐ 다른 전문의에게 진료를 받았나요? 소견과 처방이 어떻게 되나요?
- ☐ 예방접종을 받았나요? 최근 1, 2일간 어린이의 상태가 어땠나요?
- ☐ 대변을 본 횟수는 몇 번인가요? 변 상태는 어땠나요?

어린이의 증상을 설명하는 데 도움이 되는 말이 있다고요?

① "귓가를 계속 만지작거려요."

중이염일 확률이 높아요. 중이염은 한쪽에만 올 수도 있고 양쪽에 올 수도 있어요. 어린이가 유독 한쪽 귀만 만진다면 그쪽에 중이염이 생겼을 가능성이 있어요.

② "쌕쌕거리는 숨소리가 나요."

가쁘게 쌕쌕거리듯 숨을 쉬고 심한 기침을 하며 가래가 끓는다면 모세기관지염일 확률이 높아요.

③ "밤에만 기침을 해요."

낮에는 괜찮다가 밤에만 기침을 한다면 천식이거나 알레르기 증상일 수 있어요. 그냥 무시하고 종합 감기약만 먹이면 안 돼요.

④ "새벽이면 유독 기침이 심해져요."

새벽만 되면 기침을 하는 원인으로 알레르기나 천식, 축농증 등 다른 합병증을 의심할 수 있어요. 반드시 병원에 가서 정확한 진단을 받아야 해요.

⑤ "목이 쉬고 그르렁 소리를 내요."

후두염에 걸린 어린이는 낮에는 멀쩡한 듯 보이다 밤이 되면 증상이 심해져요.

밤늦게 어린이가 아프면 달빛어린이병원으로 가라고요?

우리나라는 부모들의 진료비 부담을 줄이고 진료 대기 불편을 해소하며 전공의(레지던트 등) 진료에 따른 불편을 최소화할 수 있도록 2014년 9월부터 달빛어린이병원을 운영하고 있어요. 달빛어린이병원은 소아청소년과 전문의 3명이 매일 교대로 진료하면서 주중에는 오후 6시부터 11시까지, 주말과 공휴일에는 오전 9시부터 밤 12시까지 어린이 환자를 직접 진료하는 의료기관이에요. 평일 및 주말과 공휴일의 심야시간까지 소아단순질환(고열로 인한 감기 등)에 대해 소아청소년과 전문의에게 신속하게 진료를 받을 수 있는 고마운 곳이지요.

응급의료 사이트에서 집 주변 의료 시설을 검색하라고요?

응급의료 사이트 'E-GEN(http://e-gen.or.kr)'은 의료와 관련된 다양한 정보를 제공받을 수 있는 사이트예요. 전국에 있는 응급실, 달빛어린이병원, 동네 병원 등 의료 기관 정보는 물론 응급처치 방법, 자동심장충격기 설치 장소 및 사용법도 확인할 수 있어요.

12 질병 및 사고 안전 ▶복용

영양제를 안전하게 먹어요

영양제는 식품 보조제예요.
- 영양제는 정해진 양만 먹어요. 많이 먹어도 필요한 양만 몸에 흡수되고 나머지는 배설돼요. 지용성 비타민 A·D·K는 배설되지 않고 간에 쌓여 해를 끼치기도 하지요.
- 다른 사람과 나눠 먹지 않아요. 영양 성분이 사람마다 다르게 작용해 알레르기나 그 밖의 여러 문제를 일으킬 수 있어요.
- 몸이 아플 때는 병원 또는 약국에서 처방받은 약을 먹어요. 영양제는 아플 때 먹어도 몸이 낫지 않아요.

영양제를 안전하게 섭취해요.
- 유통기한을 어기지 않게 조금씩 사요. 영양제도 유통기한이 있어요. 반죽할 때 밀가루를 사용하는 영양제는 상할 위험이 있고, 기름이 원료인 오메가3 지방산은 기름이 산패할 우려가 있어요.

- 한국어 라벨이 없는 수입 건강기능식품은 사지 않아요. 한국어 라벨이 없으면 정식 수입 제품이 아니에요. 제대로 관리된 것인지 알 수 없어요.
- 수입 건강기능식품을 살 때는 유통기한과 반품처, 교환처의 연락처를 확인해요.
- 영양제를 복용하기 전에 의사, 약사에게 정확한 상담을 받는 것이 좋아요. 특히 질병 등으로 인해 계속 약을 복용하는 사람은 영양제를 먹을 때 주의해야 해요.
- 어린이는 가능한 한 영양제보다는 음식을 통해 영양소를 채워 줘요. 다만 편식이 심한 어린이는 영양제가 필요할 수도 있어요.
- 어린이에게 성인용 영양제를 반으로 잘라서 먹이지 않아요. 어린이가 성인용 영양제를 정량으로 섭취하면 영양 과다의 문제가 발생할 위험이 있어요. 영양제는 우리 몸속에서 분해되기 때문에 과다 섭취하면 간과 신장에 무리가 갈 수 있지요.
- 당뇨가 있는 사람은 홍삼이나 글루코사민을 피해요. 홍삼이나 글루코사민 제품에는 당 성분이 다량 함유된 경우가 많아 혈당을 올릴 수 있어요.

 안전 상식

'건강기능식품'과 '건강식품'은 무엇이 다를까요?

① 건강기능식품

건강기능식품에는 일정 성분이 유용한 기능성을 나타낼 정도로 들어 있어요. 식품의약품안전처로부터 기능성과 안전성을 인정받고, 철저히 관리받고 있지요. 식품의약품안전처에서 허가받은 제품은 앞면에 '건강기능식품' 마크가 붙어 있거나 별도 표시돼 있으니 구입 시 확인해요. 건강기능식품에 대한 정보는 식품의약품안전처에서 구축해 놓은 '식품안전정보포털(http://www.foodsafetykorea.go.kr/portal/main.html)'에서 확인할 수 있어요. 건강기능식품을 검색할 때 활용해요.

② 건강식품

전통적으로 건강에 좋다고 널리 섭취하는 식품을 가리키는 말이에요. 건강식품이나, 기타 가공식품 같은 일반식품에는 기능성 성분이 적게 들어 있어서 식품의약품안전처 인증 기능성 마크를 표시할 수 없어요.

12 질병 및 사고 안전 ▶복용

약을 안전하게 먹어요

>>> **약을 올바르게 섭취해요.**
- 부모님이 주신 약만 먹어요. 약은 몸이 아픈 사람들이 먹는 거예요. 색깔이 알록달록 하다고, 시럽이 달콤하다고 내 마음대로 먹으면 안 돼요.
- 한꺼번에 많이 먹지 않아요. 약은 나이나 몸무게, 아픈 상태에 따라 1회 복용량이 정해져 있어요. 한꺼번에 많이 먹으면 몸이 더 아플 수 있지요.

>>> **약은 물과 함께 먹어요.**
- 오렌지주스처럼 신맛이 강한 산성 음료는 약 성분의 흡수를 방해해요.
- 우유는 약의 흡수를 방해해 약효를 떨어트려요.
- 초콜릿과 함께 먹으면 카페인 때문에 심장이 두근거릴 수 있어요.

>>> **어린이 혼자 약을 먹도록 두지 않아요.**
- 정해진 용량의 약을 올바른 방법으로 복용할 수 있도록, 자녀가 약을 먹을 때는 반드시 옆에서 지켜봐요. 어린이 혼자 약을 먹으면 어떤 약을 얼마나 먹었는지 알 수 없어 위험해요.
- 여러 약을 동시에 먹이지 않아요. 의사의 처방을 받은 경우가 아니라면 여러 약을 복용해서는 안 돼요. 몸속으로 동시에 다양한 성분이 들어오면 원래 효능에서 변화를 일으켜요. 부작용을 일으키거나 특정 성분을 과도하게 섭취할 위험이 있지요. 약효 감소로 치료가 더뎌질 수도 있으니 주의해요.
- 가능하면 어린이 앞에서 약을 먹지 않아요. 호기심에 엄마, 아빠가 먹는 약을 몰래 먹을 수 있어요.

>>> **정해진 용법을 지켜요.**
- 마음대로 약 복용을 중단하면 안 돼요. 실수로 약 먹는 것을 잊어버렸다면 생각나는 즉시 복용해요.
- 이미 다음번 복용시간이 다 됐다면 1회 용량만 복용해요.
- 일반 의약품처럼 나이별 용량 설명이 없는 경우 용량을 어림짐작해서 복용시키지 않아요.
- 증상이 비슷하다고 전에 처방받은 약을 임의로 먹이면 안 돼요. 약이 변질됐을 수도 있고, 증상은 비슷하지만 다른 이유로 아픈 것일 수도 있어요.
- 형제자매의 약을 나누어 먹이면 안 돼요.
- 약을 토하면 즉시 다시 먹여요. 약을 먹인 직후에 토했다면 몸속으로 흡수된 약은 거의 없다고 봐야 해요. 1회분의 약을 즉시 다시 먹여요. 토한 직후에는 뇌의 구토 중추가 피로감을 느껴서 구토 능력을 상실하게 돼요. 그래서 토하자마자 다시 약을 먹이는 것이 좋아요. 만약 구토 중추가 회복될 만큼 시간이 지났다면 약을 먹고 또 토할 수 있어요.

>>> **약을 안전하게 보관해요.**
- 처음에 받은 약 봉투나 병, 상자에 보관해요. 그래야 다른 약과 섞이는 것을 막을 수 있어요.
- 어린이가 열 수 없는 통에 넣어 눈에 띄지 않는 곳에 보관해요. 이렇게 하면 중독 사고를 방지할 수 있어요.
- 직사광선을 피해 습기가 적고 시원한 곳에 보관하면 주성분이 변하거나 외관의 변화가 일어나는 것을 막을 수 있어요.

12 질병 및 사고 안전 ▶ 복용

알아 두면 좋은 안전 상식

약의 유통기한을 알아볼까요?

① 처방약

처방받은 날까지만 복용해요. 같은 질환으로 3일씩 처방을 받았다면 3일 이내에 먹어요. 3일 이내라도 변질되거나 굳어진 약은 복용하지 않아요.

② 가루약

개봉 후 7일 내에 사용해요. 가루약은 습기에 약해 냉장 보관보다는 건조한 곳에 보관하는 것이 좋아요. 유통기한이 지나지 않았더라도 복용 중 변색되거나 굳어진 가루약은 바로 버려요.

③ 안약

개봉 후 28일 이내에 사용해요. 개봉하지 않았다면 유통기한까지 사용 가능해요. 안약의 용기는 직접 눈에 닿지 않도록 하고, 안연고는 매번 끝부분을 버리고 사용해요.

④ 점비제*

개봉 후 30일 이내에 사용해요. 유통기한이 지나지 않았더라도 다른 사람이 사용하는 것은 안 돼요.

⑤ 시럽

개봉 후 1개월 내에 사용해요. 개봉하지 않은 시럽은 6개월까지 사용할 수 있어요. 처방받은 시럽 중 냉장 보관하는 항생제는 한 번 더 밀봉해 7일 이내로 사용해요. 항히스타민 성분 시럽제는 빛에 의해 변질될 수 있으므로 갈색병 등을 이용해 시원한 곳에 보관해요. 별도 지시가 없는 시럽은 실온에서 보관해요. 하지만 보관 중인 시럽의 층이 분리됐다면 절대 복용해서는 안 돼요. 층 분리가 일어난 시럽제는 해열제 성분들이 엉켜 약과 물이 분리된 상태예요. 흔들어 먹는다 해도 균일한 양을 복용할 수 없기 때문에 문제가 생길 수 있어요.

⑥ 크림(연고)

개봉 후 6개월 이내에 사용해요. 튜브나 펌프 타입일 때는 3개월간 사용할 수 있어요. 일반 연고 역시 매번 끝부분은 버린 뒤 환부에 직접 닿지 않게 발라요. 세균이나 곰팡이의 감염을 막기 위해 사용 후 깨끗한 면봉으로 주변을 닦은 뒤 보관하는 것이 좋아요.

⑦ 알약

개봉 후 1개월 이내에 사용해요. 알약은 냉장고보다는 서늘하고 습기가 없는 곳에서 보관해요. 빛, 습기, 열에 노출되면 산패·산화·변질되는 영양제는 건조하고 서늘한 곳에 보관해요. 단, 열에 노출됐을 때 쉽게 상하는 오메가3 같은 소프트젤 형태의 제품은 냉장 보관해요.

---

* **점비제** 코안 속 질환을 치료하는 데 쓰는 약

 **확인해 봐요**

약을 먹이기 전, 약에 대해 최대한 자세히 알아봐요.
- ☐ 약의 종류와 효과가 어떻게 되나요?
- ☐ 지금 다른 약을 먹고 있는데, 함께 먹어도 상관없나요?
- ☐ 몇 시간에 한 번씩, 몇 개를 먹어야 하나요?
- ☐ 만일 약 먹는 것을 잊었다면 어떻게 해야 하나요?
- ☐ 복용 시 이상반응은 무엇인가요? 어떻게 대처해야 할까요?

의약품안전서비스 스마트 DUR 앱에서 검토할 수 있는 처방 약의 내용을 알아봐요.
의약품안전서비스인 스마트 DUR은 처방약의 적정성을 확인할 수 있도록 건강보험심사평가원에서 만든 국내 최초의 모바일 앱이에요. 스마트 DUR은 다음과 같은 의약품 안정성 관련 정보를 실시간으로 제공해요.
- ☐ 적절한 용량(1일 최소/최대 용량)
- ☐ 중복된 약의 유무
- ☐ 약물 간 상호 작용
- ☐ 소아 연령대 및 노인 연령대의 주의사항
- ☐ 임신/수유와 관련된 주의사항
- ☐ 주의할 음식물
- ☐ 복용 기간 (수정)

비상 약을 챙겨요.
- ☐ 해열 진통제
- ☐ 알레르기 약
- ☐ 화상 치료제
- ☐ 소화제 및 위장약
- ☐ 살균 소독제
- ☐ 피부 연고제
- ☐ 감기약
- ☐ 상처 치료제
- ☐ 습포제

 **이런 사고도 있었어요**

어린이 중독 사고는 가정에서 가장 많이 일어나요.

중독 사고는 약 80%가 6세 이하 어린이에게 일어나요. 특히 3세 미만 유아의 사고가 600여 건으로 가장 많았어요. 당뇨약, 혈압약 등의 의약품을 먹은 경우가 가장 많았고 살충제, 표백제 등의 화학제품도 많은 사고의 원인이 됐지요. 구강청결제를 삼켜 복통, 구토를 일으킨 사고도 있었어요.

12 질병 및 사고 안전 ▶복용

알약을 안전하게 먹어요

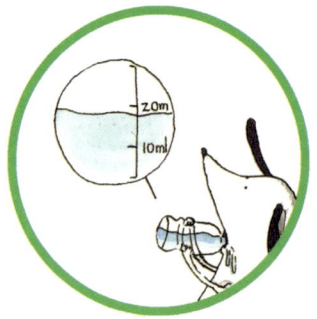

>>> **알약은 이렇게 먹어요.**
- 바르게 앉아서 알약을 먹어요. 누워서 먹으면 목에 걸릴 수 있어요.
- 알약은 고개를 약간 들고 먹어요. 그래야 목구멍으로 넘기기가 편해요.
- 캡슐제를 먹을 때는 고개를 약간 숙여요. 캡슐은 물에 뜨는 성질이 있어요.
- 알약을 조각내거나 부수지 말고 있는 그대로 먹어요. 삼키기 힘들다고 부숴 먹으면 약의 효과가 떨어져요.
- 최소 20ml 이상의 물을 마셔요. 적당한 물을 마셔야 알약을 식도 아래까지 효과적으로 넘길 수 있어요.

>>> **알약은 이렇게 먹여요.**
- 만 3세 이하의 어린이에게 알약을 먹이지 않아요. 삼키다가 식도에 붙어서 염증을 일으킬 수도 있고, 알약이 식도에 붙어 위급상황이 발생할 수도 있어요.

- 어린이가 알약을 잘 먹지 못하면 처음부터 의사에게 알려 가루약이나 시럽제로 처방받아요. 보통 7세 이하의 영유아는 알약을 잘 삼키지 못해요.
- 평소에 어린이용 비타민을 여러 조각으로 나눠 삼키는 연습을 시켜요. 알약을 먹을 때 도움이 돼요. 참고로 12세 이상을 대상으로 하는 약은 대부분 알약 형태예요.
- 알약을 먹일 때는 입안에 남은 알약이 없는지 확인해요.

>>> **의사나 약사의 지시 없이 알약을 부숴 먹지 않아요.**
- 알약에는 특수 코팅이 돼 있어요. 코팅이 파괴되면 약물이 한꺼번에 흡수돼 호흡곤란이나 발진, 장기이상이 생길 수 있지요.
- 약 이름에 ER이나 EX, CR 등의 글자가 적혀 있는 약은 변형시켰을 시 흡수시간이나 약효가 달라져요.

어린이가 먹는 알약의 크기를 제한하고 있다고요?

식품의약품안전처는 2010년 질식 사고를 예방하기 위해 어린이 비타민 등 씹어 먹는 알약의 크기를 제한하는 '의약품 등 표준제조기준' 개정안을 발표했어요. 기존의 어린이용 비타민이 대다수 알약으로 만들어지고 있어, 질식 사고를 예방하기 위해 이 같은 개정안을 마련했지요. 이에 따라 직경이 1.5cm를 넘는 알약은 구멍이 뚫린 원형으로만 만들 수 있게 되었어요.

이런 사고도 있었어요

알약을 먹을 때 포장재를 함께 삼키지 않도록 주의해요.

2011년 8월, 경기도에서 한 성인 남성이 약을 복용하고 장기가 심각하게 손상되는 사고가 있었어요. 낱알로 포장된 알약을 먹으면서 알루미늄 포장재를 함께 삼킨 거예요. 한국소비자원에 따르면 2011년부터 2013년까지 의약품을 복용하면서 포장재를 함께 삼켜 일어난 사고가 매년 평균 20건에 달한다고 해요. 포장재를 함께 삼키면 식도나 소화기관에 상처가 나 위험할 수 있으니 약을 복용할 때는 주의해야 해요.

12 질병 및 사고 안전 ▶ 복용

시럽제를 안전하게 먹어요

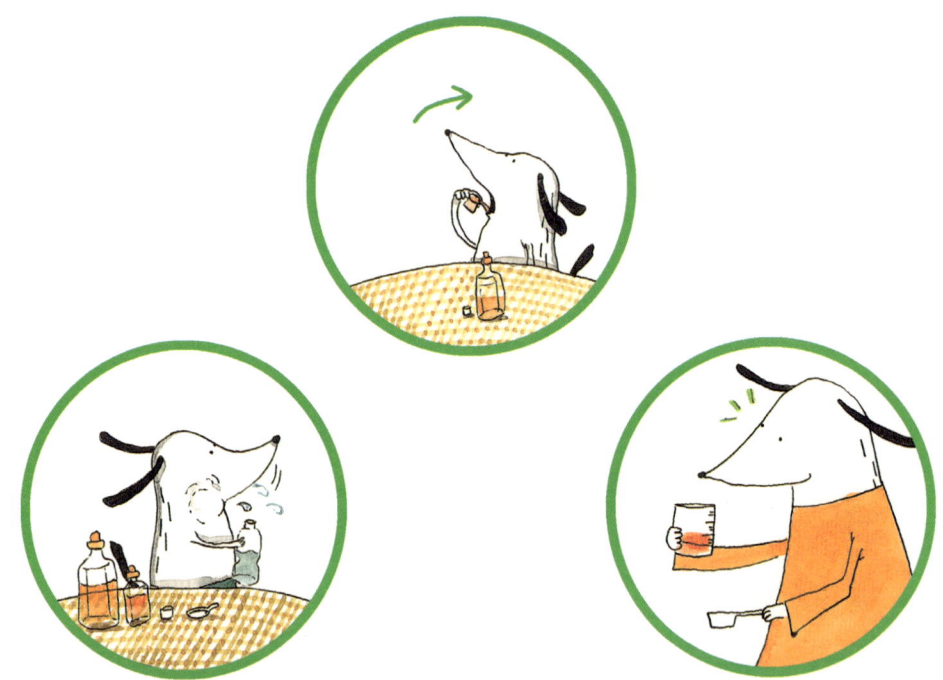

>>> **시럽제는 이렇게 먹어요.**
- 고개를 약간만 젖히고 약을 입안으로 흘려 넣어요. 잘못하면 약이 기관지로 들어가서 기침이 날 수 있어요.
- 달콤한 시럽제를 먹고 난 뒤에는 꼭 미지근한 물로 입을 헹궈요. 충치가 생길 수 있어요.

>>> **시럽제는 이렇게 먹여요.**
- 약국에서 구입하거나 받은 계량스푼 또는 컵을 사용해 정확한 양을 먹여요.
- 철분 시럽제는 입안으로 깊숙이 넣어 먹여요. 먹인 뒤에는 입안을 가제수건 등으로 닦아 줘요. 치아가 검게 변색될 수 있어요.
- 2가지 이상 시럽제가 처방되는 경우 1회분 용량을 섞어 먹여요. 시럽제를 한꺼번에 섞어 보관하는 것은 옳지 않지만, 섞어서 복용하는 것은 괜찮아요.
- 시럽제에 가루약을 개어 먹일 경우, 가루가 위로 뜨지 않게 잘 섞어요. 가루가 물 위에 떠 있는 채로 먹이면 폐로 흩어져 들어가 기침과 구토를 유발해요.

가루약을 안전하게 먹어요

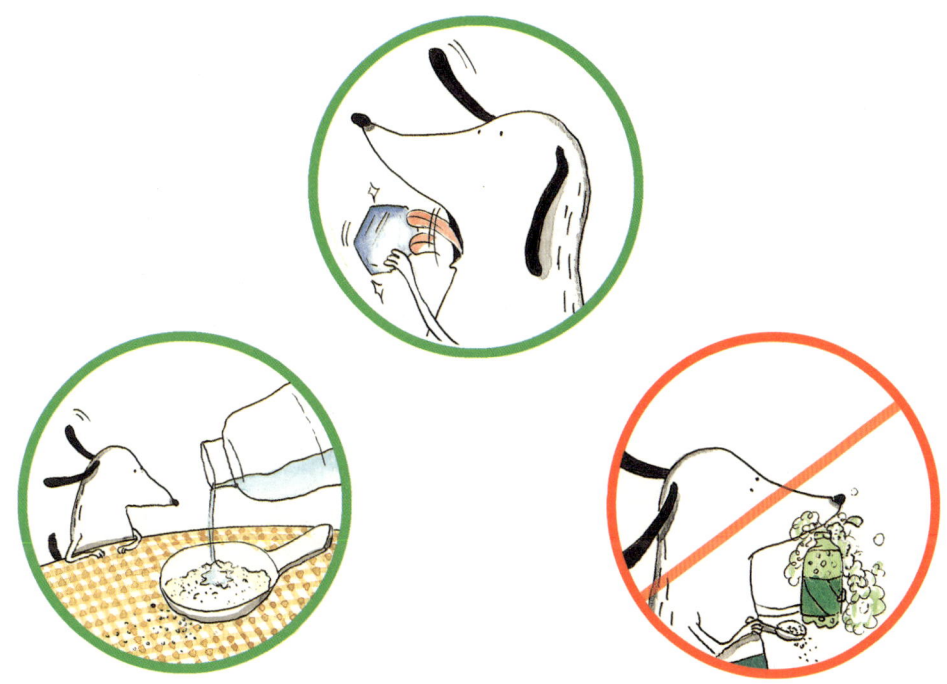

>>> **가루약은 이렇게 먹어요.**
- 냄새와 맛 때문에 먹기가 힘들면 물에 조금씩 녹여서 먹어요.
- 얼음으로 혀를 얼얼하게 만들고 먹어요. 쓴맛이 조금 덜 느껴져요.
- 절대 탄산음료와 함께 먹지 않아요. 탄산음료와 함께 먹으면 배 속에 거품이 생겨 배가 아플 수 있어요.

>>> **가루약은 이렇게 먹여요.**
- 소량을 물에 개어 입안에 발라 주고 물을 마시게 해요.
- 약이 너무 써서 어린이가 먹지 않으려고 하면, 설탕을 조금 섞어서 먹여요. 설탕은 약효에 아무 영향도 주지 않아요. 하지만 꿀, 과일주스와는 함께 먹이지 않아요. 약효에 영향을 주거나 알레르기를 유발할 수 있어요.
- 분유에 약을 섞어 먹이지 않아요. 약이 섞여 있으면 분유를 어린이가 남기기도 하고, 심한 경우 분유 자체를 거부하기도 해요.

12 질병 및 사고 안전 ▶복용

감기약을 안전하게 먹어요

>>> **감기약을 올바르게 먹어요.**
- 과일주스 대신 물과 함께 먹어요. 감기약의 항히스타민제 흡수를 방해해요.
- 멀미약과 함께 먹지 않아요. 멀미약에도 항히스타민제가 들어 있어서 항히스타민제를 지나치게 섭취할 수 있어요.

>>> **감기약을 정량대로 먹여요.**
- 항히스타민제가 들어 있는 감기약의 경우, 6세 미만의 어린이에게 안전한지 확인되지 않았어요. 반드시 의사 또는 약사와 상의해서 처방받아요.
- 종합 감기약을 사 먹을 때는 해열제를 같이 먹지 않아요. 시판되는 종합 감기약 속에는 해열제 성분이 포함돼 있어요. 종합 감기약과 해열제를 함께 복용하면 해열제 성분을 너무 많이 먹게 돼 부작용이 생길 수 있어요.
- 2세 미만의 어린이에게 감기약을 먹이지 않아요. 영유아를 대상으로 임상 실험을 할 수 없기 때문에 감기약 복용의 안정성이 명확히 밝혀지지 않았어요.
- 어른 감기약이나 해열제를 나눠 먹지 않아요. 어린이는 어른에 비해 장기가 미숙해서 탈이 날 수 있어요.

 **몸으로 익혀요**

따뜻한 소금물로 입안을 헹궈요.

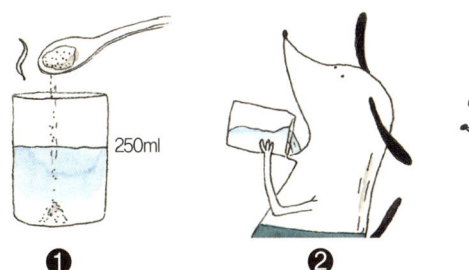

① 찻숟가락 반 정도의 소금을 250ml의 따뜻한 물에 녹여 소금물을 준비해요.
② 소금물을 혀 위로 빠르게 흘려 넣어요. 소금물이 목 끝에 닿을 정도로 머리를 뒤로 젖힌 뒤 삼키지 않을 정도로 편한 자세로 가글해요.
③ 최소한 45초 정도 가글해요. 목 끝에 있는 세균까지 소금물이 충분히 닿아야 해요. 이때 소금물을 삼키지 않도록 주의해요.
④ 머리를 바르게 하고 소금물을 뱉어요.

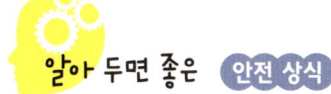 **안전 상식**

해열제의 종류와 부작용을 알아볼까요?

① 아세트아미노펜
타이레놀의 수성문인 아세트아미노펜 시럽은 통증과 열에 효과적이며 4개월 유아부터 사용 가능해요. 하지만 과다 복용하면 간에 손상이 생길 수 있어요.

② 이부프로펜
부루펜의 주성분인 이부프로펜 시럽은 열과 염증에 효과적이며 6개월 유아부터 사용 가능해요. 아세트아미노펜보다 지속시간이 길지만 위를 자극할 수 있고 신장기능을 방해한다는 단점이 있어요. 구토, 설사로 탈수에 빠질 위험이 있는 경우라면 사용하지 않아요.

③ 아스피린
어린이가 아스피린을 복용하는 경우 뇌와 간의 손상으로 뇌 기능이 저하되는 '레이 증후군'이 발생할 수 있어요.

12 질병 및 사고 안전 ▶응급처치

감전 사고에 올바르게 대처해요

>>> **전원 스위치를 내리고 환자를 안전한 장소로 이동시켜요.**
- 환자를 함부로 옮기면 안 돼요. 척추가 손상되거나 2차 골절이 발생할 수 있어요.
- 구급차가 도착하기 전에 이름을 부르며 환자를 관찰해요. 의식 또는 호흡이 없거나 심장이 멎은 상태라면 인공호흡, 심장 마사지를 해요.
- 출혈이 심한 경우에는 필요에 따라 지혈을 해요.

>>> **응급처치를 해요.**
- 차단기를 내려 전원을 차단해요.
- 절연체*를 이용해 사고자를 감전 원인에서 떼어 내요.
- 심폐소생술을 실시해요.

---
* **절연체** 전기를 잘 전달하지 않는 물체

 **몸으로 익혀요**

감전 사고가 일어나면 응급처치로 인공호흡을 해요. [국민안전처 안전디딤돌]

상황에 따라 손수건을 사용하되, 종이 수건은 사용하지 않아요.

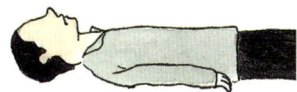
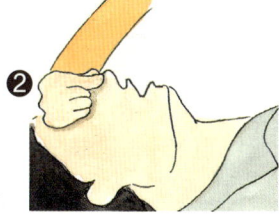
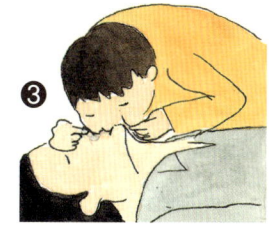

① 환자의 입에 들어 있는 오물과 이물질을 제거하고 편편한 바닥에 반듯하게 눕혀요.
② 왼손 엄지손가락으로 환자의 입을 열고, 오른손 엄지손가락과 집게손가락으로 코를 쥐어요. 환자의 입에 자신의 입을 밀착시키고 숨을 불어 넣어요.
③ 처음 4회는 신속하고 강하게 불어 넣어 폐가 완전히 수축되지 않도록 해요.
④ 감전자의 흉부가 팽창된 것을 확인하고 입을 떼요.
⑤ 정상적인 호흡 간격인 5초 간격으로(1분 12~15회) 위와 같은 동작을 반복해요.

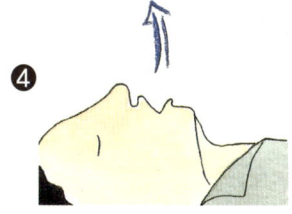
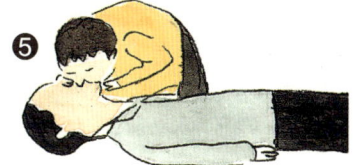

 **이런 사고도 있었어요**

2010년부터 2014년까지 0~5세 어린이 275명이 감전 사고를 당했어요.

한국전기안전공사에서 2015 국정감사에 제출한 〈2010년에서 2014년까지의 최근 5년간 어린이 전기 사고 현황〉을 보면 매년 감전 사고가 꾸준히 일어나고 있음을 확인할 수 있어요. 감전 사고로 목숨을 잃은 어린이도 2명이나 있지요. 가장 많은 감전 사고 원인으로 꼽힌 것은 콘센트예요. 콘센트 사고의 경우 안전덮개를 사용하면 어느 정도 예방할 수 있으니, 꼭 안전덮개를 사용해요.

12 질병 및 사고 안전 ▶응급처치

화상 사고에 올바르게 대처해요

>>> **뜨거운 물건을 만지지 않아요.**
- 정수기의 뜨거운 물을 만지지 않아요. 화상을 입을 수 있어요.
- 다리미 바닥을 만지지 않아요. 심각한 화상 사고가 일어날 수 있어요.
- 뜨거운 냄비를 만지지 않아요. 잘못 만졌다 내용물을 쏟으면 아주 크게 델 수 있어요.

>>> **어린이가 불 근처에 오지 못하게 해요.**
- 화상 사고는 주로 어린이에게 많이 발생해요. 어린이를 불과 뜨거운 증기로부터 최대한 떨어뜨려요.
- 어린이를 항상 주의 깊게 바라봐요. 물, 기름, 주방기구를 잘못 만져 화상을 입는 경우가 많아요.

 **몸으로 익혀요**

응급처치 후 환자를 최대한 빨리 병원으로 옮겨요. [국민안전처 안전디딤돌]

❶

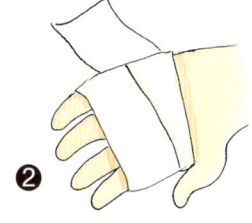
❷

❸

① 화상 부위를 적어도 10분 동안 흐르는 찬물에 담그고 있어요.
② 상처 부위는 깨끗하고 멸균 처리된, 보푸라기가 없는 거즈로 덮어요.
③ 얼굴에 화상을 입었다면 환자가 숨 쉴 수 있도록 구멍을 낸 거즈를 덮어요.
④ 물집은 터뜨리지 말고, 화상 부위에 딱 붙은 물질들은 떼어 내지 않아요.
⑤ 로션이나 연고, 기름 같은 것을 바르지 않아요.

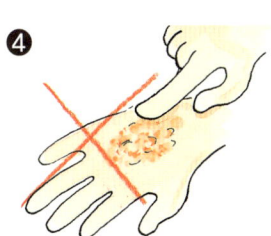
❹

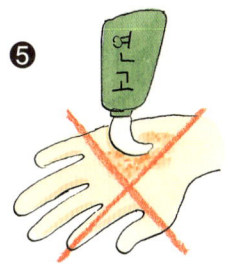
❺

 **안전 상식**

부상 정도에 따른 화상의 종류에 대해 알아볼까요?
① **1도 화상** – 피부의 가장 위쪽인 표피층이 손상된 경우로, 보통 60℃ 정도의 열에 의해 입게 돼요.
② **2도 화상** – 1도 화상보다 더 깊은 피부 조직까지 손상된 경우예요. 끓는 물이나 기름 등에 의해 생겨요.
③ **3도 화상** – 화염이나 증기, 기름, 고압 전기 등에 의해 생길 수 있어요. 피부 괴사가 심하고 자연 치유가 되지 않아요.

12 질병 및 사고 안전 ▶응급처치

골절 사고에 올바르게 대처해요

- 겉으로 티가 나지 않더라도 뼈가 부러졌을 수 있어요.
  - 뼈가 부러지는 것을 '골절'이라고 해요. 골절은 '열린골절'과 '폐쇄골절' 2가지로 나누어지지요.
  - '열린골절'은 피부가 찢겨 뼈가 밖으로 튀어나오는 것으로, 아주 심각한 부상이에요. 이런 부상을 입었다면 바로 119에 신고하고 응급처치를 해요.
  - '폐쇄골절'은 겉으로 드러나지 않기 때문에 알아내기 어려워요. 심한 부상처럼 보이지 않더라도 부어오르거나 열이 나고 다친 부위의 형태가 이상해진다면 뼈가 부러졌는지 의심해요.

>>> 조금이라도 골절이 의심되면 바로 병원에 가요.
  - 어린이는 뼈가 어른보다 약하기 때문에 쉽게 부러질 수 있어요.
  - 골절 사고에 제때 대처하지 못하면 성장하면서 더 큰 문제가 생길 수 있어요.

 **몸으로 익혀요**

사고가 나면 움직이지 않아요.

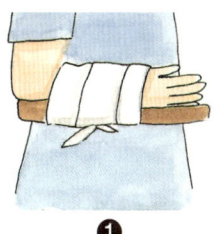 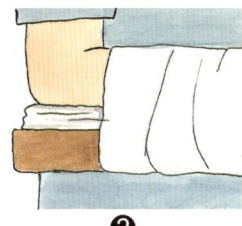  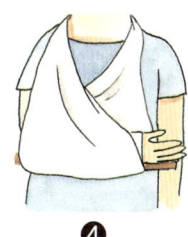

❶ 　　　　　　❷ 　　　　　　❸ 　　　　　　❹

① 단단하고 곧은 나뭇가지나 지팡이 등을 대고 수건이나 끈으로 고정해요. 부목을 이용한 응급처치는 상처 부위가 악화되는 것을 막고, 통증을 줄여 줘요. 부목을 댈 때는 상처 부위를 확인한 뒤에 그 부위가 속한 전체를 다 고정해요.
② 지지대가 단단하므로 옷이나 수건으로 부상 부위와 지지대 사이를 완충해요. 붕대나 수건으로 지지대를 고정할 때는 상처의 위아래 관절에 묶어요. 이때 너무 세게 묶으면 괴사*가 일어나고 너무 헐겁게 묶으면 고정이 안 돼요.
③ 뼈를 맞추기 위해 억지로 부러진 부위를 움직이거나 굽은 곳을 펴지 않아요. 뾰족한 뼈의 단면이 혈관이나 근육을 손상시키는 2차 부상이 발생할 수 있어요. 관절을 움직이지 않고 부목을 대요.
④ 다친 부위를 부목으로 고정시키고 나면 고정 부위 전체를 커다란 천이나 옷으로 감싸요. 보온과 고정의 효과가 있어요.

* **괴사** 생물의 몸에서 조직이나 세포가 부분적으로 죽는 일

 **안전 상식**

골절 치료를 받을 때는 재활 훈련도 중요하다고요?

근육은 계속 사용하지 않으면 빠르게 위축돼서 제대로 움직일 수가 없어요. 뼈가 부러져 석고 부목이나 붕대를 하고 있더라도 적극적으로 재활 훈련을 받는 것이 좋아요. 다친 부위를 가능한 한 심장보다 높게 유지하고, 다친 부위의 주변 근육을 수시로 움직여서 혈액순환에 도움이 될 수 있도록 해요. 고정되어 있지 않은 관절은 활발하게 움직여 근육이 굳지 않도록 하는 것이 좋아요.

12 질병 및 사고 안전 ▶응급처치

음식이 목에 걸렸을 때 올바르게 대처해요

>>> **음식을 먹을 때는 바르게 앉아서 먹고, 장난을 치지 않아요.**
- 누워서 먹거나 놀면서 먹지 않아요. 특히 누워서 먹다가 잘못 삼키면 아주 위험해요.
- 음식을 던졌다 입으로 받아먹지 않아요. 목에 걸릴 수 있어요.
- 급하게 먹지 않아요. 급하게 먹다 보면 음식이 기도로 넘어갈 수도 있어요.
- 작게 잘라서 여러 번 씹어 먹어요. 작고 둥근 음식(방울토마토, 포도, 콩 등), 단단한 음식(견과류, 사탕 등), 끈적이는 음식(떡, 젤리 등)은 먹을 때 목에 걸릴 수 있어요.
- 동전이나 장난감, 건전지, 옷핀처럼 음식이 아닌 것을 입에 넣지 않아요. 고무풍선이나 비닐봉지 등도 입에 넣으면 안 돼요.

>>> **어린이는 씹고 삼키는 것이 서툴러요.**
- 먹을 때 깜짝 놀라게 하지 않아요. 미처 씹지 못한 음식물이 기도로 넘어갈 수 있어요.
- 3세까지는 견과류를 먹이지 않아요. 견과류는 기관지에 들어가기 좋은 크기이기 때문에 질식 사고가 일어나기 쉬워요.

- 영유아에게 음식을 먹으라고 강요하지 않아요. 아기는 음식 먹는 데 서툴러요. 속도를 보며 천천히 먹여야 해요.
- 차나 비행기처럼 흔들리는 곳에서 먹이지 않아요. 차는 급정차할 가능성이 있고, 비행기도 기상상황에 따라 심하게 흔들릴 수 있어요.

몸으로 익혀요

나이별로 응급처치 방법이 달라요.

질식 사고가 발생하면 먼저 119에 신고해요. 그다음 아래와 같은 방법으로 목에 걸린 것을 제거해요.

① 영아
한쪽 팔에 머리가 아래를 향하도록 아이를 올려 놓고 등 가운데를 손바닥으로 4, 5회 두드려요.

② 유아
어린이를 허벅지에 엎드리게 한 후 손바닥으로 등을 4, 5회 두드려요. 이때 머리를 아래로 향하게 해요. ①, ②번 모두 복부 장기를 손상하지 않도록 힘 조절을 해요.

③ 어른
큰 어린이나 성인은 뒤쪽에서 양팔로 안아요. 명치 끝에 한쪽 손을 주먹을 쥐고 댄 후 복부를 위쪽 방향으로 압박해요. 이 방법을 사용할 수 없으면 옆으로 눕히거나 앉혀 놓고 ②번 방법을 사용해요.

 이런 사고도 있었어요

액체가 기도로 넘어가지 않도록 주의해요.

2015년 3월, 비행기 안에서 우유를 마시던 2세 어린이가 갑자기 얼굴이 파래지면서 숨을 쉬지 못하는 사고가 있었어요. 다행히 같은 비행기에 타고 있던 의사가 명치를 두드리며 재빨리 응급처치를 했지요.

12 질병 및 사고 안전 ▶ 응급처치

자동심장충격기를 올바르게 사용해요

 >>> **쓰러진 사람을 보면 자동심장충격기를 사용해요.**
- 자동심장충격기가 어디 설치되어 있는지 평소에 확인해요. 위급상황에서 적절하게 사용할 수 있어요.
- 자동심장충격기가 주변에 보이지 않고, 어디 있는지도 모르겠다면 112에 전화를 걸어요. 순찰차에 자동심장충격기가 있는 경우도 있어요.
- 자동차처럼 흔들리는 장소에서 사용하지 않아요. 흔들림이 많으면 기계가 불필요하게 작동할 수 있어요.
- 가급적이면 바닥이 마른 곳에서 자동심장충격기를 사용해요.
- 반드시 환자의 몸을 닦은 후 패드를 부착해요. 환자의 몸에 이물질이나 땀이 묻어 있으면 실행이 안 될 수도 있어요.

- 패드는 성인용과 8세 미만 어린이용 2가지로 구성돼 있어요. 8세 이상의 어린이에게 소아용 패드를 부착하지 않게 주의해요.
- 전기 충격을 가할 때는 주변 사람이 모두 환자에게서 떨어져요. 감전 위험이 있어요.
- 자동심장충격기를 사용하지 않는 동안은 심폐소생술을 진행해요.

 **몸으로 익혀요**

자동심장충격기 사용법을 알아봐요.

 ❶   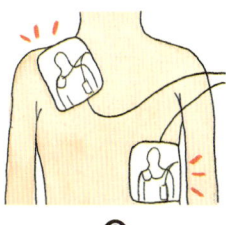 ❷    ❸   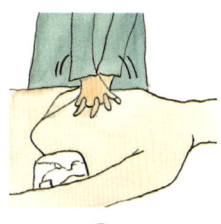 ❹

① 전원을 켜고 음성 안내에 따라요. 전원을 켜면 모든 단계에서 음성 안내가 나와요. 심폐소생술 중인 경우에는 심폐소생술에 방해되지 않는 위치에 심장충격기를 놓고 전원을 켜요.

② 상체를 노출시킨 후 오른쪽 쇄골 아래에 패드를 부착해요. 다른 하나는 왼쪽 유두 아래 겨드랑이 부분에 부착해요. 패드 부착 위치가 그림으로 표시돼 있으니까 참고해요.

③ 패드에 연결된 선을 기계에 꽂으면 기계에서 "심장 리듬 분석 중"이란 메시지가 나와요.

④ 제세동이 필요한 경우에는 "제세동이 필요합니다."라는 메시지가 나오면서 에너지 충전이 시작돼요(제세동이 필요하지 않은 경우에는 "환자의 상태를 확인하고, 심폐소생술을 계속 하십시오."라는 메시지가 나와요).

⑤ 제세동 버튼이 깜빡이면 즉시 눌러요.

⑥ 제세동이 완료되면 다시 심폐소생술이 실시해요.

 **안전 상식**

자동심장충격기(AED)가 뭐예요?

자동심장충격기는 환자에게 전기 충격을 주어 멈추었던 심장이 정상 리듬으로 돌아오게 하는 도구예요. 심폐소생술을 배우지 않아도 누구나 사용할 수 있지요. 지하철, 기차역, 공항, 공원, 아파트 등 사람이 많이 모인 곳에 비치돼 있어요.

12 질병 및 사고 안전 ▶ 응급처치

물에 빠진 사람을 구해요

안전 Tip

>>> **119나 구조요원에게 신고 후, 응급처치를 해요.**

- 최대한 빨리 인공호흡과 흉부압박을 실시해요. 찬물에 빠졌다면 사고 발생 후 1시간까지 뇌 기능이 살아 있을 수 있어요.
- 하나, 둘, 셋 횟수를 세어 가며 분당 100회 속도로 30회 흉부를 압박해요.
- 기도 유지를 한 상태로 인공호흡을 2회 실시하고, 구급대원이 도착할 때까지 흉부압박과 인공호흡을 번갈아 시행해요.
- 익수자가 물을 많이 마셨다고 해서 배나 등을 누르면 안 돼요. 흉부를 잘못 압박하면 익수자의 위 속에 있는 물과 음식물이 역류하면서 기도를 막을 수 있어요.
- 최대한 빨리 인공호흡을 실시해요. 인공호흡이 늦어지면 그만큼 사고자가 위험해져요.
- 평소 인공호흡법을 숙지하고, 자주 연습하면 위급상황에서 다른 사람의 생명을 구할 수 있어요.

> 미리미리 안전 연습

몸으로 익혀요

흉부압박점을 찾아요.

흉부압박점의 위치는 나이별로 달라요. 영아는 양쪽 젖꼭지 사이의 절반보다 아래쪽에, 어린이나 성인의 경우는 양쪽 젖꼭지 사이의 절반부 중심에서 찾을 수 있어요.

흉부압박법을 실행해요.

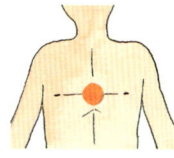
영아

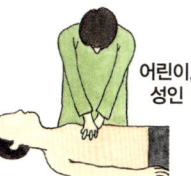
어린이, 성인

① 호흡 확인 후, 평평하고 딱딱한 바닥에 익수자를 눕혀요.
② 구조자는 팔을 쭉 펴고 어깨 힘만으로 익수자의 흉부를 눌러요.
　이때 손가락이 심장에 닿지 않도록 해요.

순서에 맞춰 심폐소생술을 해요.

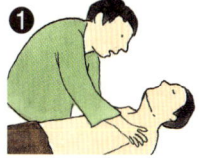 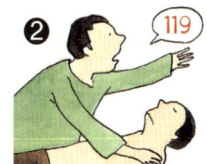 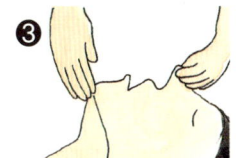 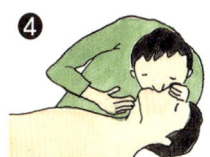

① 익수자의 의식이나 반응을 확인해요.
② 119에 신고하고, 자동심장충격기를 요청해요. 자동심장충격기는 평소에 사용법을 숙지해 둬요.
③ 턱을 살짝 들어서 기도를 유지해요.
④ 10초 정도 호흡 확인을 한 후 인공호흡을 해요.

영유아(0~8세)에게는 나이에 맞는 인공호흡을 해요.

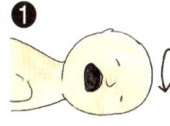 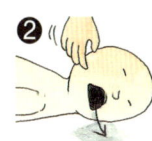   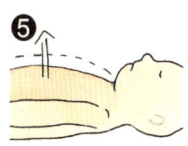

유아의 경우는 입을 마주대고 숨만 불어 넣는 인공호흡을 해요.
① 똑바로 눕히고 목 안을 깨끗하게 씻어 준 다음 머리를 한쪽으로 돌려요.
② 입을 강제로 벌리고 입안에 있는 액체, 토사물, 점액, 또는 이물질 등을 손가락으로 쓸어 내요.
③ 머리를 다시 똑바로 놓고 귀와 바닥이 평행하도록 턱을 들어 약간 젖혀요.
④ 입술을 막은 채로 코를 통해 천천히 그리고 부드럽게 바람을 불어 넣은 다음 잠시 멈춰 공기를 토해 내게 해요. 이때 너무 세게 바람을 불어 넣지 않도록 주의해요.
⑤ 가슴이 올라오는지 확인해요. 가슴이 올라왔다 내려가면 응급처치가 제대로 된 거예요.

12 질병 및 사고 안전 ▶응급처치

코피가 날 때 올바르게 대처해요

 **꺼꾸리 안전 Tip**

코를 후비지 않아요.
- 콧속 혈관은 약하기 때문에 코를 후비거나 만지면 혈관이 터져 코피가 나기 쉬워요.
- 코를 세게 풀거나 강하게 만지지 않아요. 알레르기 비염이 있거나 날씨가 건조하다면 더욱 신경 써요.

 **미리미리 안전 연습** 몸으로 익혀요

알맞은 방법으로 지혈을 해요.

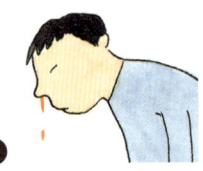 ❶　 ❷　 ❸　 ❹

① 앉은 자세에서 상체를 15°정도 앞으로 숙여요.
② 바닥에 수건을 깔아 주고, 냄새를 맡지 않으려고 코를 막을 때처럼 엄지와 집게손가락을 이용해 콧볼을 5분에서 15분 정도 꼭 눌러 줘요. 스스로 지혈하기 힘든 경우에는 어른이 뒤에서 안고 코를 눌러 줘요.
③ 코피가 목으로 넘어가면 구토가 날 수 있는데, 이때 바닥에 깔아 놓은 수건에 뱉어요.
④ 코피가 멈추면 코뼈 부분을 가볍게 냉찜질해 줘요. 15분 이상 누르고 있어도 코피가 계속 흐르면 병원에 가요.

찾 • 아 • 보 • 기

ㄱ

가공식품 236, 238, 247, 251, 253, 262, 266, 269, 271, 376, 389
가스 누설 차단장치 37
가스레인지 36, 39, 46, 53, 189, 309
가연성 187, 311, 349
가위 27, 44, 51, 52, 63, 348
감염 70, 83, 87, 151, 328, 375, 381, 382, 383, 384, 392
감전 26, 38, 39, 47, 55, 56, 57, 102, 128, 191, 309, 338, 339, 342, 344, 345, 348, 349, 350, 351, 352, 358, 360, 364, 367, 368, 369, 400, 401, 409
갯골 157, 158, 159, 169
건강기능식품 389
건강식품 389
건전지 138, 139, 348, 406
결막염 151, 329, 382
겸용도로 97, 100
경량 칸막이 316, 317
경련 142, 147, 149, 218, 243, 244, 250, 267, 351, 357, 381
경보 37, 74, 307, 314, 316, 325, 331, 341
고무 신발 90, 122
고열량·저영양식품 271, 273, 274
고혈압 176, 250
골절 25, 80, 191, 225, 226, 227, 231, 233, 400, 404, 405
곰팡이 29, 55, 121, 252, 253, 263, 374, 392
공공시설 73, 76, 314, 331
공공장소 25, 314, 331, 332
공기정화식물 34
공기 조절장치 37
과일 44, 51, 183, 236, 237, 238, 239, 240, 256, 264, 270, 271, 325, 375, 383
과일주스 238, 259, 397, 398
과잉행동 203, 208, 259, 269

관절 47, 80, 221, 226, 227, 234, 405
관절 보호대 110
교통사고 84, 105, 107, 117
교통약자 109
구명조끼 133, 144, 145, 146, 149, 152, 155, 158, 160, 165, 166, 302, 303, 304, 306, 340
구명줄 166
구조 149, 158, 161, 163, 165, 169, 177, 188, 191, 193, 197, 301, 303, 306, 312, 315, 316, 321, 339, 340, 367, 410, 411
구토 35, 81, 142, 161, 163, 188, 243, 244, 250, 253, 260, 263, 374, 375, 383, 386, 391, 393, 396, 399, 412
국립농산물품질관리원 241
국민 방독면 311
국민안전처 143, 149, 169, 317, 401, 403
그네 193, 195, 197
그린푸드존 274
근육경련 142, 218, 267
급성 디스크 155
기관지 85, 140, 329, 387, 396, 406
기상상황 185, 325, 331, 341, 407
기상청 325, 335, 344
기생충 83
기술표준원 21, 29, 145
기호식품 265, 269, 273
깨지기 쉬운 물건 16
깨진 유리 조각 16, 17, 160, 193
꿀 245, 258, 259, 267, 397
끼임 방지장치 17

ㄴ

나트륨 238, 263, 264, 265, 271, 273, 274, 311
낙상 176, 179
난간 22, 23, 32, 33, 88, 130, 132, 133, 155,

193, 234
난로 186, 187, 189, 191, 308, 309, 317, 349, 362, 363
난방 167, 184, 187, 188, 363
난방기기 187, 188
날씨 144, 148, 161, 167, 175, 176, 250, 340, 412
날카로운 물건 23, 27, 44, 45, 63, 68, 193
납 20, 137, 243, 261
납치 120
냉장고 28, 42, 43, 238, 249, 251, 253, 263, 269, 345, 350, 352, 392
네티켓 213
놀이기구 68, 78, 79, 80, 81, 111, 154, 155, 192, 193, 194, 220, 232, 233
농약 237, 240, 241, 248, 261
높은 곳 18, 42, 51, 63, 65, 154, 209, 230, 311, 318, 331, 334, 338, 342, 343, 352, 364
뇌진탕 19, 233
뇌출혈 220, 225
누수 26
누전 29, 42, 317, 331, 349, 350, 351, 353, 360, 363, 364, 369
누전차단기 317, 331, 350, 353

ㄷ

다이빙 152, 155, 164
단독경보형감지기 316
단락 138, 139, 361, 369
단열 121, 361
달걀 40, 45, 237, 250, 251, 374, 377
달빛어린이병원 387
당뇨병 176, 267
도로교통공단 106
도로교통법 97, 98, 105, 111, 112, 114
도마 51, 183, 373

도어체크 17
독소 239, 244, 253, 374, 375, 376
돌비 현상 41
돌연사증후군 23
동상 166, 228
두통 35, 161, 188, 209, 250, 263, 357, 374, 379, 384
등산스틱 123, 175, 178, 180, 344
뜨거운 물건 46, 47, 402

ㄹ

라벨 31, 138, 173, 238, 246, 247, 389
레이저 73, 136, 138
리콜 21, 221

ㅁ

마스크 60, 84, 223, 303, 311, 326, 327, 329, 334, 335, 382
매트리스 보호대 229
멀미 81, 131, 188, 378, 379, 398
멀티탭 47, 366
메르스 383, 384
멧돼지 180
면역력 70, 151, 256, 259, 329, 383
명예훼손 212, 213
모서리 19, 43, 44, 62, 64, 65, 66, 154, 330, 366
무릎 보호대 220, 221, 232
무빙워크 67, 69
무항생제축산물 241
문 고정장치 17
미끄럼 방지 23, 53, 54, 63, 88, 153
미끄럼틀 64, 88, 154, 155, 193, 196, 197, 234

미세먼지 85, 324, 325, 326, 327, 328, 329
미아 67, 81, 123, 275, 292, 293, 294
믹서 44, 45

ㅂ

바다갈라짐길 157, 159
바이러스 215, 375, 382, 383, 384, 386
바퀴 18, 19, 98, 106, 111, 118, 220, 232, 233
발암 물질 245, 250, 253, 255, 256, 263
발암 우려 물질 256, 261
발연점 48
발열 163, 191, 355, 375, 384, 386
발판 29, 33, 51, 54
방부제 59, 263, 265, 268, 269
방수 175, 176, 228
배선용 차단기 353
배수구 86, 87, 152, 155, 156, 338, 339
밸브 36, 37, 53, 309, 317, 331, 334, 363
뱀 181, 182, 191
번개 323, 338, 342, 344, 345
베이킹소다 45, 116, 141
베이킹파우더 163, 240
벼락 343, 344
변색 49, 139, 392, 396
병원 21, 31, 45, 63, 70, 73, 80, 83, 128, 139, 163, 177, 181, 187, 189, 191, 226, 230, 243, 281, 328, 329, 351, 361, 377, 379, 380, 381, 382, 383, 384, 385, 386, 387, 388, 403, 404, 412
보안경 171
보험 105, 143, 393
보호자 25, 66, 78, 80, 81, 88, 97, 111, 293, 294, 303, 357
보호장비 111, 121, 220, 221, 223, 228
복어 243, 374
봉함제 21

부력보조복 145
부상 73, 77, 80, 83, 106, 129, 154, 155, 223, 227, 233, 317, 329, 333, 346, 403, 404, 405
부작용 59, 203, 206, 378, 379, 381, 384, 386, 391, 398, 399
부탄가스 37, 43, 189, 317
불량식품 239, 263, 272, 273, 274
불완전 연소 37, 255
불이 잘 붙는 물질 37, 41, 52, 173, 189, 308
브레이크 85, 108, 110, 111, 120
블라인드 20, 21, 25
블록 138
비디오증후군 203
비만 205, 259, 265, 267, 269, 270, 271
비산먼지 85
비산 방지용 필름 17
비상계단 80, 312, 330
비상구 64, 133, 134, 300, 304, 314, 315, 330, 331
비상등 64, 134, 320
비상벨 74, 307
비상사태 64, 133
비상코크 321, 322
비상통화장치 320, 322
비염 329, 412
비 오는 날 102, 128, 232, 342
빙초산 53

ㅅ

사각지대 105, 107
사스 383, 384
살균 243, 262, 263, 373, 375, 393
상처 16, 31, 45, 63, 64, 83, 163, 168, 181, 191, 212, 220, 223, 231, 237, 291, 393, 395, 403, 404, 405

석면 85
선크림 147, 151, 162, 169, 193
선풍기 36, 350, 354, 355, 357
설맹증 231
설사 35, 142, 153, 243, 250, 267, 373, 374, 375, 377, 383, 384, 399
설탕 245, 251, 258, 259, 266, 267, 397
성장 25, 47, 51, 59, 203, 205, 206, 208, 259, 265, 269, 289, 293, 296, 404
성장판 208, 220, 227, 230, 234
성장호르몬 22
세계보건기구(WHO) 239, 256, 261, 264, 266, 383
세균 51, 55, 68, 70, 83, 87, 140, 141, 151, 183, 231, 239, 241, 249, 251, 254, 263, 268, 327, 328, 372, 373, 374, 375, 382, 392, 399
세탁기 28, 29, 57, 116, 350, 352
소나기 344
소독 51, 63, 83, 139, 141, 163, 187, 253, 257, 373, 382, 393
소화기 35, 57, 91, 133, 173, 187, 188, 309, 311, 314, 317, 320, 321, 322, 331, 362, 377, 384, 395
손가락 보호대 17
손목 보호대 220, 221, 232
손목터널증후군 227
손잡이 안전캡 28
스마트쉼센터 205
스마트인포 263
스마트폰 163, 204, 205, 206, 209, 215, 239, 285, 289, 306, 337
스위치 커버 53
스크린도어 124, 126, 127, 321
스트레스 82, 205, 210
스트레칭 142, 143, 150, 219
스팸 메일 214, 216
스프링클러 312
승강장 124, 125, 129

시각장애인 96, 109, 125, 320
시력 30, 73, 138, 171, 180, 205, 225
시소 193, 197, 198
식중독 243, 263, 372, 373, 374, 375
식초 53, 141, 163, 181, 238, 240, 263, 269
식품안전소비자신고센터 239
식품안전정보원 263
식품의약품안전처 239, 255, 260, 265, 271, 274, 327, 389, 395
식품첨가물 59, 236, 237, 262, 263, 265, 269
신선식품 236, 237
신종플루 384
실내용 25, 187
심장마비 35, 142, 188, 344
심장 마사지 400
심폐소생술 400, 409, 411

ㅇ

아동 학대 63, 64
아이소픽스ISOFIX 117
IOSA 인증 134
안구건조증 206, 369
안내방송 67, 133, 293, 302, 304, 321, 333, 334, 341
안심따개 45
안전거리 154, 173, 228
안전공간 25
안전 관리 21, 81, 85, 134
안전교육 33, 63, 64, 77, 134, 289
안전규칙 133
안전기준 21, 23, 29, 140
안전덮개 24, 64, 349, 401
안전디딤돌 401, 403
안전마크(KPS) 24
안전망 85, 354, 355, 362

INDEX

안전매뉴얼 75
안전벨트 79, 80, 81, 105, 114, 115, 117, 119, 120, 133, 302, 313
안전사고 19, 24, 25, 52, 53, 63, 73, 77, 81, 83, 149, 155, 161, 169, 191, 231
안전선 71, 76, 124, 195
안전설비 133, 229
안전성 21, 39, 42, 117, 141, 193, 221, 363, 389
안전수칙 37, 56, 85, 121, 125, 133, 143, 146, 149, 152, 153, 188, 228, 231, 308
안전요원 71, 74, 79, 80, 81, 146, 154, 155, 229, 230, 231
안전울타리 25, 78, 79, 84, 124, 93, 231, 336, 362
안전 유도 표지 331
안전장비 37, 110, 116, 155, 167, 306
안전장치 17, 33, 47, 53, 79, 80, 187, 322, 361, 363
안전점검 77, 79, 232
안전태슬 21
안전패드 63
안전표지 165, 314, 331, 338
알레르기 34, 35, 58, 70, 125, 140, 181, 238, 246, 247, 248, 328, 329, 376, 377, 387, 388, 393, 397, 412
알루미늄 40, 45, 128, 189, 395
알코올 163, 190, 317
액상과당 266
액셀러레이터 108
앱 163, 209, 239, 263, 271, 285, 289, 296, 306, 393
야외용 187, 363
야외활동 190, 293, 326, 342, 343, 357
어린이 보호 구역 100, 108, 278, 279
어린이 보호포장 31
어린이용 23, 59, 133, 221, 226, 379, 395, 409
언어발달 203, 206

에너지드링크 266, 267
ADHD 203
에볼라 383
에스컬레이터 67, 77, 90, 122, 123
에어컨 121, 253, 355, 356, 357
연통 186
열매 34, 35, 41, 242
열사병 357
열탕 소독 139
영유아 23, 109, 116, 117, 125, 204, 206, 269, 303, 379, 395, 398, 407, 411
예방접종 83, 125, 380, 381, 386
오븐 47, 255, 268
오염 물질 240, 249
오한 148, 163, 374
완강기 300, 313
완충재 197
외이도염 150, 151
우산 102, 110, 122, 123, 126, 338, 342, 343, 346
워터 슬라이드 154, 155
원터치캔 44, 45
위급상황 71, 147, 149, 167, 276, 281, 304, 340, 377, 394, 408, 410
위험상황 97, 118, 340
위험요소 28, 105, 125, 133, 280, 285, 319
위험주의보 331
위험한 물건 16, 17, 27, 53, 60, 63, 84, 197
유기축산물 241
유대관계 205
유독가스 23, 60, 187, 308, 311, 313, 334, 361
유리스크린 363
유리제품 17, 60
유사 자폐 203
유아 전용 코스 230
유통기한 116, 236, 237, 238, 249, 252, 268, 269, 273, 274, 372, 388, 389, 392

유해물질 255, 256, 260, 261, 327, 333
유해성 논란 267
유해제품 31
유행성 출혈열 190
음란물 216, 286, 289
음란물 차단 프로그램 216
음료수 41, 42, 62, 78, 79, 94, 116, 121, 180, 252, 257, 266, 276
응급실 31, 83, 243, 387
응급의료 사이트 387
응급처치 31, 64, 80, 83, 87, 138, 162, 163, 177, 181, 191, 327, 387, 400, 401, 403, 404, 405, 407, 410, 411
의약외품 327
의약품 17, 27, 59, 248, 391, 393, 395
의자 18, 20, 33, 50, 51, 55, 72, 73, 117, 195, 209, 331
이면도로 96, 106, 108, 1111
이안류 157, 158, 159
익사 57, 145, 148, 153, 156
인공감미료 267
인공폭포 155
인공호흡 400, 401, 410, 411
인터넷 63, 204, 205, 209, 210, 211, 212, 213, 215, 216, 239, 294, 331, 341
일과성뇌허혈증 176
일교차 176, 184
일사병 161, 193
일산화탄소 37, 186, 188, 189, 255, 310
119 39, 74, 80, 128, 129, 149, 161, 163, 165, 169, 188, 243, 301, 306, 307, 310, 320, 339, 340, 367, 404, 407, 410, 411
임시 소방 시설 85

ㅈ

자전거 96, 97, 98, 100, 104, 105, 108, 109, 110, 111, 112, 113, 170, 224, 337
장애인 유도블록 96, 97
잠금장치 16, 17, 27, 29, 31, 33, 52, 53
장난감 17, 23, 32, 56, 62, 136, 137, 138, 139, 140, 141, 196, 210, 348, 352, 366, 380, 406
재봉도구 27
재활 훈련 405
저체온증 148, 167, 174, 177, 179, 305, 355
전기장판 308, 349, 359, 360, 361, 364
전기제품 18, 36, 55, 308, 311, 317, 345, 348, 349, 350, 351, 352, 353, 365, 368, 369
전선 17, 38, 170, 308, 338, 348, 349, 350, 351, 353, 355, 360, 361, 366, 367, 368, 369
전열기구 317, 362, 363
전염병 67, 375
전용도로 96, 100, 112, 113
전자파 39, 40, 41, 202, 360, 365, 369
절단 45, 81, 123
점검 19, 21, 23, 25, 37, 42, 53, 55, 64, 77, 78, 79, 110, 111, 116, 144, 188, 205, 228, 232, 272, 274, 317, 331, 337, 339, 350, 355, 357, 363
정글짐 193
정수기 46, 47, 350, 402
정전 188, 330, 337, 350, 352, 353
조리기구 37, 44, 189, 255
조수 웅덩이 157, 159
조절장애 206, 208
주방가전 51
주사 70, 83, 380, 381, 385
주석 260, 261
주의보 325, 331, 341
주의사항 25, 71, 137, 173, 393
주차장 118, 119, 133, 290, 327, 339
준비 운동 142, 143, 149, 154, 164, 218, 219, 224

중금속 243, 260, 261
중독 17, 27, 34, 35, 137, 181, 186, 188, 189, 205, 206, 207, 208, 209, 210, 211, 216, 243, 244, 255, 259, 263, 267, 391, 393
증기 46, 47, 255, 370, 402, 403
지하철 122, 123, 124, 125, 127, 128, 129, 294, 298, 299, 320, 321, 322, 333, 339, 409
지혈 16, 45, 63, 80, 191, 400, 412
질병 41, 85, 142, 191, 206, 271, 327, 329, 380, 381, 389
질식 23, 28, 29, 60, 87, 120, 137, 138, 187, 188, 189, 234, 311, 361, 395, 406, 407
집먼지진드기 17, 141
쯔쯔가무시 191

ㅊ

채소 43, 44, 51, 183, 237, 238, 240, 251, 253, 254, 256, 264, 265, 270, 271, 325, 373, 375, 383
척추 117, 202, 208, 228, 379, 400
척추측만증 206
천둥 338, 345
청소 17, 29, 49, 60, 321, 328, 329, 349, 357, 359, 369
청소기 17, 116, 366, 367
추락 33, 93, 129, 178, 193, 302, 313
출입 금지 72, 78
출혈 171, 190, 383, 400
충격 방지 자세 302
충돌 83, 96, 109, 112, 117, 228, 229, 230, 231, 233, 303, 329, 333
친환경농산물 240, 241

ㅋ

카페인 266, 267, 274, 356, 379, 390, 398
칼 17, 27, 43, 44, 51, 52, 60, 63, 183, 254, 259, 305, 348, 373
KC마크 116, 220, 221, 363
콘센트 38, 55, 64, 308, 317, 334, 348, 349, 350, 351, 368, 369, 401
콜레스테롤 270
쾌속선 131, 133
Q마크 143, 363
킥보드 98, 111, 232

ㅌ

타르 색소 269, 273
탄산음료 259, 263, 274, 397
탈수 83, 121, 179, 305, 357, 373, 377, 399
탈진 83, 158, 340
텐트 182, 184, 185, 186, 187, 188, 189, 190, 191
텔레비전 18, 202, 203, 265, 324, 331, 332, 334, 337, 341, 352
통조림 238, 257, 260, 261, 375
통학버스 신고필증 105
튀김기 47
튜브 146, 147, 148, 149, 152, 160, 161, 165, 193, 337, 339
트랜스지방 270, 271, 274
특보 185, 324, 325, 341, 357

ㅍ

파도풀 154
파상풍 83, 381
팔꿈치 보호대 220, 232
포일 37, 40, 44, 45, 189

폭발 36, 37, 40, 41, 43, 45, 137, 138, 139, 173, 187, 188, 189, 191, 248, 301, 309, 313, 315, 334, 335, 357, 364, 365
폭죽 73, 172, 173, 308
표백제 31, 60, 238, 393
품질보증마크 143
풍랑 161, 340, 341
플라스틱 20, 40, 49, 53, 63, 136, 137, 139, 144, 221, 223, 257, 261, 269, 311
플래시 오버 315
플러그 25, 43, 51, 308, 334, 345, 348, 349, 352, 353, 355, 359, 360, 363, 366, 368, 370
피부 30, 35, 47, 57, 59, 85, 86, 87, 138, 141, 142, 147, 149, 151, 155, 181, 188, 192, 193, 224, 263, 327, 328, 329, 354, 360, 369, 370, 377, 379, 383, 393, 403, 404

ㅎ

하임리크 응급법 137
하천 범람 우려 지구 339
학교 안전공제 63
한국생활환경시험연구원 116
한국소비자원 25, 31, 81, 92, 197, 221, 233, 395
한국전기안전공사 401
한국정보화진흥원 205
합선 138, 349, 350, 351, 355, 360, 363
항히스타민제 181, 378, 398
해독제 181, 243
해먹 183, 184
해썹HACCP 239, 273
해저 급경사 157, 159
헤어드라이어 55, 56, 151, 368, 369
헬멧 110, 220, 221, 223, 232
혈액순환 148, 301, 356, 405
협죽도 34, 35
호기심 17, 27, 47, 63, 126, 351, 391
호흡곤란 30, 35, 148, 163, 181, 250, 377, 383, 384, 395
호흡기 140, 319, 324, 326, 327, 329, 377, 383, 384
화로대 187, 188
화상 25, 26, 41, 45, 46, 47, 48, 52, 53, 57, 120, 121, 138, 147, 151, 172, 186, 187, 188, 189, 192, 196, 224, 308, 344, 348, 358, 359, 360, 361, 364, 367, 368, 369, 370, 393, 402, 403
화재 23, 26, 37, 38, 39, 40, 41, 42, 47, 48, 53, 74, 75, 77, 78, 85, 173, 186, 187, 188, 307, 308, 309, 310, 311, 312, 313, 314, 315, 316, 317, 319, 320, 321, 322, 331, 333, 334, 349, 350, 351, 355, 359, 361, 362, 363, 364, 365, 366, 367, 369
화재용 마스크 311
화재의 위험 38, 39, 42, 47, 53, 187, 366, 367
화학비료 35, 240, 241
화학제품 30, 31, 43, 393
환경호르몬 40, 59, 139, 257, 261, 264, 265
환기 36, 37, 55, 60, 67, 121, 186, 188, 255, 356, 357, 358, 363, 378
활화산 335
황사 85, 324, 325, 326, 327, 328, 329
횡단보도 98, 99, 100, 101, 102, 103, 104, 112, 114
후유증 220, 230, 291, 351
휴대용 37, 185, 187, 189, 365
휴대전화 97, 111, 114, 181, 185, 214, 279, 289, 290, 301, 304, 307, 320, 345, 364, 365, 378
흉부압박 410, 411
흉터 25, 47

참고 자료

1장_ 가정 안전
▶ **참고 사이트**
소방방재청 www.nema.go.kr
어린이안전넷 www.isafe.go.kr
어린이안전학교 www.go119.org
한국가스안전공사 www.kgs.or.kr
한국소비자원 www.kca.go.kr

2장_ 공공 안전
▶ **참고 사이트**
안전보건공단 www.kosha.or.kr
▶ **참고 문헌**
김일옥·김경애·김영애·김종석·김호년, 《아동건강교육》(양서원, 2013).
《2005년 서울시 학교안전공제회 청구자료》

3장_ 교통 안전
▶ **참고 사이트**
교육부 www.moe.go.kr
교통안전공단 www.ts2020.kr
국민안전처 www.mpss.go.kr
국토교통부 www.molit.go.kr
서울도시철도공사 www.smrt.co.kr
서울메트로 www.seoulmetro.co.kr
아시아나항공 flyasiana.com
안전생활실천시민연합 www.safelife.or.k
행정자치부 www.mogaha.go.kr
한국해운조합 www.haewoon.or.kr

4장_ 놀이 안전
▶ **참고 사이트**
국민안전처 www.mpss.go.kr
소방방재청 www.nema.go.kr
서울대학교 의과대학 국민건강지식센터 hqcenter.snu.ac.kr
어린이안전넷 www.isafe.go.kr
오토캠핑 가이드 www.autocamping.co.kr
한국소비자원 www.kca.go.kr
한국의 산하 www.koreasanha.net

5장_ 미디어 안전
▶ **참고 사이트**
네이버 지식백과 terms.naver.com
한국정보화진흥원 스마트쉼센터 www.iapc.or.kr
교육부 www.moe.go.kr

6장_ 스포츠 안전
▶ **참고 사이트**
뉴시스 www.newsis.com
어린이안전학교 go119.org
YTN www.ytn.co.kr
일간스포츠 isplus.live.joins.com
평택자치신문 blog.daum.net/ptllocalnews
세계일보 www.segye.com
스포츠한국 sports.hankooki.com
SBS뉴스 news.sbs.co.kr
중앙일보 news.joins.com
한국경제 www.hankyung.com
한국소비자원 www.kca.go.kr

7장_ 식품 안전

▶참고 문헌

김연주·여지영·송은실, 《혼자 먹는 식사》(김영사, 2009).
김정원 외, 《식품라벨 꼼꼼 가이드》(2012, 우듬지).
아베 쓰카사, 《인간이 만든 위대한 속임수 식품첨가물》(국일출판사, 2009)
오희경, 《감춰진 식품의 비밀》(지혜의 나무, 2011).
임선경, 《몸살림 먹을거리》(씽크스마트, 2009).
정진철, 《생활 속의 화학과 고분자》(자유아카데미, 2010)
화학용어사전편찬회, 《화학용어사전》(일진사, 2009).
황태영, 《식품첨가물의 비밀》(경향 BP, 2014).
최재숙·김윤정, 《친환경 음식백과》(미디어윌, 2011).
조 슈워츠, 《식품진단서》(바다출판사, 2009).
백희영·오명숙·천종희·문현경·윤진숙·이심열·정효지,
《건강한 미래를 위한 식생활 길라잡이》(신광출판사, 2004).
Better Home 출판국, 《음식을 버리지 않고 잘 보관하는 방법》(아카데미북, 2007).

▶참고 사이트

국제신문 www.kookje.co.kr
네이버 지식백과 terms.naver.com
뉴스1코리아 new1.com
뉴시스 강원 www.newsis.com
동아닷컴 www.donga.com
두산백과(두피디아) www.doopedia.co.kr
동아사이언스 www.dongascience.com
매일경제 news.mk.co.kr
사이언스 타임즈 www.sciencetimes.co.kr
산림과학원 www.forest.go.kr
식품나라 www.foodnara.go.kr
식품의약품안전처 www.mfds.go.kr
안전보건공단 www.kosha.or.kr
연합뉴스 www.yonhapnews.co.kr
온라인 의약 도서관 drug.mfds.go.kr
제주일보 www.jejunews.com
조선일보 www.chosun.com
코리아데일리 www.koreadaily.com
파퓰러사이언스 www.popsci.hankooki.com
하이닥 www.hidoc.co.kr
한국대기환경학회 www.kosae.or.kr
한국경제TV wowstar.wowtv.co.kr
한국과학기술정보연구원 www.kisti.re.kr
한국식품안전연구원 www.kfsri.or.kr
한국식품정보원 www.foodi.com
CNBNEW3 www.cnbnews.com
M이코노미 매거진 www.m-economynews.com

8장_ 아동 범죄 안전

▶참고 사이트

안전Dream www.safe182.go.kr
여성가족부 www.mogef.go.kr

9장_ 재난 안전

▶참고 사이트

강원소방본부 fire.gwd.go.kr
국민안전처 www.nfds.go.kr
기상청 www.kma.go.kr
네이버 지식백과 terms.naver.com
서천군청 www.seocheon.go.kr
스포츠서울 www.sportsseoul.com

어린이 교통안전 연구소 www.go119.org
한국과학기술정보연구원 www.kisti.re.kr
한국대기환경학회 www.kosae.or.kr
행정자치부 www.mogaha.go.kr

10장_ 재해 안전

▶참고 사이트

국민안전처 www.nfds.go.kr
국토교통부 www.molit.go.kr
서울도시철도공사 www.smrt.co.kr
서울메트로 www.seoulmetro.co.kr
아시아나항공 flyasiana.com
한국해운조합 www.haewoon.or.kr

11장_ 전기 안전

▶참고 사이트

소방방재청 www.nema.go.kr
어린이안전넷 www.isafe.go.kr
어린이안전학교 www.go119.org
한국소비자원 www.kca.go.kr
한국전기안전공사 www.kesco.or.kr

12장_ 질병 및 사고 안전

▶참고 사이트

강북구 보건소 www.ehealth.or.kr
국민안전처 www.mpss.go.kr
네이버 지식백과 terms.naver.com
대한심폐소생협회 www.kacpr.org
서울대학교 의과대학 국민건강지식센터 hqcenter.snu.ac.kr
소방방재청 www.nema.go.kr
식품의약품안전처 www.mfds.go.kr
심폐소생술 국민운동본부 www.kcn.or.kr

※ 참고자료 목록에서 누락된 문헌, 사이트에 대해 알려 주시면 개정판 발행 시 반영하도록 하겠습니다.

작가의 말

길 선 영 _ '스포츠 안전', '질병 및 사고 안전' 저자

농구를 하고 온 아이가 손가락을 다쳐 온 적이 있었습니다. 계속 아프다고 했지만, 겉보기에는 조금 삐끗한 것 같아 며칠 지나면 나을 거라 생각해 약만 발라 주었지요. 하지만 아이는 밤새 아파했고 다음 날 병원에서 금이 갔다는 진단을 받았습니다. 단순하게 공만 주고받았다는데, 약한 아이의 뼈는 그 정도의 자극에도 쉽게 금이 갈 수 있었습니다. 내버려 두었다면 뼈가 기형으로 자랄 수 있다고도 했습니다. 깁스를 하고 있는 아이를 보며 제대로 알지 못해 더 많이 아프게 만든 것 같아 가슴이 무척 아팠습니다. 그때의 후회가 이 책을 쓰게 된 바탕이 되었지요.

다양한 자료를 조사하며 내가 알고 있는 안전 상식이 얼마나 부족한지를 다시 한 번 느꼈습니다. 운동장이나 놀이터에서는 예상하지 못했던 사고가 일어났습니다. 때론 축구 골대나 줄넘기가 아이들을 위협하는 흉기로 변했습니다. 미리 알고 있었다면 충분히 예방할 수 있는 사고로 아이들은 다치고 하고 심지어 생명을 잃기까지 했습니다.

아이들은 즐겁게, 그리고 안전하게 뛰어놀 수 있어야 합니다. 이 책이 아이들이 마음껏 뛰어놀 수 있는 환경을 만드는 데, 또 우리가 간과한 위험을 예방하는 데 조금이나마 도움이 되었으면 하는 바람입니다.

김 민 지 _ '공공 안전' 저자

보육교사를 하다 보면 정말 한순간만 방심해도 안전사고가 일어난다는 것을 느낍니다. 아직 어리고 몸을 쓰는 것이 어색한 아이들은 아무것도 없는 바닥에서도 금세 넘어지고 계단 손잡이를 잡고 걸어도 발을 삐끗해 쓰러지고는 하지요. 더욱이 공공장소에는 많은 사람이 있기 때문에 아주 사소한 이유로 사고가 일어날 수 있습니다. 자신이나 아이만 조심하면 되는 것이 아니라 모두 함께 안전의식을 갖는 것이 중요합니다.

어른이 알고 있는 것을 얼마만큼, 어떻게 지도하느냐에 따라 어린이가 갖게 될 안전 지식의 깊이가 결정됩니다. 특히 앞으로 많은 곳에 가 보고 다양한 경험을 하게 될 아이들인 만큼 공공장소에서 어떻게 행동해야 할지 바르게 지도할 필요가 있습니다. 이 책이 어린이가 공공안전에 대해 올바른 지식을 갖고 자라나는 데 도움이 되길 바랍니다.

김 수 정 _ '가정 안전' 저자

두 아이를 키우는 엄마로서 안전사고를 예방하려면 잔소리꾼이 될 수밖에 없었어요. 특히 유난히 호기심 많은 둘째 아이가 저를 종종 놀라게 했지요. 한번은 큰 아이가 가지고 놀던 조그만 비즈블록을 작은 아이가 코에 넣었어요. 구멍이 있는 블록이라 코를 훌쩍이기 전에 핀셋으로 재빨리 꺼냈지요. 두 아이가 정수기 근처에서 장난치다가 온수 출구의 안전장치가 부서지는 바람에 온수가 흘러나온 적도 있었어요. 다행히 크게 데이진 않았지만 화상 흉터를 볼 때마다 마음이 많이 아팠어요.

어른의 눈으로 보면 편리하고 익숙한 장소나 물건이 충동적이고 탐험심 강한 어린이에게는 위험할 수도 있어요. 궁금한 것은 많은데 위험한 상황에 대한 판단력이 부족하기 때문이지요. 통계자료를 살펴보면, 가정 내에서 어린이 안전사고가 많이 일어나요. 나이가 어릴수록 자기 보호 능력이 부족해 사고로 심각한 상처를 입기도 쉽지요. 모든 어린이가 안전하고 건강하게 자랄 수 있도록 아이와 부모님이 함께 가정환경을 되돌아보는 시간을 가졌으면 좋겠어요.

김 정 희 _ '아동 범죄 안전' 저자

아이를 위험으로부터 안전하게 지키고 싶은 것은 모든 엄마의 바람이겠지요. 글을 쓰는 내내 이런 엄마의 마음을 생각했습니다. '어떤 내용이 정말 엄마들에게 도움이 될까?' 고민했지요. 그래서 더욱더 꼼꼼하게 자료를 찾고 정리했습니다. 이 책에 실린 안전 상식이 엄마들이 아이들을 안전하게 키우는 데 조금이나마 도움이 될 수 있길 바랍니다.

사실 엄마가 아이들을 24시간 내내 보호하기는 어렵습니다. 그럼 어떻게 해야 할까요? 아이들이 스스로를 지킬 수 있도록 도와주어야 합니다. 낯선 사람을 조심하라는 말은 매일 해 주고, 위급한 상황에서 당황하지 않고 대처할 수 있도록 안전수칙을 몸으로 익히게끔 해야 하지요. 아이를 사고로부터 보호하고 싶다면 아이와 평소에 안전 연습을 해 보세요.

아이들에게 일어난 사고 때문에 아직도 마음으로 울고 있는 분들께 깊은 위로의 말을 전합니다. 더 이상 어른들의 안일한 마음가짐과 지나친 욕심에 어린 생명이 희생되는 일이 없어야겠습니다. 소중한 아이들의 안전을 위해 우리 모두 좀 더 노력했으면 좋겠어요.

박 민 선 _ '미디어 안전' 저자

언제부터인가 아이들이 집집마다 친구를 부르며 골목을 뛰어다니던 모습이 사라져 버렸습니다. 요즘 아이들은 친구와 함께 있어도 손에 들린 휴대전화에 온통 정신을 빼앗겨 있습니다. 그뿐이 아니지요. 아직 걸음마도 떼지 못한 아이의 눈앞에 스마트폰 동영상을 틀어 주기도 합니다.

미디어 안전에 대한 원고를 쓰면서 우리가 살아가는 모습을 다시 한 번 돌아보게 되었습니다. 컴퓨터, 스마트폰 등이 발달하면서 생활이 편리해진 것은 사실이지만, 한편으로는 그만큼 삭막해지기도 했지요. 미디어 중독 등 사회적 문제에 대해 걱정하는 목소리도 높아지고 있고요. 특히 판단력이 부족한 어린이는 미디어를 잘못 활용하면 몸과 마음의 병을 얻을 수 있습니다.

시대가 바뀌고 세상은 좋아졌지만 아이들이 가진 무한한 가능성과 상상력이 기계에 조금씩 밀려나고 있다는

작가의 말

생각에 마음이 씁쓸합니다. 미디어를 피할 수 없다면 어린이가 조금 더 자란 뒤에, 올바른 사용방법을 충분히 알려 주고 만나게 하는 것은 어떨까요?

박 찬 희 _ '교통 안전', '재난 안전' 저자

15년 이상 도로설계를 하며, 자동차 중심의 설계를 했습니다. 신도시를 제외하고 대부분의 지자체가 인도를 줄여 차도를 확보하는 탓에 보행자가 위험해지는 경우가 많았습니다. 게다가 인도에 자전거 도로를 만들다 보니 보행자 공간이 더 좁아졌고, 인지력이 떨어지는 아이들은 특히 더 위험해졌습니다.

아버지가 되자 아이들의 위험이 더 눈에 띄었습니다. 호기심 많은 아이는 위험한 줄도 모르고 보차도 경계석을 걸어 다녔습니다. 한번은 장애인 유도블록 위를 뛰어다니다 시각장애인과 부딪친 적도 있었습니다. 횡단보도의 신호가 녹색불로 바뀌자마자 급하게 뛰어가는 아이를 보며 무엇을 어떻게 가르쳐야 할까 고민을 했습니다. 아이들이 보행자로서 지켜야 할 안전수칙에 대해서 말이지요.

교통 안전에 대한 글도 바로 이런 경험을 떠올리며 썼습니다. 일상생활에서 어린이들이 하기 쉬운 행동과 그 위험성을 정리했습니다. 잘 만들어진 법을 모두 지킬 때 안전과 질서가 효과적으로 유지되겠다는 생각에 관계 법령을 수록하기도 했습니다. 아무쪼록 이 책에 실린 글을 통해 어린이 교통사고가 줄어들고 어린이가 길에서 안전하게 다닐 수 있기를 바랍니다.

석 수 점 _ '재해 안전' 저자

보라매안전체험관을 간 적이 있습니다. 지진 체험방에 들어가 식탁에 앉자 건물이 흔들리기 시작했습니다. 우리는 모두 "지진이야."를 외치며 식탁 밑으로 몸을 숨겼지요. 짧은 체험이었지만 심장은 평소보다 더 콩닥콩닥 뛰었습니다. 강풍과 폭우를 동반한 태풍 체험은 어른인 나도 날아갈 것 같아 손잡이를 꽉 잡았습니다. 이날 가상 체험을 해 보면서 자연재해에도 연습과 대비가 꼭 필요하다는 것을 느꼈습니다.

처음 원고를 맡았을 때 단순히 자연 재해가 일어나면 어떻게 대처하면 되는지 알려 주면 된다고 생각했습니다. 그런데 자료를 찾다 보니 자연 재해 중에는 사람들이 자초한 경우도 많다는 것을 깨달았습니다. 개발을 목적으로 환경을 마구잡이로 해쳐서 재해가 일어나는 것이지요. 부모님들이 아이와 함께 재해 안전에 대한 글을 읽으며 환경에 대해서도 한번쯤 생각해 보는 시간을 가졌으면 좋겠습니다.

엄 진 숙 _ '전기 안전' 저자

아이가 유치원을 다닐 때 일입니다. 콘센트에서 플러그를 뺄 때 몸체를 잡고 빼라고 아이에게 가르쳐 주었지요.

그때 다른 엄마가 그렇게 하면 위험하니까 멀리 서서 줄을 잡고 빼야 한다고 하는 것이 아니겠어요? 그 순간 저도 헷갈렸어요. 아이가 콘센트 가까이에 손을 대는 것이 더 위험한 것 아닌가 하고 말입니다. 결국 어떻게 하는 것이 아이에게 더 안전한지 그 자리에서 분명히 알려 주지 못했습니다.

　원고를 집필하면서 문득 그때의 기억이 떠올랐습니다. 그리고 다른 부모님들이 저와 같은 경험을 하지 않았으면 하는 바람을 담아 글을 썼어요. 사고에 대한 예방 교육은 아이가 말을 알아듣는 시기부터 시작하면 더 효과적이랍니다. 이 책을 통해 부모님과 어린이 모두 올바른 안전 지식을 갖게 되었으면 좋겠습니다.

이 지 선 _ '놀이 안전' 저자

　물놀이 안전에 대한 원고를 맡으면서 내심 '뭐 그리 새로운 것이 많겠어?' 하는 마음으로 시작했습니다. 그런데 하나하나 조사하다 보니 그동안 모르고 지나쳤던 것이 정말 많음을 깨달았습니다. 물놀이를 즐길 수 있는 장소는 다양하고, 수영장, 바다, 계곡 등 각 장소에 대한 정확한 이해나 준비가 부족하면 사고가 생길 수밖에 없었습니다.

　물놀이 장소에 맞는 준비물을 따로 챙기고, 사고 예방을 위한 노력, 사고 시 대처법 등을 숙지하고 있는 것만으로도 피해를 많이 줄일 수 있습니다. 특히 영유아를 데리고 물놀이를 할 때는 아이의 안전만큼이나 부모의 안전 또한 중요합니다. 아이가 위험한지 지속적으로 관심을 갖는 것도 필요하지만 부모님들도 안전사고를 당하지 않도록 신경 써야 한다는 것을 기억해 주셨으면 좋겠습니다.

　갈수록 물놀이 인구가 늘어나고, 그에 따라 안전사고와 인명피해도 증가하고 있습니다. 이 책을 통해 사람들이 더 안전하게 물놀이를 즐길 수 있게 되기를 바랍니다.

정 주 일 _ '식품 안전' 저자

　우리 가족은 가공식품을 많이 먹었습니다. 사실 바쁘고 시간이 부족할 때는 그것만 한 대안이 없었지요. 혀에 착착 감기는 맛에 식구들도 불만이 없었습니다. 하지만 건강에 좋지 않을 것이라는 생각에 늘 마음이 불편했습니다.

　나와 똑같은 고민을 하는 엄마들을 생각하며 글을 썼습니다. 가족을 위해 직접 가꾸거나 혹은 엄선한 재료로 삼시 세 끼 내 손으로 요리하는 것이 가장 좋겠지만 그럴 수 없다면 어떻게 해야 할까 궁리하고 자료를 찾아봤습니다. 건강한 먹거리가 무엇인지, 어떤 것을 먹는 것이 가장 좋은지부터 몸에 해로운 음식을 줄이거나 피할 수 있는 방법 등 다양한 정보를 담았습니다. 엄마만 아는 것에 그치지 않고 아이들과 함께 가정에서 실천할 수 있도록 작지만 유용한 팁을 많이 넣었습니다. 재료를 고르고 요리하고 먹는 과정을 아이와 함께 하면서 음식에 대해 제대로 알려 줄 수 있는 기회가 되었으면 합니다. 나아가 먹거리에 대한 관심이 더 높아지고 우리 모두가 안심하고 식품을 소비할 수 있게 되길 바랍니다.

꺼꾸리의
어린이 안전 메모장

◎ **아이와 함께 중요한 안전수칙을 적어 보세요.**